SUPPLÉMENT

A LA

VIE DU CARDINAL MATHIEU

EN SON VIVANT ARCHEVÊQUE DE BESANÇON

PAR

M. l'abbé J.-F. BERGIER

Anc. Vic. gén. de Versailles

BESANÇON

IMPRIMERIE DE J. BONVALOT

1883

SUPPLÉMENT

A LA

VIE DU CARDINAL MATHIEU

EN SON VIVANT ARCHEVÊQUE DE BESANÇON

INDICATION DES OUVRAGES CITÉS DANS CE SUPPLÉMENT.

Etude liturgique préliminaire,	Besançon,	1860,	in-8°,	260 p.
Explications intéressantes, et supplém.,	—	—	—	94
Entretien sur la nécessité d'adopter le Rit romain,	Paris,	1861,	—	80
Nouvelles Explications,	Besançon,	—	—	80
Première Lettre,	—	—	—	24
Deuxième Lettre,	—	—	—	32
Un petit Mot aux Bisontins,	—	—	—	8
Histoire de la Controverse et de la Réforme liturg. en France au 19° siècle,	—	1862,	—	412
Avec les Notes en caractères plus fins,	—	—	—	616
L'Anti-Wilhem,	—	1864,	—	64

Pour avoir ces ouvrages, s'adresser à l'auteur lui-même, J.-F. Bergier, anc. v. g. de V., à Myon, par Quingey (Doubs).

De M. l'abbé MAIRE :

Situation de la Liturgie dans le diocèse de Besançon,	Besançon,	1856, in-12°,	288 p.
Mémoire justificatif,	—	1861, in-8°,	82
La Liturgie romaine et la Conscience,	—	— in-18,	100
Réponse aux Observations ...,	—	—	— 68

De M. le Chanoine THIÉBAUD :

Etat de la Question liturgique,	Besançon,	1857,	in-8°,	20 p.
Episode sur l'usage du Missel romain,	—	1859,	—	30
Le Bisontinisme liturgique,	—	1860,	—	54
Profession de foi liturgique,	—	1861,	—	78
Crise nouvelle du Bisontisme agonisant,	—	—	—	116
Le Départ,	—	1864,	—	56
Réflexions sur les colères du Bisontinisme,	Besançon,	—	—	40
Examen de notre Réforme lit. bisontine,	—	1869,	—	160

SUPPLÉMENT

A LA

VIE DU CARDINAL MATHIEU

EN SON VIVANT ARCHEVÊQUE DE BESANÇON

PAR

M. l'abbé J.-F. BERGIER

Anc. Vic. gén. de Versailles

BESANÇON

IMPRIMERIE DE J. BONVALOT

—

1883

SUPPLÉMENT

A LA

VIE DU CARDINAL MATHIEU

EN SON VIVANT ARCHEVÊQUE DE BESANÇON.

PROLOGUE

OU L'ON REND COMPTE DES MOTIFS QUI ONT DÉTERMINÉ
A COMPOSER CET OUVRAGE.

Le 18 avril 1882, un de mes vieux amis, que je rencontrai sans m'y attendre dans une réunion de confrères, me demanda à brûle-pourpoint : Avez-vous lu la *Vie du cardinal Mathieu* par Mgr Besson, évêque de Nîmes, Uzès et Alais ? — Non, lui répondis-je : je serais pourtant curieux de la connaître, car elle m'intéresserait *particulièrement,* à cause de la *part* que je pourrais y avoir. Vous l'avez, sans doute ; en ce cas, je vous serais *singulièrement* obligé de me la communiquer. — Non, je ne l'ai pas, et même je n'ai pas voulu en faire l'acquisition, parce que je n'ai pas d'argent à perdre et que j'emploie celui que Dieu m'a donné à des œuvres que je crois plus utiles à l'Église. Néanmoins, sachant que cette *Vie* avait paru, j'ai prié un de mes amis de me prêter son exemplaire, ce qu'il a fait de très bonne grâce. — Vous l'avez lue, par conséquent, et vous pouvez m'en dire votre avis. — Non, je ne l'ai pas lue, du moins entièrement ; seu-

1

lement, comme je suis intéressé, autant que vous, à savoir ce qu'on a pu raconter des affaires qui nous concernent, j'ai voulu, avant tout, parcourir les chapitres qui peuvent s'y rattacher. — Eh bien! qu'est-ce que vous avez trouvé dans ces chapitres-là? — Rien du tout, ou à peu près, en sorte que je ne puis rien vous en dire. Vous verrez vous-même. — Certes, je ne demanderais pas mieux; mais où trouver le moyen de satisfaire ma curiosité bien légitime?

Je me suis donc mis en quête pour me procurer cet avantage, et enfin j'ai pu obtenir, le 30 avril 1882, d'un prêtre d'un autre diocèse que celui de Besançon, mais qui lui est limitrophe, la faveur d'emporter chez moi pour quelques jours la *Vie du cardinal Mathieu* (c'est le faux titre du livre). On peut croire que je me suis hâté de la lire; mais j'ai voulu la parcourir d'un bout à l'autre, en commençant par le commencement; et je n'étais pas encore rentré chez moi, que j'avais déjà fait passer sous mes yeux la moitié environ du premier volume. J'en étais, pour ainsi dire, enchanté. Depuis, j'ai poussé jusqu'au bout; et, chemin faisant, j'ai pris quelques notes, même pendant le cours d'exercices spirituels que j'avais à donner par ci par là et qui m'ont pris assez de temps, pour me mettre et me tenir parfaitement au courant des idées du biographe. Ces notes ne sont pas, du reste, des appréciations personnelles que j'aurais faites sur son texte, mais des extraits proprement dits; et ce sont ces extraits que l'on trouvera ici transcrits mot à mot et placés entre guillemets, avec les réflexions qu'ils m'ont inspirées.

On me demandera peut-être tout de suite quel est mon jugement sur une œuvre d'aussi longue haleine, et que l'on a mis près de sept ans à élaborer; mais je ne peux pas le formuler d'une manière courte et précise; car, à l'enchantement et à l'admiration que cette *Vie* m'a causés dans son ensemble, se sont mêlées certaines réserves assez importantes, dont j'ai cru devoir rendre compte au public sous le titre de *Supplément à la Vie du cardinal Mathieu*, en son vivant, archevêque de Besançon.

Si l'on avait intitulé ce livre : *Panégyrique* du cardinal Mathieu, j'avoue que j'en serais content, car tout y est lumière, sans ombre appréciable ; mais, à moins qu'il ne s'agisse d'un Saint tout à fait *exceptionnel,* qui aurait *toujours* pratiqué les vertus théologales et morales au degré héroïque, est-il croyable que l'on ne trouve dans la vie d'un homme aucun défaut, plus ou moins saillant, qui diminue un peu la perfection de sa personnalité ?

Ici je me rappelle ce que je lisais en 1864 dans un pamphlet *pseudonyme* à l'adresse de M. Thiébaud, chanoine de Besançon : « Vous dites que vous écrivez pour l'histoire. Mais « il y a histoire et histoire. Il y a l'histoire vraie et l'histoire « fausse ; l'histoire qui instruit et l'histoire qui égare ; l'his- « toire digne, qui retrace les vertus des hommes pour l'édi- « fication, et la chronique scandaleuse, qui les pervertit (les « vertus ou les hommes ?). Pour laquelle de ces histoires « écrivez-vous ? Vous avez beau intimider autour de vous, « avec cette phrase que vous avez sans cesse à la bouche « (et non au bout de la plume !) : Si tu ne te tais, je te bro- « churerai. Il n'y a pas, sur cette terre, grâce à Dieu, que des « peureux et des lâches, et l'histoire *véritable* de Son Emi- « nence s'écrira, en dépit de vous et de vos mensonges. « Y figurerez-vous ? peut-être, mais comme une croix qu'Elle « a portée patiemment et qui aura donné un nouveau lustre « à ses vertus. » Quelques lignes plus bas, le pseudonyme Wilhem Champdessus ajoutait : « La postérité écrira l'histoire de Son Eminence avec impartialité, en jetant un regard de mépris, si toutefois elle en jette un, sur vos tristes élucubrations. »

Eh bien ! j'ose dire, après avoir lu la *Vie du cardinal Mathieu* par Mgr Besson, que M. Champdessus a été véritablement prophète ; car il a prédit longtemps à l'avance le *regard de mépris* que Mgr Besson a jeté, non seulement sur M. Thiébaud, mais encore sur d'autres qui avaient autant de droit que lui à être signalés par leurs noms, ne les ayant jamais cachés et ayant toujours combattu à front découvert. Il n'y a que M. Maire qui ait été nommé une fois, nous dirons quand et comment. Les autres antagonistes connus du Cardinal, si je puis m'exprimer de la sorte, n'ont pas même obtenu cet honneur, ou, si l'on veut, partagé cette injure.

On les a confondus dans une plèbe innommée, que l'on ne s'est pas fait faute de fustiger d'un ton magistral.

J'avais pourtant écrit, page 5 de mon *Anti-Wilhem*[1] auquel personne n'a répliqué, et pour cause : « M. Wilhem Champ-
« dessus ... écrira un jour, en *dépit de M. Thiébaud et de ses*
« prétendus *mensonges, l'histoire véritable de Son Eminence;*
« seulement, il laisse à douter s'il y mettra une *croix*, une
« croix cependant qui aura été *portée* par Elle, *et qui aura*
« *donné un nouveau lustre à ses vertus*, tant sera grande son
« impartialité et son exactitude à peindre son héros ! Ah !
« c'est qu'il ne veut pas écrire pour l'histoire fausse (lisez :
« *vraie*), pour l'histoire qui égare (c'est-à-dire, qui *instruit*),
« pour la chronique scandaleuse qui pervertit (mettez : *pour*
« *l'histoire digne, qui retrace* non seulement *les vertus des*
« *hommes* en vue d'édifier, mais leurs vices aussi, afin de les
« condamner). Eh! Monsieur Wilhem, qu'est-ce donc que cette
« histoire dont vous nous parlez, qui ne raconte que ce qui
« lui plaît? Le beau miroir, en vérité, qui ne rend que la
« moitié des objets, qui supprime les ombres et ne montre
« que la lumière! Est-ce donc là l'histoire qui instruit ? et
« l'Esprit-Saint l'a-t-il inspirée de cette sorte aux écrivains
« sacrés ?... Vous voulez, dites-vous, *retracer les vertus* de
« Son Eminence, et vous tairiez *ce qui a donné un nouveau*
« *lustre à ces vertus!* Non; vous aurez besoin, croyez-moi, de
« M. Thiébaud et consorts pour faire ressortir la charité de
« votre héros, ainsi du reste que vous l'avez fait à la page 20
« de votre *Arrivée;* n'hésitez donc pas à les faire entrer dans
« l'histoire complète et impartiale que vous nous annoncez
« pour les temps à venir. »

J'aurais cru, après avoir publié cette page, que celui qui, à défaut de feu Wilhem Champdessus, voudrait publier la *Vie du cardinal Mathieu,* prendrait la peine de nommer M. Thiébaud et compagnie pour donner *un nouveau lustre aux vertus* de Son Eminence. Eh bien! j'ai reconnu avec regret que Mgr Besson entendait l'histoire à la façon de M. Wilhem; c'est-à-dire qu'au lieu d'une histoire, il nous a donné un vrai

---

[1] Voir, au commencement de ce livre, la liste des ouvrages qui y sont spécialement cités.

Panégyrique de Saint, s'abstenant même d'imiter le grand Bossuet qui, dans son éloge funèbre du prince de Condé, n'hésita pas à signaler sa révolte, mais en ajoutant tout de suite qu'il avait racheté sa faute par son repentir et ses services postérieurs. Il est vrai que Mᵍʳ Besson, en accusant le péché, aurait eu peine à montrer le repentir ; mais, si cela l'excuse, ce n'en est pas moins le fâcheux de son affaire[1].

Maintenant, arrivons à notre but, et passons en revue les réticences ou les révélations indiscrètes du biographe du cardinal Mathieu, dont le texte guillemeté servira de base à nos gloses ou commentaires.

CHAPITRE PREMIER.

LA VIE DU CARDINAL MATHIEU JUSQU'A SON ARRIVÉE AU SIÈGE DE BESANÇON.

D'abord, je mets de côté tout ce que Mᵍʳ Besson a daigné nous révéler sur la famille et la jeunesse du Cardinal jusqu'au moment où, devenu prêtre, il a été mis sur le chandelier ; car je ne veux m'occuper que de sa vie publique, ou plutôt ecclésiastique, et des services qu'il a rendus à l'Eglise de Dieu. J'ai lu, et appris pourtant avec plaisir (t. I, p. 33), que le

[1] Je me rappelle que, dans mon *Histoire*, p. 165, j'avais cité le passage suivant du livre publié en 1849 par M. Dulac et intitulé : *la Liturgie romaine et les Liturgies françaises* : « L'Eglise ne commande point à ses historiens de jeter un voile sur les faiblesses, les fautes, les crimes (même) de ses ministres. Lisez Baronius... C'est que l'Eglise n'a aucun intérêt à justifier la mémoire de ceux qui l'ont trahie ; elle a, au contraire, l'intérêt le plus grand à la condamner. Il importe que les criminels ... et les lâches aient à redouter le tribunal de l'histoire, la malédiction de la postérité. »

J'écrivais aussi, p. 120 de la même *Histoire :* « Les débats libres et contradictoires, mis en regard et confrontés consciencieusement, subissent un choc salutaire, d'où jaillit enfin, autant que possible, la lumière de la vérité ; » et p. 96 : « Le silence tue, et la vérité ne triomphe que par une polémique active et quasi-journalière. »

cardinal de Montmorency, mort à Altona en 1808, avait *fait acte de soumission au Saint-Siège,* et que Mgr Henri de Chambre d'Urgons, son auxiliaire à Metz depuis 1788 avec le titre d'Orope *in partibus,* quoique *plus lent à obéir,* était mort à Tartas en octobre 1819 *en communion avec le Saint-Siège.*

On sait (ou on saura, en lisant, par exemple, la note *M* de mon *Histoire*), que ces deux prélats avaient signé les *Réclamations,* des trente-huit anciens évêques de France non démissionnaires, contre le Concordat de 1801. Or j'avais ignoré jusqu'ici qu'ils se fussent rétractés. Quand on dit maintenant que Mgr d'Urgons fut *plus lent à obéir,* je ne m'explique pas très bien ce que cela signifie, sinon qu'il fut plus *lent à mourir ;* en ce cas, le cardinal de Montmorency avait été bien avisé de se presser davantage. Est-ce qu'en m'exprimant ainsi, j'entends jeter la pierre aux anciens Evêques non démissionnaires qui, en qualité de vrais gallicans, résistèrent à Pie VII? A Dieu ne plaise! mais, en les louant, il faudrait, ce me semble, les plaindre d'avoir été imbus des faux principes du gallicanisme qui les menaient au schisme tout droit; et j'aime à croire que le cardinal Mathieu, dans son discours au concile du Vatican, où il a pris la défense des anciens évêques de France contre le patriarche latin de Jérusalem, n'aura pas oublié cette réserve. Mais ceci reviendra plus tard.

Prenons donc le cardinal Mathieu à l'âge de vingt-six ans et demi, au sortir de son ordination comme prêtre le 20 juin 1822, lorsqu'on le « recommanda à Mgr du Châtellier, » sacré le 2 juin évêque d'Evreux, qui s'était, dit-on, « adressé, comme la plupart de ses vénérés collègues, à Saint-Sulpice, » pour avoir un collaborateur digne et capable. Certes, je ne veux pas médire des Sulpiciens, même de ce temps-là, quoique quelques-uns d'entre eux fussent assez entichés de gallicanisme tout au moins pratique, et peut-être d'un certain rigorisme en morale. Mais serait-ce pour cela que Mgr du Châtellier, qui était, comme dit Mgr Besson, « un sage prélat et qui déplorait les rigueurs jansénistes, » aurait écrit à M. Mathieu la lettre que l'on cite, page 79? Cette lettre est certainement très sage, et je la recommande à l'attention de certains curés et confesseurs. Ils pourront y voir, à l'occasion d'un fait particulier, que tout ce qui n'est pas mauvais de sa nature, mais seulement dangereux, n'est défendu qu'à raison et à proportion du danger auquel on s'expose ; et que, ce danger étant relatif, on aurait tort de faire un péché mortel, à tout le monde et en tout pays, d'un acte de cette espèce, et de refuser indistinctement l'absolution à tous ceux qui se le permettraient. On doit, sans doute, en chaire et au tribunal, éloigner autant qu'on peut des divertissements dangereux et prêcher contre les abus, mais avec prudence et sans outrer les principes de la morale. Et puisque j'en suis arrivé, sans m'y attendre, à dire un mot sur cette matière, je renverrai encore mes lecteurs à la note *A* de mon *Etude préliminaire*, où j'ai développé un principe de saint Alphonse de Liguori, et aux pages 100-102 du même ouvrage, où j'ai signalé certaines pratiques *de dévotion*.

Je passe maintenant à pieds joints sur le reste du séjour de M. Mathieu dans le diocèse d'Evreux, et je viens le retrouver dans le sien propre, à Paris, en 1830. La France avait alors pour nonce apostolique Mᵍʳ Lambruschini, qui fut créé cardinal en 1831 et qui est mort en 1854 sous-doyen du Sacré-Collège, en sa qualité d'évêque de Porto, après avoir été secrétaire d'Etat sous Grégoire XVI, et successivement Préfet des congrégations du Concile et des Rites sous Pie IX. Je signale ici ce personnage, parce que son nom apparaîtra dans la suite.

Or il avait quitté la France, comme le dit Mᵍʳ Besson, p. 111, après « les journées de 1830, laissant la conduite des affaires aux mains de l'abbé Garibaldi, » qui « conçut (et conserva toujours) pour M. Mathieu une estime singulière. » Est-ce par suite de cette estime que M. l'abbé Mathieu fut nommé à l'évêché de Langres par Ordonnance royale du 23 septembre 1832 ? Comme Mᵍʳ Besson ne le dit pas, je ne voudrais pas affirmer que le chargé d'affaires du Saint-Siège ait eu l'initiative de cette nomination, et qu'elle n'ait pas eu d'autre origine. Ignorant le secret des trois curés de Paris qui furent proposés alors et ensuite préconisés, je me contenterai de relever ici une réflexion que Mᵍʳ Besson s'est permis de faire à cette occasion, p. 128, savoir, que Mᵍʳ Mathieu « se trouvait « tout d'abord au-dessus de sa tâche en quittant Paris pour

« la province, et la cure de la Madeleine pour l'évêché de
« Langres. »

Ne suivrait-il pas de là, en effet, que les curés de Paris en
général, ou du moins celui de la Madeleine, sont placés bien
au-dessus des évêques et même des archevêques de province,
en sorte qu'il n'y aurait que l'archevêché de Paris qui serait
au niveau de leur tâche ou de leur mérite ? Au reste, il paraît
que l'ami de Mgr Mathieu, l'abbé Garibaldi, chargé des affaires
de la nonciature vacante en France, n'était pas trop éloigné
de l'idée de Mgr Besson ; car, dès que le siège archiépiscopal
de Besançon vint à vaquer par la mort de Mgr Dubourg, le
12 décembre 1833, ledit « chargé d'affaires du Saint-Siège
mit tout en œuvre » (p. 144), pour y faire nommer Mgr Mathieu. Il est vrai que, d'après Mgr Besson, l'abbé Garibaldi
avait « appris combien l'évêque de Langres serait agréable
au Pape, » renseigné, sans doute, par lui à cet égard. Quoi
qu'il en soit, cette nomination n'eut lieu qu'après six mois
de vacance, le 23 juin 1834, et ne fut publiée que le 16 juillet.
Pourquoi ce double retard ?

Mais voilà Mgr Mathieu arrivé au siège de Besançon. Or,
c'est à partir de cette époque, c'est-à-dire « depuis 1835 à
« 1843, qu'il eut une part décisive aux nominations (épisco-
« pales), pendant toute la nonciature de Mgr Garibaldi. »
Mgr Besson aurait dû dire ici, p. 223, pendant l'internon-
ciature ; car, ainsi qu'il l'avait déclaré lui-même, p. 208, l'abbé
Garibaldi, « nommé protonotaire en 1834, reçut « deux ans
« après le titre d'internonce, » et c'est ce titre qu'il avait
« encore en 1843, lorsque (p. 297), le roi ayant demandé et
« obtenu le rétablissement du nonce apostolique, Mgr Fornari,
« nonce à Bruxelles, fut envoyé à Paris. » Fixons donc ici,
une fois pour toutes, parce que cela peut nous servir, la
succession des délégués du Saint-Siège en France pendant
toute la durée de l'épiscopat de Mgr Mathieu. Ce fut, de 1830
à 1836, l'abbé Garibaldi, simple chargé d'affaires ; de 1836
à 1843, le même, avec le titre d'internonce ; de 1843 à 1850,
Mgr Fornari, nonce ; de 1850 à 1853, Mgr Garibaldi, archevêque
de Myre, transféré de la nonciature de Naples, qu'il avait
obtenue en 1841 (p. 356), à celle de Paris ; de 1854 à 1861,

Mgr Sacconi, actuellement sous-doyen du Sacré-Collège et évêque de Porto ; de 1861 à 1873, Mgr Chigi, depuis cardinal ; de 1873 à 1879, Mgr Méglia, créé aussi cardinal au moment de son départ de France. Maintenant que nous sommes sur notre terrain, parlons de l'épiscopat de Mgr Mathieu à Besançon pendant une quarantaine d'années, de 1834 à 1875.

CHAPITRE II.

DU VÉRITABLE ESPRIT DU CLERGÉ DE BESANÇON ET DES ACTES DE Mgr MATHIEU RELATIFS A MM. GAUME AÎNÉ ET JACQUENET.

Le 3 janvier 1835, Mgr du Châtellier, évêque d'Evreux, écrivait au nouvel archevêque de Besançon au sujet de son clergé : « Ce clergé jouit d'une grande réputation de science « et de régularité. Mais il s'est accoutumé, sous le règne « d'un schismatique à qui la nécessité des temps l'avait forcé « d'obéir comme à un archevêque légitime, à résister à l'au- « torité et à se gouverner par lui-même. De là l'habitude « qu'il a prise de raisonner avec les supérieurs, et de juger « contradictoirement leur conduite et leurs décisions. Cette « disposition fâcheuse a été encore beaucoup augmentée par « le crédit que M. de Lamennais a trouvé dans le diocèse de « Besançon. Mais votre prudence vous fera passer à travers « les difficultés. » Mgr Besson trouve bien, il est vrai, p. 158, « quelque exagération et quelque sévérité dans ces appré- « ciations de l'évêque d'Evreux, » et il tâche de le faire voir en expliquant à sa façon d'où est venue cette idée qu'on s'était faite à Evreux du clergé de Besançon. Il eût été plus simple, à mon avis, de ne citer que la première ligne de la lettre ci-dessus, si on ne voulait pas tout dire.

On ne peut nier, en effet, et l'on verra assez plus tard, que *certains* membres du clergé de Besançon se sont permis *quelquefois* « de raisonner avec les supérieurs et de juger contradictoirement leur conduite et leurs décisions. » Mais,

outre que cela est arrivé, et arrivera encore, un peu *partout*,
si des prêtres ne font, vis-à-vis de leur évêque, que ce qu'a
fait saint Paul vis-à-vis de saint Pierre, quand celui-ci s'écar-
tait visiblement du droit chemin de l'Evangile, est-on en
droit de le leur reprocher? ensuite, et à plus forte raison, si,
en agissant de la sorte, ils y sont autorisés par leur supérieur
majeur, dont ils suivent la direction malgré leur chef subal-
terne! Mgr du Châtellier ne semblait pas se plaindre de ceux
qui, à Besançon, avaient fait une certaine opposition à
Mgr Lecoz, ancien schismatique, bien qu'il leur fût arrivé
comme archevêque légitime; ce qu'il regrettait seulement,
c'est que le clergé bisontin se *fût accoutumé à agir* de même
envers ses successeurs.

Mais d'abord, on ne voit pas qu'il ait contrarié Mgr de
Pressigny (qui avait pris possession de son siège dès 1819,
et non en 1821, comme le dit Mgr Besson, p. 160), ni Mgr de
Villefrancon, son successeur. Quant à Mgr de Rohan, on l'a
bien un peu contrecarré, certainement à tort, mais dans des
choses d'assez minime importance, comme l'usage de la
barrette qu'il voulait substituer au bonnet carré, ainsi que
la ceinture au cingulon; mais c'était là le fait de quelques
vieillards seulement, très respectables d'ailleurs, que toute
nouveauté effrayait, et dont Mgr Mathieu lui-même a assez
suivi les traces, quand il s'est agi des fausses perles du
rabat, des chapeaux de paille couverts de mérinos, des pa-
rements de soutane, pour ne pas parler des pantalons [1]; du
reste, ce ne sont pas ces vénérables que Mgr d'Evreux a voulu
stigmatiser. Aurait-il fait allusion à une petite guerre qui
s'est élevée contre un professeur de philosophie, disciple de
M. Bautain? Je ne le crois pas non plus, d'autant que les
principes de cette école n'ont pas été mieux vus en France
qu'à Rome même.

Où Mgr du Châtellier avait-il donc aperçu cet esprit d'indépendance et de résistance à l'autorité, qu'il reprochait
au clergé de Besançon? Sans doute, comme il le déclarait
assez lui-même, dans les disciples de M. de Lamennais;

[1] Voir la circulaire du 21 juin 1864.

mais, au moment même où il écrivait, en janvier 1835, il n'y avait déjà plus de Lamennaisiens dans le clergé de Besançon, tous ayant accepté les décisions du Saint-Siège à cet égard. Je sais bien que la plupart des vieux tenants du gallicanisme n'ont jamais voulu croire à la sincérité de leur soumission, et que les anciens disciples de M. de Lamennais ont toujours été pour eux des bêtes d'horreur. Pourquoi? Parce qu'il étaient ultramontains avant tout; et c'est ce qu'ont bien prouvé les Lamennaisiens les plus marquants de Besançon, savoir MM. Gousset, Doney, Gerbet, Blanc, etc., qui sont devenus, non seulement la gloire de leur diocèse et les principaux champions des droits du Saint-Siège, mais encore l'honneur de l'Eglise catholique de France. On voit par là que le clergé bisontin d'alors était romain avant tout. Or, quand il arrive à un pareil clergé d'avoir un archevêque, même très légitime, qui ne marche pas droit dans cette voie, faut-il qu'il s'arrête et se taise au préjudice des droits du Pontife suprême? N'a-t-on pas vu quelquefois des prêtres, qui avaient fait une certaine opposition à leur évêque, devenir eux-mêmes évêques, voire archevêques, et même cardinaux? Une opposition légitime, au lieu d'être un crime, est souvent un mérite.

Mais voyons comment la prudence, que l'évêque d'Evreux reconnaissait à Mgr Mathieu, a *fait passer* celui-ci *à travers les difficultés* qu'il lui signalait. Il y avait, au grand séminaire de Besançon, quand Mgr Mathieu fut nommé archevêque de cette ville, un professeur de morale qui, à la suite de M. Gousset, prenait pour base de son enseignement les principes de saint Alphonse de Liguori, et se trouvait pour cela en désaccord avec un de ses collègues, tant soit peu attardé dans la vieille ornière de la morale gallicane. Eh bien! qu'est-il arrivé? Est-ce celui qui suivait la voie tracée par l'Eglise, et si bien *justifiée* par M. Gousset, qui a été soutenu par le nouveau Prélat? Non, il a été abandonné. On lui a offert, dit-on, une position honorable dans le diocèse. Je l'avais ignoré jusqu'ici; tout ce que j'avais appris à ce sujet, c'est qu'en vain deux de ses confrères du séminaire avaient essayé d'humbles représentations, en faisant valoir l'attachement extrême que tous les élèves de théologie avaient pour leur professeur et le danger que courrait la paix, si on voulait l'éloigner; mais on avait refusé même de les entendre. Si pourtant M. Gaume aîné, car c'est de lui qu'il s'agit, avait voulu maintenir ses droits de *directeur* au séminaire, en vertu des constitutions de la communauté, qu'aurait-on fait?

Je sais bien qu'on ne peut pas prêcher, ni à plus forte raison enseigner, dans un séminaire surtout, contre le gré de l'Ordinaire; mais, quand on a reçu de lui pleins pouvoirs pour cela, convient-il qu'on en soit privé pour avoir soutenu les bonnes doctrines, comme cela a eu lieu pour M. Gaume et pour d'autres plus tard? Au reste, si on pouvait ôter à M. Gaume sa chaire de docteur ou de professeur, en était-il de même de sa place de directeur, au moins au point de vue matériel [1]? Mais M. Gaume, à qui, par parenthèse, Mgr Besson attribue gratuitement le *Manuel des Confesseurs* [2], aima mieux s'exiler lui-même et se retirer à Paris, où on a fini par reconnaître ses mérites exceptionnels, et par lui confier, avec les titres les plus plus honorables, les plus délicates fonctions [3].

---

[1] Voir ce que j'ai dit pour un cas tout à fait semblable, p. 22-28 de mes *Explications intéressantes*, où j'ai exposé les raisons de sagesse qui militent en faveur des constitutions de la Mission, comme aussi du séminaire de Besançon.

[2] Cet ouvrage est de son frère, J. Gaume. Mais quand Mgr Besson dit que cet ouvrage « fait autorité encore aujourd'hui, » suppose-t-il qu'il ne fera pas autorité encore demain, et que l'on abandonnera la pratique des saints, dont M. Gaume n'a été que l'écho?

[3] Il en a été de même, plus de vingt ans après, pour un de ses successeurs qui, ayant encouru à son tour la disgrâce de Mgr Mathieu, a cru devoir se retirer, et a été accueilli avec bonheur par le cardinal de Reims. Je veux parler de M. Jacquenet, qui, après avoir été assez longtemps occupé au secrétariat de ce dernier diocèse, est devenu Protonotaire apostolique, curé de Saint-Jacques de Reims et enfin évêque de Gap, qu'il gouverne aujourd'hui. Qu'est-ce donc qui avait attiré à Mgr Jacquenet cette disgrâce du cardinal de Besançon? Hélas! dans une *Conférence sur l'Etude* adressée aux prêtres de la retraite ecclésiastique de Besançon en avril 1857, il avait cru pouvoir recommander à ses auditeurs l'étude du droit canonique, en se basant sur le texte de l'encyclique *Inter multiplices* de 1853, et manifesté le regret qu'il n'y eût plus en France de Facultés de théologie reconnues par l'Eglise. On peut lire cette *Conférence*, qui a été imprimée à Rome en 1858 par les presses

Mais quel a été pour Besançon le résultat le plus clair de son départ? C'est que son successeur dans la chaire de morale, précisément parce qu'il avait été appelé à le remplacer et par suite à professer une autre morale, a eu mille peines à se faire accepter et surtout écouter. J'ai été témoin moi-même, quand je me suis assis sur les bancs de la théologie en 1835, du discrédit qui frappait cet enseignement. Il est vrai que tout s'est apaisé à la longue, surtout depuis que les adversaires de la morale de saint Alphonse de Liguori ont compris la nécessité de ne plus la combattre, et se sont vus forcés, par leur bon esprit personnel, à modifier considérablement leur ancien rigorisme. La chose est arrivée au point que, quand j'ai été appelé à professer moi-même le dogme, et certains traités mêlés de dogme et de morale, de 1843 à 1847, j'ai pu, sans observation aucune, même de l'archevêché, enseigner l'ultramontanisme à tous les points de vue, dogmatique, moral et disciplinaire, voire même en matière de liturgie. C'est qu'alors, j'aime à le reconnaître, on ne soupçonnait pas encore où tout cela aboutirait plus tard, c'est-à-dire aux proclamations solennelles du concile du Vatican [1]. Mais continuons notre examen de la *Vie du cardinal Mathieu.*

de la Propagande, et l'on n'y trouvera certainement rien que ces deux passages bien courts qui aient pu froisser et alarmer.

[1] Les principes ultramontains, je les ai toujours gardés. Aussi, dans mon *Histoire,* p. 159, après avoir parlé de la définition du dogme de l'Immaculée-Conception, proclamé malgré les controverses auxquelles il avait été sujet antérieurement, je faisais les réflexions suivantes : « Pourquoi n'en serait-il pas de même à l'avenir d'autres controverses qui touchent de près à la constitution elle-même de l'Eglise et aux prérogatives de son Chef suprême? Pour ce qui nous regarde, nous désirons de tout notre cœur que le Souverain-Pontife en vienne enfin à proclamer aussi le dogme en cette matière, afin d'arracher du sein de l'Eglise catholique toute semence de schisme. » J'étais donc ultramontain bien avant le concile du Vatican. On verra aussi que, dans ma lettre au Pape, citée à la fin de la préface de mon *Etude préliminaire,* je faisais profession de reconnaître son *autorité pleine, suprême et infaillible.*

CHAPITRE III.

CE QUE PENSE Mgr BESSON ET CE QU'IL FAUT PENSER DE LA PLURALITÉ DES VICAIRES CAPITULAIRES.

Je lis, page 172 : « L'esprit de l'Eglise est que, pendant la
« vacance d'un siège (épiscopal), l'administration diocésaine
« soit aux mains d'un seul homme ; (au contraire) l'usage de
« l'Eglise de France, toléré par Rome, est qu'il y ait autant
« de capitulaires qu'il y a de vicaires généraux reconnus par
« l'Etat. Cette tolérance s'explique par l'étendue de nos dio-
« cèses et la multitude des affaires qui s'y traitent. Mais la
« nomination de sept vicaires généraux (capitulaires, qui eut
« lieu à Besançon en 1833), dépassait tous les usages et
« n'avait point d'excuse. » C'est par ce peu de mots que
Mgr Besson tranche une des questions les plus graves qui
aient été soulevées en France depuis 1860.

Quand je publiai mon *Histoire* en 1862, je crus devoir y
annexer une petite Dissertation de treize pages in-8° compactes, sous le titre de note *H,* où je traitais la question au
point de vue des principes, et où je rendais compte des
discussions qui avaient eu lieu à cet égard, ainsi que des
résultats qui les avaient suivies de 1860 à 1862 ; depuis, j'ai
ajouté à ce premier travail un supplément à peu près aussi
étendu, contenant de nouveaux renseignements sur la matière et le récit des faits qui sont arrivés plus tard ; j'ai même
trouvé l'occasion de résumer le tout, imprimé et manuscrit,
dans un abrégé substantiel ; malheureusement je n'ai pas
cet abrégé sous les yeux, mais je puis m'en passer pour dire
à Mgr Besson, d'abord, qu'au lieu d'écrire *l'esprit* de l'Eglise,
il aurait dû mettre : *la loi* de l'Eglise ; ensuite, il aurait pu
faire connaître les motifs de cette loi du saint concile de
Trente, savoir la nécessité de l'unité et de la responsabilité de
l'administration capitulaire, comme de toute autre administration. Et certes, rien n'est plus naturel, ni plus sage. Même

dans une république bien organisée, on sent le besoin d'un
Président. Supposez, au contraire, qu'un pays soit gouverné
par des duumvirs ou des triumvirs munis de pleins pouvoirs,
qu'arrivera-t-il? De deux choses l'une : ou bien, ils agiront
chacun à leur tête, et ce sera la division ou la confusion, et
par suite l'anarchie; ou bien, ils devront se concerter toujours, mais cela ne ralentira-t-il pas beaucoup la marche des
affaires? si l'un s'absente, par exemple, et que le cas soit
urgent! D'ailleurs, seront-ils toujours d'accord? Si pourtant
ils ne le sont pas, et qu'ils ne soient que deux, lequel l'em-
portera? Ils devront se battre ou ne rien faire. S'il sont trois,
et que le vote ait lieu au scrutin secret, qui est-ce qui ré-
pondra de la décision? Tous les trois? même celui qui aura
voté contre? On comprend tous les inconvénients d'une
pareille administration, et le vieil Homère avait raison de
proclamer cet adage : « Qu'il n'y ait qu'un chef suprême, »
un monarque qui décide, ou du moins un *premier* consul.

Mais *l'étendue de nos diocèses et la multitude des affaires
qui s'y traitent* ne justifient-elles pas la pluralité des vicaires
capitulaires? — Je réponds que si un Evêque suffit, un vicaire
capitulaire suffira aussi. — Mais l'Evêque peut avoir plusieurs
vicaires généraux pour l'aider. — Eh bien! n'en est-il pas de
même du vicaire capitulaire qui succède au pouvoir ordinaire
de l'Evêque? Quant à ce que Mgr Besson dit de l'usage de
l'Eglise de France (de nommer *autant de vicaires capitulaires
que l'évêque a de vicaires généraux reconnus par l'Etat*), que
cet usage *est toléré par Rome,* cela signifie tout simplement
qu'il est en soi illégitime, puisque le Saint-Siège ne fait que
le tolérer; s'il était légitime, fondé, par exemple, sur une
coutume raisonnable et légitimement prescrite, au lieu de le
tolérer, elle l'approuverait, ou du moins le reconnaîtrait.
Elle ne le tolère donc que comme Grégoire XVI tolérait en
1842 les liturgies illégitimes de France, dont il désirait
ardemment la suppression, tout en s'abstenant de l'exiger
par crainte de graves dissentiments. On sait bien, du reste,
d'où est venue cette tolérance, dont nous allons raconter
l'histoire.

Le 14 juillet 1858, la sacrée Congrégation du concile avait

écrit au Cardinal de Reims, au nom de Pie IX, d'avertir son chapitre de ne lui donner pour successeur, quand il viendrait malheureusement à manquer, qu'un seul vicaire capitulaire, conformément à la loi et nonobstant l'usage contraire signalé dans certains conciles provinciaux de France. Cette lettre ayant acquis une certaine publicité, plusieurs chapitres se crurent obligés d'en suivre les prescriptions. C'est ce qui eut lieu d'abord à Soissons, dans la province de Reims, en 1860; puis, cet exemple fut imité à Auch, à Luçon, au Mans et à Saint-Brieuc en 1861, et à Coutances en 1862. Mais qu'arriva-t-il alors? Le gouvernement fit difficulté de reconnaître ces sortes d'élections. Pourquoi? Je l'ignore absolument, car il m'est tout à fait impossible d'imaginer quel intérêt il peut trouver en cette affaire. S'il s'agissait pour lui d'exercer une certaine influence sur les administrations capitulaires, ne lui serait-il pas plus facile d'agir sur une tête que sur plusieurs? Néanmoins, il s'obstina dans son idée, et il fallut bien aviser au moyen d'obtenir son agrément, et par suite un traitement pour les administrateurs élus.

Cahors étant donc venu à vaquer en 1863, le Chapitre, embarrassé, s'adressa à la sacrée Congrégation du concile, pour lui demander s'il « pouvait nommer deux vicaires pour remplacer deux vicaires généraux, selon la coutume française. » A quoi il fut répondu que « cela pouvait être toléré : *posse tolerari.* » Voilà bien où Mgr Besson a lu la *tolérance* dont il parle, *d'autant* de vicaires capitulaires qu'il y a de vicaires généraux dans un diocèse. Mais, s'il était allé plus loin et qu'il eût consulté une autre réponse de la même Congrégation, adressée la même année au chapitre de Périgueux, il aurait compris peut-être qu'à Rome on poussait encore la tolérance au delà des limites qu'il lui a assignées. Ce Chapitre, en effet, ayant demandé « s'il pouvait nommer *trois* vicaires capitulaires, à cause de l'étendue du diocèse, selon la pratique généralement suivie, » il lui fut répondu : « Quant à la nomination de (plusieurs) vicaires capitulaires, elle peut être tolérée : *posse tolerari.* » Il est remarquable qu'ici la sacrée Congrégation se tient dans le vague et s'abstient de fixer un nombre; elle ne dit ni *trois,* ni quatre, et se contente de mettre la chose au pluriel. Si elle avait voulu en autoriser *trois,* selon la demande, au lieu d'insérer son *quant à* dans sa réponse, elle aurait dit tout simplement, comme à Cahors, *posse tolerari.* Néanmoins le chapitre de Périgueux se crut en droit d'en nommer trois, tout comme il aurait pu en nommer sept, s'il l'avait voulu, sans aller contre *la lettre* de la décision. Mais en avait-il bien saisi l'esprit? et que faut-il entendre par cette déclaration de *tolérance* qu'elle contient?

N'est-il pas vrai que, si la sacrée Congrégation du concile avait voulu dire au chapitre de Cahors qu'il pouvait en droit, à raison de la coutume française, nommer deux vicaires capitulaires, elle aurait dû tout simplement répondre : *posse,* et non, *posse tolerari?* Mais, en répondant de la même manière à celui de Périgueux qui en demandait trois à raison de la même coutume et de l'étendue du diocèse, n'a-t-elle pas fait assez entendre, d'abord, qu'elle ne regardait, ni cette coutume ni cette étendue, comme capables d'autoriser la nomination de plusieurs vicaires capitulaires, et ensuite que, s'il y avait d'autres raisons à l'appui d'une pareille conduite, on pourrait à toute force la tolérer ou laisser faire, parce qu'enfin il s'agit ici d'une loi purement ecclésiastique, et non de droit naturel ou divin? Voilà certainement le sens de cette décision, dont on s'est tant prévalu depuis, comme si elle avait tranché le fond de la question. Au reste, nous verrons tout à l'heure que la sacrée Congrégation du concile elle-même, malgré ses réponses à Cahors et à Périgueux, n'en a pas moins rappelé et justifié la loi dans une circonstance postérieure.

Auparavant, je dois signaler ce qui s'était passé à **Paris** cette même année 1863. Le chapitre y avait nommé trois administrateurs capitulaires qui écrivirent alors collectivement au Pape ; mais le Saint-Père, au lieu de leur répondre à tous trois, fit adresser sa lettre au seul Mgr Buquet, comme au vicaire capitulaire légitimement élu, en l'autorisant à communiquer les pouvoirs à ses deux associés. Sur ce, on me dira peut-être : est-ce que Mgr Buquet était plus légitime que les autres? J'avoue que, s'ils avaient été nommés tous les trois dans le même scrutin, je douterais fort de la validité de l'élection, même de celui qui aurait obtenu le plus grand nombre de suffrages ; car enfin une élection pareille n'est pas canonique, n'étant pas conforme à la loi ; seulement on m'a dit qu'à Paris on avait fait des scrutins successifs et que Mgr Buquet avait été élu au premier tour. Alors le droit du Chapitre étant, ou du moins pouvant être, épuisé, ce premier élu devait, pour plus de sûreté, communiquer les pouvoirs, comme le disait le Pape, à ses deux associés. Eh bien ! pourquoi, dans l'état présent des choses, n'emploirait-on pas ce mode de scrutins successifs pour assurer la transmission régulière de la juridiction aux *administrateurs* capitulaires, que l'on ferait ensuite agréer *comme tels* par le gouvernement ? Il me semble que cela couperait court à des inconvénients de la plus haute gravité, qui m'ont fait dire tout en commençant que cette question-ci était une des plus importantes qui aient été soulevées depuis 1860.

Maintenant, à supposer que le Pape, qui peut dispenser du droit canonique, *autorise* positivement en France la nomination de plusieurs vicaires capitulaires, ne conviendrait-il pas au moins, pour l'unité du gouvernement, qu'ils ne pussent exercer que de concert leurs pleins pouvoirs ? Si la marche des affaires en était ralentie, cet inconvénient serait compensé par la maturité de la décision et l'uniformité de conduite.

Signalons enfin le rescrit adressé par la sacrée Congrégation du concile à l'archevêque d'Albi, à l'occasion de la vacance du siège de Rodez en 1871 (voir l'*Univers* du 10 novembre 1871, et aussi du 2 janvier 1875, rapportant le mandement du vicaire capitulaire d'Agen). Je traduis : « Les
« Pères de Trente s'étant servi du singulier, en parlant de la
« nomination d'un et non de plusieurs vicaires, ont fait voir
« suffisamment et surabondamment que, pendant la vacance
« du siège, il ne faut en députer qu'un, et non plusieurs.
« En effet, de même qu'il n'y a qu'un évêque dans chaque
« diocèse, il est de toute convenance aussi qu'il ne *doive*
« y avoir qu'un seul vicaire, car c'est le seul moyen de
« conserver l'unité de gouvernement et l'uniformité de con-
« duite nécessaires pour éviter toute confusion ; que si l'é-
« tendue du diocèse et la multitude des affaires (ce sont bien

« les mots de Mgr Besson) exigent le travail de plusieurs
« hommes, rien n'empêche que ledit vicaire ne s'associe un
« ou plusieurs (collaborateurs) comme provicaires, pour
« expédier sous son autorité les affaires du ministère pasto-
« ral. » Passons maintenant à un autre sujet.

CHAPITRE IV.

DU SYSTÈME DES CORRESPONDANCES CONFIDENTIELLES POUR
TRAITER, SOIT AVEC SES COLLÈGUES, SOIT AVEC LE GOUVER-
NEMENT, DES GRANDS INTÉRÊTS DE L'ÉGLISE.

Mgr Besson dit, page 220 : « L'archevêque de Besançon
« (en 1836) pensa et réussit sans contradiction à établir, entre
« presque tous les évêques de France, une correspondance
« qui les mettait d'accord sur les réclamations à faire en
« temps utile au gouvernement, pour déjouer des projets
« défavorables à l'Eglise et faire valoir en toute occasion ses
« droits menacés. » Jusqu'à quel point ce système lui a-t-il
réussi, d'abord avec ses collègues, et ensuite vis-à-vis du
gouvernement ? c'est ce que nous allons examiner.

Afin de juger le premier point, je me contenterai de
signaler ici ce qui s'est passé en 1852 au sujet des classiques
païens ; ou plutôt, je devrais renvoyer mon lecteur à la note *G*
de mon *Histoire,* où j'ai résumé en huit pages compactes
toute cette affaire. On y verra comment une nouvelle Déclaration en quatre articles a été d'abord rédigée, puis critiquée
et remaniée, et enfin abandonnée et mise à néant, grâce à
l'intervention du cardinal Gousset, qui, dans une lettre du
30 juin, s'éleva avec force contre le système que l'on inaugurait d'adhésions isolées, provoquées ou sollicitées personnellement, en dehors de toute vue d'ensemble et de toute
délibération, sans intervention aucune du Vicaire de Jésus-
Christ. Ce système, disait-il, n'est point consacré dans l'Eglise.

De son côté, le cardinal Antonelli, en lui répondant le

30 juillet, après avoir loué d'abord la justesse et l'étendue des vues de ce Prélat dans l'appréciation de la controverse des classiques, insistait, comme lui, sur la nécessité de conformer aux règles et coutumes établies par l'Eglise la nature et la forme des actes émanant du corps épiscopal, pour ne pas s'exposer à rompre l'unité si nécessaire d'esprit et d'action.

Enfin, le concile d'Amiens, tenu en janvier 1853, s'expliqua sur ce point de la manière suivante, dans sa longue condamnation du *Mémoire sur le Droit coutumier :* « Ce livre, « tout en insinuant qu'il désire la continuation des conciles « provinciaux, suggère néanmoins une autre voie à suivre « par les Evêques, quand il représente la réunion des Eglises « de France, lesquelles n'ont aucun centre particulier d'auto- « rité et de juridiction, comme un corps capable de délibérer, « d'agir et de statuer. Il introduit donc un principe pertur- « bateur du gouvernement ecclésiastique et gros de dangers, « parce qu'il peut à l'avenir se présenter des circonstances « où, si l'on en croit l'expérience du passé, cela favoriserait « beaucoup les tentatives de schisme. Il est évident que cette « idée s'écarte du **vrai**. L'usage, en effet, et même le pré- « cepte de l'Eglise, est que les Evêques règlent plusieurs « choses d'un conseil et par un acte commun, quand le bien « de leurs diocèses le demande. Mais l'Eglise, qui est une « armée bien organisée et où tout se fait par règle, n'a pas « voulu que ces déterminations communes eussent lieu par « un concert arbitraire sans règles et sans l'intervention du « Souverain-Pontife. Au contraire, il a été établi, par un ordre « très sage, d'abord que les Evêques de chaque province se « réuniraient ensemble, sur l'appel du métropolitain, pour « tenir canoniquement un concile ; puis, que, les décrets de « tous les conciles provinciaux étant soumis avant leur pu- « blication au jugement du Saint-Siège, la manière d'agir « des Evêques, ramenée par le Chef de l'Eglise à l'unité, « deviendrait véritablement la même. Quand donc il y a « pour les Evêques devoir de déclarer ou de statuer, par une « sanction commune, des règles concernant le dogme, la « morale et les affaires ecclésiastiques, les conciles provin- « ciaux sont le moyen bon, conforme à la pratique de l'Eglise,

« prescrit par les canons et approuvé du Saint-Siège aposto-
« lique, le seul que nous professions devoir être employé par
« nous, à moins qu'il n'y ait des obstacles et des nécessités
« extraordinaires urgentes, et alors avec l'intention de sou-
« mettre le plus tôt possible au Souverain-Pontife les actes
« passés. »

Ce décret était certainement très sage, car comment s'entendre à distance, sans discussion, sur des matières sca-
breuses et sujettes à controverse ? Aussi la Déclaration des
quatre articles fut abandonnée presque aussitôt que bâclée ;
déjà le 30 juillet 1852, le cardinal Antonelli, dans sa réponse
à Mgr Gousset, lui disait qu'il n'y avait pas lieu à pousser
plus loin l'affaire, grâce au parti prudent auquel s'était
décidé le personnage qui avait eu le principal rôle dans cette
discussion. On s'était résolu en effet à ne rien publier, ce qui
n'empêcha pas les articles d'être connus et la controverse
d'aller son train, comme nous le dirons plus tard.

Sans doute, il n'est pas défendu aux Evêques de se communiquer leurs idées, même par lettre ; mais, quand il n'y a
pas d'obstacle à la tenue d'un concile, pourquoi ne pas se
réunir canoniquement ? Or, à l'époque dont nous parlons, les
conciles provinciaux étaient libres, puisqu'on en avait célébré
presque partout dans le cours des trois années précédentes, et
que la province de Reims allait ouvrir son second à Amiens
en janvier 1853. Il eut été à désirer, sans doute, qu'indépendamment des assemblées provinciales, on eût pu réunir un
concile national, selon le désir de certains Prélats, pour y
régler des points qui regardaient toute la France ; mais le
Souverain-Pontife n'avait pas cru devoir accéder à la demande
qui lui en avait été faite en 1849, vu la difficulté du temps,
et pour un autre motif encore. On voit, par ce récit, que les
correspondances confidentielles ne sont guère propres à produire un autre résultat que de diviser les esprits, surtout
quand elles ont pour objet des idées *particulières*.

Examinons maintenant si Mgr Mathieu aura été plus heureux dans ses relations secrètes avec le gouvernement. Son
biographe cite, page 324, une lettre de Sa Grandeur à son
frère, alors gouverneur de la Martinique, au moment où l'on

attaquait vivement le monopole universitaire. On y lit :
« Depuis longtemps, mais surtout depuis dix ans, les choses
« marchent mal dans l'Université. Les professeurs, formés à
« l'Ecole normale sans principes religieux, donnent les fruits
« qu'on pouvait attendre. Le mal est surtout dans les classes
« d'histoire et de philosophie, qui sont les principales... Sous
« un autre rapport, il y a un énorme déficit dans les écoles
« de l'Etat : c'est celui de l'éducation. Les Evêques et les pères
« de famille ont donc raison d'être inquiets, et de demander
« un remède au mal ; mais quel est ce remède ? » Ce remède,
ajoute ici tout de suite Mgr Besson, était la liberté de l'enseignement secondaire.

J'admets bien que la liberté de l'enseignement pouvait un
peu remédier au mal, mais pas entièrement, parce qu'enfin
les collèges libres ne devaient pas s'attendre à faire l'éducation de tous les enfants de France, et ne pouvaient, par
conséquent, prétendre à guérir tout le mal. Le remède topique
eût été la réforme de l'Université elle-même, ou, si elle était
irréformable, sa dissolution, à laquelle, du reste, on a songé
plus tard. Mais, comme on ne pouvait pas, en 1844, obtenir
le remède radical, on comprend qu'on se soit contenté de
réclamer la liberté de la concurrence, ou, si l'on veut, la
suppression du monopole.

Voyons maintenant comment on a procédé : « Un certain
« nombre de provinces ecclésiastiques, nous dit Mgr Besson,
« se prononcèrent par des démonstrations collectives dont
« l'importance n'échappa à personne. D'autres Prélats gar
« dèrent le silence dans la presse ; mais ils n'en furent ni
« moins zélés pour signaler le mal, ni moins pressants auprès
« des ministres. Mgr Mathieu fut de ce nombre. » Mais pourquoi prit-il ce dernier parti ? « Ce qui semble surtout, dit
« son biographe, l'avoir déterminé à garder publiquement le
« silence et à se contenter de réclamations confidentielles
« auprès des ministres, c'est la connaissance qu'il avait de
« la pensée personnelle du roi. » Ici Mgr Besson signale une
lettre que l'Archevêque de Besançon écrivit le 9 octobre
1844, et où, rendant compte d'une entrevue qu'il avait eue le
30 septembre avec Louis-Philippe, il disait : « J'ai vu claire-

« ment le fond de sa pensée. Il veut laisser tomber dans l'eau
« le projet de loi à la Chambre des députés et maintenir le
« *statu quo*. Il espère par là apaiser le clergé ; mais le mal
« continuera, car il laissera l'Université dans toute sa force. »

Eh bien ! puisque Mgr Mathieu voyait si bien les déplorables
effets du *statu quo*, pourquoi ne se rangea-t-il pas du côté
de ceux qui travaillaient plus efficacement à le faire disparaître ? « Il persista (pourtant) dans son silence public et dans
ses réclamations secrètes. » Etait-ce pour ne pas déplaire au
roi ? Son biographe le suppose, quand il dit que ce qui semble
surtout l'avoir déterminé à se taire en face du public, c'est la
connaissance qu'il avait de la pensée personnelle du roi ; mais
ce motif était-il bien épiscopal ? et ne ressemblerait--il pas
trop à celui qui animait les Prélats de l'assemblée de 1682 et
que le V. Innocent XI leur reprocha avec tant de vigueur
et de raison ? Au reste, je vois avec plaisir que Mgr Besson,
tout en justifiant *ainsi* la conduite de son héros, n'hésite pas
à reconnaître son défaut de lumière à cet égard, lorsqu'il
ajoute : « Mais les partisans (hardis) de la liberté d'enseigne-
« ment avaient vu plus haut et plus juste en déployant toutes
« les ressources de la publicité. L'avenir leur donna raison,
« et, au lendemain de la révolution de février, la loi de 1850
« sortit naturellement (quoique avec de nouveaux efforts)
« des longs et orageux débats engagés sous Louis-Philippe
« dans la Chambre et dans la presse. » J'espère qu'après cette
déclaration courageuse, Mgr Besson, quand il sera arrivé à
nos *longs et orageux débats* sur la liturgie, ne manquera pas
de nous donner raison, comme l'évènement nous l'a donnée
lui-même. Il y a tout lieu de croire, en effet, qu'il fallait
lutter pour vaincre, et, si la lutte a duré si longtemps, ce n'est
pas notre faute.

Je terminerai ce chapitre, en signalant une autre lettre de
Mgr Mathieu à M. Martin du Nord, ministre des cultes, en
1845, lettre qui ne devait et ne pouvait pas avoir plus de
succès que les autres réclamations secrètes. On sait la levée
de boucliers qui eut lieu alors contre les jésuites. Eh bien !
l'Archevêque de Besançon s'exprimait ainsi, page 346 : « Pour
« ce qui est de la question des congrégations, l'Eglise n'a

« besoin ni des jésuites, ni de telle autre congrégation en
« particulier : elle s'en est passée et peut s'en passer encore.
« Mais ce qu'elle ne peut aliéner ni abandonner, ce sont les
« conseils évangéliques dont la pratique implique l'existence
« des congrégations en général. » J'avoue que cette manière
de défendre les jésuites, et même les congrégations en général, m'a singulièrement surpris ; car, si on peut dépouiller
l'Eglise de chaque congrégation en particulier parce qu'elle
peut s'en passer, quand, en vertu de ce principe, on les lui
aura enlevées toutes successivement, où sera son droit à
l'existence des congrégations en général et à la pratique des
conseils évangéliques? Je dis donc que l'Eglise ne doit
abandonner ni l'une ni l'autre de ses congrégations, tant
qu'elles n'ont pas mérité d'être supprimées, et j'ajoute qu'elle
a besoin de toutes celles qui lui rendent de véritables services
tant pour l'éducation que pour autre chose, celle des jésuites
y compris. Je vais maintenant m'occuper d'un autre objet
qui tient aussi au système général des opérations secrètes.

CHAPITRE V.

DE LA RÉUNION D'ÉVÊQUES QUI EUT LIEU A BESANÇON EN 1849.
— ABSTINENCE ET AMOVIBILITÉ.

Je lis page 426 : « Mgr Mathieu pensa, dès le commence-
« ment de la République, à profiter de la liberté laissée à
« l'Eglise pour réunir ses suffragants et conférer avec eux.
« Il le fit, il est vrai, d'une manière discrète et timide, n'o-
« sant pas donner à sa convocation le caractère d'un appel
« à un véritable concile provincial. » J'admire cette timidité.
J'aimerais mieux entendre dire que Monseigneur y allait
de bonne foi, et croyait tenir un vrai concile ; au fait, sans
parler d'images distribuées en souvenir du *concile,* Mgr Besson
ne nous dit-il pas lui-même que « les actes de l'assemblée,
« dressés le 3 mars 1849 après cinq jours de délibération,
« furent portés à la connaissance du Saint-Siège, qui en loua

« la sagesse, mais ne les approuva pas canoniquement, parce
« qu'ils n'avaient pas le caractère conciliaire. » Monseigneur
croyait donc obtenir une approbation canonique.

Quoi qu'il en soit, voyons ce qui s'est passé dans les séances
tenues au palais archiépiscopal. « Les Prélats, nous dit
« Mgr Besson, examinèrent les principales questions que l'on
« agitait alors dans les Eglises de France, comme l'inamo-
« vibilité des desservants et l'abstinence du samedi. Ils se
« prononcèrent à l'unanimité sur la première question pour
« le maintien de la discipline actuelle ; des divergences écla-
« tèrent sur la seconde, et l'on convint que chaque Prélat,
« tenant compte de la nécessité des lieux, en demeurerait
« juge et se pourvoierait en conséquence auprès du Saint-
« Siège. » Je remercie Mgr Besson de m'avoir appris enfin
quelque chose de ce qui avait été discuté à l'archevêché de
Besançon en 1849 ; bien que je fusse alors fixé aux portes du
palais, comme vicaire de la paroisse métropolitaine, j'avais
toujours parfaitement ignoré, jusqu'à présent, ce qui s'était
dit et fait au-dedans, tant le secret était bien gardé, mieux
qu'au concile du Vatican.

J'ajouterai que, si j'avais su en 1860 ce qu'on vient de me
révéler, j'en aurais parlé dans la note *G* de mon *Etude préliminaire* sur l'inamovibilité, et dans la note *I*, à propos de
l'abstinence. Quant à celle-ci, Mgr Mathieu, on le sait partout,
n'a jamais voulu marcher sur les traces de ses collègues dans
l'épiscopat pour obtenir de Rome la dispense de l'abstinence
du samedi ; aussi, ce que j'ai dit sur ce point dans mon
ouvrage ne pouvait pas aller à ses idées particulières, si particulières même qu'une année, au lieu d'étendre, comme on
l'en priait, les dispenses du carême en faveur des sémina-
ristes *malades,* il profita de l'occasion pour les restreindre,
rétablissant au séminaire l'abstinence quadragésimale complète. Je crois que Mgr Besson a rapporté ce fait lui-même,
mais je n'ai pas pris note de la page.

Il me semble pourtant que Son Eminence aurait dû comprendre, comme les autres Prélats, que, les lois ecclésiastiques
n'étant pas *in destructionem* mais *in ædificationem,* là où
elles sont sujettes à trop de transgressions, c'est le cas de les

modifier, d'en dispenser ou du moins de les commuer, celles surtout qui ont dû leur origine à la coutume ou à la dévotion des fidèles, en vertu du principe qui dit : *Per quascumque causas res nascitur, per easdem et dissolvitur.* La loi de la pénitence est certainement divine dans son fond, mais elle est humaine dans sa forme qui peut changer. Cela est si vrai que le Cardinal lui-même accordait tous les ans, et, qui plus est, de son autorité propre et sans indult, des dispenses de carême à son diocèse, moyennant compensation, conformément à un autre usage de l'Eglise qui autorise à remplacer par des aumônes ou par des prières la bonne œuvre de l'abstinence. Chose assez étrange, le Cardinal ne voulait pas demander d'indult pour une dispense, quand il s'en passait pour une autre du même genre, en s'appuyant sans doute sur le vieux droit coutumier. Mais laissons là ce chapitre, d'autant que son successeur, au lieu de le suivre dans sa voie *solitaire*, s'est empressé de mettre son diocèse à l'unisson des autres, en vertu du double pouvoir qu'il a obtenu du Souverain-Pontife, le 22 décembre 1875.

Maintenant, en ce qui regarde l'inamovibilité, j'avais eu, pour en parler comme je l'ai fait dans ma note *G*, diverses raisons. D'abord, treize Prélats français, en écrivant collectivement au Pape en 1849 pour le prier de convoquer un concile national qui se tiendrait à Tours sous la présidence d'un Légat, supposaient qu'on y aurait renouvelé les décrets du concile de Trente sur la tenue des conciles provinciaux et des synodes diocésains, réorganisé les Facultés de théologie pour la concession des grades, fixé la position des recteurs, dits desservants, restés amovibles depuis 1801, et réglé la juridiction ecclésiastique, surtout du for contentieux. « Votre Sain-« teté, ajoutaient-ils, sait combien il importe à l'Eglise que « ces questions soient réglées et définies canoniquement. » Par ce mot *canoniquement*, je croyais qu'on entendait rétablir sur tous ces points les prescriptions des saints canons, et, comme ces Prélats étaient de sept provinces différentes, je m'imaginais que l'opinion commune de l'épiscopat français appelait une réforme. J'aurais pu, il est vrai, en consultant les treize conciles qui s'étaient tenus en France de 1849 à 1851 pour répondre au vif désir du Pape, reconnaître mon illusion ; néanmoins, la demi-mesure, proposée par les Pères de Soissons sous la présidence de l'Archevêque de Reims, me paraissait indiquer un retour vers un ordre de choses plus régulier, et, comme ce Prélat ne prenait guère l'initiative que pour des changements agréables au Saint-Père, j'aimais à croire que Rome elle-même ne verrait pas d'un mauvais œil discuter cette grave question.

Voici la liste d'abord, et ensuite la décision de ces divers conciles sur la question de l'inamovibilité :

1° Liste des conciles provinciaux tenus en France de 1849 à 1851. On tint un concile :

En 1849,	septembre	17-28,	à Paris,	appr.	9 mars	1850
Id.	octobre	1-22,	à Soissons-Reims,	»	17 févr.	id.
Id.	novembre	9-28,	à Rennes-Tours,	»	17 sept.	id.
Id.	décembre	8-23,	à Avignon,	»	12 août	id.
En 1850,	juin 22 - juillet 3,		à Albi,	»	17 nov.	1852
Id.	id. 30 - id. 13,		à Lyon,	»	22 févr.	1851
Id.	juillet	10-17,	à Rouen,	»	19 juill.	id.
Id.	id.	14-30,	à Bordeaux,	»	23 sept.	id.
Id.	septembre	2-15,	à Sens,	»	13 nov.	1852
Id.	id.	8-23,	à Aix,	»	30 sept.	1851
Id.	id.	10-19,	à Toulouse,	»	28 juill.	id.
Id.	octobre	8-21,	à Clermont-Bourges,	»	13 nov.	1852
En 1851,	août 20 - sept. 2,		à Auch,	»	22 juill.	id.

2° Décisions prises dans ces conciles sur l'objet en question :

A Paris, on ne s'en occupa pas : chose d'autant plus étonnante que les quatre Evêques présents, pour ne pas compter encore Mgr Dupanloup, simple évêque nommé, étaient du nombre des treize signataires de la lettre envoyée au Pape sept mois auparavant.

A Soissons, au contraire, tout en déclarant qu'on pouvait suivre l'usage existant tant que le Saint-Siège n'aurait pas statué autrement, on manifesta le désir très légitime qu'il y eût dans chaque canton au moins deux inamovibles outre le doyen, et, dans quelques-uns plus étendus, jusqu'à trois ou quatre, le doyen également non compris.

A Rennes, on commença par recommander de ne révoquer ou transférer les amovibles que rarement, prudemment et paternellement, pour respecter la stabilité du saint ministère, conformément au bref du 1er mars 1845 ; mais on ajouta que cette discipline de l'amovibilité, *introduite en France avec l'assentiment du Souverain-Pontife* et *nécessaire dans les premiers temps du rétablissement du culte, continuait à produire de si bons résultats* qu'on n'hésitait pas à la proclamer *légitime,* et *qu'il ne fallait rien* y changer tant que le Saint-Siège n'en aurait pas décidé autrement ; on finissait par désapprouver ceux qui oseraient dire que l'état de choses actuel *est subversif du droit commun et absolument contraire aux saints canons.*

A Avignon, on déclara que l'état de choses actuel n'avait rien de contraire, soit à l'esprit de l'Eglise, soit à la nature du saint ministère, puisqu'il avait existé, non seulement dans les premiers siècles, mais à diverses époques plus récentes. On regrettait donc la controverse qui s'était élevée à ce sujet et on défendait de la renouveler, attendu les déclarations de Grégoire XVI et Pie IX qui en avaient réservé la solution au Saint-Siège ; néanmoins, les Pères déclaraient que, par charité pour leurs coopérateurs, ils n'en éloigneraient d'ordinaire aucun de sa paroisse malgré lui, sans avoir pris conseil de leur officialité ou de leur conseil privé. Ils reconnaissaient d'ailleurs aux amovibles les *mêmes droits dans l'administration de leurs paroisses qu'aux curés proprement dits.*

Je n'ai rien trouvé sur cette matière dans les conciles d'Albi, de Lyon et de Rouen ; mais à Bordeaux, on s'exprima à peu de choses près comme à Rennes.

A Sens, au contraire, on se contenta de rappeler le décret du concile de Trente qui oblige de fixer les limites de chaque paroisse là où elles ne le seraient pas encore, et *d'assigner à chacune son propre curé perpétuel.*

A Aix, on déclara que les *succursalistes, quoique amovibles, étaient de vrais curés,* mais on s'abstint de traiter la question de leur état, le Saint-Siège s'en étant réservé la solution.

Toulouse jugea qu'il fallait conserver la discipline actuelle, *introduite avec l'assentiment du Pape,* et dit qu'on n'y ferait aucun changement tant que le Saint-Siège n'en aurait pas décidé autrement.

Les Pères de Clermont, ne trouvant rien de contraire à la constitution divine de l'Eglise dans l'état de choses actuel qui existait légitimement dans les premiers siècles, déclarèrent aussi qu'il n'y fallait rien changer, sauf décision contraire du Souverain-Pontife, attendu surtout que les Evêques n'useraient de leur pouvoir qu'avec maturité et modération pour assurer paternellement le salut des âmes et le bien des curés eux-mêmes.

Enfin, le concile d'Auch désapprouva ceux qui attaqueraient l'amovibilité des succursalistes comme illégitime, déclarant qu'elle n'était, ni contraire à l'ordre divin, ni réprouvée par la sainte Eglise, et qu'il fallait en conséquence s'y conformer, d'après la déclaration de Grégoire XVI, tant que le Saint-Siège n'aurait pas statué autrement.

Voilà le résumé des déclarations faites dans les treize conciles provinciaux tenus en France de 1849 à 1851. L'Archevêque de Cambrai ne put point célébrer de concile, n'ayant qu'un suffragant sous ses ordres. Quant à celui de Besançon, nous avons vu qu'il s'était contenté d'une réunion extra-canonique. On ne se montra donc favorable à l'inamovibilité qu'à Sens et à Soissons ; mais, la sacrée Congrégation du concile ayant ajourné son jugement sur le décret de Soissons en attendant qu'elle connût ce qui aurait été décidé par les autres conciles sur la matière, quand la province de Reims tint un nouveau concile à Amiens en janvier 1853, elle se contenta de dire : « Bien qu'en France, où maintenant la « plus grande partie des recteurs qui gouvernent les paroisses « sont amovibles, une grande dérogation assurément ait été « faite au droit commun sous ce rapport, le Souverain-Pontife « a pensé que cet état de choses, introduit pour de justes « raisons, ne devait pas être aboli, mais continué. »

Je ferai quelques réflexions sur ce dernier décret. Il déclare 1° que l'amovibilité des succursalistes contient une grande dérogation au droit commun. En effet, on n'a qu'à lire le concile de Trente, à l'endroit cité par les Pères de Sens, § 24, ch. XIII, pour reconnaître que la discipline de l'Eglise

« oblige les Evêques, afin *de mieux assurer le salut des âmes*
« *qui leur sont confiées,* de créer, là où il n'y en aurait pas
« ou pas de délimitées, des paroisses *distinctes,* en assignant
« à chacune son *propre et perpétuel curé,* qui puisse connaître
« ses ouailles et de qui seul elles reçoivent licitement les
« sacrements ; » elle leur permet, il est vrai, « d'y pourvoir
« d'une autre manière plus utile, selon que l'exigera la
« qualité des lieux ; » mais il ne faudrait pas croire que, par
cette restriction, le concile a voulu autoriser les Evêques à
placer dans les paroisses dont il s'agit des curés amovibles.
Déjà auparavant, § 7, ch. vii, le Concile, parlant des bénéfices-
cures ou à charge d'âmes perpétuellement unis à des cathé-
drales, collégiales, monastères, etc., voulait que les Evêques
y confiassent le soin des âmes à des vicaires capables, même
perpétuels (avec assignation de portion congrue), à moins
qu'il ne leur parût utile pour le bon gouvernement des
Eglises d'agir autrement. Mais quelle autre mesure pouvait-
on employer dans ce cas là? La Congrégation du concile
disait, en 1586, d'une cure annexée à tout un chapitre de
cathédrale, que l'Evêque pouvait la transférer en l'unissant
perpétuellement à un personnat ou à une dignité de ce même
chapitre.

Dans un autre endroit, § 21, ch. iv, le même concile de
Trente autorisait les Evêques à démembrer les paroisses où,
à raison *de la distance ou de la difficulté des lieux,* les fidèles
ne pouvaient pas *sans une grande incommodité* aller à l'église
pour y recevoir les sacrements et assister aux divins offices,
en y érigeant de nouvelles paroisses, même malgré les recteurs. On peut lire aussi, § 25, ch. xvi, un long décret où il
s'agit de vicaires encore, mais *toujours perpétuels.* Les seuls
vicaires non perpétuels dont parle le Concile sont ceux que
les évêques peuvent forcer les curés de s'adjoindre pour
suffire à leur besogne, § 21, ch. iv, et ceux qu'ils doivent
envoyer de suite dans les cures vacantes pour y faire l'*in-
térim,* jusqu'à ce qu'elles soient pourvues d'un recteur perpétuel élu au concours, § 24, ch. xviii.

Au reste, cette discipline générale de l'Eglise était bien,
avant la Révolution, celle de la France, où il n'y avait qu'un

amovible sur quinze prêtres à charge d'âmes, tandis que maintenant il y en a plus de neuf sur dix. Comment s'est donc opérée cette transformation? Le concile d'Amiens suppose 2° que cela s'est fait *pour de justes raisons;* d'autres avaient dit, avant lui, que cet état de choses avait été *introduit avec l'assentiment du Souverain-Pontife,* et *était nécessaire dans les premiers temps du rétablissement du culte.*

Que faut-il en penser? D'abord il n'est pas question de succursales dans le Concordat, mais seulement de paroisses et de cures. Ainsi, l'article 9 dit que les Evêques feront une nouvelle circonscription des paroisses de leurs diocèses; l'article 10 ajoute qu'ils nommeront aux cures; et enfin l'article 14 porte que le gouvernement assurera un traitement convenable aux Evêques et aux curés dont les diocèses et les cures seront compris dans la circonscription nouvelle. Voilà tout. Ce sont donc les articles organiques qui ont eu l'initiative dans cette affaire. Et, en effet, le 60° dit : Il y aura au moins une paroisse par justice de paix. Il sera, en outre, établi autant de succursales que le besoin pourra l'exiger. Le 61° ajoute que chaque Evêque, de concert avec les préfets, règlera le nombre et l'étendue de ces succursales. Dans le 68° on lit : Les prêtres desservant les succursales seront nommés par les Evêques, et dans le 31° : Les vicaires et desservants exerceront leur ministère sous la surveillance et la direction des curés. Ils seront approuvés par l'Evêque et révocables par lui.

Telle a été l'origine de la distinction établie entre les cures et les succursales, entre les curés inamovibles et les desservants amovibles, placés après les vicaires eux-mêmes dans les articles 31 et 68. Comment peut-on dire alors que cet état de choses a été *introduit avec l'assentiment du Souverain-Pontife?* Est-ce que, au contraire, il n'a pas réclamé contre tous les articles organiques en général dans le consistoire du 24 mai 1802? Le cardinal Caprara lui-même n'a-t-il pas fait, le 18 août 1803, une réclamation nouvelle, en signalant en particulier une vingtaine de ces articles? Ensuite, tous ces articles n'avaient-ils pas été abrogés d'une manière pure et simple dans le Concordat signé le 25 août 1816? Malheureusement ce Concordat fut non-avenu; mais celui qui nous régit, du 11 juin 1817, n'a-t-il pas déclaré ces articles supprimés *en ce qu'ils ont de contraire à la doctrine et aux lois de l'Eglise?* Il est donc difficile de découvrir un assentiment du Pape en faveur de ces articles et de la discipline qu'ils ont introduite en France.

Mais le Cardinal-Légat n'a-t-il pas donné les mains, au nom du Pape, à cette introduction de succursales et de desservants amovibles? Voici le décret du 10 avril 1802 qu'il remit à chaque Evêque pour l'organisation de son nouveau diocèse : « D'autorité apostolique, nous enjoignons au premier Evêque du diocèse de N. de choisir et d'ériger le plus tôt possible, *en paroisses, autant d'églises qu'il jugera nécessaire,* en tenant compte avec beaucoup d'attention *tant du nombre que du besoin des fidèles confiés* à ses soins, afin que ni le pain de la doctrine, ni le secours des sacrements, ni les autres moyens d'arriver au salut éternel ne puissent en aucune façon leur manquer. Quant aux revenus qui devront, suivant les conventions du Concordat, être affectés à chacune des églises paroissiales qui seront ainsi érigées, le même Prélat les *attribuera à perpétuité auxdites églises paroissiales et à leurs recteurs* futurs pour le convenable entretien de ceux-ci. » Le Pape voulait donc qu'on n'érigeât que des paroisses véritables avec des curés perpétuels, en nombre suffisant pour le besoin des fidèles, qui doivent pouvoir aborder assez facilement leur église paroissiale d'après le décret du concile de Trente que nous avons signalé tout à l'heure, § 21, ch. iv, relatif au démembrement des paroisses trop étendues. Le Cardinal ajoutait : « A ces mêmes églises érigées en paroisses, ledit Prélat donnera des recteurs *revêtus des qualités et prérogatives que les saints canons exigent,* » c'est-à-dire élus au concours, dans la forme prescrite par le concile de Trente, § 24, ch. xviii [1]. Ensuite le Légat accordait

---

[1] Ce qui prouve bien que le Saint-Père, en accordant aux Evêques de France le droit de nommer aux cures, ne les a pas dispensés d'y procéder par voie de concours, c'est la réponse suivante, adressée par Pie IX à l'Evêque de Liège en 1854 : « Attendu des circonstances particulières, pour ce qui regarde les églises dites succursales, il ne faut pas

d'autorité apostolique à tous les Evêques de France et à leurs successeurs le droit de promouvoir et d'instituer, pour les paroisses qui viendraient à vaquer dans la suite, des ecclé-

changer ce qui avait lieu précédemment, en sorte que les recteurs de ces églises peuvent être librement choisis par l'Ordinaire et demeurent amovibles *ad nutum*. Mais quant aux églises paroissiales, qui ont coutume d'être conférées à titre stable, le Saint-Père a voulu et décrété qu'on devrait absolument, à l'avenir, les donner à gouverner conformément aux règles tracées par le saint concile de Trente. Par rapport aux pourvois qui en ont été faits (autrement) depuis le Concordat de 1801, il veut bien qu'on les tienne pour guéris et il les guérit (réellement de leur vice radical), avec tout ce qui s'en est suivi, toutes les fois qu'il sera besoin. »

Cette décision, que j'avais déjà signalée p. 184 de mon *Etude préliminaire*, n'a pas fait la même fortune en France que celle de 1845 relative à l'amovibilité des succursalistes; pourquoi? On me dira peut-être que le concours est impossible. Restreinte pourtant aux cures proprement dites qui vaquent assez rarement, est-ce que la loi du concours ne serait pas pratiquable en France? On pourrait même l'étendre sans peine à un certain nombre de paroisses importantes quoique simples succursales. S'il devait y avoir de trop grands inconvénients à établir des concours *successifs* pour *chaque paroisse vacante,* qu'est-ce qui empêcherait d'en faire un général chaque année, où les examinateurs dresseraient la liste de tous les candidats qu'ils auraient jugés dignes en les classant par ordre de mérite, de manière à ce que l'Evêque pût choisir pour chaque poste vacant celui d'entre eux qu'il croirait le plus capable, et qui voudrait bien accepter? Il me semble qu'on sauvegarderait ainsi les lois de l'Eglise et les droits de chacun.

Je crois me rappeler qu'on a pris une mesure de cette espèce dans le dernier concile de la province de Bourges; mais mes notes là-dessus se trouvent égarées. Déjà, dans celui de Toulouse, en 1850, les Pères avaient fait un pas en ce sens, en décidant que, quand il s'agirait de pourvoir à une église paroissiale, l'Evêque choisirait, parmi les ecclésiastiques capables (par leur âge, leurs mœurs, leur science, leur prudence, etc.) de gouverner cette église, celui qui, tout mûrement pesé, lui paraîtrait supérieur aux autres, en observant autant que possible la loi du concours au moins pour les cures de première classe. Les autres conciles avaient tenu le large sur cette matière, se contentant de rappeler l'obligation générale, imposée par l'Eglise aux Evêques, de choisir pour les paroisses les prêtres les plus dignes et les plus capables. A cet effet, on ne doit pas seulement examiner la science de chacun, mais ses autres mérites, tels que ses mœurs, son âge, sa prudence, ses états de service, en un mot toutes les qualités requises pour réussir dans la paroisse qu'il s'agit de pourvoir. Le concours lui-même serait nul, si les examinateurs n'avaient prononcé que sur la science. (Voir d'autres renseignements sur ce point dans mon *Etude préliminaire,* p. 184, et dans le *Supplément,* p. XIII et suiv.)

siastiques pareillement idoines (ou revêtus des mêmes qualités que ci-dessus) conformément au Concordat. »

Sait-on maintenant pourquoi le gouvernement avait voulu établir l'amovibilité? Portalis écrivait le 9 juillet 1802 à l'Archevêque de Besançon : « Ce n'est pas uniquement un motif de finances qui a déterminé le législateur à restreindre le nombre des cures ; c'est un motif politique et d'un ordre plus relevé. Les curés sont inamovibles. Les prêtres succursaux ne le sont pas. *Dans les premiers moments d'une organisation nouvelle, et après dix années d'anarchie religieuse,* il est presque impossible d'être rassuré sur les choix, malgré la sollicitude du gouvernement et celle des Evêques. De là le législateur a cru qu'il était plus sage d'établir un plus grand nombre de *ministres amovibles, qui peuvent être écartés par l'Evêque quand leur conduite et les circonstances l'exigent.* » Si Portalis a dit tout son secret, l'amovibilité des desservants n'aurait dû être qu'une mesure provisoire et transitoire ; mais on a trouvé quelque part que cette mesure, après avoir été, comme le disait Portalis, nécessaire dans les premiers temps du rétablissement du culte, avait continué à produire de si bons résultats qu'il fallait la proclamer légitime. Jusqu'à quel point pourtant a-t-elle été nécessaire jamais? Est-ce que, si la conduite d'un curé et les circonstances exigeaient son déplacement, il n'y aurait pas d'autre moyen que l'amovibilité pour l'obtenir? Du côté de l'Evêque, ne pourrait-il pas procéder contre le coupable selon les règles du droit? et, quant au gouvernement, n'a-t-il pas le traitement à sa disposition? En ce qui regarde les circonstances, moins graves sans doute, telles que le mécontentement de certains paroissiens, est-ce qu'elles se rencontreraient si souvent, quand il serait reconnu que l'Evêque ne peut pas se prêter à un déplacement immérité? D'un autre côté, un succursaliste, qui peut toujours redouter la malice des méchants, sera-t-il bien encouragé à faire la correction pastorale? S'il tient à sa paroisse, comment exercera-t-il son zèle? S'il n'y tient pas, n'agira-t-il pas de manière à se rendre impossible? En tout cas, un recteur amovible, qui ne se sent pas bien assis, peut-il s'attacher à ses gens? peut-il surtout en être le père? Il me semble pourtant qu'un curé doit être le père spirituel de tous ses paroissiens; or a-t-on jamais vu qu'il fût permis d'enlever un père à ses enfants ou de l'interdire de ses fonctions, s'il ne s'en est pas rendu indigne? J'ai donc peine à croire que l'amovibilité ne nuise pas un peu, non seulement à la stabilité, mais encore au succès du saint ministère. On répond à cela que les Evêques n'useront de leur pouvoir de révoquer ou de transférer que rarement, prudemment et paternellement; je le veux bien, mais ceci dépend des personnes; et n'arrive-t-il jamais qu'un prêtre ne puisse tenir nulle part, et force la paternité épiscopale à le transférer trop souvent, au grand détriment des paroisses?

Mais, me dira-t-on, comment admettre l'inamovibilité, là où l'Eglise, dépouillée de ses biens, comme en France, ne possède plus de bénéfices proprement dits ou perpétuels? — Est-ce que le gouvernement ne s'est pas engagé, par l'article 14 du Concordat, à fournir un traitement convenable aux curés de toutes les paroisses comprises dans la circonscription nouvelle? Et le Légat n'a-t-il pas affecté ce traitement à perpétuité à toutes et à tous leurs recteurs? La Pénitencerie, de son côté, n'a-t-elle pas déclaré, en 1819 et en 1821, que ces traitements avaient le caractère des revenus des anciens bénéfices? Or, d'après le droit commun proclamé au concile de Trente, les bénéfices-cures sont perpétuels. Du reste, est-ce que le traitement affecté aux cures de canton est plus assuré que celui qu'on attribue aux succursales? Il faut, hélas! qu'ils soient votés tous les ans au budget, et l'un n'est pas plus certain que l'autre. On regarde pourtant les cures de canton comme de vrais bénéfices, et leurs recteurs comme perpétuels ou inamovibles. Je ne vois donc pas de différence réelle entre le traitement des curés et celui des succursalistes, sinon quant à la quantité; mais ce n'est pas la quantité des revenus perçus qui donne à un bénéfice son caractère, c'est leur perpétuité. Les Evêques ont bien voulu, comme on l'a dit à Aix et à Avignon, donner aux succursalistes tous les droits des vrais curés, malgré le 31e article organique qui décidait le contraire dans sa première partie; n'auraient-ils pas pu tout aussi bien mettre de côté la seconde partie de ce même article, qui les déclare révocables par eux ? D'ailleurs, cet article n'indique pas quel mode il faudra suivre pour révoquer un succursaliste, et rien n'aurait empêché d'y employer toujours les formes canoniques. D'un autre côté, le 60e article organique, en disant qu'il y aurait *au moins une paroisse* par justice de paix, supposait qu'il pouvait y en avoir plusieurs ; on aurait donc pu réaliser le vœu des Pères de Soissons sans aller contre les articles organiques ; au fait, dans le diocèse de Versailles, on trouve bien maintenant vingt-six cures en dehors de celles des chefs-lieux de canton, et il y a des cantons qui comptent quatre curés.

J'arrive maintenant au point principal de toute cette discussion. Le Souverain-Pontife a pensé, dit-on, 3° que l'état de choses actuel ne devait pas être aboli mais continué. C'est là-dessus, du reste, que se sont appuyés tous les conciles de France pour maintenir l'amovibilité des desservants. Eh bien ! qu'a fait le pape? Le voici. Un Evêque de Liège, voulant savoir s'il pouvait en conscience continuer l'usage, qui s'était établi en Belgique depuis le Concordat de 1801, de transférer ou révoquer *ad nutum* les succursalistes de son diocèse, et si ceux-ci étaient obligés de lui obéir, avait consulté le Saint-Siège sur ce point, en lui faisant observer d'ailleurs que les Evêques n'usaient de cette faculté que rarement, prudemment et paternellement, pour ne pas nuire à la stabilité du ministère paroissial. Sur cet exposé, le cardinal Polidori, préfet de la sacrée Congrégation du concile, lui répondit le 1er mars 1845 : « Le Saint-Père, après avoir mûrement examiné l'affaire en question, et de graves raisons l'y déterminant, veut bien accorder que l'on ne fasse aucun changement dans le régime des succursales dont il s'agit, jusqu'à ce que le Saint-Siège apostolique ait statué autrement. » Voilà la décision pratique qui a été envoyée à l'Evêque de Liège, et ensuite communiquée à d'autres Prélats. On en a conclu *avec raison* que nos Evêques peuvent en conscience user de la liberté dont il s'agit, dans les conditions indiquées, tant que le Saint-Siège n'aura pas formulé une décision contraire ; je le reconnais volontiers et je ne blâme pas leur conduite à cet égard ; mais cela autorise-t-il à dire que l'état de choses actuel a été *introduit* pour de justes raisons et qu'il *doit être continué?* bien plus que cette discipline est *légitime en soi,* et qu'il est *défendu de la discuter?* Il me semble que c'est pousser trop loin les conséquences d'une simple permission, ou même d'une simple tolérance. Le Pape, en effet, reconnaît assez que cet état de choses n'est pas conforme aux saints canons, quand il *veut bien accorder ou permettre* qu'on le maintienne provisoirement, jusqu'à nouvel ordre. Il dit, il est vrai, qu'il se décide *pour de graves raisons* à le laisser subsister ; mais il en est peut-être de ces raisons comme de celles qui déterminaient ce même Pontife en 1842 à s'abstenir de presser pour le moment le retour à la liturgie romaine. Il permet donc, si l'on veut, de révoquer ou transférer *ad nutum* les succursalistes, mais il n'y oblige pas ; il permet de les regarder et de les traiter comme des amovibles, mais il ne défend pas de se conduire à leur égard comme s'ils étaient inamovibles ; enfin, s'il se réserve, comme de droit, la solution définitive de la question, il ne s'en réserve certainement ni l'initiative ni la discussion, car sans discussion il n'y aura pas de solution possible, et le *statu quo* sera éternel. Ce qui prouve bien, au reste, qu'il faut entendre ainsi la chose, c'est que le Pape n'a pas trouvé mauvais que les Pères d'Avignon se liassent un peu les mains et que ceux de Soissons lui proposassent d'augmenter le nombre des inamovibles.

Mais l'obéissance que les prêtres promettent à leur Evêque dans leur ordination ne les rend-elle pas amovibles *ad nutum* vis-à-vis de lui ? Ecoutons ce que le cardinal Capellari, préfet de la Propagande (depuis, Grégoire XVI) écrivait en 1830 à l'Archevêque de Baltimore en lui renvoyant son concile provincial de 1829 : « Dans le premier décret du concile, on statue que les prêtres employés au saint ministère dans les Etats-Unis peuvent être retirés *ad nutum* des églises et missions qu'ils desservent. Le concile de Trente entend (§ 23, ch. xvi) qu'on n'ordonne pas de prêtres sans les attacher à l'église ou au lieu pieux pour le besoin ou l'avantage duquel on les ordonne. En général, l'Eglise que les prêtres doivent servir est le diocèse auquel ils appartiennent, mais, en particulier, c'est le lieu auquel l'Evêque les destine. Le concile de Baltimore tire cette amovibilité *ad nutum* de la promesse solennelle d'obéissance que les prêtres font aux Evêques quand ils sont ordonnés, et c'est pourquoi, dans ce premier décret, on statue qu'ils *sont tenus, en vertu de cette promesse,* d'obéir à l'Evêque qui leur ordonne de travailler à n'importe quelle mission dans son diocèse. Benoît XIV, parlant de cette promesse dans sa constitution *Ex quo dilectus,* dit : « Nous aussi nous ne croyons pas qu'il faille regarder cette promesse comme une simple et vaine formule ...; nous reconnaissons même volontiers qu'un prêtre, en vertu de cette promesse, est tenu, entre autres choses, à ne pas quitter, sans la permission de son Evêque, le service de l'église à laquelle il a été attaché dans son ordination. » Cela étant, il a semblé à la sacrée Congrégation que les Pères de Baltimore, parlant de cette obéissance, l'ont expliquée plus sévèrement que Benoît XIV... Il nous plairait donc que l'on rédigât ce décret dans la forme suivante : («Comme assez souvent, *c'est le commencement du décret,* quelques-uns ont mis en doute si les Evêques des Etats-Unis ont le droit d'envoyer leurs prêtres remplir le saint ministère dans n'importe quelle partie de leur diocèse, et de les en rappeler *(révoquer),* selon qu'ils en jugent dans le Seigneur), *Nous* AVERTISSONS *nos prêtres de* NE PAS REFUSER, SE SOUVENANT DE LA PROMESSE DE LEUR ORDINATION, *de travailler à toute mission que l'Evêque leur assignera* (si, *ajoutait le décret,* l'Evêque juge qu'ils pourront y trouver de quoi suffire à leur décent entretien, et que cette charge est en rapport avec leurs forces et leur santé »). Le Cardinal-Préfet continue : « Le second décret statue que les prêtres, en vertu de la même promesse, sont tenus de demeurer dans le diocèse et d'obéir à l'Evêque tant qu'ils n'ont pas reçu de lui un dimissoire canonique. Ceci est plus conforme à ce qu'a dit plus haut Benoît XIV ; on pourrait pourtant ajouter quelques mots pour faire entendre, qu'à l'égard des prêtres qui veulent entrer dans quelque ordre religieux, on doit observer ce qu'enseigne Benoît XIV sur ce point dans la même Constitution. »

On voit, par ces décrets ainsi expliqués, que la promesse de l'ordination oblige bien celui qui l'a faite à ne pas quitter le diocèse où il a été ordonné sans la permission de son Evêque, à moins qu'il ne veuille se faire religieux, mais elle *ne l'oblige pas strictement* à accepter toute fonction que son Evêque lui assignera, alors même qu'il y trouverait de quoi vivre, et qu'elle ne serait pas au-dessus de ses forces et de sa santé. On a même voulu, pour mieux assurer l'obligation où sont les prêtres des Etats-Unis de rester dans leur diocèse, qu'ils en fissent le serment personnel au moment de leur ordination. En effet, quand le troisième concile de Baltimore, célébré en 1837, proposa au Saint-Siège d'approuver le décret qui suit : « Comme le plus souvent les clercs séculiers sont ordonnés à titre de mission dans les Etats-Unis, nous avertissons les Evêques de n'admettre à ce titre aux ordres sacrés que ceux qui paraissent propres à ces saintes missions ou qui, au jugement de l'Evêque, aideront autrement au progrès de la religion, » le secrétaire de la Propagande fit observer d'abord qu'on devait y faire mention de l'*Indult apostolique* qui autorisait les Evêques des Etats-Unis à ordonner à titre de mission, et ajouta ensuite qu'il « était né- « cessaire de marquer dans ce décret, que ceux qui sont « ordonnés à ce titre doivent faire serment de servir perpé- « tuellement dans la mission à laquelle on les attache. »

L'Archevêque de Baltimore prit soin de ne publier les deux conciles ci-dessus qu'avec les corrections indiquées par la Propagande. Le titre de mission, dont il s'agit ici pour l'ordidation, est un titre nouveau ajouté à ceux du bénéfice, du patrimoine et de la pauvreté religieuse, qui seuls étaient admis auparavant. On ne peut nier que ceux du bénéfice et de la pauvreté religieuse n'aient été les seuls canoniques autrefois ; le premier, parce qu'il assure à l'ordinand un bénéfice suffisant à son honnête entretien, et le second, parce que le couvent qui le présente se charge de pourvoir à ses besoins perpétuellement. Quant au titre de patrimoine ou de pension, c'est, selon Devoti, dans ses *Institutions canoniques,* un titre extraordinaire et exceptionnel, qui n'a été introduit que sous forme de dispense, pour le cas où l'Evêque juge un ordinand nécessaire ou utile à son église.

Voici, du reste, là-dessus, le décret du concile de Trente,

§ 21, ch. ii : « Comme il ne convient pas que ceux qui sont attachés au divin ministère mendient, ou exercent quelque vil métier, à la honte de leur ordre, et que, cependant, dans la plupart des lieux, on admet aux ordres sacrés, presque sans choix, beaucoup d'individus qui, au moyen de fraudes ou d'artifices divers, font croire qu'ils ont un bénéfice ecclésiastique ou d'autres ressources suffisantes, le saint Concile statue qu'à l'avenir aucun clerc séculier, capable d'ailleurs par ses mœurs, sa science et son âge, ne sera promu aux ordres sacrés, s'il n'est pas légitimement constaté auparavant qu'il est en possession paisible d'un bénéfice ecclésiastique suffisant à son honnête entretien, et qu'il ne pourra résigner validement qu'en faisant connaître qu'il a été promu à ce titre et en prouvant qu'il peut vivre commodément d'ailleurs. Quant aux clercs patrimoniaux ou pensionnés, l'Evêque n'admettra désormais à l'ordination que ceux qu'il jugera nécessaires ou utiles à son église, après s'être également assuré qu'ils possèdent réellement un patrimoine ou une pension suffisant à leur entretien, lesquels ils ne pourront ensuite aliéner, éteindre ou céder sans la permission de l'Evêque, tant qu'ils n'auront pas obtenu un bénéfice ecclésiastique suffisant ou acquis d'ailleurs de quoi vivre. »

Pour bien comprendre le sens de ce décret, il faut se reporter au temps où il a été formulé. L'Eglise alors avait des bénéfices assez nombreux pour suffire aux besoins de tous ceux qu'elle employait au saint ministère, sans compter les secours qu'elle pouvait tirer des ordres religieux ; elle ne voulait donc pas qu'on ordonnât des prêtres qui ne seraient ni nécessaires ni utiles à leur église, à moins qu'ils ne pussent vivre décemment sans lui rien demander, afin de ne pas les exposer à la honte de mendier ou de se livrer à un vil métier pour vivre ; c'est pourquoi elle exigeait qu'ils eussent de quoi vivre honorablement de leur patrimoine personnel ou d'une pension fixe qui leur aurait été faite. Elle voulait ensuite, § 23, ch. xvi, que ces prêtres, ordonnés en vue des besoins ou de l'utilité de certaines églises ou lieux pieux, y fussent attachés et appliqués à leurs fonctions, qu'ils ne pourraient quitter sans permission de l'Evêque sous peine d'interdit; seulement, il leur était permis d'abandonner leur patrimoine ou leur pension, quand ils avaient obtenu un bénéfice suffisant, ou de quoi vivre d'une autre manière.

Maintenant que faut-il penser des ordinations à titre de patrimoine? Certainement, ainsi que Pie VII l'a déclaré dans la bulle *Auctorem fidei*, n° 52, le concile de Trente n'a pas corrompu la discipline, quand il a permis d'ordonner sans titre d'office spécial, à titre de patrimoine, par exemple, en vue du besoin et de l'utilité de l'Eglise en général, attendu que ceux qui sont ainsi ordonnés doivent remplir les offices que l'Evêque leur assignera en temps et lieu, comme cela s'est fait dès le temps des apôtres dans la primitive Eglise. Mais il y a une différence énorme à cet égard entre l'époque du concile et la nôtre. Aujourd'hui, en effet, c'est à peine si les diocèses ont assez de prêtres pour suffire au besoin des âmes dans les paroisses ou succursales existantes; il semblerait donc qu'il n'y a plus lieu à exiger le titre de patrimoine, puisqu'il y a assez de bénéfices pour faire vivre tous les ordinands, et que le patrimoine exigé autrefois pouvait être résigné par son titulaire dès qu'il avait obtenu un bénéfice suffisant; on pourrait même dire que, dès qu'un clerc, quoique riche, ne reçoit les saints ordres que dans l'intention de remplir un office auquel un bénéfice est annexé, tel que celui de curé, succursaliste ou vicaire, on n'a pas droit de lui imposer un titre patrimonial; d'autres pourraient ajouter que, les Evêques ayant toujours à leur disposition des offices de ce genre, rien ne les empêcherait de les faire servir comme titres d'ordination. En tout cas, il est certain que les Evêques ne peuvent pas, de leur autorité propre, ordonner sans titre, à moins de s'obliger à fournir eux-mêmes un honnête entretien, bénéfice ou pension, à ceux qu'ils ordonnent.

On peut facilement comprendre, par tout ce que je viens de dire, comment tout se lie et s'harmonise dans la discipline générale de l'Eglise, le titre d'ordination, par exemple, avec l'inamovibilité, et celle-ci avec l'officialité. L'officialité, en effet, peut, selon les canons, détruire l'inamovibilité de l'indigne; l'inamovible lui-même, quoique digne, peut renoncer à son titre pour en obtenir un autre au moyen du concours, et il en est de même de celui qui aurait obtenu un bénéfice par son titre d'ordination, car il pourrait l'échanger contre un autre qui lui irait mieux, pourvu qu'il le méritât. On me dira peut-être qu'en envisageant ainsi l'inamovibilité, j'en fais une instabilité. Mais cette instabilité n'est qu'en faveur de ceux qui en sont dignes, et je ne l'enlève pas même à ceux qui n'y auraient pas droit, car rien ne les empêcherait de permuter quelquefois avec un de leurs égaux, du consentément de l'Evêque, de manière à ce que tous deux fussent mieux placés selon leur goût. Or, de même que je ne veux pas qu'on *oblige* quelqu'un à se faire prêtre, bien qu'il en soit digne par sa science et sa sainteté, s'il n'en a pas la vocation ou l'attrait, et surtout contre sa vocation ou son attrait, conformément à cet avis solennel du Pontifical : *hactenùs liberi estis,* etc.; de même, je crois qu'on sort des limites du vrai, quand, sous prétexte d'obéissance ou de dévouement, on force quelqu'un à accepter ou à conserver une paroisse contre son gré; la grâce, en effet, ne supplée pas la nature qu'elle aide seulement; et si une loi humaine peut exiger de quelqu'un un acte héroïque, elle ne peut pas lui imposer un état héroïque, c'est-à-dire un état qui lui imposerait perpétuellement d'héroïques efforts.

Mais je reviens maintenant au point d'où je suis parti, et je terminerai ce chapitre par une citation et une réflexion qui s'y rattachent tout naturellement. Voici la citation : elle est extraite d'une lettre rapportée par Mgr Besson, t. I, p. 303. Le Ministre des cultes ayant consulté Mgr Mathieu sur la question de l'inamovibilité en 1843, Sa Grandeur, après avoir essayé de lui démontrer longuement « que l'autorité indis-« pensable aux Evêques, le bien de la religion en France et « l'intérêt même des desservants, exigeaient le maintien de ce « qui existait » terminait ainsi, p. 309 : « Il est clair, Monsieur « le Ministre, qu'en exposant à Votre Excellence les motifs « qui me rendent contraire à l'inamovibilité des desservants, « je ne prétends pas juger la chose en elle-même, ni blâmer « ce que l'Eglise a établi en d'autres temps et maintient « encore à présent dans tant de contrées. J'ai jugé la question « au point de vue du pays et des circonstances où nous nous

« trouvons. Si jamais un changement venait à faire dispa-
« raître les *inconvénients* que je redoute, je verrais *avec*
« *bonheur* la France revenir aux règles antiques et ramener
« la forme extérieure de son Eglise à la forme des *autres*
« *nations catholiques.* Mais tant qu'elle sera sous l'empire
« des mêmes *difficultés,* je regarderai comme funeste au bien
« de la religion et de l'Etat toute mesure qui tendrait à
« modifier la position actuelle des desservants. » J'ai lu certainement cette conclusion *avec plaisir,* mais avec un plaisir
mélangé d'amertume; car, ne connaissant pas bien les inconvénients et les difficultés que Monseigneur entrevoyait,
j'ai soupçonné que cela tenait aux succursalistes français, qui
ne mériteraient pas encore l'honneur de jouir des mêmes
immunités que leurs confrères des *autres nations catholiques,*
ce qui m'a tout à la fois surpris et affligé.

Voici maintenant ma réflexion qui a trait au titre de ce
chapitre. Pourquoi Mgr Mathieu, après avoir reconnu que les
décisions qu'il avait prises avec ses suffragants dans leur
entrevue de 1849 ne pouvaient avoir d'effet par défaut de
canonicité, n'a-t-il pas pris la peine de convoquer plus tard
un concile vraiment provincial pour leur donner une valeur
légale, ce qui eût été facile, puisqu'elles étaient déjà toutes
préparées et reconnues sages? Il ne lui était plus guère
permis d'être *timide,* après que tous les autres Archevêques
de France lui avaient donné l'exemple, et quand ceux de
Reims et de Bordeaux, avec qui il allait bientôt partager les
honneurs du Cardinalat, continuaient à le lui donner, le
premier à Amiens et à Reims en 1853 et 1857, et le second
à la Rochelle, à Périgueux, à Agen puis à Poitiers en 1853,
1856, 1859 et 1868. On est bien forcé d'avouer que Mgr Mathieu
ne tenait pas plus aux conciles provinciaux, aux synodes
diocésains et aux officialités, quoique rétablies par la plupart
des Evêques de France, qu'à l'inamovibilité. C'est ainsi qu'il
se distinguait en toutes choses, y compris l'abstinence. Mais
passons à un autre sujet.

CHAPITRE VI.

DE LA QUESTION DES CLASSIQUES PAÏENS.

Mgr Besson, t. II, p. 27, s'exprime ainsi : « M. l'abbé
« J. Gaume avait déclaré la guerre aux auteurs classiques,
« dans un livre fameux intitulé : *le Ver rongeur,* qui fit plus
« de bruit qu'il n'eut de lecteurs (est-ce que M. Besson ne
« l'aurait pas lu lui-même?); mais la hardiesse de l'auteur
« égalait son talent, et le paradoxe ne déplaît pas en Franche-
« Comté, dans la patrie des Fourier, des Proudhon, des
« Courbet, où l'on n'a pas assez de souplesse pour reculer
« devant les conséquences d'un faux principe. »

En vérité, Mgr Besson fait ici un beau compliment à ses
compatriotes!... Il en est certainement parmi eux qui n'ont
pas assez de souplesse pour reculer devant les conséquences
d'un principe vrai : coûte que coûte, ils le suivent jusqu'au
bout, et ils ont raison; mais, à mon avis, les Franc-Comtois
qui poussent jusqu'au bout les conséquences d'un principe
faux, du moins reconnu tel par eux, sont en petit nombre.
On en trouverait davantage qui ont assez de souplesse pour
n'oser pas mettre en pratique un principe qu'ils tiennent
pour vrai; mais c'est quand ils se voient en face d'inconvénients qui leur paraissent suffisants pour recourir à l'épikéie.
Quant à ceux d'entre eux qui feraient bon marché des principes, qui mêleraient tout, le blanc, le noir, et qui prendraient,
par exemple, quoique ultramontains, la défense des gallicans
pour se faire bien venir, je ne veux pas en parler.

Mais poursuivons notre citation : « Il était difficile de per-
« suader que l'univers catholique avait fait fausse route
« depuis la Réforme jusqu'à la Révolution française, et que
« *tous les maux de la société* venaient de l'étude des auteurs
« païens. C'était condamner toutes les corporations religieuses
« qui avaient pris part à l'enseignement et faire la leçon aux

« Papes qui en avaient été les guides. » Arrêtons-nous là un instant, et faisons d'abord connaître M. Gaume.

M. J. Gaume était un prêtre franc-comtois qui, après avoir été supérieur du petit séminaire de Nevers, était devenu chanoine, puis vicaire général de ce diocèse. Il n'était encore que chanoine quand il fit paraître, en 1835, un volume in-8° intitulé : *du Catholicisme dans l'éducation,* ou *l'Unique Moyen de sauver la science et la société.* Or, déjà dans ce livre, M. Gaume disait p. 254 : « Que demandons-nous ? Que l'ordre « soit rétabli dans l'éducation, pour rentrer ainsi dans la « société ; que l'accessoire prenne la place qui lui convient ; « que les auteurs païens ne soient plus les seuls, ou les « principaux pédagogues de la jeunesse ; que des classiques « chrétiens remplissent désormais cette noble fonction. Loin « de donner par là l'exclusion aux auteurs profanes, nous « sommes les premiers à leur marquer une place dans un « cours d'instruction complète. Mais cette place ne peut être « que secondaire. L'enfant chrétien a deux sociétés à con- « naître : celle dont il est le fils et qu'il doit un jour servir « et honorer ; l'autre, qu'il peut ignorer sans conséquence « pour son bonheur et celui de ses semblables. Les auteurs « chrétiens sont les organes de la première ; les auteurs « païens de la seconde : fixez maintenant leur rôle. » Il ajoutait, p. 428 : « Que les ouvrages classiques deviennent « chrétiens, et l'esprit de la jeunesse, et la littérature, et la « société même, le deviendront. L'habitude de donner à l'en- « fance pour modèles de goût et d'éloquence les auteurs « païens d'Athènes et de Rome, a causé et peut causer encore « *les plus grands maux.* »

Eh bien ! c'est cette thèse si simple et si modeste que M. Gaume développa, en 1851, dans son livre intitulé : *le Ver rongeur des sociétés modernes,* ou *le Paganisme dans l'éducation.* « La société est malade, disait-il dans son avant- « propos, bien malade... Un remède énergique est donc né- « cessaire... Dans ces derniers temps, on s'est fort occupé « de la liberté de l'instruction... La liberté n'est (pourtant) « pas un but, c'est un moyen. *Le point capital* n'est pas de « *rendre l'enseignement libre, c'est de le rendre chrétien...*

« Rendre l'enseignement chrétien, voilà le dernier mot de
« la lutte... Il faut substituer le christianisme au paganisme
« dans l'éducation. » Il répétait ensuite, p. 384, sur le point
de terminer son ouvrage, ce que nous avons cité plus haut
de son premier écrit, p. 254 ; puis il résumait son plan, p. 394,
de la manière suivante : « 1° Supposé qu'on maintienne la
« division par classes, *tous les classiques, jusqu'à la quatrième*
« *inclusivement, doivent être chrétiens ;* 2° à partir *de la troi-*
« *sième jusqu'à la rhétorique, les classiques peuvent être*
« *chrétiens et païens ;* » enfin, p. 409, il ajoutait qu'il fallait
« enseigner *chrétiennement,* même les auteurs païens, » et il
indiquait un moyen de le faire. Tel était *le but* de cet ouvrage, qui parut avec une recommandation du cardinal
Gousset en date du 20 juin 1851.

Mgr Besson prétend que M. Gaume a fait venir *tous les*
maux de la société de l'étude des auteurs païens, tandis qu'il
s'était contenté de dire que cette étude *avait causé et pouvait*
causer encore les plus grands maux. Quand Sa Grandeur déclare ensuite que M. Gaume, en demandant cette réforme des
études, condamnait l'univers catholique comme ayant fait
fausse route depuis la Réforme, et en même temps les corporations religieuses enseignantes et jusqu'aux Papes, nous
devons lui répondre que c'est là une pure imagination de sa
part, comme le prouvera tout à l'heure un savant consulteur
de l'*Index.* Mais, avant d'aller à Rome, voyons ce qui arriva
en France.

L'Evêque d'Orléans, qui n'avait pas les idées de M. Gaume
ni du cardinal Gousset sur l'usage des classiques, ayant manifesté son sentiment dans une lettre du 19 avril 1852, l'*Uni-*
vers crut pouvoir soutenir l'opinion contraire, ou, si l'on veut,
le critiquer. Mal lui en advint ; car le Prélat, dans un mandement du 30 mai suivant, le frappa d'une sorte d'interdit.
Il alla plus loin, et ce fut alors qu'il conçut l'idée d'une
Déclaration, où il entendait d'abord mettre les *actes épisco-*
paux à couvert du contrôle ou de la critique des journaux, et
ensuite justifier l'emploi des classiques anciens, tel qu'il
avait lieu dans les écoles secondaires, celles au moins dirigées
par le clergé. C'est pour cette Déclaration, rédigée en quatre

articles, qu'il chercha à obtenir l'ahésion de ses collègues.

Nous avons déjà dit ce qu'avait pensé le cardinal Gousset, et, après lui, le cardinal Antonelli, organe du Saint-Père, de ce *système d'adhésions isolées* inconnu dans l'Eglise. Mgr de Moulins, de son côté, condamna ce système comme préjudiciable à la liberté des Evêques, incapable d'éclairer leur jugement, dangereux par l'exploitation que pourrait en faire un pouvoir hostile à l'Eglise et portant à croire que l'Eglise ressemble aux Etats constitutionnels où la vérité se décide par la majorité, tandis que tout dépend ici de l'adjonction avec le Chef suprême. Quant aux articles eux-mêmes, Mgr de Dreux-Brézé critiquait le premier et le dernier, en faisant remarquer que, si on doit respecter le fond ou la prescription d'un acte vraiment épiscopal, il est certainement permis de le contrôler ou de discuter toute l'argumentation qui le soutient; il admettait le troisième, favorable à l'adjonction des classiques chrétiens, et demandait la suppression du second, attendu que la question, telle qu'elle avait été posée par M. Gaume, n'impliquait pas du tout la condamnation de la pratique de l'Eglise, qui a toujours laissé les écoles abonder plus ou moins dans leur sens à ce sujet, *salva fide*. Enfin Mgr de Gap, pressé de répondre, s'exprimait ainsi : « Je suis « pour l'adoption des auteurs chrétiens dans une juste « proportion, sans renoncer aux chefs-d'œuvre de Rome « et d'Athènes, *soigneusement expurgés de ce qu'ils ont trop* « *souvent de contraire aux bonnes mœurs et à la foi catho-* « *lique.* »

Dans le cours de cette discussion, M. Gaume fit paraître un nouvel écrit : *la Question des classiques ramenée à sa plus simple expression.* Il y réduisait à trois choses ce qu'il avait toujours demandé, savoir : l'expurgation *plus sévère* des auteurs païens, l'introduction *plus large* des auteurs chrétiens et l'enseignement *chrétien* des auteurs païens. Mais son Evêque, tout en convenant que sa thèse était très raisonnable, voulut lui imposer des conditions qu'il ne put accepter. Accusé en effet, d'une part, d'avoir outragé l'Eglise en attaquant le système actuel d'enseignement, et invité, de l'autre, à ne plus rien écrire en faveur de la réforme des études, pour ne pas parler du reproche qu'on lui faisait d'avoir publié ses derniers ouvrages sans l'approbation de son Evêque, M. Gaume, après avoir donné sa démission de vicaire général, partit pour Rome, afin de se faire juger sur ces trois points par un tribunal supérieur.

Mais la sacrée Congrégation de l'*Index* refusa de s'occuper de ses livres, purement pédagogiques ; seulement, un de ses consulteurs, après avoir mûrement examiné l'affaire et pris par modestie l'avis d'autres habiles canonistes, déclara, le 28 février 1853, d'abord qu'il n'y avait point d'injure pour l'Eglise dans les ouvrages de M. Gaume, l'Eglise n'ayant jamais *imposé*, mais seulement *toléré*, l'usage des classiques païens ; qu'au contraire, le conseil donné par M. Gaume dans sa méthode était un moyen de *seconder les vues de l'Eglise,* toujours dirigées au plus grand bien de l'individu et de la société dans l'ordre spirituel et éternel. Quant à la question de l'approbation épiscopale, le même consulteur, se fondant sur les motifs signalés dans mes *Explications inté-ressantes,* p. 65 et 68, mettait également M. Gaume hors de cause. De tout quoi il concluait que M. Gaume pouvait sans inquiétude soutenir sa thèse, et que toute mesure qu'on pourrait prendre contre lui à ce sujet serait à ses yeux un acte du droit d'abus. Enfin, il terminait en manifestant son espérance de voir reconnaître plus tard que le système d'é-tudes désiré et conseillé par M. Gaume, loin de conduire à la ruine et à la barbarie des langues, contribuerait à les faire apprendre mieux qu'on ne les sait aujourd'hui. De son côté, le Saint-Père lui-même, après avoir dit de vive voix et à plusieurs reprises à M. Gaume que, loin d'avoir *outragé l'E-glise, il l'avait servie,* lui fit remettre un bref où il le rassu-rait et l'encourageait. Depuis, il lui a conféré, en témoignage de sa haute satisfaction, le titre de protonotaire apostolique, et M. Gaume a pu *librement* publier, de 1856 à 1859, son grand ouvrage en douze volumes in-8° intitulé : *la Révolution* ou *Recherches historiques sur l'Origine et la Propagation du mal en Europe depuis la Renaissance jusqu'à nos jours.* Ce livre, je crois, a suffisamment justifié le *Ver rongeur* de 1851, si maltraité par notre auteur.

C'est pourtant après de telles apologies que Mgr Besson n'a pas craint d'écrire ce que nous avons rapporté en commençant ce chapitre. Mais suivons-le.

Il se demande comment on remplacerait les auteurs païens par des auteurs chrétiens entre les mains des écoliers, vu le très petit nombre de traités des Pères accessibles aux jeunes gens. — Quoi! dans les nombreux *in-folio* des Pères grecs et latins, on ne trouverait pas assez de matière pour les versions des écoliers! — Mais leurs écrits ne sont pas accessibles aux jeunes gens. — Et il leur est plus facile de comprendre des auteurs païens, qui ont vécu dans une atmosphère tout autre, et dont les ouvrages sont imbus de principes et imprégnés de fables absolument excentriques pour de jeunes chrétiens! D'ailleurs, n'y a-t-il que les anciens Pères qui aient écrit dans un sens chrétien, en latin ou en grec? — En tout cas, les nouveaux classiques, proposés par M. Gaume et introduits par trois ou quatre Evêques seulement, firent un fiasco complet, même avant la fin de la première année classique. — Je ne connais pas ce fait ; mais, s'il est vrai, il prouverait seulement que M. Gaume n'a pas réussi dans l'application pratique de son excellent principe, sans atteindre la thèse elle-même. — Heureusement que cette épreuve n'eut pas même lieu à Besançon, Monseigneur s'en étant expliqué, « et dans son collège et dans ses séminaires, avec une netteté qui ne laissa plus de prise à la réplique. » — A la bonne heure! ceci montre que l'Archevêque de Besançon était opposé à la réforme des études ; mais le Supérieur dudit collège, n'ayant pas été à même d'expérimenter la nouvelle méthode, aurait pu se dispenser peut-être de la juger avec tant de témérité.

Quant à l'allocution *latine* où le Cardinal de Besançon *s'en expliqua,* et dont Mgr Besson donne en français quelques traits, sinon le contenu tout entier, je n'en veux parler que pour signaler à mes lecteurs le prodigieux effet qu'elle produisit sur l'auditoire. En effet, après nous avoir dit que le Cardinal fit, pendant vingt-quatre ans, dans son collège, « un discours latin, ferme, concis, d'une élégante correction, animé par le feu de son regard, la noblesse de son attitude et la majesté de son geste, » Mgr Besson ajoute : « Ceux-mêmes qui

« n'entendaient pas le latin se piquaient de le deviner, et
« les sourires, les marques d'assentiment, les applaudisse-
« ments répondaient presque toujours avec assez de jus-
« tesse aux pensées de l'auteur ; » par miracle, sans doute,
ou parce que sa mimique, sinon celle de ses assesseurs, avait
une éloquence particulière, moindre pourtant que celle des
sourds-muets qui fait un peu comprendre les choses, mais
suffisante pour indiquer les endroits où il fallait claquer ou
applaudir. Je crois me rappeler que ce prodige avait déjà été
attesté dans le temps par un témoin oculaire et auriculaire,
le rédacteur de l'*Union franc-comtoise*.

Quoi qu'il en soit, Mgr Besson, après nous avoir servi ce
plat réchauffé, ajoute, pour achever le triomphe des classiques
païens qui seuls, sans doute, peuvent procurer à un orateur
une pareille éloquence en latin : « M. l'abbé Gaume s'aperçut
« bien qu'il était allé trop loin, et il protesta qu'il n'avait
« jamais souhaité autre chose que de voir les auteurs clas-
« siques plus expurgés et l'étude de l'antiquité chrétienne mê-
« lée dans une plus large mesure à l'étude du paganisme. »
Mgr Besson oublie ici une troisième condition : l'explication
chrétienne des auteurs païens. Il est vrai que ceci n'est pas
facile à réaliser, surtout en mythologie et vis-à-vis de jeunes
gens incapables d'entendre les Pères de l'Eglise, car comment leur enseigner chrétiennement les mystères de Vénus
et de Junon, même ceux de Diane et de Minerve ?

Pourtant, Mgr Besson, après avoir dit que « la question des
« classiques réduite (aux deux points qu'il lui a plu de signa-
« ler) était déjà résolue, » ajoute, avec une sorte de satisfaction bien sentie : « Après trente ans d'études sérieuses
« faites dans les collèges tenus par l'Eglise (lisez : par des
« ecclésiastiques) de 1850 à 1880, les heureux résultats qu'on
« a obtenus par l'explication chrétienne des auteurs païens
« permettent de dire que la cloche d'alarme sonnée par l'au-
« teur du *Ver rongeur* a rendu les maîtres plus vigilants,
« mais qu'ils sont pleinement justifiés d'avoir gardé leurs
« classiques et leurs programmes. »

J'avoue que je n'aperçois pas encore très clairement, dans
l'état actuel de la société française, les heureux résultats

proclamés par Sa Grandeur. On me dira que ce n'est pas la faute des collèges tenus par l'*Eglise,* soit ; mais croit-on que les classiques païens contribuent beaucoup à rendre plus sages les élèves, même de ces collèges, sans parler de beaucoup d'autres inconvénients que leur étude peut produire, non plus sur leur cœur, mais sur leur esprit à cause des fausses maximes dont ils sont remplis ? Je suis persuadé que Mgr Doney, évêque de Montauban, était plus dans le vrai quand il disait, en critiquant le second article proposé à sa signature, que l'usage des classiques païens est toujours *dangereux* à quelque degré, et plus que jamais aujourd'hui, et que, s'il est nécessaire de le conserver en vue de ce qu'on appelle la *religion du goût,* et non pour donner le *goût de la religion,* c'est à la condition d'employer le plus de précautions possible pour neutraliser le danger (en les choisissant plus *convenablement* peut-être, les expurgeant plus *soigneusement* encore et les expliquant *chrétiennement*). L'usage qu'on en ferait alors pourrait n'être plus dangereux, et cesser d'être *mauvais* ou devenir licite. Ce n'est donc pas blâmer l'Eglise que de demander une réforme de cette espèce.

Il n'y a rien, à mon avis, de plus juste que ces observations. La vraie morale, en effet, veut que l'on ne s'expose pas au *danger* sans *nécessité,* et que, quand on est *forcé* de s'y exposer, on prenne toutes les précautions possibles pour en éloigner les fâcheux résultats. Ce principe doit surtout s'appliquer à l'éducation. Comme elle est le moule où se fait l'homme, on doit comprendre la nécessité de bien choisir ce moule ; et, de même que, pour développer le corps, il ne faut lui donner qu'une nourriture bien saine, il me semble que, pour former l'âme, c'est-à-dire l'esprit et le cœur, on ne doit employer que des enseignements irréprochables quant au dogme et quant à la morale. Serait-il prudent de donner à un enfant des aliments empoisonnés, parce qu'on lui administrerait en même temps quelque contrepoison ? N'est-il pas plus simple, et en même temps plus sûr, de mettre de côté ces aliments dangereux, quand on peut s'en procurer d'autres ?

Au reste, a-t-on toujours bien compris et appliqué la septième règle de l'*Index,* qui, tout en permettant (de conserver les livres) anciens écrits par les païens, à cause de l'élégance et de la propriété des termes, défend pourtant de les faire servir à l'instruction des enfants sous quelque prétexte que ce soit : *nulla tamen ratione pueris prælegendi erunt?*

Mais, pour nous restreindre à ce qui a été décidé par Pie IX à cet égard, écoutons ce qu'il a dit, dans son Encyclique de 1853, aux Evêques de France à propos de leurs séminaires : « Continuez à ne rien négliger pour que les jeunes élèves de « vos séminaires soient mûrement formés à toute vertù, « piété et esprit ecclésiastique, pour qu'ils croissent en l'hu-« milité sans laquelle il est impossible de plaire jamais à « Dieu, et pour qu'en même temps ils se rendent habiles « dans les lettres humaines et dans les sciences plus sé-« rieuses, les sciences sacrées surtout, pures de tout danger « d'erreur ; faites en sorte qu'ils puissent, non seulement « apprendre à parler et à écrire avec élégance et éloquence, « en *étudiant, soit les ouvrages pleins de sagesse des saints* « *Pères, soit les auteurs les plus illustres du paganisme com-* « *plètement expurgés,* mais encore, et par-dessus tout, acqué-« rir une connaissance parfaite et solide de la théologie, de « l'histoire ecclésiastique et des saints canons dans des écri-« vains approuvés par le Saint-Siège. »

Par ces derniers mots, le Saint-Père excluait des grands séminaires les livres mis à l'*Index,* tels que la *Théologie* de Bailly, condamnée le 7 décembre 1852, l'*Histoire ecclésiastique* de France de l'abbé Guettée, le 22 janvier 1852, et le *Compendium de Droit canonique* de M. Lequeux, le 27 septembre 1851. En même temps, il voulait qu'on mît entre les mains des élèves des petits séminaires, *avant tout,* les écrits des saints Pères, et *ensuite,* ceux des païens les plus illustres, mais complètement expurgés. Eh bien ! a-t-on fait ceci ? a-t-on donné le pas aux classiques chrétiens sur les païens? et ceux-ci, les a-t-on choisis parmi les plus illustres et purgés complètement? Mgr Besson laisserait croire le contraire, quand il dit qu'on a *gardé* les anciens classiques, comme on voulait aussi *garder* Bailly malgré l'Encyclique, que l'on n'était pas obligé de publier parce qu'elle était adressée aux Evêques.

Mais puisque cette Encyclique nous est tombée sous la main,
voyons ce qu'elle a réglé aussi sur d'autres points importants
que Mgr Besson a touchés dans son ouvrage.

CHAPITRE VII.

DU JOURNALISME RELIGIEUX, ET DU DROIT COUTUMIER.

« Mgr Mathieu, nous dit son biographe, t. I, p. 121, ne jugea
« pas à propos (en 1836) de se prêter à la fondation d'un
« journal ecclésiastique. Il repoussait surtout l'idée de voir
« un prêtre prendre la responsabilité d'une polémique quo-
« tidienne, et il déclarait qu'il serait à peu près impossible,
« ou de la diriger, ou de la contenir. Son opinion fut bientôt
« celle de tout l'épiscopat ; l'idée d'un journal nouveau fut
« abandonnée, et l'*Ami de la Religion* demeura le seul organe
« semi-officiel du clergé français. »

J'avais ignoré jusqu'à présent qu'il eût été question alors
entre les Evêques de France de fonder un journal ecclésiastique officiel, au préjudice de l'*Ami de la Religion*, qui,
du reste, ne s'était pas encore montré trop partial, attendu
que, dans ce temps-là, il n'y avait pas de divergences bien
marquées entre les sentiments des Evêques de France. Les
questions qui les ont divisés ensuite n'ont été soulevées que
plus tard, et il faut arriver jusqu'en 1843 pour s'apercevoir
de la lutte intestine qui éclata entre eux.

Ce fut à l'occasion de la réforme liturgique, demandée par
D. Guéranger et repoussée par Mgr d'Astros épaulé ensuite
par Mgr Fayet, que l'on vit se dessiner deux partis dans l'Episcopat, l'un se prêtant à la réforme désirée par Grégoire XVI, et
l'autre y résistant de toutes ses forces, en vertu des principes
du droit coutumier ou du gallicanisme pratique. Il en résulta
que l'*Ami de la Religion* demeura l'organe semi-officiel d'une
fraction de l'Episcopat, pendant que les champions des idées
romaines se rattachèrent au journal *l'Univers*, créé exprès
pour défendre l'*Eglise* et la Patrie.

On conçoit dès lors que cette feuille ardente et hardie, non seulement n'ait pas toujours eu le bonheur de plaire à tout le monde, mais encore ait été harcelée sans cesse par ceux dont elle combattait les idées et les vues. C'est ainsi, comme je l'ai remarqué dans le chapitre précédent, qu'à l'occasion du parti qu'elle avait embrassé dans la controverse des classiques, ou des critiques qu'elle s'était permises sur les considérants d'un acte épiscopal, elle s'était attiré un interdit partiel qui faisait dire au cardinal Gousset, qu'on « voulait « faire tomber ce journal, parce qu'il était tout à la fois plus « fort que la plupart des autres journaux religieux et plus « zélé pour les doctrines romaines, » et à l'Evêque de Gap : « Je crois en Dieu, créateur de l'univers; mais je ne crois « pas à la bonne foi de ceux qui veulent détruire l'*Univers*. « Je crois à la résurrection des morts; mais je crains beau- « coup celle des gallicans et des parlementaires. » Enfin, Mgr de Moulins ajoutait : « Quel est le but de la Déclaration ? « Je parle devant Dieu, Monseigneur, et je sais ce que je dis. « Ce sont les doctrines romaines contre lesquelles on a voulu « réagir; c'est ce qu'on appelle le parti ultramontain que « l'on a résolu d'abattre; c'est un savant Cardinal auquel on « se promet de donner une leçon; ce sont des Evêques trop « attachés aux privilèges du Saint-Siège, dont la nomination « a été appelée un malheur et représentée comme interrom- « pant en France les traditions de l'Episcopat, que l'on espère « réduire... Le mécontentement contre le journalisme, joint « à l'impatience des doctrines romaines, forme le côté véri- « tablement sérieux de la Déclaration. Mais, quand je vois le « journalisme irréligieux, impie, voltairien et antiromain « prendre ses coudées franches et conserver toute l'audace « de ses allures, je me refuse à lui donner ce contentement « d'attaquer un autre journalisme, à qui sa bonne foi et ses « droites intentions, que chacun reconnaît, peuvent servir « d'excuse. »

Et pourtant, malgré toutes ces observations, la guerre continuait contre l'*Univers*, et l'Archevêque de Paris lui-même s'y associa par une ordonnance du 17 février 1853. Mais, le 21 mars suivant, parut la fameuse Encyclique *Inter multi-*

plices, qui lui fit lever son interdit contre l'*Univers* le 8 avril. Dans cette Encyclique, en effet, le Pape disait aux Evêques : « Nous vous conjurons de vouloir bien, tout en vous appli- « quant à éloigner de vos ouailles la contagion mortelle des « mauvais livres et des mauvais journaux, accorder votre « bienveillance et votre faveur aux écrivains animés d'un « esprit catholique et ornés de science et de littérature, qui « écrivent et impriment chez vous des *livres* et des *journaux* « pour défendre et propager la doctrine catholique, soutenir « les droits vénérables et les enseignements du Saint-Siège, « extirper les opinions et assertions contraires à ce Saint- « Siège et à son autorité, dissiper les ténèbres des erreurs et « faire briller aux yeux des hommes la lumière très douce « de la vérité. Il entrera dans votre zèle épiscopal et votre « charité, d'encourager ces écrivains catholiques, animés « d'un bon esprit, à continuer avec plus d'ardeur encore de « défendre soigneusement et savamment la vérité catholique « et de leur donner avec prudence des avis paternels, s'il « leur échappe quelque faute dans leurs écrits. »

Il est évident que le Souverain-Pontife avait ici en vue le journal *l'Univers,* le seul journal catholique qui fût persécuté alors, et c'est ce que prouve du reste la lettre de consolation qui fut adressée le 9 mai à M. Veuillot, par le secrétaire des lettres latines, Mgr Fioramonti. Ainsi, le Pape n'avait pas les idées de Mgr Mathieu sur le journalisme catholique, même dirigé par des laïques, puisqu'il conjurait les Evêques d'accorder leur bienveillance et leur faveur aux auteurs catholiques de *livres* et de *journaux,* et de les encourager à combattre avec plus d'ardeur encore. A plus forte raison, n'aurait-il pas trouvé mauvais qu'un *prêtre prît la responsabilité d'une po- lémique quotidienne dans un journal purement ecclésiastique.*

Au reste, l'Archevêque de Besançon lui-même n'a pas persévéré toujours dans sa pensée de 1836, car il n'a pas vu d'un trop mauvais œil l'*Ami de la Religion,* surtout depuis la retraite de M. Henrion en 1844, quand ce journal est devenu l'antagoniste perpétuel de l'*Univers,* quoique sous la direction successive d'ecclésiastiques tels que MM. Cognat et Sisson ; du moins, il a fait un jour à celui-ci une réception solennelle en son palais archiépiscopal, bien qu'il fût l'*alter ego* de M. Cognat, son prédécesseur, auteur d'une nouvelle levée de boucliers contre l'*Univers* en 1856. Heureusement qu'alors encore ces abbés ne purent pas chanter victoire. Mais, le 29 janvier 1860, le gouvernement lui-même supprima d'autorité l'*Univers* pour avoir publié l'Encyclique du 19 précédent. C'est pourtant cette Encyclique qui avait inspiré au cardinal Mathieu une circulaire latine pleine d'énergie, que j'ai signalée pages 60 et suivantes de mes *Explications intéressantes* avec un commentaire *ad rem*.

Malheureusement, les choses en étaient là quand j'eus l'idée de publier mes *Etudes liturgiques*. Si l'*Univers* eût encore vécu, il m'aurait certainement épaulé ; tandis que le *Monde*, moins libre, moins hardi et amphibie en quelque sorte, abandonna les ultramontains à leurs propres ressources. On peut voir les réflexions que j'ai faites à ce sujet dans mon *Histoire*, p. 226 et suivantes ; et, en recourant à la page 119, on comprendra que, s'il est utile et nécessaire d'employer les brochures pour développer une thèse dans toute son ampleur, les bonnes causes perdent néanmoins à n'être pas servies directement chaque jour par la presse périodique. La réforme liturgique elle-même avait dû employer ces deux moyens pour triompher des obstacles qu'elle rencontrait.

Pour en finir avec le journalisme en ce qui regarde Mgr Mathieu, je dois déclarer ici qu'au lieu de le détester toujours, il s'est trouvé fort heureux plus tard d'avoir un journal à sa disposition, quoique *catholique* et légitimiste, et rédigé par un *laïque*. Je veux parler de l'*Union franc-comtoise*, créée à Besançon le 1er octobre 1846. « Son rédacteur, nous dit « Mgr Besson, p. 415, M. J. Michel, sans aliéner sa liberté, « prit, dans toutes les questions religieuses et scolaires, les « conseils de son Archevêque, et l'aida puissamment dans « toutes les entreprises qui intéressaient la religion et la li-« berté d'enseignement. » Nous verrons, en effet, que M. Michel ne s'est pas épargné pour défendre son Archevêque *per fas et nefas*, au point d'insulter ses antagonistes et de leur refuser, contre tout droit de justice, l'insertion de leurs défenses dans ses colonnes ; ce qui prouve que Mgr Mathieu lui-même consentait très volontiers à protéger un journal, quand celui-ci voulait bien se soumettre à ses conseils et suivre sa direction.

Pour clore convenablement ce chapitre, je dirai un mot du *Droit coutumier*. Car, bien que Mgr Besson n'attribue au cardinal Mathieu aucune part dans la rédaction du *Mémoire* anonyme *adressé à l'épiscopat,* en 1852, *sur la situation présente de l'Église gallicane relativement au Droit coutumier,* ce livre cadrait trop bien avec les idées connues et les pratiques visibles de Son Eminence pour qu'on puisse la regarder comme ayant été étrangère à sa publication ; du moins, ce ne fut pas sans son aveu, et même sa recommandation personnelle, qu'il entra au grand séminaire de Besançon ; on ne peut nier d'ailleurs les bons rapports du Cardinal avec l'auteur de la Déclaration sur l'usage des classiques ; or la *Déclaration* et le *Mémoire* s'élaboraient en même temps, et celui-ci, de 186 pages in-8°, fit son apparition quatre mois après l'autre.

Mais le même Prélat, qui avait dénoncé la Déclaration, s'occupa aussi du *Mémoire,* et l'on vit paraître en décembre 1852 les *Observations* du cardinal Gousset sur ce livre, qui tendait, disait-il, à établir en France un droit canonique particulier, *national,* et indépendant de l'autorité du Pape. C'est pourquoi, dans le Concile qu'il tint à Amiens en janvier 1853, il porta, de concert avec ses suffragants, le décret suivant, où ses *Observations* se trouvent assez bien résumées : « Ce livre tend évidemment à restreindre l'exercice du pouvoir papal, car il déclare ou insinue 1° (p. 9) que la question de conciliation, entre le droit de réserves qui appartient au Souverain-Pontife et le droit propre de l'Evêque au gouvernement ordinaire de son diocèse, ne doit pas être résolue par le Pape seul, mais qu'il faut alors faire intervenir le droit coutumier comme une règle d'après laquelle le différend doit être terminé ; 2° (p. 38) que cette opinion n'est pas improbable, qui autorise les Evêques à faire une opposition légitime au Souverain-Pontife, lorsque celui-ci presse l'abolition d'une coutume contraire au droit commun et suivie dans quelques diocèses, du moins jusqu'à ce que les raisons de nécessité soient reconnues ; 3° (p. 42) que, dans un pays où a régné une union étroite entre l'Eglise et l'Etat, cette coutume-là était raisonnable, de ne reconnaître comme obligatoires que les constitions apostoliques sur la discipline de l'Eglise promulguées dans chaque diocèse, du consentement préalable de l'autorité civile ; 4° que, maintenant, les Evêques de France peuvent légitimement, en vertu de la coutume, ne pas regarder comme obligatoires pour eux, sauf cas extraordinaires, les constitutions apostoliques disciplinaires qui n'ont pas été promulguées dans les diocèses de France ; 5° qu'un Evêque, dans l'état présent des choses, peut légitimement chez nous, en vertu des principes du droit sur les coutumes, exclure de son diocèse, d'une manière non seulement provisoire mais absolue, la liturgie romaine ; 6° que, dans beaucoup de leurs décisions récentes, les Congrégations romaines, instituées par les Souverains-Pontifes pour l'administration générale de l'Eglise, suivent une ligne de conduite nuisible au bien des Eglises de France ; 7° (p. 103) que la nécessité de recourir à Rome, conformément à la décision de la sacrée Congrégation du concile, pour le cas où un prêtre serait frappé de suspense *ex informata conscientia,* paraît une plaie faite à l'autorité métropolitaine ; 8° (p. 106) qu'on ne voit aucune raison à la prétention de la sacrée Congrégation du concile, qui, sous prétexte de suppléer ce qui avait été omis, s'est arrogé le droit d'introduire des additions dans les actes des conciles provinciaux ; 9° enfin, qu'il ne faut pas approuver le mouvement qui pousse à embrasser la liturgie romaine. Et plusieurs autres assertions semblables [1].

---

[1] On voit, par cet exposé, que les auteurs du *Mémoire sur le Droit coutumier* se prévalaient surtout des principes qui établissent ce droit, pour s'opposer aux vues du Souverain-Pontife. C'est pourquoi je m'étais appliqué, dans mon *Etude préliminaire,* à discuter les opinions des théologiens et des canonistes sur ce point, et voici les conclusions auxquelles j'avais abouti, et, que je résumais à la page 116 de la manière suivante : « Revenant à la question des coutumes, après avoir suffisamment établi, ce me semble, tant dans le cours de la discussion que dans la note *II,* les vrais principes sur la matière, savoir 1° que les coutumes *obligatoires* (ou introduisant une nouvelle obligation) ne peuvent tenir ce caractère que de l'*autorité* du législateur, qui doit consulter la prudence avant de les sanctionner (comme lois), et 2° quant aux coutumes *dérogatoires* (abolissant une obligation), *d'une part,* que *leur durée* fait assez peu à

« Or, nous croyons devoir improuver et nous improuvons souverainement les assertions et opinions précédentes; les unes comme contraires à la saine doctrine, les autres comme opposées au moins à l'esprit de l'Eglise et injurieuses pour le Saint-Siège apostolique, et sous quelque rapport, pour les Evêques eux-mêmes. »

Ici venait le passage déjà rapporté ch. IV, p. 20; puis les Pères continuaient : « Tel est l'abrégé de ce livre. Si l'on

leur valeur et ne peut pas être *positivement fixée; d'autre part,* que (s'il suffit du consentement *légal* du législateur pour les rendre légitimes quand elles sont raisonnables, *Histoire,* p. 371), il faut au moins, si la loi les interdit, son consentement *implicite* et *indirectement exprimé; enfin,* qu'elles ne peuvent être censées *raisonnables* qu'autant qu'elles sont *plus utiles* que la loi elle-même qu'elles prétendent abroger; après avoir remarqué en outre, avec le P. Gury et Mgr Bouvier, que, dans toute espèce de doute sur la légitimité d'une coutume, il faut consulter le législateur, et, avec Mgr Bouvier, qu'alors même qu'une coutume se trouverait dans toutes les conditions requises pour constituer *un droit,* elle ne peut résister à la volonté bien connue du Souverain-Pontife, qui peut toujours la révoquer (voir note *J*), je terminerai enfin toute cette discussion sur le droit coutumier par ces deux questions générales : Le droit coutumier est-il utile? est-il honorable? »

Et après avoir consacré six pages à la solution de ces deux questions, je concluais, page 122, que, l'Eglise étant infaillible dans sa discipline générale éminemment sage et salutaire, en soi, il n'est pas plus avantageux qu'honorable de faire valoir contre elle le droit prétendu d'odieuses libertés, sauf privilège, fondé sur de justes raisons que j'expliquais dans la note *J*, intitulée : *le Pape peut-il révoquer les coutumes même légitimes?* Dans cette note de douze pages, je réfutais en particulier le troisième article de la Déclaration de 1682; j'établissais le pouvoir plein et suprême du Souverain-Pontife, et je concluais, p. 217, que les réserves pontificales ne sont pas un amoindrissement du pouvoir naturel de l'Evêque; qu'au contraire, tout ce que les Evêques peuvent, en fait de dispense du droit commun, est un privilège à eux accordé par le Souverain-Pontife, à qui seul appartient originairement, à cause de sa juridiction suprême et universelle, tout pouvoir sur les lois générales de l'Eglise.

Enfin, comme le droit coutumier, qui s'était établi et qu'on voulait maintenir en France, tenait surtout au peu de cas pratique qu'on s'était permis d'y faire des Constitutions pontificales et des décisions des Congrégations romaines, regardées comme non-avenues par défaut de promulgation ou d'autorité suffisante, j'établissais, dans le corps de mon livre, de la page 121 à 142, les vrais principes sur la promulgation et l'obligation, tant des bulles des Papes, que des décrets et déclarations des Congrégations qu'ils ont établies pour le sage gouvernement de l'Eglise universelle. (Voir aussi la note des *Etudes intéressantes* p. 56-59.)

demande maintenant d'où vient cet esprit que nous y réprouvons et qui l'infecte en quelque façon tout entier, il
nous semble, en scrutant la chose à fond, qu'il faut l'attribuer à deux opinions, dont la première nie la suprématie de
l'autorité du Souverain-Pontife dans le gouvernement de
l'Eglise et déclare qu'il y a une autre puissance qui lui est
supérieure ; et la seconde affirme que les jugements solennels
du Pape, prononcés *ex cathedra* dans les choses de la foi,
sont réformables de leur nature, et que leur irréformabilité
dépend d'une sanction extrinsèque. Car, dès qu'on n'admet
pas l'autorité du Vicaire de Jésus-Christ tel qu'elle est, il est
facile de comprendre comment on peut de diverses manières
pécher contre elle. C'est pourquoi nous défendons absolument
d'enseigner ces deux opinions dans les églises, les séminaires
et les écoles de nos diocèses. »

Ce grand acte du concile d'Amiens préludait noblement
aux définitions solennelles du concile du Vatican. Il ne tarda
pas d'être approuvé par la sacrée Congrégation du concile,
et le Pape lui-même chargea celle de l'*Index* de condamner
le *Mémoire sur le Droit coutumier*. C'est ce que nous lisons
dans son Encyclique du 21 mars 1853, où, après avoir manifesté sa joie de voir les conciles provinciaux et la liturgie
romaine rétablis en France, après avoir indiqué aux Evêques
la conduite à tenir dans les petits séminaires au sujet des
classiques, et dans les grands par rapport aux livres de théologie, d'histoire ecclésiastique et de droit canon, après les
avoir conjurés de favoriser et d'encourager les auteurs catholiques de livres et de journaux, et, enfin, après les avoir
suppliés d'employer de concert tous leurs soins, actes et paroles, pour amener leurs diocésains à aimer de plus en plus
le Saint-Siège, à le respecter, à lui obéir et à pratiquer tout
ce qu'il enseigne, règle et décide, il ajoutait : « A ce propos,
« nous ne pouvons nous empêcher de vous exprimer la dou-
« leur extrême que nous avons ressentie quand, parmi
« d'autres ouvrages mauvais publiés en France, nous avons
« rencontré naguère un écrit français imprimé à Paris sous
« ce titre : *Sur la situation présente de l'Eglise gallicane re-*
« *lativement au droit coutumier,* ouvrage dont l'auteur con-

« tredit ouvertement ce que nous vous recommandons **et**
« inculquons avec tant d'instance, et dont nous avons confié
« la condamnation et la réprobation à notre congrégation de
« l'*Index* » (celle-ci le condamna réellement le 26 avril 1853).
La fameuse Encyclique, dont nous venons de donner le résumé, produisit naturellement l'effet qu'on devait en attendre ;
néanmoins, il ne fut ni complet ni constant, et l'on vit encore
les restes du gallicanisme s'agiter, de divers côtés, avec plus
ou moins de violence ou d'hypocrisie. Mais, avant d'aller plus
loin, nous devons revenir sur nos pas, pour attirer l'attention
de nòs lecteurs sur d'autres passages de la *Vie* que nous
passons en revue.

CHAPITRE VIII.

DE L'INFLUENCE DE Mgr MATHIEU SUR LES NOMINATIONS ÉPISCOPALES.

Mgr Besson nous apprend d'abord, t. 1, p. 233, que Mgr Mathieu « était devenu peu à peu, par ses relations et son
influence, le conseil et l'ami de presque tous les Evêques ; »
il ajoute ensuite, pour rendre la chose plus facile à comprendre, que « la part qu'il prit à leur nomination fut surtout
« décisive de 1835 à 1843 (du temps de son ami, Mgr Garibaldi). »
Il cite en particulier une liste (d'épiscopables) qu'il adressa
au garde des Sceaux le 29 septembre 1839. On y trouve les
noms de MM. Régnier, Guitton, Rousselet, Fabre des Essarts,
Gignoux (de Beauvais), Georges, Chatrousse, Angebault et
Dupont des Loges, plus sept autres ecclésiastiques qui ne
sont pas arrivés à l'Episcopat, les uns parce qu'ils ont refusé
cet honneur, les autres parce qu'on ne le leur a pas offert ;
seulement, j'ignore pourquoi Mgr Besson les a placés dans
l'ordre ci-dessus, car MM. Georges et Chatrousse, nommés
6e et 7e, sont devenus évêques de Périgueux et de Valence
déjà en 1840, tandis que MM. Régnier, Guitton, Gignoux et
Angebault, qui ont les n°s 1, 2, 5 et 8, ne sont parvenus

aux sièges d'Angoulême, Poitiers, Beauvais et Angers qu'en 1842 ; M. Dupont des Loges, 9e, de Metz, en 1843, et enfin MM. Rousselet et Fabre des Essarts, 3e et 4e, de Sécz et de Blois en 1844. Je suppose que cet arrangement des noms était telle dans la liste que Mgr Besson a eue sous les yeux, puisqu'il n'est ni alphabétique, ni fondé sur une autre raison appréciable.

Du reste, je ne rapporte ici cette liste pour aucun motif non avouable, car la très grande majorité de ces Prélats s'est montrée toujours très soumise au Pape ; je n'en parle donc que pour faire connaître le motif qui a déterminé l'Archevêque de Besançon à la présenter, et qu'il a indiqué lui-même au garde des Sceaux de la manière suivante : « Presque « toutes ces notes, lui disait-il, se rattachent à des ecclésias- « tiques qui ont été, ou qui sont, dans l'administration active « des diocèses ; (pourquoi ? parce que) l'administration des « diocèses demande des aptitudes particulières que n'ont pas « toujours ceux qui ont bien réussi dans les autres fonctions « (comme, par exemple, celles de prédicateur, de directeur « de séminaire, de curé, ou même de chanoine). » Ainsi Mgr Mathieu croyait que la première qualité d'un Evêque était d'être bon administrateur, et non pas bon théologien, canoniste ou même orateur.

Mgr Besson, il est vrai, ne paraît pas avoir tout à fait les mêmes idées, et pour cause ; néanmoins, il trouve le moyen de justifier les vues de son illustre client, car, après avoir déclaré que « cette pensée dicta pendant dix ans la plupart « des choix du gouvernement de Juillet, » il ajoute : « C'était « en effet des administrateurs qu'il convenait de nommer « aux sièges devenus vacants par la mort des Evêques de la « Restauration et du premier Empire, (qui) mouraient tous « dans un âge avancé, laissant, par l'effet de la vieillesse, « beaucoup à organiser dans l'administration des diocèses et « la conduite des chancelleries épiscopales. » Il dit plus bas : « M. l'abbé Affre, par ses écrits comme par sa capacité admi- « nistrative, appartenait à cette école. (Aussi) Mgr Mathieu le « présenta pour l'Episcopat ; mais il essuya un refus, parce « que M. Affre avait passé ... pour être hostile au gouverne-

« ment. Cet échec fut très sensible à l'Archevêque de Be-
« sançon. »

Ici je voudrais savoir quand Mgr Mathieu a subi cet échec ;
c'était, sans doute, avant qu'il présentât sa liste du 29 septembre 1839, puisque M. Affre fut promu dès 1840, d'abord
au siège de Strasbourg comme coadjuteur, et ensuite, avant
d'en avoir pris possession, au siège archiépiscopal de Paris
même, en sorte que la *sensibilité* de Mgr Mathieu ne dut pas
souffrir longtemps. Quant au principe général dont Mgr Besson
a voulu prendre ici la défense, heureusement qu'il l'a restreint
au cas où il s'agit de succéder à un vieil Evêque, devenu, à
ce qu'il paraît, incapable, comme si un Evêque devait être
avant tout un homme de bureau, et ne pouvait pas confier
cette fonction véritablement administrative à quelqu'un de
ses vicaires généraux plus jeune, ou même à un de ses secré-
taires tant soit peu habile, quoique imberbe. Je crois me
rappeler que Mgr Besson lui-même a fait un assez grand éloge
de certains administrateurs non évêques, de M. Vouriot, par
exemple, à Langres. Mais passons là-dessus, et arrivons à
Mgr Fornari, qui remplaça comme Nonce, ainsi que nous
l'avons dit, l'internonce Garibaldi en 1843.

Il paraît qu'alors l'ancien état de choses changea, car le
nouveau Nonce, au dire de Mgr Besson, p. 297 « garda avec
« l'Archevêque de Besançon une réserve qui était évidemment
« de commande. Le Prélat se le tint pour dit, et se borna,
« dans ses relations avec la nonciature, aux affaires cou-
« rantes. » Serait-il indiscret de demander qui est-ce qui avait
dit à Mgr Fornari de mettre l'Archevêque de Besançon à l'écart
des affaires ecclésiastiques générales, puisqu'il agissait ainsi
par *commande,* et non de son propre chef ? Rome seule, à ce
qu'il me semble, a droit de *commander* à son Nonce, car c'est
de Rome que celui-ci tient ses instructions.

S'il m'était permis de formuler quelques conjectures, je
dirais que la question de la réforme liturgique n'était pas
tout à fait étrangère à ce revirement. On sait, en effet, que
Grégoire XVI avait manifesté à l'Archevêque de Reims, en
1842, son vif désir de la voir s'opérer en France. Aussi
Mgr Fornari, à peine arrivé sur les lieux, s'occupa activement

de cette affaire. Dès le 17 décembre 1843, il opposa un obstacle insurmontable à la publication du Bréviaire diocésain de Blois, réimprimé par Mgr de Sauzin ; et, comme on lui faisait observer qu'il avait deux poids et deux mesures, puisqu'il empêchait d'exécuter à Blois ce qui avait lieu à Carcassonne, il répondit que « Sa Sainteté n'aurait pas manqué de lui pres-« crire (vis-à-vis de Carcassonne) les mêmes démarches que vis-« à-vis de Blois, si elle avait été informée en temps utile (de ce « qui se passait à Carcassonne). » Le cardinal Lambruschini lui-même, alors secrétaire d'Etat, vint au secours du Nonce par une lettre du 16 janvier 1844, où il disait que, si le Saint-Père, dans son bref à l'Archevêque de Reims, s'était abstenu de presser l'exécution des lois de saint Pie V, il avait déclaré n'agir ainsi que pour le moment, à raison de craintes graves ; mais qu'il y avait bien de la différence entre tolérer le retard que l'on apporte à corriger un usage invétéré, et laisser ce même usage s'étendre et s'affermir librement par de nouveaux faits.

Il est donc évident que le Saint-Siège avait donné à Mgr Fornari des ordres formels d'activer en France la réforme liturgique. Or, est-il besoin de dire qu'à cet égard du moins, Mgr Mathieu ne pouvait pas être l'homme de la nonciature ? Nous avons remarqué, d'un autre côté, qu'à cette époque il y avait deux journaux en France qui représentaient le clergé, l'*Univers,* qui se dévouait à la défense de l'Eglise et *des idées romaines,* et le vieil *Ami de la Religion,* qui n'avait déjà plus d'éloges que pour *leurs* adversaires. C'est alors que Mgr d'Astros, attaquant Dom Guéranger et Mgr Gousset, prétendait avoir cinquante Evêques pour lui, comme plus tard Mgr Fayet, trente et plus. Convenait-il au Nonce de se ranger du côté de ceux qui s'obstinaient dans la vieille ornière malgré les désirs du Saint-Siège ? Ajoutons à cela que, dans la lutte ardente engagée contre le monopole universitaire, l'Archevêque de Besançon avait voulu garder vis-à-vis du public un silence qui ne devait pas plaire à Rome, pas même à ses collègues des autres provinces ecclésiastiques, y compris celle de Paris.

Il n'est donc pas étonnant que Mgr Fornari ait montré beaucoup *de réserve avec l'Archevêque de Besançon*. Et cette réserve durait encore vers la fin de l'année 1847, puisque Mgr Mathieu écrivait alors à l'Evêque d'Autun, t. I, p. 405 : « Mon crédit est nul pour les nominations épiscopales. On « disait dernièrement que M. de Bonnechose serait nommé à « Carcassonne. Ce serait un choix fort honorable. » Cette nomination eut lieu en effet, et M. de Bonnechose fut, avec M. de Garsignies, le dernier Evêque présenté au Saint-Siège par Louis-Philippe. La révolution de février arriva alors, et, par une disposition singulière de la Providence, celui qui avait été si respectueux pour le roi des Français dans les réclamations épiscopales contre l'Université, devint le premier candidat au Cardinalat présenté par le Président de la république. Ajoutons qu'il entra au Sacré-Collège en même temps que Mgr Fornari, qui avait eu pour lui si peu de déférence. Il est vrai que Mgr Fornari avait été créé *in petto* quatre ans auparavant, le 26 décembre 1846. Mais puisque nous avons à parler du cardinalat de Mgr Mathieu, revenons un peu sur nos pas pour expliquer les droits du clergé de France à cet honneur suprême.

CHAPITRE IX.

DES CARDINAUX FRANÇAIS.

Mgr Besson nous dit, t. I, p. 316, qu'en 1844 « le Roi réclamait les six chapeaux qui, d'après l'usage et les traditions, « étaient dévolus à son royaume. Il en demandait donc quatre, « tandis que le Pape ne consentait à en donner que deux. » Je ne sais pas où Mgr Besson a pris que la France eût droit à six chapeaux, d'après l'usage et les traditions. D'abord, ce qu'il y a de certain, c'est qu'aucune nation, pas plus la France qu'une autre, n'a un droit *strict,* même à un chapeau. Le Concile de Trente dit bien en général, § 24, ch. I, que le Pape tirera ses Cardinaux de toutes les nations de la Chrétienté, mais autant (seulement) que cela pourra commodément se

faire, et selon qu'il y trouvera des sujets capables ou idoines,
car il ne doit promouvoir à cette dignité que des hommes de
premier choix, *lectissimos*. Quant aux traditions, est-ce que,
avant 1844, elles attribuaient à la France le privilège de six
chapeaux ?

J'ai voulu rechercher ce qui en était depuis le commencement du siècle, ou, si l'on veut, depuis le Concordat de 1801.
Eh bien ! j'ai trouvé qu'à l'occasion de ce Concordat, Pie VII
avait promu au Cardinalat, en 1803, quatre Prélats français,
les Archevêques de Paris, Tours, Lyon et Rouen, NN. SS. de
Belloy, de Boisgelin, Fesch et Cambacérès. Le Cardinal de
Bayanne était français aussi, mais il avait été revêtu de la
pourpre à un autre titre, comme doyen de la Rote, en 1802.

Maintenant qu'arriva-il? Deux de ces Prélats, les deux
premiers, étant morts sous l'Empire, en 1808 et en 1804, et le
troisième ayant été expatrié comme appartenant à la famille
Bonaparte, le Pape voulut bien en 1817, par suite du nouveau
Concordat de cette année-là, associer au cardinal Cambacérès
trois autres Prélats, NN. SS. de Périgord, de la Luzerne et de
Bausset. Mais, par le décès du cardinal Cambacérès en 1818
et des deux suivants en 1821, Mgr de Bausset se trouva seul
Cardinal français à cette dernière date ; seulement le Saint-
Père lui donna pour collègues les Archevêques de Toulouse
et de Sens, NN. SS. de Clermont-Tonnerre et de la Fare, en 1822
et 1823 ; puis, après la mort du cardinal de Bausset, en 1824,
les Archevêques de Rouen et de Reims, NN. SS. de Croï et de
Latil, en 1825 et 1826.

La France avait donc alors ses quatre chapeaux ; elle se
trouva même en posséder cinq en 1827, comme au commencement de l'Empire, par la promotion du cardinal d'Isoard,
mais à titre de doyen de la Rote, et non comme Français. Du
reste cette anomalie ne dura pas longtemps ; car, après la
mort des cardinaux de la Fare et de Clermont-Tonnerre en
1829 et 1830, Mgr d'Isoard étant devenu archevêque d'Auch,
la France n'obtint qu'un chapeau en faveur de Mgr de Rohan-
Chabod, archevêque de Besançon, en 1830.

Elle ne comptait donc alors que quatre Cardinaux : NN. SS.
de Croï, de Latil, d'Isoard et de Rohan. Or celui-ci mourut en

1833 et ne fut remplacé au Sacré-Collège qu'en 1836 par la promotion de Mgr de Cheverus, archevêque de Bordeaux. Le cardinal de Cheverus mourut à son tour, l'année même de son élévation à la pourpre romaine, et on lui donna pour successeur Mgr de la Tour d'Auvergne, évêque d'Arras, en 1839. Enfin, les cardinaux de Latil et d'Isoard ayant disparu en 1839 et n'ayant été remplacés que par Mgr de Bonald, archevêque de Lyon, en 1841, il arriva, après le décès du cardinal de Croï en 1844, que la France n'avait plus alors que deux Cardinaux, NN. SS. de la Tour d'Auvergne et de Bonald, comme l'a remarqué Mgr Besson. Mais en vertu de quelle tradition Louis-Philippe en aurait-il demandé *quatre* nouveaux, tandis que *le Pape ne consentait à en donner que deux?* Ce qu'il y a de sûr, c'est qu'il n'obtint qu'un chapeau, en 1846, pour Mgr Bernet, archevêque d'Aix, lequel Mgr Bernet, étant mort l'année même de sa promotion, laissa réellement deux chapeaux vacants, que le Pape voulut bien accorder aux Archevêques de Cambrai et de Bourges, NN. SS. Giraud et Dupont, le 11 juin 1847.

D'où est donc venue à Mgr Besson l'idée de six chapeaux dévolus à la France? Il nous dit, t. I, p. 416, qu'après la mort du cardinal Giraud en 1850, il ne restait que « trois « Cardinaux français et que la France avait droit (nous avons « dit quel droit) au moins (cet adverbe est de trop) à un « quatrième chapeau, que M. de Montalembert alla lui-même « solliciter pour Mgr d'Astros, archevêque de Toulouse. » Mais M. Parieu, ministre de la justice et des cultes, avait pris les devants, à ce qu'il paraît, car, le 24 juin, il « écrivait à « l'Archevêque de Besançon : M. le Président de la république « a jeté les yeux sur vous, Monseigneur, et il a voulu que « M. le ministre des affaires étrangères exprimât au Saint- « Père la satisfaction que lui causerait (votre) élévation à la « pourpre romaine. » Qui est-ce qui avait suggéré ce choix au Président? Je me suis laissé dire dans le temps que c'était le maréchal Baraguay-d'Hilliers, qui, voulant remercier les Bisontins de l'avoir nommé député en 1848, avait appris que la promotion de leur Archevêque au Cardinalat leur serait agréable.

Quoi qu'il en soit, l'affaire du Cardinalat demeura quelque temps en suspens, à cause des deux candidats mis en avant ; car, bien que Mgr Mathieu eût répondu le 25 juin, comme on nous le dit, pour décliner l'honneur qui lui était offert et le reporter sur l'Archevêque de Toulouse, le Président ne voulut pas que la lettre de M. Parieu devînt une lettre morte. Comme il insistait donc pour avoir deux chapeaux, le Pape lui-même se vit contraint de couper le nœud gordien, d'une manière tout à fait inattendue. Il consentit en effet à accorder les deux chapeaux demandés, mais à condition qu'on lui permettrait d'y en ajouter un troisième pour un Prélat français tout à fait de son choix, Mgr Gousset, archevêque de Reims ; et voilà pourquoi, quand celui-ci, au moment de la remise de la barette le 26 octobre, crut devoir remercier le Président, Napoléon lui répondit : « J'entends le mot de remerciement ; « vous ne m'en devez aucun. Ce n'est pas moi qui vous ai « proposé : ce sont vos talents et vos vertus qui vous ont « élevé à cette nouvelle dignité ; c'est le clergé de France et « le Saint-Père qui vous ont nommé. » Magnifique éloge de notre illustre compatriote, et éloge bien mérité, surtout aux yeux du Saint-Siège dont il nous a rapprochés à tous les points de vue, du dogme catholique que l'on appelait autrefois ultramontain, de la morale chrétienne que les Français qualifiaient de relâchée, de la discipline générale dont on faisait bon marché et enfin du culte lui-même, c'est-à-dire, de la liturgie canonique que l'on avait abandonnée. Voir là-dessus la page 118 de mon *Histoire*.

Maintenant que la France a obtenu par grâce six chapeaux, elle va garder cette *tradition ;* ainsi les cardinaux d'Astros et de la Tour d'Auvergne, morts en 1851, seront remplacés en 1852 et 1853 par les Archevêques de Bordeaux et de Tours, NN. SS. Donnet et Morlot ; le cardinal Dupont, mort en 1859, par l'Archevêque de Chambéry, Mgr Billiet, créé en 1861 ; le cardinal Morlot, mort en 1862, par Mgr de Bonnechose, archevêque de Rouen, promu en 1863 ; les cardinaux Gousset et de Bonald, morts en 1866 et 1870, par les Archevêques de Cambrai et Paris, NN. SS. Régnier et Guibert, en 1873 ; le cardinal Billiet, mort en 1873, par Mgr Brossais-Saint-Marc, archevêque de Rennes, en 1875 ; le cardinal Mathieu, mort en 1875, par Mgr Caverot, archevêque de Lyon, en 1877 ; le cardinal Brossais-Saint-Marc, mort en 1878, par Mgr Desprez, archevêque de Toulouse, en 1879, et enfin le cardinal Régnier, mort en 1881, par Mgr Lavigerie, archevêque d'Alger en 1882. Il faut même ajouter à cette liste un septième Cardinal, Mgr Pie, évêque de Poitiers, créé en 1879, mais mort en 1880. Nos six Cardinaux actuels sont donc, par rang d'ancienneté, NN. SS. Donnet, de Bonnechose, Guibert, Caverot, Desprez et Lavigerie. Si l'on fait attention que le Saint-Père a bien voulu avoir aussi un Cardinal français en résidence à Rome, savoir Mgr Villecourt d'abord, puis Mgr Pitra, actuellement évêque suburbicaire de Frascati, on reconnaîtra que la France n'a pas à se plaindre, puisqu'elle possède le dixième des chapeaux du Sacré-Collège supposé complet, ce qui se rencontre rarement. Mais revenons à notre histoire, et examinons d'autres relations de Mgr Mathieu tant avec la nonciature de France qu'avec le Saint-Siège lui-même.

CHAPITRE X.

SUITE DES RELATIONS DE Mgr MATHIEU AVEC LA NONCIATURE ET EXPOSÉ DE SES RELATIONS DIRECTES AVEC LE SAINT-SIÈGE.

Mgr Besson nous dit, t. I, p. 455, qu'une « grande joie fut « réservée, vers la fin de l'année 1850, au Cardinal de Besançon, « ce fut de voir son éminent ami, Mgr Garibaldi, appelé de la « nonciature de Naples à celle de Paris. » Il est donc tout naturel qu'alors Mgr Mathieu, devenu d'ailleurs Cardinal à la requête du Président de la république, ait repris son influence sur les nominations épiscopales. Aussi son biographe remarque, t. II, p. 99, que cette « influence durait encore » (en 1852 je suppose, car la suite l'indique assez); mais, ajoute-t-il, « elle s'exerçait avec d'autant plus de discrétion que les « questions de politique et de dynastie commençaient à s'y « mêler davantage. Quand Mgr Philibert de Bruillard, évêque

« de Grenoble, songea à se donner un coadjuteur, il s'adressa
« à l'Archevêque de Besançon, le priant de choisir lui-même,
« et disant qu'il s'estimerait heureux que ce choix eût lieu
« dans le clergé de Besançon. Mgr Mathieu s'excusa sur ce
« dernier point. Il s'était, disait-il, trop dépouillé pour pou-
« voir s'appauvrir davantage. Mais il indiqua à l'Evêque de
« Grenoble M. l'abbé Ginouilhac, vicaire général d'Aix, dont
« il appréciait beaucoup la science théologique; » et, en effet,
ils se sont trouvés d'accord au Concile du Vatican.

Quant à la pauvreté du diocèse de Besançon en fait de sujets
episcopables à l'époque dont on parle, pourrait-on la nier en
face du témoignage si positif de son Archevêque? Il s'était
trop dépouillé, en cédant MM. Gousset en 1835, Cart en 1837,
Doney en 1843, Caverot en 1849 et Guerrin en 1851, si toutefois celui-ci était déjà proposé pour Langres, quand il fut
question d'un coadjuteur pour Grenoble; car ce ne fut pas
comme coadjuteur de Grenoble que M. Ginouilhac fut nommé
le 9 décembre 1852, mais comme titulaire de ce siège vacant
par la démission de Mgr de Bruillard. Quoi qu'il en soit, convenait-il à Mgr Besson de signaler au monde cette pauvreté
reconnue de son diocèse? D'un autre côté, qu'a-t-il eu en vue,
quand il a dit que la politique dynastique commençait à se
mêler au choix des Evêques?

J'ai passé en revue la liste des trente-six Evêques *nouveaux*
qui ont été donnés à la France de 1850 à 1858, pour ne pas
parler des huit qui n'ont fait que changer de siège et de trois
simples auxiliaires; eh bien! il m'a été impossible de deviner
à qui on voulait faire allusion. Ce n'est pas sans doute à ceux
que Mgr Besson dit avoir été patronnés par Mgr Mathieu, savoir
MM. Pallu du Parc en 1850, Ginouilhac, à cause de sa science
théologique, en 1852, Landriot, l'antagoniste de M. J. Gaume,
en 1856 et enfin Devoucoux en 1858; s'agirait-il de Mgr Lyonnet, à cause de sa *Vie du cardinal Fesch?* mais la raison
serait pauvre; d'ailleurs ce Prélat n'a pas dû trop déplaire
au Cardinal pendant la tenue du concile du Vatican, puisqu'il
était de son bord avec les précédents. Au reste, ce qu'il y a
de bien remarquable, c'est que, sur les trente-six Evêques
dont je viens de parler, dix-huit votèrent au Concile pour

l'infaillibilité ; quant aux dix-huit autres, trois étaient partis avant la session : NN. SS. Lyonnet, Plantier et Bélaval; trois étaient restés en France, malades, les Archevêques d'Aix et d'Auch, et l'Evêque de Saint-Flour; enfin, onze étaient morts, entre autres Mᵍʳ Devoucoux, en sorte que Mᵍʳ Ginouilhac seul des trente-six a refusé son *placet*.

Si donc la politique dynastique s'est mêlée au choix des Evêques depuis 1850 à 1858, il faut avouer que l'esprit gallican n'y entrait pas pour beaucoup ; malheureusement, il n'en a pas été toujours de même, car les Evêques nommés de 1859 à 1869 ont fourni dix-huit noms français sur vingt-quatre à la liste des quatre-vingt-huit *non placet*, et quatorze sur vingt à celle des cinquante-trois signataires de la lettre de départ, non compris Mᵍʳ Sola, évêque de Nice, dont la nomination en 1857 n'avait pas été faite par la cour de France.

Mais, en recherchant sur quels Prélats pouvait bien tomber le soupçon d'un choix dynastique, je me suis demandé si cela ne regarderait pas Mᵍʳ Mabile, nommé le 30 juin 1851 au siège de Saint-Claude, puis transféré en 1857 à celui de Versailles, car on a crié assez haut qu'il était un chaud napoléonien. Eh bien ! j'avouerai qu'il n'a pas hésité à louer Napoléon III *pour les actes qui le méritaient;* mais on a assez vu, depuis 1860, qu'il ne tenait à l'Empire, et même à l'Empereur, qu'en vue des intérêts de l'Eglise ; aussi s'est-il retiré complètement de la cour, dès qu'elle a marché dans un sens contraire, avec cette satisfaction de n'avoir jamais flatté le pouvoir et de lui avoir dit toujours franchement la vérité. C'est le témoignage que l'Empereur a dû en rendre lui-même.

Au reste, Mᵍʳ Besson ne veut pas que la promotion de M. Mabile au siège de Saint-Claude ait déplu au Cardinal Mathieu, car voici ce qu'il dit t. II, p. 11 : « La vacance du siège « de Saint-Claude mit en relief dès 1851 l'autorité que Mᵍʳ Ma- « thieu avait dans les conseils du gouvernement. M. de Mon- « talembert, qui souhaitait plus que personne la promotion de « M. l'abbé Mabile à ce siège, fit une démarche directe auprès « du Président pour l'obtenir. M. de Crouseilhes, ministre de « l'instruction publique et des cultes, à qui le Prince recom-

« manda cette affaire, déclara qu'il voulait prendre l'avis du
« Cardinal Mathieu, et l'illustre représentant du Doubs en
« écrivit au Prélat en toute hâte. Ce fut pour Mgr Mathieu
« une occasion de montrer l'estime qu'il faisait de M. Mabile
« et quelle déférence il avait pour les recommandations de
« M. de Montalembert. Il sollicita directement le Ministre et
« obtint la nomination de l'Evêque de Saint-Claude. » Ce que
deviennent pourtant les hommes par le revirement des
choses ! car Mgr Mabile ne resta pas plus l'*ami* de M. de Montalembert que de l'Empereur, à cause de ce principe : *Amicus
Plato, magis amica veritas.*

Maintenant examinons quels ont été les rapports directs de
Mgr Mathieu avec le Saint-Siège, ou, si l'on veut, quels sont
les voyages qu'il a faits à Rome. Mgr Besson nous dit, t. I,
p. 291 : « La règle de l'Eglise impose tous les quatre ans le
« voyage *ad limina* aux Evêques français. Mgr Mathieu s'était
« fait excuser en 1839 auprès du cardinal Lambruschini, se-
« crétaire d'Etat de Grégoire XVI, en représentant que sa
« pauvreté ne lui permettait pas de faire encore les frais du
« voyage. » A la place de Mgr Besson, je me serais abstenu
de faire connaître ce motif. Si l'on ne voulait pas se prévaloir
de la prescription du 20e article organique, il suffisait, ce
me semble, pour justifier Monseigneur, de dire qu'il *s'était
fait excuser,* ce qui était déjà bien beau dans un temps où les
Evêques de France, *en vertu du droit coutumier,* songeaient
assez peu à observer cette règle de l'Eglise.

On sait qu'en effet les Evêques, quand ils vont à Rome,
obtiennent d'ordinaire le titre d'Assistants au trône pontifical,
parce qu'il leur arrive rarement d'en revenir sans en avoir
rempli la fonction ; or, en compulsant l'Almanach ecclésiastique de Rome pour l'année 1845, voici les seuls Evêques
français que j'aie trouvés inscrits dans le catalogue desdits
Assistants : à l'année 1840 : NN. SS. Bouvier, évêque du Mans,
en date du 24 janvier, Donnet, archevêque de Bordeaux,
21 février, Bernet, archevêque d'Aix, 14 juillet, et d'Astros,
archevêque de Toulouse, 27 novembre ; en 1842 : Robin,
évêque de Bayeux, 28 janvier, Morlot, archevêque de Tours,
20 mars, et Parisis, évêque de Langres, 4 juin ; enfin, en

1843, après Mgr Fornari, archevêque de Nicée, 24 janvier :
Mgr Mathieu, archevêque de Besançon, 10 février.

En effet Mgr Mathieu, « plus heureux (et sans doute plus
« riche) en 1843, partit de Besançon le 7 janvier » pour faire
son premier voyage à Rome. Depuis, il en a fait neuf autres
comptés par son biographe, notamment le second en mai
1850, après plus de quatre ans d'intervalle, avec un premier
ostensoir, *provincial,* en souvenir du concile de 1849, et le
troisième en 1852 pour recevoir le chapeau. Nous parlerons
dans la suite de plusieurs autres de ces voyages, savoir de
ceux de 1854 et 1862 à propos de la liturgie, et du dernier, de
1869, à l'occasion du Concile général ; en attendant, signalons
celui de 1867, où le Cardinal remit au Pape un second ostens-
soir, « offrande *personnelle* de sa filiale affection, » comme dit
Mgr Besson t. II, p. 222.

Mais c'est moins à cause de cet ostensoir que nous signalons ici ce voyage, qu'à raison d'une lettre que Son Eminence
écrivit de Rome à son frère le 20 juin, et que son biographe
a bien voulu nous communiquer : « Le jour, lui disait-il, où
« j'ai chanté la messe à la chapelle Sixtine, en prononçant à
« l'italienne selon mon habitude, tous mes assistants à l'autel,
« et ensuite tous les Cardinaux, m'ont fait compliment sur
« la manière parfaite dont j'avais officié et chanté, sur ce que
« je savais à fond le chant grégorien, et un des maîtres de
« cérémonies m'a dit que j'étais entièrement romain. J'aurais
« bien voulu que tel prêtre de mon diocèse fût derrière moi. »

On me demandera peut-être dans quel but je transcris ici
ce bout de lettre ; serait-ce pour le critiquer ? A Dieu ne plaise !
Il était bien permis, en effet, même à un Cardinal septuagénaire, d'écrire confidentiellement à un frère de pareilles
naïvetés. Du reste, personne n'ignorait au monde, surtout
dans le diocèse de Besançon, que Mgr Mathieu *officiait et*
chantait d'une manière parfaite; seulement, quand il dit
qu'on l'a félicité de *savoir à fond le chant grégorien,* je me
demande dans quel sens on lui a adressé ce compliment ;
a-t-on voulu lui dire simplement qu'il exécutait admirablement le chant grégorien ? C'est ce que je suppose volontiers ;
car, quant à *savoir ce chant à fond,* c'est-à-dire, de manière à

le reconnaître parfaitement et à le composer dans toutes les règles, c'est ce que j'ai peine à croire, quand même on s'est vanté du premier et permis le dernier. Je trouve une équivoque du même genre dans le témoignage du maître de cérémonies ; il a bien voulu dire au Cardinal qu'il était *entièrement romain* quant à l'exécution des cérémonies ; mais d'en faire un *parfait ultramontain* à tous les points de vue, dogmatique, moral, disciplinaire, voire même liturgique, cela n'était pas de sa compétence ; encore voudrais-je savoir si le Cardinal avait suivi à Rome sa méthode tout à fait parisienne d'encenser l'autel. Enfin, en ce qui regarde la prononciation à l'italienne dont le Cardinal déclare qu'il avait l'habitude, à Rome sans doute, et non ailleurs, je suis étonné qu'on ne lui ait pas adressé sur cet objet un compliment semblable aux premiers, en lui disant, par exemple, qu'il savait à fond l'italien, comme il l'a prouvé du reste en supprimant *circa il modo* et en traduisant *tuttora* par *jusqu'ici* dans une lettre italienne du cardinal Patrizzi en date du 17 mars 1856. Mais ce que j'ai eu surtout en vue de faire remarquer dans cette lettre du Cardinal, c'est le trait de Parthe qui la termine : « J'aurais bien voulu que tel prêtre de mon diocèse fût derrière moi, » M. Thiébaud, sans doute, car j'avais cessé, moi, quelque temps auparavant, d'appartenir au diocèse de Besançon. Qu'aurait donc pensé M. Thiébaud, en entendant Rome, c'est-à-dire, tous les Cardinaux sauf le Pape, proclamer que Mᵍʳ Mathieu savait à fond le chant grégorien, et faire *chorus* peut-être avec le grand maître des cérémonies pour le déclarer entièrement romain ? Ah ! le pauvre doyen aurait dû, non seulement se courber jusqu'à terre pour faire amende honorable, mais s'enfoncer dans les entrailles de la terre pour s'anéantir corps et âme et ne plus reparaître jamais.

Et puisque je viens de faire allusion à la science *italienne* du Cardinal, pourquoi ne profiterais-je pas de l'occasion pour parler aussi de sa science *allemande ?* Je lis en effet dans sa *Vie,* t. II, p. 113, qu'à Marienthal, le 19 septembre 1859, « le « Cardinal-Archevêque de Besançon harangua le peuple en « allemand. (Alors) la grâce naturelle à sa personne ajouta « encore à son éloquence, et les Allemands furent charmés

« d'entendre louer leur chère Notre-Dame dans la langue
« dont ils se servaient pour la prier et la bénir. » Assurément, ces bons Allemands, réunis au pèlerinage de Marienthal, n'avaient jamais entendu prêcher dans leur langue, et
il fallait que le Cardinal de Besançon leur fît cette gracieuseté. — Mais non ; seulement ils furent *enchantés* d'entendre
parler *allemand* un Cardinal *français,* dont la *grâce naturelle*
augmentait l'*éloquence;* au point sans doute qu'ils l'eussent
compris quand même ils ne l'auraient pas *entendu,* absolument comme au collège Saint-François-Xavier, où ceux qui
ne savaient pas le latin comprenaient son latin, grâce à son
éloquence naturelle. Je ne veux, certes, rien ôter au mérite
linguistique de Mgr Mathieu, ni pour le latin, ni pour l'italien,
ni à plus forte raison pour l'allemand, puisque j'ai été assez
longtemps le commensal de son professeur en cette dernière
langue ; je doute fort cependant qu'il ait composé lui-même
un discours allemand très-éloquent de sa nature, et que,
surtout, il ait charmé ses auditeurs de Marienthal par une
prononciation vraiment alsacienne.

Un autre passage de la *Vie du cardinal Mathieu,* que je
voudrais signaler ici à mes compatriotes, parce que je ne sais
pas où je pourrais le placer ailleurs, est celui de la page 53
du tome IIe. On y lit que « le Cardinal Mathieu , nommé
« par décret du 20 septembre (1854) officier de la Légion
« d'honneur, reçut, avec les félicitations de M. Fortoul (sur sa
« belle conduite pendant le choléra), une lettre dans laquelle
« le Ministre relevait avec de grands éloges la conduite des
« prêtres et des religieux, en demandant les noms des plus
« héroïques. Mgr Mathieu fut très sensible à cette démarche,
« parce qu'il aimait son clergé et qu'il voyait son mérite
« hautement reconnu. Mais, malgré les instances des Préfets
« du Doubs et de la Haute-Saône, il refusa de proposer aucun
« prêtre pour la croix d'honneur. » Quel était donc son motif ? Mgr Besson l'explique ainsi : « En refusant pour les ecclé-
« siastiques de son diocèse des décorations si bien méritées,
« il les accoutumait à ne voir que Dieu, à n'aimer que lui et
« à ne travailler que pour sa gloire. »

Eh bien ! je ne conseille pas à Mgr Besson d'*imiter* cet exemple par trop *admirable*. Ce n'est pas là non plus l'esprit absolu de l'Eglise ; elle connaît trop bien l'humanité pour ne conduire ses prêtres que par les principes de la foi et surtout d'une charité entièrement désintéressée ; elle veut même que l'on stimule les plus parfaits d'entre eux, MM. les chanoines, à l'accomplissement de leur devoir au moyen du pointage pour les distributions manuelles, et elle permet à tous de concourir, s'ils le veulent, pour un poste supérieur et plus lucratif. Du reste, puisque S. Em. le cardinal Mathieu exigeait de ses prêtres un dévouement religieux absolu et parfait, pourquoi ne refusait-il pas d'abord pour lui-même, lorsqu'il refusait pour les autres ? Il était, sans doute, au-dessus de toutes les faiblesses de l'humanité, tandis que ses prêtres ne lui paraissaient pas élevés à la même hauteur ! Mais le nom de M. Fortoul, qui vient de tomber sous ma plume, me rappelle un autre trait de la vie du Cardinal que j'allais peut-être passer sous silence sans cette heureuse rencontre. Faisons-en donc l'objet d'un chapitre très court.

CHAPITRE XI.

DE LA LOI DE 1850 SUR LA LIBERTÉ DE L'ENSEIGNEMENT SECON-
DAIRE ET DU PROJET, QUI LA SUIVIT BIENTÔT APRÈS, DE DÉ-
TRUIRE L'UNIVERSITÉ.

Nous avons vu, dans notre ch. iv, Mgr Mathieu se plaindre amèrement de l'Université et demander quel remède il y avait à apporter au mal qu'elle faisait. Mgr Besson a répondu tout de suite : la liberté de l'enseignement secondaire, et il a ajouté avec bonheur dans ce même chapitre que la loi de 1850, accordant cette liberté, était sortie naturellement des débats engagés sous Louis-Philippe. Maintenant il va nous parler de cette loi et des heureux résultats qu'elle a produits.

Mais, avant de le suivre sur ce terrain, nous devons faire observer que cette loi, quoique meilleure que ce qui l'avait précédée, ne fut cependant pas du goût de tout le monde.

Ceux-là surtout qui avaient le plus travaillé pour détruire le monopole universitaire, trouvèrent que la loi Falloux ne nous donnait pas toute la liberté à laquelle nous avions droit, et même toute celle que nous pouvions obtenir dans les circonstances. J'avoue que, quoique jeune encore, j'étais de cet avis avec l'*Univers*. Au reste, Mgr Parisis lui-même, qui avait tant écrit du temps de Louis-Philippe en faveur de la liberté d'enseignement, et qui, comme membre de l'Assemblée législative, avait pris une grande part à la discussion de la loi de 1850, n'était pas tout à fait rassuré sur l'avenir de cette mesure transactionnelle, qu'il s'abstint de voter dans son ensemble.

Néanmoins, il crut devoir composer cette année-là même une brochure intitulée : *la Vérité sur la Loi de l'Enseignement,* où il conjurait ses anciens amis de se résigner à la nécessité des temps et de faire généreusement l'essai de cette liberté, quoique trop restreinte. On ne pouvait, disait-il, p. 72, « dé-« truire tout à fait le *système fatal* de l'Etat enseignant, ni « obtenir, à côté de lui, une liberté d'enseignement *absolue,* « ni enfin obtenir que la société ne fût plus établie sur « le principe de la liberté des cultes et de leur égale pro-« tection civile. » Ces trois impossibilités existant, à quoi fallait-il s'appliquer? « A détruire le monopole, » et c'est ce qu'on a fait. Quant à la surveillance générale de l'Etat, on ne pouvait l'éviter ; mais n'aurait-on pas pu mettre de côté *cette grande organisation* qui engage le clergé plus qu'il ne le faudrait, et qui peut *faire renaître le monopole avec une organisation plus complète?* Nous croyons que oui, et c'est pourquoi la loi, considérée ainsi dans son ensemble et dans sa combinaison générale, nous répugne et nous effraye. On voit que Mgr Parisis se résignait avec peine, mais enfin se résignait, aimant mieux avoir quelque chose que rien.

Quant au Cardinal de Besançon, Mgr Besson nous dit, p. 442, qu'il plaida habilement la cause de la loi à Rome, où il se trouvait en 1850, et que, le désir du Saint-Père une fois connu, « c'en fut assez pour que toute opposition tombât, et que « l'adhésion de l'Episcopat, un moment divisé, fût unanime. » Cela prouve que les ultramontains sont de bonne composition, puisqu'un simple désir du Pape suffit pour les réduire. On ne peut pas faire ce compliment à tout le monde. Au reste, faut-il tant se réjouir de cet accord? et la condescendance du Saint-Siège en 1850 a-t-elle produit des résultats de beaucoup supérieurs à ceux qu'avait produits celle dont il avait usé lors des fameuses ordonnances de Charles X, auxquelles le cardinal de Clermont-Tonnerre avait opposé tout d'abord la devise de sa maison : *Etiamsi omnes, ego non?* C'est ce que nous verrons tout à l'heure.

Maintenant écoutons Mᵍʳ Besson, p. 455 : « Le 5 décembre 1850, Son Eminence « (le cardinal Mathieu) inaugurait par « une bénédiction solennelle le collège libre de Saint-François- « Xavier. L'établissement comptait à ses débuts quatorze « maîtres et cent soixante élèves. Ainsi le Cardinal de Be- « sançon fut le premier, dans sa sagesse pratique, à profiter « de la nouvelle loi sur la liberté d'enseignement et à en « appliquer les bienfaits à son diocèse. » Ceci est-il bien exact?

Mᵍʳ Parisis disait, à la fin de sa brochure citée ci-dessus, que, déjà depuis six mois, Avignon voyait ses familles catho- « liques associées pour procurer à tous les enfants un en- « seignement aussi pur que solide, aussi pieux que com- « plet; » il ajoutait, il est vrai, que « déjà aussi, dans le « diocèse de Besançon, de riches souscriptions se rem- « plissaient pour fonder *des* collèges catholiques. » Il me semble donc que Mᵍʳ Besson aurait bien fait d'associer Avignon à Besançon dans cette gloire de la primauté, et les souscripteurs du diocèse de Besançon à leur Archevêque. Je trouve même qu'il aurait pu joindre au nom du Cardinal celui d'un de ses zélés et désintéressés collaborateurs dans cette grande entreprise ; ce nom eût été aussi bien placé là qu'à la page 371 du 2ᵉ volume, où on lit que « M. l'abbé Maire, aumônier « de l'hôpital militaire de Besançon, continua avec zèle et « avec honneur les traditions » de deux autres ecclésiastiques franc-comtois « qui ont laissé dans le souvenir du soldat une « vive et profonde impression. » Je ne sais pas même si Mᵍʳ Besson a été bien adroit de relever ce mérite de M. l'abbé Maire, car ceux qui connaissent son histoire n'ignorent pas qu'on a payé son *zèle* et son dévouement pour les militaires, en se débarrassant adroitement de ses services, et en brisant sa carrière militaire déjà longue au préjudice de ses droits acquis et des récompenses auxquelles il pouvait légitimement prétendre. Mais nous retrouverons M. l'abbé Maire le long de notre chemin.

Voyons ce que Mgr Besson a dit encore, p. 442, de la loi de 1850, et de « plus de cent collèges libres qui s'établirent » en conséquence : « Ils ont peuplé l'armée, le barreau, la magis- « trature ; ils ont renouvelé la France intelligente et chré- « tienne. » Ce chant de triomphe n'est-il pas un peu pré- maturé ? Hélas ! il y aurait eu moyen d'arriver à quelque chose de semblable, si on avait su profiter des ouvertures faites aux Evêques, du moins à quelques-uns, après le 2 dé- cembre 1851. « Le nouveau ministère des finances, raconte « Mgr Besson, t. II, p. 25, aurait volontiers sacrifié l'Université. « Ce grand corps était alors assez impopulaire. La loi de 1850, « pratiquée depuis un an à peine, avait donné naissance à « cent collèges libres, rivaux des lycées et déjà peuplés par « la confiance des familles. N'était-ce pas une occasion favo- « rable pour supprimer l'Université, en abandonnant aux « Evêques, aux congrégations enseignantes, à l'initiative des « communes et des départements, le soin de distribuer l'ins- « truction à tous les degrés, sous la surveillance de l'Etat ? « On y voyait une grande économie à faire, une satisfaction « à donner au clergé, une liberté à acclimater en France, à « l'instar de l'Angleterre. Plusieurs Prélats furent consultés, « entre autres le cardinal Mathieu. Son avis fut très formel. « Il déclara que le clergé n'était pas pour le moment en état « de recueillir la succession de l'Université ; que la fondation « des collèges libres avait épuisé ses ressources et que les « hommes et l'argent lui manquaient pour faire davantage. « Plusieurs autres Evêques » (lesquels ? ce ne fut certes pas le Cardinal de Reims qui avait annoncé avec bonheur la pu- blication très prochaine du décret de suppression déjà for- mulé) « conclurent dans le même sens, et le projet sincère « ou simulé (pourquoi simulé ?) fut abandonné aussitôt. »

Ce fut assurément un très grand malheur, et l'on en voit

les conséquences aujourd'hui, conséquences que Mgr Parisis avait tant redoutées. Mais comment les Evêques auraient-ils pu accepter la faveur ou, si l'on veut, la charge qu'on leur offrait, à défaut d'hommes et d'argent? A défaut d'hommes! mais n'auraient-ils pas pu employer, dans les collèges confiés à leur direction, les professeurs de l'Université elle-même? Ceux-ci, dégagés une fois de leurs liens et soumis à une direction nouvelle, auraient sans doute changé d'allure, ou du moins se seraient assez observés pour éviter une exclusion. L'essentiel était de briser à tout jamais, non pas les membres, mais le corps de l'Université, avec ses lois et ses règlements ; le reste serait venu de lui-même. En ce qui regarde la question d'argent maintenant, à supposer que le budget de l'Etat se fût complètement désintéressé des frais de l'instruction publique, les communes, comme on a dit, et les départements n'étaient-ils pas là pour y pourvoir? Ce n'était déjà pas peu d'avoir à sa disposition les bâtiments et le mobilier des établissements universitaires, que les collèges libres ont dû se procurer à tant de frais. En vérité, je n'ai jamais compris qu'on n'eût pas prêté les mains à cette mesure radicale qui eût coupé le mal dans sa source. Il ne faut pas manquer à la fortune ; et l'occasion, il faut la saisir aux cheveux. Mais le projet n'était peut-être que simulé. Où a-t-on pris cette idée? et Mgr Besson devait-il la chausser, lui qui dit tout de suite : « Quelque discrète qu'eût été la con-
« sultation (du gouvernement auprès des Evêques), l'Uni-
« versité ne l'ignora pas tout à fait. En écrivant au cardinal
« Mathieu, M. Fortoul lui parle de sa gratitude éternelle. »
Elle a été courte, l'éternité de cette gratitude, et l'on voit où nous en sommes.

Pour bien finir ce chapitre, je signalerai ici ce que M. Guizot disait lui-même des droits de l'Etat sur l'éducation. C'est Mgr Besson qui le cite, t. I, p. 324. « Les enfants appar-
« tiennent à la famille avant d'appartenir à l'Etat. L'Etat a le
« droit de *distribuer l'enseignement,* de le diriger dans ses
« propres établissements, de le surveiller partout. Il n'a pas
« le droit de l'imposer aux familles. » Je n'admets pas toutes ces assertions. On ne doit, en effet, accorder à l'Etat en prin-

cipe que *le droit* de surveillance, avec les suites qui en découlent, joint *au devoir* d'aider les familles à remplir leurs obligations à cet égard pour le bien social et domestique. Voilà la vraie règle, puisque l'Etat n'est que l'association des familles et n'est établi que pour en sauvegarder les droits et en faire exécuter les devoirs. Mais nous sommes arrivés au moment critique de la vie du cardinal Mathieu, au moment où on allait traiter avec lui de la réforme liturgique. Passons donc à un autre chapitre.

CHAPITRE XII.

LE CARDINAL MATHIEU ET LA RÉFORME LITURGIQUE.

Mgr Parisis avait commencé la réforme liturgique, dans son diocèse de Langres, en 1839. Les années suivantes, Dom Guéranger publia ses *Institutions liturgiques*. En 1842, Grégoire XVI, consulté par l'Archevêque de Reims, lui envoya un Bref où il manifestait son vif désir et son espérance de voir tous les Evêques de France imiter celui de Langres. Mgr Besson parlant de ce Bref, t. II, p. 66, dit que « Gré- « goire XVI y trancha la question au fond, mais qu'il s'en « remit pour la pratique à la prudence de chaque Evêque, « ajoutant qu'il fallait attendre du temps et des circonstances « le retour de toutes les Eglises à la liturgie de l'Eglise-mère « et maîtresse [1]. »

[1] On croirait, en lisant ceci, que Mgr Besson n'aurait pas été étranger aux *Observations* publiées par un anonyme dans l'*Union franc-comtoise* le 12 septembre 1861. Là, en effet, comme ici, on attribuait un sens extraordinaire aux paroles de Grégoire XVI et de Pie IX. On faisait dire, au premier, que l'affaire de la réforme liturgique était une matière dans laquelle il fallait employer les plus grandes précautions, et, au second, qu'il pouvait y avoir des circonstances qui ajournaient et excusaient. On louait, en conséquence, la *souveraine retenue* du Saint-Siège à cet égard. J'ai réfuté ces fausses allégations p. 291 et suivantes de mon *Histoire*. Mais c'est en vain que l'on parle à des sourds, surtout quand leur surdité est volontaire comme celle de nos antagonistes. « Mentez, mentez toujours, disait un chef de file ; il en restera quelque chose. »

Voilà une manière singulière d'interpréter un Bref où le Pape, déplorant avec Mgr de Reims les abus où la France était tombée, déclarait ne désirer rien tant que d'y voir observer partout les Constitutions de saint Pie V, mais croyait devoir s'abstenir, pour le moment, de presser plus complètement l'affaire, parce qu'il craignait qu'il n'en résultât de très graves dissentiments. Il manifestait pourtant sa confiance de voir, Dieu aidant, tous les Evêques de France suivre l'exemple que l'Evêque de Langres avait donné, et la facilité très dangereuse avec laquelle on changeait les livres liturgiques disparaître entièrement. (Voir le texte latin page 78 de notre *Histoire*.) Où trouvera-t-on, dans ce Bref, que le Pape s'en soit remis à la prudence de chaque Evêque ? et surtout, qu'il fallût attendre du temps et des circonstances la réforme si désirée? Certes, on n'y lit rien de pareil. D'ailleurs, les instances pressantes que Grégoire XVI et son successeur ont faites, depuis, pour activer la réforme, prouvent bien qu'ils n'avaient pas cette idée. Que l'on se reporte à notre page 64 et l'on verra si telle était la manière d'agir du Nonce, Mgr Fornari; on y trouvera, du reste, l'interprétation authentique du Bref de Grégoire XVI donnée par le cardinal Lambruschini.

Aussi vit-on la liturgie romaine rétablie en son entier, ou son rétablissement prochain annoncé, dans une dizaine de diocèses, de 1843 à 1850. Il faut signaler en particulier Reims et Montauban, qui avaient des Franc-Comtois pour Evêques. On tint ensuite, dans treize provinces, des Conciles qui se prononcèrent la plupart dans le même sens. (Voir *Histoire*, ch. xviii.) Quant à ceux qui s'abstinrent de traiter la question, comme ceux de Lyon et de Rouen, la S. Congrégation du Concile ne manqua pas de faire observer, aux Pères qui les avaient célébrés, qu'ils devraient s'en occuper sans faute dans leur prochain Concile qu'ils avaient annoncé pour 1853. Enfin, quand le cardinal Mathieu, qui n'avait point tenu de Concile, alla à Rome en 1854 pour assister à la proclamation solennelle du dogme de l'Immaculée-Conception, il ne put s'empêcher de traiter de cette affaire avec le Saint-Père. Ecoutons Mgr Besson nous raconter ce voyage, t. II, p. 56 :

« Le cardinal Mathieu partit pour Rome à la fin de novembre

« et prit part aux Consistoires qui précédèrent la définition.
« Il y prit la parole, fit admirer encore une fois la facilité
« élégante avec laquelle il maniait la langue latine (prononcée
« sans doute à l'italienne), et appela l'attention de l'assemblée
« sur le texte de la Genèse dans lequel Dieu menace le ser-
« pent de la femme qui doit lui briser (ou *broyer*) la tête :
« *Ipsa conteret caput tuum.* Comment supposer que cette
« femme prédestinée ait vécu un seul instant sous la puis-
« sance de l'ennemi qu'elle venait terrasser ? Les dévelop-
« pements que le cardinal Mathieu donna à cette pensée
« plurent beaucoup au Sacré-Collège, et l'usage qu'il faisait
« de l'Ecriture sainte parut aussi remarquable que sa piété
« envers Marie était vive et affectueuse. » J'avais déjà entendu
vanter beaucoup, dans le temps, cette allocution du Cardinal ;
mais jamais je n'ai pu savoir ce qu'il y avait eu de *si remarquable,* ou, si l'on veut, de si nouveau et de si inattendu, dans
l'usage qu'il avait fait de ce texte de la sainte Ecriture pour
appuyer le dogme de l'Immaculée-Conception. Si, comme on
le dit, il a simplement développé cette pensée « que la sainte
Vierge n'a pas dû vivre un seul instant sous la puissance de
l'ennemi qu'elle venait terrasser, » certes, il n'a rien énoncé
de nouveau. Pour mériter pourtant l'ovation qu'on lui a faite,
j'aurais voulu qu'il fît retoucher quelque chose dans le texte
de la Bulle que l'on avait remise aux Prélats ; ce qui, je crois,
n'a pas eu lieu.

Mais passons à la question liturgique. On sait qu'elle fut
débattue entre le Cardinal, d'une part, et, de l'autre, le Pape
lui-même, puis le Préfet de la Congrégation des Rites aidé de
son secrétaire. Il n'est pas besoin de rechercher de qui vint
l'initiative en cette circonstance : contentons-nous de savoir
ce qui eut lieu, et prenons nos renseignements dans les actes
consignés au *Cahier bleu,* c'est-à-dire, dans le Recueil des
pièces que Son Eminence adressa à son clergé au commencement de l'année 1857. Nous appellerons toujours ce Recueil le
Cahier bleu pour abréger, et nous indiquerons simplement la
page où nous aurons pris nos extraits.

Mgr Mathieu écrivait donc au cardinal Patrizzi le 15 décembre 1855, p. 11 : « Quand j'étais à Rome, l'année dernière,

« j'ai fidèlement et humblement exposé au Saint-Père les
« grandes difficultés qu'entraînerait le passage du Rite bisontin
« au romain, et j'ai proposé un moyen de terminer plus faci-
« lement la chose, savoir, que nous en reviendrions à ce
« qu'avaient toujours fait, dans mon Eglise, nos Pères des
« XVIe et XVIIe siècles, lesquels se sont rapprochés, autant
« qu'ils ont pu, de l'ordre romain, en conservant leurs propres
« rites toujours observés depuis les temps anciens. Sa Sainteté
« m'a renvoyé (alors), ainsi que ma supplique sur cet objet, à
« Votre Eminence, avec laquelle j'ai parlé de cette affaire en
« présence de Mgr Capalti, secrétaire de la S. Congrégation
« des Rites, montrant en détail quel trouble ce changement
« causerait parmi nous, et avec quelle prudence il fallait le
« traiter en avisant aux meilleurs moyens de résoudre la
« question sans bouleverser entièrement les habitudes.

« Mgr Capalti, dans sa rare science et sagesse, a fait observer
« avec raison qu'on ne pouvait accorder à mon diocèse des
« faveurs particulières, si les demandes ne reposaient pas sur
« des fondements solides. J'ai volontiers adhéré à une obser-
« vation aussi juste, en protestant que je n'avais jamais eu
« d'autre pensée. Enfin, on conclut que je demanderais à Sa
« Sainteté la permission de préparer tout l'ensemble de ce
« travail qui serait soumis à son jugement et examen préa-
« lable, et de conserver, en attendant, notre rite actuel. Ce que
« Sa Sainteté m'a accordé de vive voix, le 7 décembre 1854,
« en audience privée, d'une manière provisoire seulement.
« De retour ensuite à mon siège, j'ai travaillé constamment à
« rechercher avec soin et à mettre dans tout leur jour nos
« vieux rites, leur origine, leur antiquité et leur perpétuité,
« sans rien cacher absolument de ce qui pourrait contribuer
« au jugement du Saint-Siège. »

Nous quittons ici le *Cahier bleu* pour apprendre de Mgr Besson, t. II, p. 75, ce qui se passa à Besançon à cette occasion.
« A peine de retour, le cardinal Mathieu assembla le Chapitre
« métropolitain, exposa ce qu'il avait demandé et obtenu, et
« invita l'assemblée à nommer, conformément à la règle,
« deux chanoines pour travailler à composer l'office annoncé
« au Saint-Père et attendu par la Congrégation des Rites. Le

« Chapitre accepta l'ouverture à l'unanimité, mais il n'y eut
« aucune délibération consignée dans les registres. Trois jours
« après, un chanoine retira son adhésion par une lettre
« adressée au Prélat. Mgr Mathieu ne jugea ni prudent ni op-
« portun de provoquer une assemblée nouvelle. Il résolut de
« faire seul le travail et de le présenter. C'était un travail de
« longue haleine. Il ne recula point devant le devoir et se mit
« à l'œuvre avec une patience et un courage vraiment dignes
« d'éloges. »

Je remercie Mgr Besson de ce qu'il dit ici de la règle qui
oblige un Evêque à consulter son Chapitre en matière de
liturgie ; seulement, cette règle restreint-elle à deux chanoines
les membres des commissions à instituer pour faire le travail
préparatoire ? Je crois qu'elle n'oblige même pas à choisir des
chanoines pour cette œuvre, qui devra être soumise, plus
tard, à tout le Chapitre. Quand notre auteur remarque ensuite qu'un chanoine (pourquoi ne pas dire le doyen ?) ayant
retiré son adhésion, le Cardinal résolut de faire seul le travail, un travail de longue haleine, qui demandait une patience
et un courage extraordinaires, je n'affirmerai pas, comme
lui, que cette conduite était digne d'éloges, car ce n'était pas,
ce me semble, le moyen de faire vite et bien. D'ailleurs,
qu'est-ce qui empêchait le Cardinal de s'adjoindre des collaborateurs, pris même en dehors du Chapitre ? Est-ce que son
diocèse était complètement dépourvu d'hommes intelligents
et capables de lui venir en aide [1] ? Au reste, pourquoi le

---

[1] Ce n'est pas ainsi qu'ont procédé, dans la même affaire, la plupart
des Evêques de France. Pour n'en citer que quelques-uns, Mgr Bouvier,
évêque du Mans, malgré sa grande science, voulut s'entourer en 1852
de trois commissions pour le Propre, le Cérémonial et le Chant ; il fit
même appel à tout son clergé pour en obtenir des renseignements sur
les saints honorés dans le pays, voulant qu'on lui fît un rapport cir-
constancié sur cet objet et qu'on s'associât au besoin des laïques pour
bien faire ce travail (*Histoire,* p. 278). Mgr Parisis, devenu évêque d'Arras
en 1851, fit un appel semblable à tous ses prêtres, et invita les comités
de chaque canton, établis pour la recherche et l'appréciation des monuments, à se mettre en rapport avec la commission nommée pour la
rédaction du Propre (*Histoire,* p. 203). C'était pourtant un maître homme
que Mgr Parisis. Et Mgr Pie, évêque de Poitiers, avait-il plus besoin
qu'un autre de collaborateurs pour bien faire ? Pourtant, en 1856, il

doyen du Chapitre avait-il retiré son adhésion ? Hélas ! il ne lui était pas même venu dans l'idée, séance tenante, qu'il fût question de composer tout un Bréviaire bisontino-romain, et non un simple Propre comme partout ailleurs. Aussi, quand quelqu'un dit aux commissaires de faire prédominer le bisontin dans leur œuvre, cette recommandation singulière le fit réfléchir ; et c'est pourquoi, comprenant le but qu'on se proposait, il ne voulut pas y donner les mains et en endosser la responsabilité. Mais je me trompe peut-être en supposant qu'on voulait rédiger tout un nouveau Bréviaire ? Non, puisque Mgr Besson lui-même nous déclare que les deux chanoines avaient été nommés pour travailler à *composer l'office annoncé au Saint-Père ;* il s'agissait bien, non d'un Propre, mais d'un Office ou d'un Bréviaire en mosaïques.

Maintenant, est-ce à un travail de ce genre que le Cardinal s'est appliqué tout seul avec une patience et un courage remarquables ? Ah ! il aura bien vite compris que cela était impossible ; et c'est pourquoi il s'est contenté de rédiger une Dissertation sur l'origine et l'antiquité des Rites bisontins, dans le but d'obtenir leur conservation et, par suite, celle de l'ancienne liturgie bisontine antérieure au xviiie siècle, ainsi que nous le verrons plus tard. Comme c'est dans cette Dissertation que Mgr Besson a puisé tout ce qu'il nous a dit d'intéressant dans son ouvrage en fait de liturgie, nous allons le suivre pas à pas, en insérant dans son texte des commentaires plus ou moins longs selon que le besoin s'en fera sentir.

attendait encore de nouveaux renseignements de ses prêtres pour composer le Pouillé et le Martyrologe de son diocèse (*Histoire,* p. 274). Enfin, pour abréger, Mgr Sibour, archevêque de Paris, n'avait-il pas établi lui-même, par Ordonnance du 10 juin 1856, une commission, divisée en trois sous-commissions, pour s'occuper du Propre, des Cérémonies et du Chant (*Histoire,* p. 299). Voilà, ce me semble, des Prélats qui ont apporté à la composition de leur Propre un soin et des attentions *vraiment dignes d'éloges,* tandis qu'à Besançon tout s'est fait en dehors du clergé, et même du Chapitre, contrairement *à la règle* signalée par Mgr Besson. Aussi verrons nous bientôt quel a été le résultat de cette conduite extraordinaire.

CHAPITRE XIII.

DE L'ANTIQUITÉ DE LA LITURGIE BISONTINE.

Mgr Besson nous dit tout d'abord, t. II, p. 61 : « De toutes « les Eglises de France, celle de Besançon était peut-être celle « qui possédait le plus incontestablement de toute antiquité « un Missel, un Rituel et un Bréviaire particuliers. » Oh! ceci est trop fort; et Lyon donc, pour ne pas parler des autres? Si je signale ici Lyon, c'est parce que Besançon a tiré de Lyon son origine par saint Irénée, ou, si l'on veut, par ses envoyés. Il ne faudrait pas croire pour autant que ces deux Eglises ont le même saint Jean pour titulaire; car, tandis que Besançon a fait cet honneur à saint Jean l'Evangéliste en compagnie de saint Etienne le premier martyr, le titulaire de Lyon est, comme celui de la première Eglise de Rome, celle de Latran, saint Jean-Baptiste, le tout à cause du Baptistère qui a servi de berceau à toutes les Eglises de l'univers. Quant à l'origine orientale que Lyon veut bien se donner en remontant en ligne directe de saint Irénée à saint Polycarpe de Smyrne, puis à son maître saint Jean l'Evangéliste d'Ephèse, cela n'est pas sans difficulté.

Car, d'abord, ce n'est pas saint Irénée qui a été le fondateur de l'Eglise de Lyon, mais son prédécesseur saint Pothin (ou, comme dit le Martyrologe romain, saint Photin, Φωτινός, et non Ποθεινός, qui en grec ont des sens bien différents). Or, d'où venait ce saint? On me dira tout de suite que son nom grec indique assez son origine. Je n'accepte pas cette raison ; car, à l'époque chrétienne, à cause de la diffusion de l'Empire romain sur tous les territoires d'Orient et d'Occident, le mélange des noms grecs et latins se rencontrait partout ; c'est ainsi, par exemple, pour ne pas nous écarter de Lyon, que saint Irénée avait envoyé à Valence un Achillée avec Félix et Fortunat, et qui plus est, à Besançon, nos saints Ferréol et Ferjeux auxquels on attribue une origine grecque, quoique leurs noms le soient bien peu. D'ailleurs, on trouve, parmi les compagnons eux-mêmes de saint Photin nommés dans le Martyrologe romain, un *Sanctus diacre* (originaire de Vienne), un *Maturus* et une *Blandine,* dont les noms ne sentent pas le grec. On y rencontre même un *Vettius Epagathus,* tout à la fois grec et latin ou gaulois. Je redemande donc d'où venait saint Photin, le premier illuminateur ou phare de Lyon? Eh bien! je crois qu'il sortait de Vienne, cité bien antérieure à Lyon et qui possédait une Eglise fondée, dès le premier siècle, par un des disciples de saint Paul, saint Crescent; et c'est cette filiation de l'Eglise de Lyon, vis-à-vis de celle de Vienne, qui expliquerait la lettre commune des *serviteurs de Jesus-Christ demeurant à Vienne et à Lyon à leurs frères d'Asie et de Phrygie,* auxquels ils racontaient tout au long le martyre de saint Photin et de ses compagnons arrivé en 177.

Du reste, alors même que saint Irénée et d'autres auraient été envoyés dans les Gaules par saint Polycarpe, faudrait-il croire pour autant qu'ils y auraient importé une liturgie différente de la romaine? En ce qui regarde spécialement saint Irénée, qui est-ce qui l'a établi successeur de saint Photin sur le siège de Lyon, sinon Rome? Constitué, en effet, porteur d'une lettre des Martyrs de Lyon au Pape saint Eleuthère, c'est à Rome probablement qu'il a été fait évêque ; d'ailleurs, Lyon avait si bien les usages liturgiques de Rome et de l'Occident que, quand saint Irénée écrivit au Pape saint Victor pour le dissuader d'excommunier les Evêques quartodécimans d'Asie, il ne plaidait pas pour sa propre cause, puisque l'Eglise de Lyon était d'accord avec celle de Rome à ce point de vue. Il y a donc tout lieu de croire que cette Eglise n'avait, dès l'origine, pas plus de liturgie orientale que Rome ; ou plutôt, la liturgie romaine elle-même était aussi d'origine orientale, parce que saint Pierre, qui la lui avait donnée, venait également d'Orient, et n'avait certainement pas inventé pour Rome une liturgie différente de celle dont il se servait à Antioche quand il y avait sa Chaire apostolique.

C'est pourquoi, déjà dans mon *Histoire* publiée en 1862, je disais, page 103, après avoir cité un passage de la circulaire du cardinal de Bonald, archevêque de Lyon, du 18 novembre

1843 : « On voit ce qu'il faut penser du caractère *oriental* de
« la liturgie lyonnaise. Si Lyon a eu, dans les premiers siècles,
« une liturgie venue de l'Orient (j'aurais dû ajouter : différente
« de la romaine), il l'a perdue, comme tout le reste de la
« France, du temps de Pépin et de Charlemagne. Au fait, il
« n'y a pas eu en France, avant Charlemagne, d'autre liturgie
« que celle dite gallicane, supprimée alors. Ceci a été dé-
« montré par Mgr de Conny, dans ses *Recherches* (publiées en
« 1859) *sur l'abolition de la Liturgie antique dans l'Eglise de
« Lyon*. Il faut même dire que c'est dans l'ancienne liturgie
« romaine que nos Eglises ont puisé tout ce qu'on y a décou-
« vert de conforme au type oriental... Les liturgies aposto-
« liques n'étaient d'abord qu'un cadre assez simple, où l'on a
« fait entrer, depuis, des formules diverses selon les pays.
« Rome a rempli successivement ce cadre par les travaux de
« ses Pontifes jusqu'à saint Grégoire le Grand. Depuis ce grand
« Pape, on n'y a guère ajouté que des accessoires ; et c'est
« dans ces accessoires postérieurs à Charlemagne, ou même à
« saint Grégoire VII, qu'ont consisté les différences des li-
« turgies dites françaises avec la romaine, qui leur servait de
« base à toutes depuis cette époque (comme déjà aupara-
« vant [1]). »

[1] Voici, je crois, comment s'est insensiblement organisée la partie de
la Messe actuelle, qui sert de préparation au grand acte du sacrifice
contenu dans le Canon. C'est ce qu'on appelait autrefois la Messe des
cathécumènes, qui consistait surtout dans des instructions ou lectures,
tirées des Prophètes, des Epîtres et des Evangiles expliqués par l'homélie. Seulement, on eut soin dès l'origine de séparer ces lectures ou
leçons par le chant des psaumes, considérés comme hymnes ou cantiques
spirituels. Or ces leçons et ces psaumes furent plus ou moins nombreux,
selon que l'office *préparatoire* lui-même devait durer plus ou moins
longtemps, à raison soit de la saison, soit de la fête elle-même. Ainsi
s'expliquent, par exemple (pour ne pas parler des cinq leçons des samedis
des Quatre-Temps), les *douze* leçons du Samedi-Saint, tandis que la Vigile
de la Pentecôte n'en a que *six*, soit à cause de la brièveté des nuits,
soit à cause du Temps pascal.

Alors donc l'office de la nuit, ou l'office nocturne, était annexé à la
Messe qui ne devait commencer qu'après minuit, et il se composait des
lectures et des psaumes dont nous avons parlé. Quand ensuite on voulut
faire de cet office et de la Messe deux fonctions distinctes, pour ne pas
dépouiller celle-ci de toute préparation, on y fit entrer, d'une certaine
façon, même l'office *primitif*, en réduisant, d'une part, les lectures à

Quand j'écrivais cela, et d'autres choses encore à l'appui dans les pages 378 et suivantes de mon *Histoire*, j'ignorais certainement que Mgr de Conny écrirait au *Monde* le 23 décembre 1863 : « Permettez-moi de mettre en son véritable

trois, Prophétie, Epître et Evangile dans le rite gallican, ou à deux, les deux dernières, dans le rite romain, et, de l'autre, les psaumes euxmêmes, à un certain nombre de versets sous forme de répons ou de traits. Et parce que la Messe des fidèles avait commencé autrefois, après l'instruction ou l'homélie sur l'Evangile, par le salut du célébrant, *Dominus vobiscum,* suivi immédiatement de l'offrande et de l'oraison *Super oblata,* ou secrète (car toutes les formules qui les séparent maintenant sont d'invention postérieure), on crut devoir commencer de même la Messe amplifiée, le prêtre saluant le peuple dès son entrée et récitant sur lui une première oraison qu'on a appelée *Collecte* ou réunion.

C'est surtout à l'occasion des Messes à station que ce nom fut mis en vogue, car on s'y rendait en procession et en chantant la litanie ou supplication, c'est-à-dire, le *Kyrie eleison* répété jusqu'au moment où l'on arrivait à l'église stationale. Alors le célébrant avertissait le peuple de prier en disant *Oremus,* et il récitait ensuite la collecte sur l'assemblée. De là l'usage des *Kyrie* qui est resté à toutes les Messes, même quand on a cessé les processions aux stations; bien plus, dans ces cas-là, afin de donner au peuple le temps de se réunir et au célébrant celui de se préparer, on prit le parti de chanter un psaume qui est devenu l'Introït; ou plutôt, même quand il y avait procession, on devait chanter ce psaume, mais dans l'église d'où l'on partait pour se rendre à la station. On chante encore à présent un introït au départ des processions; mais cette première entrée n'empêche pas maintenant l'exécution du véritable introït de la Messe, excepté les vigiles de Pâques et de la Pentecôte, où l'on supprime cet introït à cause des litanies que l'on chante en revenant des Fonts ou du Baptistère.

Quant aux autres parties additionnelles du commencement de la Messe, telles que le *Gloria in excelsis,* le *Credo* et les prières que le prêtre récite au bas de l'autel ou pendant l'offertoire, on sait qu'elles n'ont été introduites et réglées que beaucoup plus tard. On a commencé d'abord par le *Gloria* ou cantique des anges, réservé primitivement à Noël et à l'Evêque (comme aujourd'hui encore le *Pax vobis*); ensuite est venu le *Credo,* et enfin les autres prières qui, inventées par la dévotion particulière, ont varié selon les lieux, et ne sont devenues régulières et obligatoires que depuis saint Pie V qui les a fixées et prescrites dans son Missel réformé. Au reste, il ne les a pas composées lui-même; car il s'est contenté de les prendre telles quelles dans le Missel romain-franciscain qui existait avant lui, tandis que les Missels particuliers des divers diocèses ou ordres religieux de l'univers avaient gardé plus ou moins les anciennes lacunes ou les avaient remplies chacun à leur façon. C'est dans la variété de ces additions locales, et dans les variantes des manuscrits grégoriens employés, que consistaient uniquement les différences des anciens Missels du rite latino-romain. Je possède le

« jour la pensée qui a inspiré mes *Recherches*... Une erreur
« populaire *(sic)* attribuait une origine orientale à des céré-
« monies qui n'étaient autres que les anciennes cérémonies
« romaines... La vérité, c'est qu'au huitième siècle, on ne

Missel des Chartreux imprimé par Thielman Kerver en 1520. Eh bien !
ou n'y trouve marqué, à l'Ordinaire de la Messe, après les onze préfaces
suivies du *Sanctus*, du *Gloria in excelsis* et du *Credo*, que le *Dominus sit
in corde meo*, ou une autre prière semblable, avant l'évangile, le verse-
ment de l'eau dans le calice en disant un petit *De latere*, l'offrande du
tout accompagnée de *In spiritu humilitatis*, le ℣ *Dirigatur* pour l'encensement, et l'*Orate fratres pro me peccatore ad Dominum Deum nostrum*
sans réponse. Vient ensuite le Canon romain, et, immédiatement après
le *Pax Domini*, l'*Agnus* suivi d'une seule oraison, le *D. J.-C. Fili Dei
vivi*, avant la communion et du *Placeat* à la fin de la Messe. Voilà
quelle était la simplicité de ce Missel, tandis que celui des Franciscains,
imprimé à Lyon par Sachon en 1500, est en tout conforme pour l'ordinaire et le canon à celui de saint Pie V, sauf omission de la formule de
bénédiction que le célébrant donnait autrefois en silence, et cela avant
le *Placeat*, après lequel il se retirait sans dire l'évangile de saint Jean ;
mais il récitait ensuite l'action de grâces actuelle, où il ne manquait que
la dernière oraison empruntée à la fête de saint Laurent.

Après avoir ainsi expliqué la manière dont la Messe est arrivée à son
état de perfection actuel, je dois dire un mot de la composition présente
de l'Office, car il s'est développé aussi avec le temps. Il renferme toujours, aujourd'hui comme dans le principe, deux parties principales, les
prières que nous adressons à Dieu ou à ses saints pour les louer ou les
invoquer, et les lectures ou les leçons qu'ils nous font pour nous instruire
ou nous édifier.

En fait de prières, ce sont surtout les *Psaumes* qui en constituent le
fond ; mais l'usage qui s'est établi, au moins depuis le quatrième siècle
en Occident, de les réciter ou psalmodier à deux chœurs, a amené l'emploi des *Antiennes*, qui les précèdent, les annoncent et s'y rattachent ;
ensuite ou a extrait de ces mêmes psaumes certains *versets*, dont on s'est
servi, soit sous forme d'*invitatoire*, au commencement ou dans le cours
de l'office, soit sous forme de *prières* particulières à la fin, avant l'*oraison*
proprement dite réservée au président de l'assemblée qui y met ainsi la
conclusion. Il faut ranger aussi parmi les formules de prières : d'abord
les *Cantiques* de l'Ancien et du Nouveau Testament que l'on récite, soit
à Laudes parmi les psaumes, soit vers la fin de la même Heure et des
Vêpres et Complies ; ensuite, le *Te Deum* qui termine l'office nocturne ;
puis les *Hymnes* qui ont fini par entrer dans toutes les Heures du jour et
de la nuit ; et, enfin, les divers *suffrages* et les *Antiennes à la sainte
Vierge*.

Quant à la partie des lectures, beaucoup moins considérable que la
précédente, c'est surtout dans l'office nocturne qu'elle se trouve employée. Ces lectures sont tirées, soit des livres de la *sainte Ecriture*
distribués pour tout le cours de l'année, soit des écrits des saints Pères,

« s'imagina pas, à Lyon, de faire un mélange des rites précé-
« demment en vigueur et de ceux qu'on adoptait ; c'est qu'on
« embrassa le romain purement et simplement, et qu'on le
« garda jusqu'à une époque moderne plus fidèlement que
« partout ailleurs ; c'est qu'on ne retrouve, dans les anciennes
« coutumes de Lyon, rien, absolument rien, qui provienne de
« l'Orient ; c'est que tout y présente les observances primi-
« tives de Rome... Le lyonnais véritable, tel qu'il s'était
« transmis depuis le huitième jusqu'au dix-septième siècle,
« ne perdrait rien dans l'intérêt des érudits et l'affection des
« fidèles, parce qu'on aurait reconnu qu'il vient de Rome
« et non de Smyrne, et qu'il remonte à saint Pierre et non à
« saint Jean. »

Maintenant, j'irai encore plus loin que nous n'étions allés,
Mgr de Conny et moi, en 1862 et 1863. En effet, un prêtre
romain qui a gardé l'anonyme, mais que nous savons être
M. Marchesi de la Mission, a prouvé, dans un ouvrage en
deux volumes in-8° publié en 1867, que les quatre anciens
Missels des Gaules, antérieurs au huitième siècle et qu'on
peut lire dans Mabillon et d'autres, étaient tirés presque tout
entiers des anciens Sacramentaires romains ; d'où il a conclu
que la liturgie gallicane proprement dite, antérieure à Charlemagne, était substantiellement la romaine, dont elle ne dif-

ou de l'histoire des fêtes et des saints dont on célèbre l'office, ce qui en
fait des *sermons* ou des *légendes,* soit de l'*Evangile* interprété par quelque
Père, c'est-à-dire, suivi d'une *homélie,* le tout précédé de formules d'*in-
vocation* adressées à Dieu, et de *bénédictions* données au lecteur. Dans
l'office diurne, au lieu de lectures aussi longues, on se contente d'une
leçon très courte, appelée *Capitule,* et tirée d'ordinaire de l'épître du
jour. Seulement ces diverses lectures ne restent jamais sans un fruit
pratique et immédiat, c'est-à-dire, que toujours ceux à qui on les a
adressées y répondent, ou bien par des *répons* proprement dits, *grands*
ou *petits* selon l'Heure, ou bien par des *Hymnes* et par le *Te Deum,* ce
qui fait de cette partie de l'office une chose mixte, les répons et les
hymnes se rattachant à la prière.

Telle est l'organisation actuelle de l'Office divin, qui s'est perfectionné
petit à petit ; car, dans l'origine, il n'avait pas tous ces développements.
Les offices des trois derniers jours de la Semaine sainte peuvent donner
une idée de son état plus ancien, où il n'avait que des psaumes et des
antiennes, des leçons et de grands répons, des versets, des cantiques et
l'oraison finale.

férait que par des accessoires (on avait même quelque part le gélasien pur), en sorte que l'opinion qui fait venir de l'Orient l'ancienne liturgie des Gaules n'a aucun fondement solide, et que la réforme, opérée du temps de Pépin et de Charlemagne, n'avait pour objet que les accessoires en question. M. Marchesi, poussant ses recherches sur la liturgie de Lyon en particulier, établit pertinemment que cette Eglise a toujours eu la liturgie romaine depuis sa fondation [1].

Mais, si cela est vrai de Lyon, comment Besançon pourrait-il prétendre avoir *possédé incontestablement de toute antiquité un Missel, un Rituel et un Bréviaire particuliers?* C'est ici que j'attends Mᵍʳ Besson à la preuve. « Sans parler, dit-il tout « d'abord, du Rituel de saint Prothade, composé au septième « siècle, corrigé et augmenté au onzième par l'archevêque « Hugues... » Ici, j'arrête tout d'abord mon dissertateur, et je lui demande : Qu'est-ce que ce Rituel dont vous parlez? Un recueil de formules liturgiques comme le Rituel d'aujour-d'hui? Non. On y trouve bien, si l'on veut, les premiers mots de plusieurs de ces formules ; mais justement la plupart des antiennes, répons, psaumes ou leçons ainsi indiqués sont ceux du romain, même actuel, ce qui prouve bien qu'ils ne re-montent pas à saint Prothade, et que, surtout, il ne sont pas d'un rite étranger, comme on prétendait qu'était le gallican ; d'ailleurs, l'envoi de ce Rituel par un Archevêque de *Chry-sopolis* au *doyen* de Saint-Etienne ou de Saint-Jean, indique un

---

[1] Je ne puis fournir ici les preuves de ces diverses assertions. Il me faudrait transcrire un demi-volume de notes que j'ai recueillies, même avant d'avoir lu l'ouvrage de M. Marchesi, pour continuer la suite de mon *Histoire* arrêtée forcément en 1862. J'y raconte les débats qui ont eu lieu, non seulement à Besançon, mais encore à Lyon, surtout en 1863 et 1864. Mais, non content d'y remplir le rôle d'historien, j'ai pris à tâche d'y réfuter, page après page, les nombreux écrits que les Lyonnais ont fait paraître alors en faveur de leur liturgie particulière, ancienne et nouvelle, en ajoutant à cela une notice assez complète des éditions qu'ils en ont faites depuis l'invention de l'imprimerie, avec indication des principaux changements opérés dans chaque édition successive. C'est là que j'ai donné la traduction sincère, ou le sens véritable, des fameux passages d'Alcuin, Leidrade, Agobard et saint Bernard, dont les Lyonnais se sont tant prévalus pour soutenir leur thèse, ou plutôt leur paradoxe et leur tradition ou *erreur populaire*.

siècle bien postérieur à saint Prothade; ajoutez à cela les communautés ou collégiales qu'il signale et qui ont été fondées par Hugues Ier lui-même à Saint-Laurent et à Sainte-Madeleine; pour ne pas parler des églises de Saint-Paul, de Jussa-Mouthier, de Saint-Quentin, de Saint-André, et même de Saint-Martin-de-Bregille, dont il fait mention. Il y est question également des reliques de Saint-Vincent, de Charles le Chauve et de beaucoup d'autres particularités d'une époque relativement moderne, comme celle de la Dédicace de Saint-Jean fixée au 23 septembre, ce qui n'a eu lieu que depuis Hugues Ier au onzième siècle. Il faut donc considérer ce Rituel comme un simple cérémonial ou, si l'on veut, comme un *Ordo* indiquant les fêtes principales que célébraient les Chapitres de Besançon et le rite qu'ils y observaient. Eh bien! que représente un *Ordo?* Tout naturellement l'usage en vigueur à l'époque où il est écrit. Or, à quelle date remonte ce Rituel manuscrit? Dunod, qui l'a fait imprimer à Dijon en 1735 à la fin de son *Histoire des Séquanais,* croyait d'abord qu'on pouvait l'attribuer au douzième siècle; mais, après y avoir regardé de plus près, il ne lui donnait, en 1750, qu'une antiquité de trois siècles. Supposons pourtant qu'on l'ait transcrit alors tel qu'il était après les *corrections et augmentations* de Hugues Ier au onzième siècle, qu'en faudrait-il conclure? Sera-t-il possible de distinguer le texte du premier auteur, saint Prothade, de celui du correcteur et amplificateur, Hugues Ier? Je ne le crois pas, bien que le style se soutienne peu. Comment, d'ailleurs, aurait-on pu amalgamer en un seul corps des usages que l'on regarde comme différents, les gallicans du septième siècle et les romains du onzième, sans laisser apercevoir quelque défaut d'harmonie? Pourtant, me dira-t-on, le cardinal Mathieu, dans son *Cahier bleu,* p. 14, a affirmé que « la substance de ce Rituel remontait jusqu'à saint Prothade. » — Je sais bien qu'il l'a déclaré, mais sans le prouver.— « Tous le reconnaissent, » dit-il. — Excepté ceux qui prétendent n'y voir que les usages des *Ordo* romains postérieurs à saint Grégoire le Grand, et Mgr Besson est presque du nombre, comme on le verra plus tard.

Après cette première preuve, présentée du reste sous forme

de prétermission comme peu concluante, le biographe de
Mgr Mathieu fait valoir à l'appui de sa thèse, d'accord avec le
Cahier bleu, un « Recueil de Messes, appelé Missel plénier, qui
« est un monument des plus anciens des liturgies particu-
« lières, et un Bréviaire manuscrit du treizième siècle, con-
« servé dans la maison des Missionnaires diocésains. » Le
Cardinal, parlant, page 16, du premier de ces monuments,
appelé, selon lui, Missel plénier, *parce qu'il renferme tout,
même ce qui se chante* (remarque singulière), le fait remonter
au onzième siècle pour diverses raisons qu'il est inutile de
rapporter, parce que rien n'empêche de croire que Besançon
ait eu un Missel dès le onzième siècle. Au reste, ce Missel,
selon lui, ne diffère de celui qui a été imprimé au quinzième
siècle que par le placement des proses, que l'on trouve réunies
à la tête du premier et dispersées ou placées en leur lieu dans
le corps du dernier. Seulement ceci prouve qu'au onzième
siècle, les proses étaient encore, à Besançon, des nouveautés
ajoutées à la Messe ; et cela me fait soupçonner que tout ce
que le Cardinal a dit ensuite, p. 35 et 50, des proses de saint
Prothade, et même du Pape saint Gélase, est un effet de pure
imagination. La preuve ne serait pas difficile à faire, mais
prendrait trop d'espace.

Quant au Bréviaire du treizième siècle, *conservé dans la
maison des Missionnaires diocésains*, j'admets facilement aussi
que Besançon ait eu un Bréviaire au treizième siècle ; mais je
ne voudrais pas affirmer du tout que celui dont on parle remonte à cette époque, les raisons que le Cardinal en a données,
p. 24, laissant beaucoup à désirer, comme on le verra tout à
l'heure. Je me contenterai de faire observer ici que le manuscrit en question, au lieu d'être encore à la Mission où
j'aurais voulu le voir, est sans doute *conservé* maintenant
dans la Bibliothèque liturgique que le cardinal Mathieu a
formée dans son palais épiscopal, et dont Mgr Besson parle
t. II, p. 443. Mais s'il est vrai, comme il le déclare, que
« chaque volume (de cette Bibliothèque), consolidé et relié
« avec art, porte en tête une notice, souvent écrite de la main
« du Cardinal, indiquant d'où vient le livre et par quel inter-
« médiaire il est arrivé à Besançon, » il sera toujours possible

de rendre à leurs propriétaires ceux d'entre ces volumes dont
ils n'ont pas fait cadeau. Or j'avais, moi, précisément, un
exemplaire du Bréviaire bisontin édité par Antoine-Pierre Ier
de Grammont en quatre volumes, qu'un de mes confrères
missionnaires a bien voulu, pendant une de mes absences,
communiquer à Son Eminence sans m'en demander permission ; je demeure donc propriétaire de cet ouvrage, que je
voudrais posséder encore et même avoir présentement sous
les yeux.

Mais Mgr Besson signale en outre un autre « Bréviaire ma-
« nuscrit sur parchemin, dont les Bollandistes auraient cité
« l'autorité, et d'après lequel ils auraient écrit la vie de saint
« Donat, évêque *du diocèse* de Besançon, *Acta sanctorum Au-*
« *gusti II,* 197. » C'est également à la page 24 du *Cahier bleu*
que Mgr Besson a emprunté cette indication ; seulement, c'est
lui qui dit que les Bollandistes auraient tiré de ce Bréviaire
la vie de saint Donat. Or, je crois qu'ici le biographe est allé
trop loin et qu'il n'a pas été possible aux Bollandistes de faire
ce qu'il assure. Il est peu croyable, en effet, que les anciens
Bréviaires manuscrits de Besançon aient donné plus d'étendue
à leurs légendes que les premiers imprimés. Or, dans le Bréviaire bisontin *édité à Paris en* 1480 (selon le Cardinal, qui
lui a assigné cette date et qui l'a déclaré *petit, très beau*), la
légende de saint Donat, quoique formant les neuf leçons de
l'Office nocturne (improprement appelé Matines, parce que ce
mot-ci indique l'Office du matin ou les Laudes), ne conduit
pas même ses lecteurs jusqu'au berceau du saint ; elle s'arrête, en effet, au moment où ses pieux parents supplièrent
saint Colomban de le leur obtenir de Dieu ; il faut donc que les
Bollandistes aient eu recours au légendaire lui-même de
Besançon pour donner la suite de cette biographie passablement longue ; ou plutôt, ils ont mieux aimé tirer ce qu'ils ont
dit de saint Donat de la Vie de saint Colomban écrite par
Jonas, moine de Bobio [1].

[1] Le Bréviaire dont je parle, parce que je le possède, malheureusement
trop usé, est bien celui que le Cardinal assigne à l'an 1480, car il remplit
toutes les conditions indiquées par lui. D'abord il est *petit*, d'un format
assez semblable aux in-18 d'aujourd'hui, quoiqu'au fond il soit in-8°,

Je ne vois donc pas, jusqu'ici, que Mgr Besson ait bien prouvé
la thèse qu'il avait en vue. Il dit pourtant, t. II, p. 67 : « Mais
« le diocèse de Besançon ne méritait-il pas une exception ? » —
Et pourquoi ? — Parce que « l'antiquité de ses rites était toute

chaque feuille ne comptant que huit pages doubles avec pagination au
recto seulement ; ensuite il est *assez beau,* au point de vue des caractères
gothiques, rouge et noir, qu'il offre à la vue, bien qu'il ne soit pas
absolument *très beau ;* d'un autre côté, il a été imprimé à Paris, comme
on le voit par cet intitulé du Propre du temps à la partie d'hiver :
« (Ici) commence le Bréviaire à l'usage de l'insigne Eglise de Besançon,
« de nouveau imprimé à Paris et corrigé ; » enfin, il a été tiré en deux
parties : hiver et été, et je les possède toutes deux reliées en un *totum,*
tandis que le Cardinal n'a vu que la partie d'hiver. Si l'on doutait
de l'identité de nos deux exemplaires, on n'aurait qu'à les comparer
ensemble. Le mien consacre ses 84 premières pages doubles à la transcription du Psautier (60) et du Commun des saints, etc. (24). Le Propre
du temps commence dès lors à la page 85. Dans la partie d'hiver,
ce Propre occupe jusqu'à la page 176 inclusivement, et dans celle
d'été, seulement jusqu'à 148. Vient ensuite dans chaque partie le Propre
des saints, allant de la page 176 à 226 en hiver, et de la page 148 à 272
en été. Quant à savoir si cette édition est de 1480, mon exemplaire ne le
dit pas ; on y trouve seulement, à la fin du Propre des saints d'été, une
petite note collée, portant ceci (imprimé avec les mêmes caractères que
le livre) : « Approuvées et publiées là (à Besançon) au synode de mai
« 1430. » Est-ce cette date que l'on aurait prise pour 1480 ?
Je ferai observer maintenant que ce Bréviaire de 1480, bien qu'il
fasse mention de saint Thomas d'Aquin dans son Calendrier, n'en parle
pas du tout dans le corps de l'office ; c'est pourquoi je n'ai pas trouvé
convaincante la première raison que le Cardinal a mise en avant pour
faire remonter au treizième siècle le Bréviaire manuscrit de la Mission,
savoir qu'on n'y voyait pas d'office pour saint Thomas, canonisé en
1323. Quant à la seconde, déclarant ce manuscrit antérieur à 1334,
parce que Jean XXII avait fixé alors la fête de la Sainte-Trinité au
1er dimanche après la Pentecôte, tandis que ce Bréviaire la plaçait, lui,
au dimanche dans l'octave de la Fête-Dieu, elle ne me satisfait pas non
plus ; d'abord parce que Jean XXII n'a pas, que je sache, rendu sur ce
point un décret *urbi et orbi* obligeant toutes les Eglises à adopter cet
usage romain, et ensuite parce que Besançon a fêté quelquefois la
Sainte-Trinité le dimanche dans l'octave de la Fête-Dieu, même dans le
cours du quinzième siècle, et par conséquent longtemps après Jean XXII.
En effet, une rubrique bisontine de ce temps-là, la quinzième, rédigée
par Jean de la Rochetaillée en 1430, portait que l'on faisait d'ordinaire
l'office de la Trinité le dimanche dans l'octave de la Fête-Dieu ; pourquoi ? parce que la Pentecôte avait un jour octaval avec une (Messe ou)
Evangile propre. Néanmoins on faisait observer dans la règle suivante,
la 16e, que si la fête des saints Ferréol et Ferjeux, ou celle de saint Jean-
Baptiste, tombait le dimanche dans l'octave de la Fête-Dieu, on suppri-

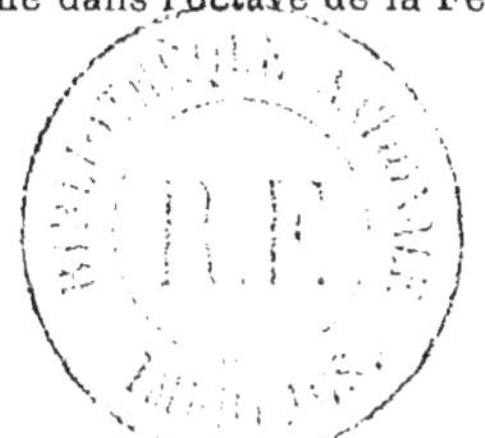

7

« romaine. » Il a voulu dire, sans doute, que ces rites étaient tous d'origine romaine antique. On y trouvait, en effet, « cer- « taines coutumes aussi vénérables par leur origine que par « leur usage... Ce n'était pas autre chose, sur beaucoup de

merait l'office du jour octaval de la Pentecôte que l'on remplacerait par celui de la Sainte-Trinité.

Ce jour octaval de la Pentecôte n'était pas particulier à Besançon, car les Chartreux l'avaient aussi ; mais, dans leur Missel de 1520, ils n'en faisaient que mémoire à la Messe de la Sainte-Trinité. Besançon n'a pas tardé, du reste, de se conformer à la règle romaine ; car, dès 1480, il a *toujours* célébré la fête de la Sainte-Trinité le 1er dimanche après la Pentecôte, comme on le voit dans son Bréviaire édité cette année-là, où l'on trouve, après l'octave de la Fête-Dieu, la rubrique suivante qui indique certains usages particuliers : « Remarque, lecteur, qu'il y a vingt-cinq « Evangiles (pour 25 dimanches) depuis l'octave de la Pentecôte jusqu'à « l'Avent. (Ces Evangiles) on les a réunis ensemble (à la suite les uns « des autres) pour qu'on les trouve plus facilement selon l'*Ordo* et les « règles (à la fin de ce qu'on appelait l'histoire, c'est-à-dire des leçons « de l'écriture courante distribuées pour et selon les mois et les se- « maines). Le dimanche, si l'on fait de l'Evangile et de l'histoire, les six « premières leçons sont de l'histoire comme elles sont indiquées (en leur « lieu), et les trois dernières de l'Evangile et de son homélie avec le « reste des répons de l'histoire. Mais si l'Evangile tombe quelque jour « d'octave ou de fête de saint, tout l'office se fait de l'octave ou du « saint, sauf les leçons de l'Evangile et de son homélie, et l'on fait « commémoraison de l'Evangile après l'oraison de l'octave ou du saint, « tant à Matines (c'est-à-dire à Laudes) qu'aux secondes Vêpres. » Ainsi, en vertu de cette rubrique, le dimanche dans l'octave de la Fête-Dieu, au lieu de faire l'office du dimanche, on faisait celui de l'octave, et cela par un seul nocturne de trois psaumes et trois leçons, avec les versets, antiennes et répons du 1er nocturne de la fête. C'était un office assez court et assez commode.

Quant aux susdits vingt-cinq Evangiles, le Bréviaire les annonçait par cet intitulé : « Ordre des homélies des vingt-cinq Evangiles que l'on « doit dire depuis les octaves *(sic)* de la Pentecôte jusqu'à l'Avent. « 1er dimanche après *la Trinité :* leçon du saint Evangile selon saint Luc. « 2e dimanche, etc.; 3e, etc. » Le Missel des Chartreux de 1520 comptait également 25 Evangiles pour les dimanches *après la Trinité,* et les mêmes qu'à Besançon. Or en quoi différaient-ils du romain ancien ou actuel (car saint Pie V n'y a rien changé, et son Missel est presque le même que celui de 1500)? Voici toute la différence. Tandis que le Missel ancien des Chartreux ou de Besançon mettait l'évangile du mauvais riche au 1er dimanche *après la Trinité,* le romain plaçait à son 1er di- manche *après la Pentecôte* l'évangile de leur 4e dimanche; ils s'accor- daient ensuite pour le 2e et le 3e dimanche; mais, arrivé au 4e, le romain, qui en avait déjà employé l'évangile, passait au 5e, puis au 6e, de manière à être toujours en avance d'un dimanche, jusqu'à son 24e et

« points, que l'ancien Ordinaire romain composé et écrit
« d'une manière authentique (peut-on écrire d'une autre ma-
« nière ?) dans le temps où, par les soins de saint Etienne
« (ici Mgr Besson canonise lui-même) et de Pépin, puis de
« Charlemagne, l'Office et le chant romain furent introduits
« dans les Gaules. D'autres rites remontent plus haut en-
« core, les uns jusqu'à saint Grégoire le Grand, les autres
« jusqu'à saint Ambroise. »

Je voudrais bien savoir quels rites Besançon a tirés *directement* de saint Ambroise, sans qu'ils aient passé par saint Grégoire le Grand ou par Rome pour lui arriver. Seraient-ce les hymnes que saint Ambroise a composées et que ses fidèles chantaient durant la persécution arienne ? Mais elles se trouvent mêlées dans le Bréviaire romain avec celles de saint Grégoire [1]. Quant aux rites tirés de l'ancien romain et que Rome elle-même a abandonnés, pourquoi serviraient-ils de base à une concession comme celle dont on parle ? Il me semble que, si Rome les a mis de côté, elle ne l'a pas fait sans motif ; et, si elle a eu de bons motifs d'agir de la sorte, je me demande ce qui pourrait la porter à les maintenir dans d'autres Eglises.

Il y a un de ces rites, par exemple, que le *Cahier bleu* signale avec emphase, page 47, celui de commencer les 2es Vêpres du jour de Pâques par *Kyrie eleïson* au lieu de *Deus in adjutorium*. Eh bien ! nous avons déjà dit ce qu'était au-

dernier dimanche, où, au lieu de prendre leur 25e, qui est répété du 4e dimanche de Carême, il y substituait l'évangile du jugement dernier selon saint Matthieu. Ainsi, il n'y avait entre eux que deux évangiles différents, avec déplacement des dimanches. A quoi avait donc tenu cette variante, sinon aux divers manuscrits romains transcrits d'une manière plus ou moins fidèle ? Mais évidemment tout venait de la même source primitive, d'autant plus que toutes les autres parties des Messes étaient les mêmes, sauf quelques transpositions échappées sans doute à l'inattention des copistes.

[1] Le Bréviaire romain indiquait autrefois l'auteur des hymnes qu'il renfermait ; mais, depuis, on a supprimé cette indication, soit parce que les hymnes liturgiques tirent plus leur valeur ou leur autorité de l'approbation de l'Eglise que du mérite de leur compositeur, soit parce que cette attribution n'était pas sûre ; car il y en a quelques-unes dont on faisait honneur à saint Ambroise *ou* à saint Grégoire, mais on en compte bien une trentaine que l'on n'hésitait pas d'attribuer au premier.

trefois le *Kyrie* ou, si l'on veut, la Litanie : un chant processionnel, comme il l'est encore aujourd'hui pour les Rogations ou supplications publiques. Est-ce donc un chant de joie, comme il conviendrait au jour de Pâques, *exultemus et lætemur in ea ?* Quand on allait chercher le Pape ou l'Evêque processionnellement, on pouvait, sans doute, on devait même exécuter la *Litanie ;* mais elle cessait dès qu'il était arrivé à son trône, et alors commençait l'Office. C'est du reste ainsi que s'en expliquait le Rituel de saint Prothade lui-même, où l'on voit qu'on allait chercher l'Archevêque en procession, et qu'on chantait le *Kyrie* pendant la marche jusqu'à l'arrivée au chœur. Mais, dès que l'Evêque était monté au presbytère, on *commençait* les Vêpres, dont le *Kyrie,* par conséquent, ne faisait pas partie.

Ce qui m'étonne le plus en ceci, c'est le défaut d'harmonie que l'on établit quelquefois entre le chant et les paroles sans s'en douter le moins du monde ; ainsi, on admire certains *Kyrie* de la Messe chantés sur un ton triomphal, comme s'il s'agissait du *Gloria in excelsis* ou du *Te Deum ;* mais celui qui s'humilie nécessairement en disant à Dieu : « Seigneur, ayez pitié de moi, » est-il bien venu d'employer pour cela un air solennel ? Le vrai romain est plus raisonnable, car tous ses *Kyrie* revêtent le ton de la supplication, où le demi-ton domine. En est-il de plus beaux, par exemple, que ceux d'Avent et de Carême qui, après avoir commencé sur un ton très bas, s'élèvent ensuite par gradations successives, et finissent par percer les voûtes du ciel, forçant Dieu, en quelque sorte, à entendre et à s'apitoyer : « Ayez pitié de nous. » Mais l'occasion se présentera encore de faire de semblables réflexions. Voyons, auparavant, quels rites romains anciens Besançon aurait voulu conserver toujours.

CHAPITRE XIV.

ÉNUMÉRATION DES RITES BISONTINS.

Mgr Besson, p. 71, signale ces Rites « au nombre de cinq :
« 1° les petites Heures *sans Antienne,* sans (il faut lire : avec)
« *Alleluia* ou *Laus tibi,* et, dans les doubles, hymnes propres
« et répons brefs ; de même à Complies ; 2° les cinq *Laudate*
« aux 1res Vêpres des doubles (ajoutez : majeurs ou de
« 3e classe) ; 3° le jour de Pâques et pendant l'Octave, au
« lieu de *Deus in adjutorium,* les *Kyrie* (comme à la Messe) ;
« 4° aux 2es Vêpres des doubles, *Alleluia,* verset et prose
« (au lieu de capitule, hymne et verset) ; 5° dans le Missel,
« les deux leçons des trois Messes de Noël avec leurs graduels
« (il fallait dire : une prophétie avant l'épître des *quatre*
« Messes de Noël, celle de la Vigile comprise, avec transpo-
« sition du graduel avant l'épître) ; les litanies septénaire,
« quinaire et ternaire du Samedi-Saint (à la cathédrale seule-
« ment) et les proses aux fêtes doubles (ajoutez : solennelles
« ou de 1re et 2e classes, car elles n'étaient que de dévotion aux
« autres doubles). » Voilà, en effet, tout ce que Son Eminence
paraît avoir demandé au Pape dans sa supplique de 1854, en
lui faisant néanmoins observer que « ce dernier point (celui
« des proses) était très important pour faciliter le changement
« aux fidèles qui tiennent beaucoup aux proses auxquelles ils
« sont habitués. »

J'avoue que, si on avait dû se contenter de cela, le Pape
aurait pu se montrer de bonne composition ; car, sauf la substitution d'hymnes propres aux communes pour les petites
Heures et Complies et de proses aux hymnes dans les 2^{es}
Vêpres des doubles, le reste n'aurait pas surchargé beaucoup
le Bréviaire. Quant au Missel, comme il ne s'agissait que d'y
insérer quelques proses pour les solennels et que cette addition ne répugne pas à l'usage romain qui en a gardé pour
certaines fêtes, cela ne l'aurait pas bien allongé non plus.

Mais on va voir qu'en étudiant de plus près les livres bisontins, on a bien su y trouver d'autres rites non moins vénérables. Aussi le *Cahier bleu* signalait, 6° l'usage de ne réciter
qu'un nocturne de trois psaumes pendant tout le Temps pascal,
tous les jours d'octave et même à certaines fêtes ; 7° celui
de supprimer tout ce qui se dit à Complies avant *Converte
nos ;* 8° celui d'insérer un grand répons entre le capitule et
l'hymne aux 1ʳᵉˢ Vêpres des doubles, et entre la dernière
leçon des Matines et le *Te Deum.* Je ne sais pas pourquoi on
a omis le verset sacerdotal entre Matines et Laudes et autres
petites particularités de cette espèce. Pour ce qui regarde le
Missel, on a aussi trouvé, 9° la généalogie avant le *Te
Deum* à Noël et à l'Epiphanie; puis un trait servant d'introït
à l'office *matutinal* du Vendredi-Saint, avec une oraison précédant l'adoration de la Croix (pour ne pas parler de huit
préfaces nouvelles introduites par le cardinal de Choiseul,
parce qu'en signalant cette nouveauté, on n'osait pas en demander le maintien).

Voilà donc tous les rites particuliers que Mᵍʳ Mathieu avait
énumérés dans la Dissertation qu'il envoya à Rome le 15 décembre 1855 avec sa lettre au cardinal Patrizzi que nous
avons déjà traduite et qui y servait d'introduction. Mais, au
lieu de conclure en demandant l'insertion dans un Propre de
toutes ces anomalies, Monseigneur, considérant sans doute la
difficulté de les annexer en pratique à la récitation du Bréviaire romain universel, poursuivait son idée de 1854 en
disant que « l'affaire, à son avis, s'arrangerait bien plus heu-
« reusement, si on lui permettait d'imiter la sagesse de ses
« prédécesseurs qui, tout en gardant leurs rites propres,
« s'étaient rapprochés davantage du romain. » Et, comme
c'étaient le Missel et le Bréviaire édités sur la fin du
xvııᵉ siècle par Antoine-Pierre Iᵉʳ de Grammont qui offraient
ce caractère de rapprochement plus parfait, « si nous les
« avions, ajoutait le Cardinal, avec les proses plus modernes
« qui valent beaucoup mieux que les anciennes ainsi que
« tout lecteur en conviendra, l'affaire réussirait à souhait
« sans trouble. » Tel était donc son désir et sa demande, qu'il
ne fondait « *ni sur le droit, ni sur la coutume,* mais sur la

« seule bonté du Pape, » qu'il suppliait « de l'écouter et de
« l'exaucer ; *audi et exaudi.* »

On sait ce qui lui fut répondu par le cardinal Patrizzi,
d'abord en son nom, le 17 mars 1856, dans une *lettre particulière* en italien, où il lui disait qu'il n'avait reçu son envoi
qu'au mois de mars suivant, et ensuite, au nom de la Sacrée
Congrégation et du Saint-Père le 28 août 1856, dans un véritable Rescrit pontifical, portant qu'on ne pouvait lui accorder
sa demande ni au point de vue du droit strict, puisque Besançon
s'était dépouillé de son privilège, ni au point de vue de l'opportunité, parce qu'on avait refusé la même faveur à tous les
Evêques de France, quoique plusieurs d'entre eux eussent pu
faire valoir les mêmes titres et les mêmes circonstances (ce
qui prouve bien que Besançon n'était pas seul en possession
des rités particuliers dont on a parlé. On peut voir, par
exemple, p. 286 de mon *Histoire*, que la Normandie les possédait aussi bien que la Franche-Comté ¹). Il ne lui restait donc,

¹ Au reste, il eût été tout au moins singulier que Rome permît de
reprendre à Besançon un Bréviaire qui renouvelait trop souvent le grave
abus qu'avait signalé saint Grégoire VII dans un canon qui lui est
attribué, et que Gratien a fait entrer dans son *Décret*. Voici ce canon :
« Le jour de Pâques et les jours suivants jusqu'au samedi *in Albis*, ainsi
« que le jour de la Pentecôte avec sa semaine, nous ne chantons et
« récitons, selon l'usage antique, que trois psaumes à l'office de la
« nuit avec trois leçons. Tout le reste de l'année, quand il y a fête,
« nous disons neuf psaumes et neuf leçons ; s'il n'y a pas fête, nous ré-
« citons douze psaumes et trois leçons dans la semaine, et dix-huit
« psaumes avec neuf leçons les dimanches. Quant à ceux qui se con-
« tentent, les jours ordinaires, de trois psaumes et trois leçons, évi-
« demment ils ne le font pas en vertu d'une règle venue des saints
« Pères, mais par ennui et négligence. On n'a commencé à le faire à
« Rome que depuis l'époque où les Teutons (Allemands) ont été admis
« à gouverner cette Eglise (dans le cours du dixième siècle). Suivant
« donc l'ordre romain et l'usage antique de notre Eglise, et voulant
« imiter les anciens Pères, nous statuons qu'il sera fait comme il vient
« d'être dit. »
Saint Grégoire VII condamnait donc l'usage introduit en Allemagne
de ne réciter qu'un nocturne en dehors des semaines de Pâques et de
la Pentecôte ; or cet usage, au lieu d'être abandonné partout, avait
survécu à sa proscription, et beaucoup de diocèses avaient conservé
l'habitude de ne réciter qu'un nocturne pendant tout le Temps pascal.
Mais Besançon était allé beaucoup plus loin, puisqu'il avait étendu ce
privilège à tous les jours d'octave, y compris d'ordinaire le jour octaval

ajoutait-on, pas autre chose à faire qu'à amener son diocèse le plus tôt possible, *quam primum,* à l'unité de la liturgie romaine, selon le désir très ardent du Souverain-Pontife.

Le Cardinal, ayant reçu ce Rescrit du 28 août le 29 sep-

lui-même, et successivement à tous les offices de saints du rite simple. C'est ce qu'on remarquait surtout dans le Bréviaire d'Antoine-Pierre Ier de Grammont que le cardinal Mathieu voulait ressusciter. En parcourant en effet son calendrier, je n'ai pas trouvé moins de 146 jours dans l'année, où, sauf occurrence d'un office d'un rite supérieur, celui d'un dimanche ou d'une fête mobile, on aurait joui de ce beau privilège, savoir : 55 fêtes de saints et 91 d'octave; encore n'ai-je pu comprendre dans ce nombre ni le temps pascal, ni les octaves des fêtes mobiles de Pâques, de la Pentecôte, de l'Ascension et de la Fête-Dieu. Il en était autrement, quant aux saints, dans les Bréviaires des siècles précédents; on y en trouvait déjà, sans doute, quelques-uns de trois psaumes, mais la plupart avaient, soit le nocturne de la férie, soit un office mixte de neuf psaumes trois leçons, inconnu encore du temps de saint Grégoire VII, mais signalé plus tard et condamné par Raoul de Tongres. Ne nous étonnons donc pas que Pie IX ait refusé au cardinal Mathieu la faveur de reprendre le Bréviaire Grammont; il est vrai que, sauf cette grave anomalie, ce Bréviaire avait la forme romaine, ou, si l'on veut, les autres caractères qui la constituent et qui lui servent comme de charpente, savoir : la répartition intégrale du Psautier pour les offices dominicaux et fériels de chaque semaine, la distribution des livres de l'Ecriture selon les saisons et les mois de l'année (avec la séparation de l'histoire courante et des Evangiles des dimanches après la Pentecôte, qu'il faut adapter ensemble chaque année selon les diverses occurrences des fêtes mobiles), et enfin l'affectation de dix-huit psaumes et neuf leçons aux dimanches ordinaires, de douze psaumes et trois leçons aux féries, et de neuf psaumes et neuf leçons à toutes les fêtes doubles et semi-doubles. Mais, en ce qui regarde les simples et les octaves, Besançon s'était émancipé de la règle d'une manière trop considérable pour qu'on ne le ramenât pas à l'ordre.

Il est vrai qu'on réclame encore de temps en temps contre le Bréviaire romain à cause de sa longueur ou de ses répétitions, et le cardinal Donnet lui-même, dans un discours au concile du Vatican, aurait demandé la réformation des hymnes, une autre répartition des psaumes en assignant ceux de la férie à la plupart des fêtes, et enfin la diminution ou une autre régularisation des doubles; mais je crois que, si on s'occupe jamais de réformer le Bréviaire romain, on ne touchera pas au cadre que je viens d'esquisser tout à l'heure, parce qu'il est le résultat d'un fait antique et traditionnel et que l'Eglise vit de tradition. Aussi saint Pie V respecta-t-il cette constitution primitive du Bréviaire, en abolissant pour toujours l'œuvre du cardinal Quignonez qui s'était écarté des règles traditionnelles et qui avait voulu opérer, dès le seizième siècle, les mêmes réformes qu'on voudrait obtenir aujourd'hui. Le grand Pape que je viens de nommer, au lieu d'innover, ne voulut que rétablir

tembre, se soumit de suite et écrivit le *jour même* au cardinal Patrizzi pour l'en avertir, et lui demander s'il pourrait avoir un Propre et prendre le chant romain, *corrigé avec beaucoup de soin et d'art* par Antoine-Pierre Ier de Grammont.

l'ancien Bréviaire, ainsi qu'il l'affirme lui-même dans la Bulle promulgatoire de son Bréviaire réformé, où il dit « qu'on ne s'y est nullement écarté des anciens Bréviaires des nobles Eglises de Rome et de la Bibliothèque du Vatican, qu'on n'y a rien omis de l'ensemble propre de l'ancien office divin, et qu'on s'est contenté de retrancher les choses étrangères ou douteuses. Aussi, celui qui voudrait comparer, comme je l'ai fait, le Bréviaire de saint Pie V avec le précédent, celui, par exemple, édité à Venise par Octavien Scotti en 1482, serait très étonné de voir qu'on a conservé avec une sorte de scrupule presque tous les invitatoires, capitules, antiennes, répons et hymnes de l'ancien temps.

Ainsi, pour ne parler que du Psautier et du Propre du Temps, saint Pie V s'est contenté d'y supprimer une dizaine d'invitatoires, d'y rectifier ou modifier cinq ou six capitules, d'y ajouter une dizaine d'antiennes pour *Magnificat* ou *Benedictus* (après en avoir éliminé une quarantaine), et enfin d'y insérer sept nouveaux grands répons, pour en remplacer vingt-deux retranchés sur un total de 438. Je crois assez inutile de signaler certaines transpositions qu'il a fait subir à quelques-unes de ces antiennes ou de ces répons pour y mettre plus d'ordre. Quant aux hymnes, au nombre de quatre-vingt-treize dans l'ancien Bréviaire, savoir vingt-huit au Psautier, trente-trois au Propre du Temps, dix-sept au Propre des saints et quinze aux Communs, il n'en a changé que six, remplacées par cinq autres, dont trois composées de strophes extraites des hymnes du Psautier pour la fête de la sainte Trinité ; mais il en a inséré deux nouvelles dans l'office de sainte Madeleine, et il a augmenté d'une strophe celle des saints apôtres Pierre et Paul.

En quoi donc a principalement consisté son travail de réforme ? Dans une meilleure organisation des Rubriques, l'assignation de leçons de l'Ecriture pour chaque jour de l'année, tant aux féries qu'aux fêtes (car il n'y en avait d'ordonnancées autrefois que pour un petit nombre de féries et la plupart des fêtes s'en passaient), la correction très considérable des légendes, le changement de quelques sermons et homélies avec une autre division de plusieurs, enfin la suppression de l'obligation où étaient les prêtres de réciter quelquefois, soit le petit office de la sainte Vierge (saint Pie V y a substitué le suffrage seul et l'office du samedi), soit celui des défunts, soit les psaumes tant graduels que pénitentiaux (ceux-ci comprenant les litanies des saints avec leurs versets et oraisons, comme on continue de les dire les jours de saint Marc et des Rogations) ; pour ne pas parler des *prières* longues ou petites de certaines heures de l'office que l'on a notablement réduites et abrégées, et de l'attribution faite aux cinq premières féries de la semaine des cinq psaumes que l'on récitait tous auparavant le dimanche à Prime. Il me semble qu'après cette réforme, opérée par un Pape comme saint Pie V, il n'y a plus lieu à demander une retouche sur le cadre primitif

Ce Cardinal lui répondit, le 21 novembre, que, non seulement il lui était permis de soumettre à la S. Congrégation un Propre des saints avec un Calendrier perpétuel, mais que, plus il se hâterait de le faire, plus il serait agréable au Pape ; et, quant au chant, que Pie IX avait extrêmement à cœur, comme on l'avait déjà signifié à plusieurs Evêques de France, qu'avec la liturgie romaine on adoptât le chant grégorien. Cette dernière lettre ne partit de Rome que bien tard, puisqu'elle ne fut signée ou mise à la poste par l'agent Ferrucci que le 20 janvier 1857, si le *Cahier bleu* n'a pas fait erreur.

Il faut avouer qu'en toute cette grave affaire Besançon jouait de malheur, son envoi du 15 décembre 1855 n'étant arrivé au cardinal Patrizzi que peu de jours, *pochi giorni,* avant le 17 mars 1856 ; le Rescrit de Rome du 28 août, au cardinal Mathieu le 29 septembre, *hodie ;* et la réponse du cardinal Patrizzi du 27 septembre 1856, après le 20 janvier 1857. Le diable se mêlait de l'affaire, évidemment, car cela n'a pas été sans de grands inconvénients.

En effet, comme on savait tout d'abord dans le diocèse de Besançon, depuis la lettre du Doyen du Chapitre de décembre 1854, que le Cardinal voulait faire fabriquer, à coups de ciseaux, une liturgie bisontino-romaine, et que, la commission capitulaire nommée *ad hoc* une fois licenciée, Monseigneur s'occupait seul de ce travail qu'il avait proposé ; comme, d'un

du Bréviaire romain, et qu'il faudra se contenter à l'avenir de critiquer, pour de bonnes raisons, les hymnes, les sermons, les homélies ou les légendes. Au reste, si on veut absolument abréger, en faveur des prêtres très occupés, certains offices dominicaux ou fériels, ne pourrait-on pas atteindre ce but sans toucher à la répartition antique et actuelle des psaumes ? Qu'est-ce qui empêcherait, en effet, de dire à ces grands travailleurs qu'ils pourront, par exemple, ne réciter que neuf des douze ou dix-huit psaumes de Matines, en désignant ceux qu'ils peuvent omettre ? Il serait même facile d'appliquer à certains doubles, et à tous les semi-doubles, les psaumes de la férie, en les réduisant pour Matines, par exemple, aux neuf premiers de la férie occurrente, comme on l'a fait, dans le Bréviaire romain universel, pour l'office du Jeudi-Saint. Mais j'ai peine à regarder comme légitime la plainte que l'on se permet d'émettre au point de vue de la répétition trop fréquente des mêmes psaumes ; car il faudrait supprimer aussi, pour la même raison, la répétition, sinon du *Pater,* au moins de l'Ordinaire de la Messe, ce à quoi je suppose volontiers que personne n'a jamais pensé.

aûtre côté, il se répandait dans le public des affirmations contradictoires, les uns disant qu'ils avaient engagé le Cardinal à reprendre la liturgie Grammont, ce qui lui avait fait plaisir, et les autres prétendant qu'ils l'avaient décidé à conserver même la liturgie Choiseul, beaucoup de bons esprits se trouvaient dans un embarras extrême, ne sachant que penser et espérer en face d'un tel *imbroglio*.

C'est pourquoi M. l'abbé Maire, aumônier de l'hôpital militaire de Besançon dont nous avons déjà parlé, crut devoir mettre la main à la plume pour réfuter et les uns et les autres, et montrer qu'il ne convenait pas d'accorder à Besançon une liturgie particulière, soit du dix-septième, soit du dix-huitième siècle, mais seulement comme partout ailleurs un Propre diocésain. Il fit donc paraître, en mars 1856, son livre intitulé : *Situation de la liturgie dans le diocèse de Besançon*. Trois de nos gloires franc-comtoises, le cardinal Gousset, archevêque de Reims, et NN. SS. Doney et Mabile, évêques de Montauban et de Saint-Claude, s'empressèrent de le féliciter ; mais cela ne faisait pas le compte des Bisontins, tant Choiseul que Grammont, qui réclamèrent de toutes leurs forces et rédigèrent une masse de protestations même collectives ; ce qui n'empêcha pas le Pape d'envoyer à M. Maire, par Mgr Capalti, secrétaire de la Congrégation des Rites, un Bref de félicitation en date du 30 août 1856, signé, par conséquent, le surlendemain du jour où la même Congrégation avait adressé au Cardinal son *non possumus*.

Les choses, pourtant, demeuraient en état, lorsque M. le chanoine Thiébaud, instruit de ce qui s'était fait à Rome en août et novembre 1856 et intrigué de ne pas voir le Chapitre mis au courant des choses, voulut avoir son cœur clair. C'est pourquoi il se permit de publier, dans le cours de janvier 1857, une petite brochure intitulée : *Etat de la question liturgique dans le diocèse de Besançon*. Or, si la *bombe*, chargée par M. Maire en mars 1856, n'avait pas éclaté trop fort, il n'en fût pas de même du mortier de M. Thiébaud ; car, bien que Mgr Mathieu n'eût reçu, comme on l'a dit, la dernière lettre du cardinal Patrizzi que plusieurs jours après le 20 janvier 1857, il se trouva en mesure (chose étonnante) de signer, le 29 dudit mois, une lettre latine à son clergé déjà écrite le 27 jour de la fête saint Jean-Chrysostome. C'est cette lettre qu'on lit à la tête du *Cahier bleu*.

Or, dans cette Circulaire, le Cardinal, après avoir humblement énuméré, à l'imitation de saint Paul, tout le bien dont le diocèse lui était redevable, ajoutait : « En racontant ces choses, « j'ai fait une folie ; mais j'y ai été forcé par des gens que ni « la modestie n'a pu contenir ni la honte arrêter, mais que « la mauvaise humeur et l'esprit de contradiction, *ingratus* « *humor et dissona mens,* ont poussé à cet excès d'égarement, « *deliramenti,* d'oser me représenter comme infidèle à mon « ministère, en révolte contre le Saint-Siège et opposant une « résistance audacieuse à ses désirs ou à ses ordres. » Donc, pour effacer cette *horrible tache*, Monseigneur racontait tout ce qu'il avait fait au sujet de la liturgie, c'est-à-dire, résumait toutes les pièces qui se trouvaient dans son *Cahier bleu;* et, après avoir signalé la dernière réponse de Rome du 27 novembre 1856, il ajoutait : « La chose a donc réussi à souhait, « N. T. C. F.; il faudra travailler le plus tôt possible au Propre « des saints, afin que l'affaire s'exécute *sans délai* selon le « désir de Sa Sainteté ; et nous pourrons choisir notre vieux « chant comme étant vraiment et parfaitement grégorien, « ainsi que le prouvent avec évidence le mandement de Mgr de « Grammont mis à la tête des vieilles éditions et la vue elle- « même de ce chant. »

Là se termina la guerre liturgique de Besançon en 1857 ; car je ne veux pas rapporter ici, de nouveau, les péripéties de la tempête qu'avait soulevée dans le diocèse la malheureuse phrase du Cardinal contre le défaut de modestie et de pudeur, la mauvaise humeur et l'esprit de contradiction de certains *quidam.* On pourra relire, si l'on veut, pour s'en faire une idée, les chapitres IV de mon *Etude préliminaire* et XXXIV de mon *Histoire* où j'ai raconté plus au long ce qui est résumé ici. Je me sens pressé, en effet, de suivre Mgr Besson dans sa *Vie du Cardinal* où il a passé tout cela sous silence.

Je lis donc, t. II, p. 82 de cette *Vie :* « Des deux questions « qui restaient à résoudre (après la lettre de Rome du 27 no- « vembre 1856), celle du chant était la plus facile. » Mgr Besson aurait dû dire que le Cardinal l'avait déjà résolue dans sa Circulaire, puisqu'il y avait déclaré qu'il reprendrait le chant Grammont comme vraiment et parfaitement grégorien. Il est vrai que M. Jules Bonhomme montra clairement alors, dans ses *Principes d'une véritable restauration du Chant grégorien*, que le chant Grammont, pour la composition duquel Jean Millet avait judicieusement retranché, dans le chant ancien de Besançon, des notes inutiles selon lui de *confusion* ou de *répétition*, n'était pas *parfaitement* grégorien ; mais M. Besson lui-même, quoiqu'il ne fût ni *musicien* ni *amateur*, n'avait-il pas, en sa qualité de *curieux* et de *prêtre bisontin*, suffisamment vengé Jean Millet (de Montgesoye et non de Fondremand dont il se déclarait le disciple fidèle), dans un long article refusé par l'*Univers* et publié par l'*Union franc-comtoise* le 8 novembre 1857 ? M. Bonhomme ne le crut pas, et il le prouva le 30 novembre. Fallait-il conclure de là que Besançon ne pouvait pas reprendre le chant Grammont ? M. Bonhomme ne l'avait pas dit ; il s'était contenté d'établir qu'en adoptant ce chant, Besançon ne devait pas se vanter d'avoir le vrai chant grégorien. « Dieu soit béni ! » s'écriait alors M. Besson dans sa réplique (car il voulait avoir le dernier mot et M. Michel avec lui), » c'est tout ce que nous demandions. » S'il ne demandait que cela, à la bonne heure ! Mais le Congrès, réuni à Paris en 1860 pour s'occuper de la restauration du plain-chant, ne fut pas de son avis, pas plus que celui d'Arrezzo de 1882. (Voir la p. 385 de mon *Histoire* et la note *H* du même ouvrage, où j'ai résumé, dans vingt-quatre pages compactes, la controverse du dix-neuvième siècle sur le chant grégorien.)

Quoi qu'il en soit, quand Mgr Besson ajoute, à ce que nous en avons déjà rapporté, que « la question du chant était facile à résoudre, » surtout après que « Mgr Mathieu l'avait traitée (ou tranchée) lui-même dans une allocution adressée à ses prêtres le 5 mai 1857 à la clôture de la Retraite pastorale, » il se trompe du tout au tout. Où aurait-on trouvé, en effet, dans les Graduel et Antiphonaire de Jean Millet, le chant des pièces romaines qui n'existaient pas encore de son temps ou qui ne faisaient pas partie de la liturgie Grammont ? Il aurait fallu ici un nouveau Millet, *très habile et très exercé dans le chant grégorien tel qu'on l'entendait alors à Besançon*, et M. Besson, sans doute, quoique fidèle disciple de Jean Millet de Montgesoye, ne se sentait pas capable de remplir ce rôle, n'étant ni musicien, ni amateur.

Au reste, on a dû trouver assez ingrate cette tâche déclarée si facile, puisqu'on y a parfaitement renoncé. Ce n'est pas, en effet, le chant Millet que l'on a repris à Besançon, mais celui plus moderne de la liturgie Choiseul; d'abord, pour tout l'Ordinaire de la Messe *Kyrie, Gloria, Credo,* etc., et, ensuite, pour trente-sept Messes propres et complètes [1] que l'on a conservées de

---

[1] Quand je dis qu'on a conservé le texte et le chant de trente-sept Messes *complètes* de la liturgie du cardinal de Choiseul, je dois faire observer qu'on y trouve pourtant, aujourd'hui comme alors, quelques doubles emplois. Ainsi, saint Nicet et saint Maximin ont la même Messe, prise au Commun de 1766, sauf les *Alleluia* réservés pour le dernier à cause du Temps pascal. Ensuite, la fête de la Réception du Bras de saint Etienne a la même communion que celle de son Invention, et le même introït que celle des saints Epiphane et Isidore. On trouve également les mêmes graduel, *Alleluia* et offertoire aux deux Messes de l'Invention et de la Translation des saints Ferréol et Ferjeux ; enfin cette dernière Messe a la même communion que celle de saint Claude, et la communion de saint Prothade ne diffère de celle du Commun romain, 1° *loco,* que par la substitution de *dispensator* à *servus.* Maintenant, pour ce qui regarde le chant, tout en le respectant avec autant de soin que les paroles, on n'a pas pu s'empêcher d'y ajouter, supprimer ou transposer quelques notes, là où il fallait, pour suivre la rubrique romaine du Temps pascal, augmenter ou diminuer le nombre des *Alleluia* que la liturgie bisontine de 1766 avait ajoutés à la fin des introïts, offertoires ou communions, sans y observer les règles liturgiques ; seulement, le rythme du chant bisontin du dernier siècle se prêtait, sans trop de difficulté à ce qu'il paraît, aux remaniements de cette espèce. En effet, ici, on a supprimé toutes les notes d'un *Alleluia* surnuméraire ; là, au contraire, on en a enrichi son voisin qui a vu augmenter sa richesse.

Mais on n'a pas seulement conservé le chant Choiseul pour ces trente-sept Messes et pour l'Ordinaire de chaque Messe (y compris l'épître, qui garde sa modulation particulière, tandis qu'au contraire l'évangile et les oraisons, même des fêtes, procèdent toujours *recto tono,* ou, comme traduisait ingénieusement quelqu'un, se chantent *tout droit*), on a voulu aussi ne rien changer, dans l'Antiphonaire, au Répertoire qui fixait le chant des psaumes et des cantiques (sauf une addition peu importante au 6e ton, et une autre vraiment liturgique au *Benedicamus Domino* de la semaine de Pâques) ; on n'a même pas songé à biffer les neumes *finales* de chaque ton, comme si on devait encore les annexer à la 5e antienne des psaumes de Vêpres et à celle de *Magnificat.* Il y a plus ; car on n'a pas hésité à habiller quelquefois les hymnes romaines elles-

cette liturgie. On a jugé, en effet, à *seconde vue* sans doute, que ce chant, n'étant pas de la musique, mais du plain-chant en notes carrées, était aussi parfaitement grégorien que tout autre ; car telle est l'idée simple qu'on s'est faite du vrai chant grégorien. Quant aux pièces qui font partie de la liturgie romaine elle-même, antérieures ou postérieures à Mgr de Grammont, nous croyons que le chant qu'on leur a donné est celui d'une septième école de chant grégorien que Mgr Besson ne connaissait pas encore en 1857, école tout à fait moderne et qui n'a encore révélé au monde son existence que par ce chef-d'œuvre unique en son genre. Mais en voilà assez sur la question du chant. Arrivons à la seconde question, celle du Propre lui-même.

CHAPITRE XV.

DU PROPRE BISONTIN DE 1862.

Mgr Besson nous dit, t. II, p. 86 : « Le Propre des saints « demandait plus de temps. Le Cardinal ne croyait pas pou-

mêmes du chant des bisontines d'un rythme pareil. Faut-il ajouter à cela qu'on n'a pas même pris soin de mettre, dans l'Antiphonaire, le texte du *Vexilla Regis* avec les corrections d'Urbain VIII? à la bonne heure, si le prêtre ne chante pas, car l'intonation du *Vexilla* n'a pas varié ; mais qu'arrivera-t-il, quand il aura entonné l'hymne romaine actuelle des 1res Vêpres de l'Ascension, et que le chœur n'aura sous les yeux que l'ancienne : *Jesu, nostra redemptio?*
Si, maintenant, Besançon a emprunté à Toul, par exemple, le chant de la Messe de saint Léon IX, aux Lazaristes celui de la Messe de saint Vincent de Paul, aux Trinitaires celui qu'ils ont donné à saint Michel des Saints, à Prague celui de saint Jean-Népomucène, enfin, quelque part ailleurs, la Messe et le chant de la Toussaint diocésaine ; et si, après cela, il a consulté Jean Millet ou d'autres compositeurs pour ses offices purement romains, ne faudra-t-il pas avouer qu'il possède un chant d'une richesse inexprimable? Ce chant, glané de tous côtés, n'offrira peut-être pas l'unité dans la variété, ce qui est le caractère de l'ordre, mais il présentera une admirable variété dans son unité à lui. En tout cas, il constituera pour Besançon une véritable propriété, onéreuse peut-être autant qu'honorable, mais toujours productive au point de vue où s'est placé son principal organisateur, comme on le verra plus tard.

« vòir recourir à des mains étrangères, ni dans son chapitre,
« ni dans le reste de son clergé, pour confectionner cet
« ouvrage, résumé des traditions, des légendes et du culte
« d'un grand diocèse. » En effet, comme nous l'avons déjà
dit, aucun prêtre du diocèse de Besançon n'avait la moindre
idée de ses propres traditions, ni des légendes et du culte de
son pays, de manière à aider le Cardinal qui seul savait toutes
choses. Mgr Besson ne fait pas même exception pour sa
personne et pour celle de ses collaborateurs à la *Vie des
saints de Franche-Comté* publiée en 4 volumes in-8°. Si pourtant le Cardinal les avait consultés, eux ou du moins leur
ouvrage tant loué et même médaillé en haut lieu, est-ce qu'il
aurait fait toutes les bévues dont nous donnerons tout à
l'heure un *spécimen* [1] ?

Mais poursuivons : « Il prit donc le parti de composer lui-
même » son Propre, tout seul. Ici, je pourrais m'étonner
d'abord de la difficulté que cela offrait au Cardinal. N'avait-il
pas, en effet, demandé définitivement au Saint-Père la faveur

---

[1] En m'exprimant ainsi, j'annonce assez que je ne veux pas faire un
éloge complet du Propre de Besançon. Mais est-il donc permis de critiquer un Propre diocésain que le Pape a approuvé ? Si quelqu'un était
tenté de dire non, je le prierais de lire, avant de juger ainsi, les vingt
pages des *Notes E* et *F* de mon *Histoire*. Il y verra que l'on peut critiquer
même le Bréviaire romain à certains point de vue, pourvu qu'on le
fasse avec raison et modestie ; et, certes, beaucoup de personnes ne
se font pas faute de prendre cette licence, encore maintenant, et sans y
mettre trop de justice et de réserve. A plus forte raison sera-t-il permis
de signaler les défauts du Propre bisontin, s'il en a ; car il ne faut pas
être plus ultramontain que le Pape, en étendant au-delà de ses limites
le privilège de son infaillibilité. Et ce n'est pas seulement sur la vérité
historique des légendes bisontines que je pourrai faire porter mes observations, mais encore sur tout le contenu du Propre, y compris les saints
qui font partie de son calendrier, car leur insertion dans ce calendrier
est loin d'équivaloir à une canonisation. Je n'entends pas toutefois
contester leur sainteté ; mais si, d'après les règles ordinaires de l'Eglise,
ils n'avaient pas droit à un office, pourquoi ne pourrais-je pas le
montrer ? Le Saint-Siège, sans doute, peut déroger aux règles dont je
parle ; mais encore faut-il qu'il le fasse sciemment, *certa scientia*, pour
que cette dérogation soit légitime. Si, au contraire, il ignore le véritable
état des choses, et que, croyant n'autoriser qu'un usage immémorial et
perpétuel, il approuve une tradition récente ou déjà abandonnée, sa
concession n'est-elle pas sujette à rappel, n'ayant pas eu la vérité pour
base, *si preces veritate nitantur ?*

de reprendre les Missel et Bréviaire Grammont du dix-septième
siècle, sauf insertion, par substitution, des proses modernes?
Alors tout se réduisait pour lui à une simple transcription des
légendes, messes et proses de ces livres ; ce qui n'était pas,
sans doute, au-dessus de sa capacité, et ne demandait ni une
patience ni un courage extraordinaires, du moins pour un
copiste exercé. Mais le revirement qui s'était fait dans son
esprit au point de vue du chant devait s'étendre aussi au
reste de l'ouvrage. Car, comment laisser de côté une trentaine de fêtes locales environ qui n'avaient fait leur entrée
dans la liturgie bisontine qu'au dix-huitième siècle, notamment vingt-trois en 1761 du temps du cardinal de Choiseul?

Ce Cardinal, en effet, avait pris, pour les introduire dans le
Bréviaire de Besançon, d'abord, au Martyrologe romain : les
saints Aquilin et Taurin d'Evreux, Clotilde de Paris, Eustase
de Luxeuil, Jean-Népomucène de Prague, Odon de Cluny,
Othilie ou Odile d'Alsace, Oyand de Saint-Claude, Viventiole
de Saint-Claude et Lyon, Pothin (Photin) et compagnons de
Lyon, Prisque ou Brix et compagnons de l'Auxerrois et Romaric de Remiremont (Vosges) [1]; ensuite, en dehors de cet
arsenal universel : les saints Valbert de Luxeuil, Agile ou Aile
de Rebais, Ursanne du Porrentruy, Berthaire et Athalin de
Menoux (Haute-Saône), Simon de Mouthe, Aldegrin, Imethier
et Lothein du Jura, Hippolyte de Saint-Claude-Belley, Gerland
de Girgenti (Sicile) et enfin Adélaïde de Bourgogne? Sans
doute, au point de vue du droit, on ne pouvait réclamer ces
fêtes d'origine trop récente, sans compter que les douze derniers noms ne sont pas au Martyrologe romain, et que la
plupart de ces saints sont devenus totalement étrangers au
diocèse actuel de Besançon ; mais, si on les avait éliminés
pour se conformer aux principes, il aurait fallu aussi mettre
de côté tous ceux dont le culte *diocésain* est postérieur
à 1534, tels que les saints Romain et Lupicin de Condat (Jura),
Sigismond de Bourgogne, Roch de Montpellier, Théodule de
Sion [2], Genès d'Arles et de Rome, Just de Lyon, Hubert de

---

[1] Je ne parle pas de sainte Colette, dont on avait inséré l'office en
1861, quoiqu'elle ne fût pas encore canonisée alors.

[2] Il y avait bien un saint Théodule indiqué au calendrier de 1480 en

Liège, Eloi de Noyon, Pierre de Tarentaise, etc. Or, non seulement on ne voulait pas s'appauvrir, mais on devait encore s'enrichir outre mesure, et bien au-delà des règles ordinaires. Pour se faire une idée de ces règles, on n'a qu'à lire le décret toujours subsistant d'Urbain VIII imprimé en tête du Bréviaire romain. Ce Pape y défend, en effet, d'étendre à tout un diocèse la fête et l'office d'un saint, sous prétexte qu'il y est titulaire de quelque église ou qu'on y possède quelque part son corps ou une de ses reliques, même insigne (son office ne devant être célébré que dans l'église elle-même qui l'a pour titulaire ou qui possède sa relique, et à condition encore, d'après une déclaration d'Innocent XII rapportée plus loin, que l'identité de cette relique soit constatée et le saint lui-même inscrit au Martyrologe romain). Quant aux saints, évêques, martyrs ou citoyens des lieux, Urbain VIII veut qu'on s'adresse à la Sacrée Congrégation des Rites pour obtenir leur office ; mais, d'après Benoît XIV, celle-ci ne devait accorder à tout un diocèse que la fête de ses évêques ou de ses martyrs, en restreignant celle de ses simples citoyens aux lieux qu'ils avaient illustrés par leur naissance, leur résidence ou leur décès. (Voir là-dessus les notes *E* de mon *Etude préliminaire* et de mon *Histoire*.)

Mais, à Besançon, on avait si bien en vue de s'enrichir que, non content de conserver et d'élever à un rite supérieur les fêtes qui se trouvaient alors dans la liturgie bisontine, on y a fait rentrer celles de beaucoup de saints qui en avaient été éliminés en 1761, tels que saint Démêtre de Thessalonique, saint Didier de Langres, saint Germain de Paris, saint Lambert de Maëstricht, un saint Magne, martyr, qui est devenu évêque de Trani, saint Médard de Noyon, saint Philbert de Nermouthier, les saints Savinien et Potentien de Sens, saint Théodule de Sion et saint Thibaut ou Thiébaud de Champagne. Mais, puisqu'on était en si bonne voie, pourquoi laisser de côté leurs compagnons d'infortune, exclus comme eux en

compagnie de saint Arnoul le 16 août, mais celui-ci seul avait sa commémoraison marquée au corps de Bréviaire. D'ailleurs quel était ce Théodule ? celui du huitième siècle, selon la légende de 1673 ? ou celui du quatrième qu'on lui avait substitué en 1761 ? Je l'ignore.

1761, savoir les saints Alban d'Angleterre, Arnoul de Metz, Boniface de Mayence (qui vient d'entrer au Bréviaire universel), Brice de Tours, Hymier de Suisse, Maurile d'Angers, Paulin de Trèves et Ruf d'Avignon ; pour ne pas parler de sainte Brigide de Suède que Besançon avait toujours honorée jusqu'en 1874, au moins depuis 1480, époque où elle avait un office de neuf leçons ? Certes, en considérant cette légion de saints plus ou moins bisontins dont on voulait gonfler le Propre du diocèse, on comprendra ce que dit Mgr Besson, que le travail de ce Propre demandait beaucoup de *temps, de soins et de recherches,* surtout pour un homme seul, d'ailleurs très occupé[1].

[1] Jusqu'à quel point maintenant a-t-on été sage en se procurant un Propre aussi volumineux ? Ecoutons là-dessus le P. Guyet (que Mgr Mathieu s'est plu à citer une douzaine de fois comme autorité dans sa Dissertation sur l'antiquité des rites bisontins). On lit, dans son *Héortologie* ou *Traité des fêtes propres des lieux,* liv. I, ch. I, quest. 19 : « Je ne sais quelle fureur s'est emparée de nos jours des esprits des ecclésiastiques, tant séculiers que réguliers, qui veulent célébrer continuellement et presque tous les jours des fêtes, au préjudice de la férie qui disparaît tout à fait. Ils se figurent, sans doute, qu'ils auront donné à la religion de l'accroissement, et à leur église ou à leur ordre du relief, en faisant entrer dans leur calendrier, condensé, plein et *surplein,* des saints pris de tous côtés à temps et à contre-temps ; et pourtant rien n'est plus contraire à l'esprit ancien et légitime de l'Eglise. Il est de l'intérêt et de l'honneur d'une Eglise, je le veux bien, d'avoir beaucoup de fêtes propres, si ces fêtes lui appartiennent véritablement, c'est-à-dire, si les saints qu'elle honore, après avoir été conçus et élevés dans son sein, n'en sont sortis que pour monter au ciel ...; mais, quant aux saints *adventices,* il faut les repousser ; d'abord, parce que leur fête nuirait beaucoup à l'office du temps, en obligeant de supprimer les féries et les dimanches (contrairement aux décrets des Souverains-Pontifes et de la Sacrée Congrégation des Rites) ; ensuite, parce que, comme le dit saint Bernard, la multiplicité des fêtes et des joies convient à la patrie, et non à l'exil ; enfin, parce que cela est de nature à jeter la perturbation dans l'ordre des offices, en empêchant la récitation hebdomadaire du Psautier et l'usage des répons de l'Ecriture, en faisant disparaître les dimanches, les fêtes simples, les vigiles et les octaves, en obligeant de faire des translations à long terme, » etc.

Ces observations du P. Guyet, jésuite français du dix-septième siècle, auraient dû, ce me semble, être du goût de ses concitoyens, eux qui, dans le dernier siècle, ont tant exalté le droit du Psautier hebdomadaire qu'ils n'ont pas craint d'en hâcher les psaumes et d'en bouleverser l'ordre primitif, au mépris des usages antiques de l'Eglise. Ne devaient-ils pas, en outre, éviter de multiplier les fêtes en temps de Carême ou

Mais, avant d'examiner en détail ce que Mgr Mathieu a fait sous ce point de vue, je dois, pour suivre mon guide, m'occuper d'un incident particulier que l'on signale comme il suit, toujours page 86 : « La question du miracle de Faverney « attira l'attention du Cardinal. Malgré la notoriété du fait, « on était communément persuadé que ce miracle n'avait « pas été reconnu. » Cette assertion m'étonne. Le clergé bi-

celles d'un rite supérieur à celui du dimanche, attendu leur ancien respect pour ces deux choses? Eh bien, au contraire, en composant leurs Propres, quelques-uns les ont si bien remplis qu'ils ne feront presque jamais l'office des dimanches non privilégiés; et qu'ensuite, au moins à partir de Pâques, non seulement il n'y aura plus pour eux de fêtes simples, de vigiles et de féries même privilégiées, mais encore qu'ils seront obligés de simplifier, dans le cours de l'année, un nombre considérable de doubles ou de semi-doubles. Ce nombre variera de quinze à vingt-cinq pour Besançon, selon que Pâques sera plus ou moins avancé ou retardé, et on y aura d'ordinaire à fêter des saints de mai, ou même d'avril, les 20, 22 et 23 décembre.

J'avais fait ce calcul avant de connaître un décret tout récent de Sa Sainteté Léon XIII, pape actuellement régnant. Ce décret a deux parties. Dans l'une, Léon XIII insère au Bréviaire, sous le rite double-mineur, cinq fêtes nouvelles, savoir : celles de saint Cyrille d'Alexandrie, c. p. le 9 février, de saint Cyrille de Jérusalem, c. p. le 18 mars, de saint Justin, m. le 14 avril, de saint Augustin de Cantorbéry, c. p. le 28 mai, et de saint Josaphat de Polocz, m. le 24 novembre. Dans l'autre, ce même Pape, dérogeant à la rubrique générale de la translation des fêtes, dit que, quand un office même double (à moins qu'il ne s'agisse d'un docteur de l'Eglise) se trouvera en occurrence avec un dimanche ou une fête qui en exigerait la translation, au lieu de le transférer, on le simplifiera le jour même, le réduisant à une simple commémoraison aux deux Vêpres et à Laudes, avec lecture de sa légende pour 9e leçon à Matines, si l'office du jour le permet; car, s'il ne le permet pas, on l'omettra tout à fait cette année-là, comme il est dit des simples au tit. IX, n° 10 des Rubriques, et au tit. X, n° 8.

Mais parce que j'avais fait le calcul que j'ai signalé plus haut avant que ce décret fût connu, je ne crois pas devoir le supprimer, attendu que le cardinal Mathieu ne pouvait pas prévoir qu'on viendrait ainsi au secours de ses prêtres. Seulement, je profiterai de l'occasion pour dire qu'à mon avis, on aurait bien fait aussi de modifier d'autres rubriques, celle, par exemple, qui accorde la primauté aux offices diocésains, de même rite et dignité, sur ceux de l'Eglise universelle. Si l'on faisait le contraire, les prêtres se trouveraient bien plus souvent en harmonie de prières dans tout l'univers, ce qui serait très désirable. Il n'y aurait d'exception à faire que pour les offices diocésains ou locaux du rite solennel. Je soumets humblement au jugement du Saint-Siège cette idée, que j'avais déjà émise dans la note *E* de mon *Etude préliminaire*.

sontin, en effet, lisait dans son Bréviaire depuis 1712, non-seulement le récit du miracle, mais encore l'énoncé de la reconnaissance solennelle qu'en avait faite, conformément à son droit (concile de Trente, session xxv), Mgr Ferdinand de Rye, archevêque de Besançon, par décret du 10 juillet 1608, six semaines après l'événement; on savait même que Paul V, deux ans après, le 15 juillet 1610, avait enrichi de privilèges la Confrérie du Saint-Sacrement érigée à Faverney le 31 juillet 1609 [1]. On ne pouvait donc, sans folie, être *persuadé que ce miracle n'avait pas été reconnu*. Mais n'était-il pas permis de demander s'il fallait célébrer la mémoire de ce miracle par un office *diocésain* dont on s'était passé jusqu'en 1712? et, à supposer qu'on pût obtenir cet office, s'il ne suffi-rait pas d'y employer celui de la Fête-Dieu avec légende propre? Eh bien! c'est ce qu'on n'a pas compris et ce qui a fait dire des choses ineffables.

Ici, en effet, on demande pourquoi « le Propre de Saint-« Claude n'avait pas accueilli ce miracle, » et p. 60, on ra-conte que « Mgr Mathieu s'étonnait en particulier que le « Propre de Saint-Claude ne contînt aucune mention du mi-« racle de Faverney, si authentique, si cher à la province qui « en a été le théâtre, si nécessaire à rappeler dans un diocèse « (celui de Saint-Claude) où la ville de Dole avait bâti une « magnifique chapelle pour recevoir en grande pompe une « des saintes hosties conservées dans les flammes. » Mais, si Saint-Claude a réellement demandé à Rome la faveur dont il s'agit et qu'il ne l'ait pas obtenue, qu'y a-t-il à dire? Au reste, Saint-Claude a *si bien accueilli le miracle* qu'il n'a jamais cessé d'en célébrer la mémoire en grande pompe, à Dole, aux fêtes de la Pentecôte pendant lesquelles il est arrivé, et non pas le 30 octobre que Besançon lui a assigné je ne sais pas pourquoi. Où est donc le triomphe que l'on s'est vanté d'avoir obtenu en « portant en cour de Rome les pièces qui ont « amené, dit-on, la reconnaissance du miracle? » D'ailleurs ce n'est pas le miracle lui-même que Rome a reconnu, mais seulement, d'après les termes de l'indult, « l'authenticité des

---

[1] *Mémoire sur l'abbaye de Faverney*, par un Bénédictin, 1771.

pièces qui en prouvent l'existence, » ce qui est bien différent.

Il en est de ce miracle comme de ceux des apparitions de
la sainte Vierge à la Salette et à Lourdes. Quand les Ordinaires des lieux ont, en vertu de leur droit, prononcé sur
leur réalité, Rome, au simple vu des pièces, sans jugement
ultérieur, autorise, si elle veut, le culte qui s'y rattache. Elle
ne se croit pas plus obligée de juger par elle-même, pour
permettre ce culte, qu'elle ne le fait quand elle approuve
celui des saints inscrits dans les calendriers diocésains. Elle
y regarderait de plus près, sans doute, s'il s'agissait d'insérer
une fête au Bréviaire universel ou de canoniser un saint;
car, quand il est question de canonisation, le Saint-Siège,
après avoir accueilli les procès rédigés par les Ordinaires, en
fait dresser en son nom de vraiment apostoliques. Mais il est
temps de clore cet épisode sur le miracle de Faverney; notons seulement ce qu'a raconté Mgr Besson à propos du
pèlerinage qu'on y a fait en 1864 : « Le Cardinal, dit-il,
« t. II, p. 170, donna à la contrée une grande joie en faisant
« la proclamation canonique *(sic)* du miracle, conformément
« à la reconnaissance solennelle *(sic)* que le Souverain-Pon-
« tife en avait faite, en approuvant, dans le Propre de Be-
« sançon, l'office de ce grand jour. »

Je reviens maintenant à la page 87 du livre : « L'état de
« nos reliques devait être aussi constaté pour rectifier les
« légendes des saints composées avant la Révolution. » Il ne
conviendrait pas, en effet, de dire que l'on possède *encore* des
reliques qui auraient disparu. Eh bien! a-t-on fait avec soin
la constatation dont il s'agit. Ainsi, conserve-t-on *encore* un
des voiles de sainte Odile dans l'abbaye de Baume-les-Dames?
Je signale d'abord ce fait pour obtenir des renseignements
sûrs de Mgr Besson, qui est originaire de cette ville dont il
fait la gloire. Le petit Bréviaire bisontin, édité en 1831, avait
supprimé cette courte indication; était-ce à tort? On me dis-
pensera de rechercher si les reliques de saint Antonin sont
encore à Palenza en Espagne; celles de saint Marcel dans sa
basilique à deux milles de Châlon-sur-Saône; celles de saint
Imethier au village de son nom dans le Jura. des saints

Taurin et Aquilin à Gigny (Jura), de saint Oyand à la cathédrale de Saint-Claude, même de saint Simon à Mouthe (Doubs);
à plus forte raison, si on a encore les *corps* de saint Yves à
Tréguier, de sainte Geneviève à Paris et de saint Aldegrin à
Baume-les-Messieurs (Jura), ainsi que ceux des saints Berthaire et Athalin, arrachés aux flammes où les avaient jetés les
hérétiques du seizième siècle, au couvent de Saint-Nicolas
près de Nancy; mais je doute fort que Saint-Maurice de
Besançon possède *le corps* de saint Antide (pour ne pas parler
de son image qu'on dit exister dans une des chapelles du
monastère de Saint-Vincent près de Lisbonne), et que Vesoul
ait *celui* de saint Pierre de Tarentaise dont on n'aurait détaché
que des parcelles pour la dévotion particulière de quelques
personnes; car Tarentaise d'abord et ensuite les Trappistes
ont dû en avoir une assez bonne part. Peut-on affirmer aussi
que la *toile* du Saint-Suaire de Besançon *subsiste* toujours,
tela superstes? puis laisser croire que les reliques de saint
Renobert sont encore en dépôt dans l'*oppidum* de Quingey
et que celles de saint Théodule nous aident présentement à
obtenir la pluie et le beau temps, et nous protègent contre les
tempêtes et autres *injures* du ciel. Quant à celles de saint
Quentin que Besançon possédait, si elles n'ont été que *dispersées par l'injure des temps*, il y aurait peut-être espoir de
les retrouver plus tard; mais ce qui ne subsiste certainement
plus, c'est la Confrérie des nobles franc-comtois, et la fête
solennelle de saint Georges qu'elle célébrait tous les ans à
Besançon. J'ajouterai ici une chose très singulière, au sujet
des reliques des saints Taurin et Aquilin, c'est que, dans
la légende du premier, on dit qu'elles étaient vénérées
autrefois à Gigny, tandis que, dans celle du second, on affirme
qu'on les y honore encore. Le Bréviaire de 1831 avait pourtant mis l'accord entre ces deux légendes en mettant tout au
passé, comme il avait fait également pour les reliques des
saints Antide, Quentin, Renobert et Simon et pour la Confrérie noble de Saint-Georges. En ce qui regarde les saints
Marcel, Yves, Berthaire et Athalin, ce Bréviaire gardait un
religieux silence; à plus forte raison pour saint Antonin qui
n'avait plus de légende, et pour saint Théodule de Sion du

huitième siècle, auquel on avait substitué en 1761 un autre saint Théodule ou Théodore du quatrième.

Mais laissons de côté ces petites observations, et considérons les légendes à un autre point de vue. Certes, je ne veux pas examiner ici les cent et quelques légendes du Propre de Besançon : le travail que j'ai fait là-dessus dépasserait la moitié d'un gros volume ; mais je dois dire un mot pour répondre au passage suivant de Mgr Besson : « D'autres légendes, que la critique trop sévère du dix-huitième siècle « avait rejetées, furent justement remises en honneur, et « plusieurs saints rayés du calendrier y reprirent leur place. » Comme je viens de parler plus haut de ces derniers saints, je ne m'en occuperai pas davantage, me contentant de remarquer que leurs légendes, assurément nouvelles pour Besançon, ne sont pas les moins curieuses de toutes, surtout celles des saints Démêtre et Magne, et même des saints Médard, Philbert, Théodule et Thiébaud. Mais j'ai à cœur de demander quelles sont les légendes que la critique du dix-huitième siècle avait injustement rejetées.

Mgr Besson a-t-il voulu faire allusion à celles de saint Lin et de saint Maximin? Je le suppose volontiers. Eh bien ! croit-il que les légendes que l'on a rétablies en leur honneur soient à l'abri de toute critique, même peu sévère? S'il le croit, qu'il lise les Bollandistes là-dessus. Pour moi, préférant laisser une dissertation sur ce sujet dans mon portefeuille, je me contenterai de faire observer que, jusqu'au milieu du dix-septième siècle, le Bréviaire de Besançon n'avait jamais parlé de l'épiscopat *bisontin* de saint Lin, *pape*. Dans les actes des saints Ferréol et Ferjeux, rédigés après le neuvième siècle puisqu'il y est question de Chrysopolis, on trouve bien une phrase où il est dit qu'avant l'arrivée de ces saints à Besançon, cette ville avait rejeté les *prédicateurs* que l'apôtre saint Pierre y avait envoyés de Rome ; mais on n'y nommait pas ces prédicateurs, ce qui prouve qu'alors il n'était pas encore question de saint Lin, personnellement. Quant au Rituel de saint Prothade, il parlait, il est vrai, d'un Evêque bisontin de ce nom qui aurait bâti une église à Sainte-Madeleine ; mais il ne disait pas qu'il fût devenu Pape. Au reste, je suis persuadé que cette observation n'était pas du fait de saint Prothade ; je doute même qu'elle vienne de Hugues Ier, car, dans le Calendrier ou Martyrologe qu'on lui attribue, il n'est nullementquestion d'un saint Lin, pas même de saint Lin, pape, soit le 23 septembre où le romain fixe sa fête, soit le 26 novembre que Besançon lui a assigné d'après un ancien Martyrologe. Aussi Dunod, tout en admettant un saint Lin comme évêque de Besançon, ne le plaçait qu'au troisième siècle après les saints Ferréol et Ferjeux, et il a été imité en cela par les historiens qui lui ont succédé, y compris les nouveaux hagiographes franc-comtois. On a donc tort d'affirmer que l'épiscopat bisontin de saint Lin, pape, est une tradition primitive, *primæva, de l'Eglise* de Besançon, et surtout d'ajouter qu'elle y a été toujours conservée jusqu'ici, *hactenus continuata,* puisqu'elle avait été abandonnée liturgiquement en 1761. On me dira peut-être que Rome a accueilli cette tradition, puisqu'elle a consenti à accepter la légende qui la signale, et surtout à élever pour Besançon la fête de saint Lin au rite solennel ; mais je suis persuadé qu'elle s'est peu occupée de discuter *cela,* et qu'elle a accordé *ceci* pour faire honneur à la Chaire papale plutôt qu'à la métropolitaine.

Quant à saint Maximin, les Bréviaires, antérieurs au dix-septième siècle, ne disaient pas quel saint confesseur pontife on entendait honorer sous ce nom. Celui de 1480 ne lui donnait qu'un office de neuf psaumes et trois leçons, sans légende, et avec une simple oraison peu significative. D'ailleurs, il ne le qualifiait pas d'*Archevêque de Besançon* dans le titre de son office, comme il le faisait pour les autres, savoir les saints Antide, Claude (du rite double), Désiré, Germain, Nicet et Prothade. Il est vrai qu'il avait omis aussi cette indication pour saint Donat, mais la légende de ce saint était là pour y suppléer.

Alors, me dira-t-on peut-être, pourquoi Besançon aurait-il fêté saint Maximin? Je l'ignore. Tout ce que je sais, c'est qu'il honorait *son* saint Maximin le jour même que le Martyrologe romain assigne à saint Maximin de Trèves, tout comme il vénérait le successeur de celui-ci, saint Paulin, le 31 août ; et, ce qu'il y a ici de plus surprenant, c'est qu'on trouvait déjà ce dernier signalé dans le Martyrologe de Hugues Ier, tandis qu'on n'y faisait aucune mention d'un saint Maximin quelconque. Avait-on donc plus de motifs de rendre un culte à saint Paulin de Trèves qu'à son prédécesseur ? Je croirais plutôt le contraire, si surtout on avait reçu, comme on pourrait le supposer, des reliques de saint Maximin de Trèves qui auraient donné lieu à quelque pèlerinage en son honneur. En tout cas, il serait bien singulier que Trèves et Besançon eussent eu tous deux, dans la liste de leurs évêques, deux noms placés dans le même ordre et vers le même temps.

Au reste, il semblerait qu'à Rome même, quand on y a révisé le Propre de Besançon, on n'a pas été très persuadé de l'épiscopat *bisontin* de saint Maximin, puisqu'on ne lui a pas donné le rite double comme aux autres Evêques de cette Eglise. Je sais qu'à l'occasion du pèlerinage *très légitime* qui se fait annuellement à la chapelle d'un saint Maximin près de Foucherans, M. Suchet a rédigé une petite *Vie* du saint de ce nom qu'il donne pour évêque de Besançon ; mais, s'il a dit vrai et fait un récit exact dans sa généralité, il me semble s'être oublié pourtant en faisant faire ce pèlerinage, d'abord, à saint Prothade qui ne parle pas de saint Maximin dans son Rituel, ensuite, à saint Simon de Mouthe en compagnie de Hugues Ier, archevêque de Besançon, mort avant l'arrivée de saint Simon au pays, et en avançant de cent ans juste la date de la consécration de l'autel de saint Maximin faite par Jean (Favel, dominicain), évêque de Nazareth *in partibus*, suffragant de l'archevêque de Besançon. Ce qui me fait dire ceci, c'est que, d'abord, l'Evêque de Nazareth dont on parle était véritablement suffragant, ou plutôt auxiliaire, de l'Archevêque de Besançon en 1510, et qu'ensuite, si j'ai bien appliqué les règles du comput ecclésiastique antérieures à la réforme du Calendrier faite par Grégoire XIII en 1582, c'est bien en 1510, et non en 1410, que le mardi après Pâques tombait le 2 avril. M. Suchet aura donc lu *quadringentesimo* là où il devait y avoir *quingentesimo,* une différence de trois lettres. Qu'on ne croie pas, du reste, qu'une église, ou plutôt un autel consacré en ce temps-là, ait dû être une grande église ou l'autel d'une grande basilique, car notre vieille petite église de Myon avait été consacrée aussi, et l'on faisait tous les ans autrefois, le jour des saints Sept-Frères le 10 juillet, l'anniversaire de sa Dédicace, renvoyé plus tard par faveur au dimanche suivant.

Une autre légende, que je tiens à signaler ici, pour qu'on ait un *spécimen* du vieux style légendaire de Besançon, est celle de saint Maimbœuf que l'on a extraite, moyennant coupures faites par-ci par-là, d'un vieux chroniqueur du pays. Son récit, rapporté par les Bollandistes en dix numéros, avait fourni, dans son numéro 2, tout ce que le Bréviaire de 1480 disait de ce saint dans ses trois leçons. Mais, en 1862, après avoir réduit ces trois leçons en une en les abrégeant de moitié, on a eu recours à la source primitive pour composer les deux autres d'après le même système. Ainsi, l'on a pris la première partie de la deuxième leçon dans le numéro 3 et le reste dans le numéro 8, qui a fourni également la troisième de concert avec les numéros 9 et 10, sauf la dernière phrase concernant la collégiale du saint fondée à Montbéliard ; seulement on y a introduit quelques expressions nouvelles qui font figure, savoir : *divertit* au lieu de *fecit diverticulum, ædem sacram* pour *oratorium, existeret* pour *être* simplement, *Calabrunam* au lieu de *Calebrunnia, hoc est, teutonica barbarie, frigida aqua* (d'après les Bollandistes, *frigidus fons, kaltbrün),* *floccipendentes* pour *pro nihilo ducentes, verbis Christi* au lieu de *dominicis verbis,* etc. De cette manière, on est parvenu à donner le thème suivant, que je traduis littéralement.

« 1ʳᵉ *Leçon.* — Le B. Maimbœuf fut un homme illustre ..., écossais de nation ..., dévoué à Dieu de tout son esprit ..., Comme il abondait en richesses ... et excellait par l'élégance du corps ..., reconnaissant que ces (dons) étaient passagers ... et brûlant d'ardeur pour les (biens) perpétuels, il renonça à ceux-ci (il fallait dire, à ceux-là, *illis)* suivant le conseil du Christ : « Celui qui ne renoncera pas à tout ce qu'il possède ne peut être mon disciple... »

« 2ᵉ *Leçon.* — Traversant la mer et circulant partout (pour visiter) les tombeaux des saints, il vénérait les reliques des martyrs de J.-C., veillait à leur seuil ; désirant les (choses) célestes, il s'offrait tout entier en holocauste au Seigneur. Et, parvenant en Bourgogne ..., à la villa appelée

Dampierre, à huit milles (myriamètres) de la ville de Besançon, il se *détourna* vers l'*édifice sacré* de Saint-Pierre pour louer Dieu. »

« 3° *Leçon*. — Pendant qu'il *existait* près de la fontaine appelée *Calabrune*, certains ennemis de la religion, dressant des embûches au serviteur de Dieu, l'assaillent, faisant irruption sur lui, (le) traînent à la mort comme une douce brebis, (le) blessent, (le) flagellent. Et, bien qu'il les interpellât avec (ou par) des paroles de Jésus-Christ, (ceux-ci) n'en tenant aucun compte, *hæc floccipendentes*, le frappent à coups de bâton, le blessent à coups d'épées, si longtemps qu'il rendît son esprit à Dieu. Son corps fut enseveli dans la basilique de Saint-Pierre où il s'était recommandé à Dieu dans ses prières, et transféré au *castrum* (château) de Montbéliard, par ordre de Bérenger, évêque de Besançon, célèbre (le corps du saint) par miracles, *clarum miraculis*. Là, même, fut établi sous son nom un collège de chanoines. »

Il y avait donc, dans la *villa* de Dampierre, une *basilique!* et, près de là, une fontaine appelée *Calabrune*; c'est ceci que je veux expliquer. Le chroniqueur du moyen âge qui a rédigé la légende de saint Maimbœuf, parlant de cette fontaine, disait que les gens du pays, des Teutons, l'appelaient, dans leur idiome barbare, *Kaltbrün*, c'est-à-dire, en français, froide fontaine ; comment donc le cardinal Mathieu n'a-t-il pas compris ce mot-là, lui qui savait si bien l'allemand? d'autant mieux que M. Duvernoy, dans ses *Ephémérides de Montbéliard*, dit, sous la rubrique du 8 juin 1191, qu'on avait érigé, dans le temps au lieu dit, certain prieuré sous le nom de Froidefontaine.

Une autre légende du Propre de Besançon qui m'a frappé, est celle de l'*Invention du chef de saint Agapit*, où l'on raconte qu'après « la mort de Célidoine, qui avait caché cette « relique au milieu du chœur de l'église Saint-Etienne, il « n'était resté dans la mémoire des hommes qu'une *opinion* « *incertaine* sur ce point, bien qu'à cause des miracles opérés « près du lieu même, la plupart ne doutassent pas que le chef « de saint Agapit ne fût renfermé sous l'autel. » La légende ajoute que « l'archevêque Gauthier, *souffrant d'une faiblesse*

« *de corps,* s'y fît porter, et qu'Agapit, sous forme d'enfant,
« fit sur lui un signe de croix, lui ordonnant de se lever, sûr
« de sa santé, *valetudine.* Et, en effet, à sa voix, *il sortit sain.* »
On raconte ensuite que « Hugues, successeur de Gauthier,
« homme *magnanime et plein de science et d'autorité,* après
« avoir enlevé le vieil autel de saint Agapit, ordonna de dé-
« terrer les reliques *qu'un bruit* avait dit y reposer. Mais les
« pierres étaient si massives que l'Evêque *désespérait de*
« *faire quelque chose par les moyens humains.* En sorte qu'il
« se *repentait, non seulement de l'ouvrage entrepris, mais en-*
« *core de la religion avec laquelle il avait vénéré* si longtemps
« les saintes reliques du martyr. C'est pourquoi, quand *en-*
« *suite* on eut arraché *enfin* ces rochers avec de grands efforts,
« et trouvé le trésor ardemment désiré, tout le monde s'unit
« à la joie de l'Evêque pour remercier Dieu. » Voilà une légende que l'on a rétablie à Besançon avec la fête à laquelle
elle se rattache.

Or il faut savoir qu'en supprimant cette fête en 1761, on
n'avait pas mis tout à fait de côté cette histoire ; mais, en la
reportant à la fête principale de saint Agapit au 18 août, on
l'avait singulièrement modifiée, en supprimant *l'opinion in-*
certaine que les miracles rendaient inexplicable, en remplaçant
la faiblesse de corps de Gauthier *par une fièvre maligne que*
les remèdes humains n'avaient pu guérir, et en faisant disparaître entièrement le *désespoir et le repentir* si peu raisonnables de Hugues *le Magnanime.* Si cette nouvelle version
était conforme à la réalité des faits, on ne peut nier qu'elle ne
fût de beaucoup préférable à l'ancienne ; pourquoi donc reprendre celle-ci et abandonner l'autre ? Mais j'ai tort de dire
qu'on a abandonné l'autre, car le Propre actuel de Besançon
les donne toutes les deux, l'une le 20 avril et l'autre le
18 août, en sorte que personne n'a droit de se plaindre, sinon
du peu d'accord qui existe entre les légendes bisontines.

Je ne dirai qu'un mot de la légende de saint Urbain Ier,
pape, où l'on affirme positivement que son corps fut apporté
au neuvième siècle en France, et qu'il opéra beaucoup de
miracles dans son passage en Franche-Comté. Rome, en effet,
croit posséder encore ce saint corps ; aussi le Bréviaire bi-

sontin de 1761, auquel on a emprunté la légende de 1862, mettait en doute si le corps apporté en France était celui de saint Urbain, pape, ou celui d'un autre saint évêque et martyr du même nom. Pourquoi avoir supprimé un doute aussi serieux, pour ne pas dire plus ?

Une autre bévue que l'on a commise se rencontre dans la légende de saint Valbert, que l'on dit « avoir été enterré en 665 par son ami saint Nicet, évêque de Trèves. » D'autres avant le Cardinal, sans doute, au lieu d'attribuer ce fait à Miget qui était archevêque de Besançon en 665, l'avaient mis sur le compte de saint Nicet ; mais M gr Mathieu est le premier, certainement, à avoir fait de ce saint Nicet l'évêque de Trèves de ce nom. Pourtant, ce n'est pas en passant qu'il a laissé tomber cette erreur de sa plume, car il l'a soutenue *ex professo* dans sa légende de saint Nicet, archevêque de Besançon, légende qui vaut bien un chapitre à part.

CHAPITRE XVI.

LÉGENDE DE SAINT NICET, ARCHEVÊQUE DE BESANÇON.

Je vais traduire cette légende mot à mot, comme celle de saint Maimbœuf, au point qu'un élève, même peu exercé, pourrait, sur mon français, trouver les mots latins qui y correspondent : « Après la mort du glorieux martyr Antide, qui « avait gouverné l'Eglise bisontine sous le dernier empire « des Romains, c'est-à-dire, sous Honorius et Théodose le « Jeune, ce siège demeura longtemps dépourvu d'Evêque, « quand l'irruption barbare des Huns et des Vandales dévas- « tait les Gaules, et qu'à leur imitation (ou à l'envi d'eux, « *æmulatione*) les Francs et les Bourguignons conduisaient de « nouvelles colonies à travers la Gaule. Ceux-ci, pleinement « vides, *planè vacui*, de toute religion, renversaient non « seulement les villes et les *oppidum*, mais les temples aussi « et (qui plus est) leur ornementation, au point que les prêtres « du Christ n'osaient nulle part se montrer, *coram subsistere*.

« Mais, ensuite, des rois ayant été élus et la foi du Christ
« ayant été reçue par les Bourguignons, tous les temples et
« le culte divin commencèrent à être restaurés. Donc, du
« temps de Thierry, septième roi des Bourguignons, Nicet fut
« créé, par le suffrage commun du clergé et du peuple,
« évêque de Chrysopolis ; car on appelait ainsi alors la ville
« que Jules César a nommée Besançon, *Vesuntionem.* »

Faisons halte ici pour causer un peu. D'abord est-il vrai que
Besançon n'ait point eu d'Evêques depuis saint Antide, mar-
tyrisé en 411 selon la légende de 1862, jusqu'à saint Nicet,
qui mourut en 611 d'après M. Doney dans Godescard ?
D'anciens légendistes, entichés de l'idée que Besançon avait
échangé de bonne heure son nom *césarien* contre celui de
Chrysopolis, n'avaient pas voulu reconnaître, dans les Prélats
qui avaient signé comme évêques de Besançon les Conciles
du sixième siècle, les véritables titulaires de cette cité, et
c'est pourquoi ils s'étaient imaginé que cette ville n'en avait
plus alors ; cependant, l'ancien chroniqueur lui-même, qui
avait rédigé les vieilles légendes de saint Nicet et de saint
Prothade, n'employait encore qu'avec réserve ce nom de
Chrysopolis, inventé, d'après les Bollandistes, au neuvième
siècle, et appelait le plus souvent Besançon *Bisuntica* ou *Bi-
sunticensis civitas*. D'ailleurs, il y a plus de deux siècles qu'on
a reconnu l'erreur sottement réchauffée ici dans notre légende.

Quant à l'idée qu'elle nous donne des Francs et des Bourguignons qu'elle assimile aux Huns et aux Vandales, s'il est
vrai que ces peuples ont été d'abord passablement barbares, il
faut avouer qu'ils n'ont pas tardé de s'adoucir un peu, et qu'à
partir de la fin du cinquième siècle, ils ne méritaient
plus le portrait que l'on en fait. Est-ce que les modernes hagiographes franc-comtois eux-mêmes, dirigés par M. Besson,
ne nous parlent pas du Bourguignon Chilpéric, père de sainte
Clotilde résidant à Genève, comme d'un bienfaiteur de Condat
du temps de saint Lupicin ? Gondebaud, son frère, quoique
arien et cruel par ambition, n'est-il pas l'auteur de la loi Gom-
bette ? En tout cas, sous son fils saint Sigismond et sous les
rois francs qui s'emparèrent alors de la Bourgogne, il ne

dut point y avoir de difficulté pour Besançon d'avoir des
Evêques; et, en effet, on en compte jusqu'à quatre qui ont
signé comme tels dans les Conciles du sixième siècle. Il y
aurait donc à retrancher de la légende de saint Nicet, d'abord
tout ce prologue erroné, qui, du reste, ne le regarde pas
puisque son épiscopat ne commence que sous le septième roi
de Bourgogne. Mais ce Thierry, que l'on donne pour *septième
roi des Bourguignons*, était-il vraiment tel ?

D'abord, il était de la race des rois francs qui avaient dé-
trôné saint Sigismond ; comment donc faudrait-il compter
pour le mettre au septième rang des rois de Bourgogne en
ligne droite? Comme notre légende nous oblige de distinguer
entre certains rois francs qui ont porté le même nom, nom-
mons ici avant tout, parmi les héritiers et successeurs directs
du grand Clovis : 1° *Thierry I*er qui fut roi d'Austrasie de 511
à 534 et qui eut pour successeur son fils *Théodebert I*er, mort en
548 ; 2° *Clotaire I*er qui, après avoir été roi de Neustrie depuis
511, finit par réunir tous les Etats francs sous son sceptre, de
555 à 561. Maintenant, ce Clotaire Ier eut quatre enfants, entre
autres : 1° saint Gontran qui régna sur la Bourgogne de 561
à 593 ; 2° Sigebert Ier, roi d'Austrasie, qui eut pour successeur
son fils Childebert II, lequel réunit à son sceptre les Etats de
Gontran ou la Bourgogne en 593, et dont les deux fils,
Théodebert II et Thierry II, partagèrent les Etats en 596.
Théodebert II régna en Austrasie jusqu'en 612, et son frère,
Thierry II, en Bourgogne, jusqu'en 613. Or, c'est ce
Thierry II, petit-fils de Sigebert Ier et de Brunehaut, dont on
fait le septième roi des Bourguignons ; 3° Chilpéric Ier, roi de
Neustrie, qui laissa ses Etats en 584 à son fils *Clotaire II,*
lequel finit, comme son homonyme et son grand-père Clotaire Ier, par réunir tous les Etats francs sous son sceptre de
613 à 628. Avec ces données, nous découvrirons sans peine
les bévues de la légende de saint Nicet que nous allons reprendre où nous l'avions laissée.

» Or Nicet avait été auparavant évêque de Trèves ; c'était
« un homme doué d'une faconde naturelle et d'une si grande
« gravité qu'il excommunia Clotaire, roi des Francs, et força
« Théodebert, roi des Bourguignons, à lui obéir en quelques

« (points). Il ne souffrait pas que les incestueux, les adultères
« et les homicides, de quelque grande dignité qu'ils fussent,
« assistassent aux divins (offices) ; et il n'est pas étonnant,
« assurément, qu'il ait joui d'une si grande autorité, lui qu'on
« dit avoir eu l'esprit de prophétie et des guérisons et des
« miracles. Il attaqua, *oppugnavit,* les hérétiques Nestorius
« et Eutychès avec une grande force, *vi,* de doctrine. Il ne jouit
« pas d'un mince crédit auprès de Grégoire le Grand, son
« ami, comme le prouvent les lettres qu'ils se sont écrites
« mutuellement. Il répara beaucoup d'églises, tant à Trèves
« qu'à Chrysopolis. »

Tout ce qu'on vient de lire, sauf l'avant-dernière phrase et
la moitié de la dernière, regarde saint Nicet de Trèves. Or
quand vivait ce saint? D'abord, du temps de Thierry Ier, roi
d'Austrasie, étant devenu évêque de Trèves en 527 ; puis sous
son fils Théodebert Ier, roi d'Austrasie également et non de
Bourgogne ; et, depuis 535 à 561, sous Clotaire Ier qui possédait alors toute la France. C'est donc de ce Théodebert Ier et
de ce Clotaire Ier qu'il s'agit dans la légende. Théodebert,
encore jeune, obéissait, a-t-on dit, à saint Nicet, en quelques
choses, *in nonnullis.* Cela ne dit pas beaucoup. Au contraire,
Clotaire se montra injuste envers lui et finit par l'exiler.
Godescard ne dit pourtant pas que saint Nicet l'ait excom-
munié ; mais il aurait pu le faire sans être *naturellement éloquent.*

Quant aux *attaques* de saint Nicet contre Nestorius et
Eutychès, on les a puisées aussi, je crois, dans Godescard,
mais sans le comprendre. Il dit que saint Nicet « défendit
la doctrine de l'Eglise contre les erreurs des ariens et des
eutychiens, » et il en donne pour preuve deux lettres qu'il
écrivit, l'une à une fille de Clotaire Ier qui avait épousé
Alboin, roi des Lombards, *arien,* et l'autre à l'empereur Justinien, tombé dans l'erreur des *incorrupticoles* qui soute-
naient que le corps de Jésus-Christ, dans sa vie mortelle, avait
été impassible ! Voilà, je pense, où l'on aura aperçu Nestorius
et Eutychès. Godescard, il est vrai, parlait d'ariens et non de
nestoriens ; mais, comme il nommait les eutychiens, l'habitude d'associer ensemble Nestorius et Eutychès aura fait

supposer qu'il s'était trompé et qu'il fallait remplacer ses ariens par Nestorius. Quant aux eutychiens eux-mêmes, est-il vrai que saint Nicet les ait attaqués ? Non ; Godescard parle d'une lettre à Justinien contre les incorrupticoles ; il aura donc confondu ceux-ci avec les eutychiens, pourquoi ? peut-être à cause d'une erreur semblable où était tombé Eutychius, alors patriarche de Constantinople, qui, dans un *Traité de la Résurrection,* soutenait que le corps des ressuscités ne serait plus palpable. On signale ce fait dans la légende de saint Grégoire le Grand, qui détrompa le patriarche, pendant qu'il remplissait les fonctions de légat du pape Pélage II à Constantinople vers l'an 580.

Quoi qu'il en soit, on voit tout de suite où l'on aura pris l'idée de faire mourir saint Nicet du temps de Justinien. Saint Nicet de Trèves mourut, en effet, selon Godescard, vers l'an 566, la même année à peu près que Justinien lui-même ; mais je ne crois pas que ce fut le 8 février, cette date ne pouvant convenir qu'à saint Nicet de Besançon, attendu que le Martyrologe romain assigne le 5 décembre à saint Nicet de Trèves. Quant à l'*esprit* de guérisons et de miracles qu'on lui attribue, c'est sans doute un *lapsus calami ;* on aurait dû, à l'*esprit* de prophétie, joindre le *don* des guérisons et des miracles. Ai-je besoin de faire remarquer maintenant que ce n'est pas le même Nicet qui aura pu restaurer beaucoup d'églises à Trèves et à Chrysopolis, et que ce n'est pas celui de Trèves qui aura été en correspondance avec saint Grégoire et qui aura joui auprès de lui d'un crédit *non petit,* c'est-à-dire considérable ? Mais voyons si ce dernier trait n'irait pas au véritable saint Nicet de Besançon. Je continue donc de traduire :

« Celui-ci (le restaurateur d'églises) accueillit très humai-
« nement et consola saint Colomban, abbé de Luxeuil, chassé
« de son monastère par les haines, *odiis,* de Brunehaut, reine
« de France (régente d'Austrasie et de Bourgogne) au gré et par
« le conseil de laquelle son petit-fils, Thierry (II), roi de Bour-
« gogne, agissait *en tout.* Car lui aussi était en exil par le fait
« du roi Clotaire. Enfin, après avoir supporté beaucoup de
« travaux pour l'Eglise, connaissant d'avance que le jour de
« *son appel* approchait, ayant convoqué le clergé et le peuple,

« il *dit paix* à tous. Il mourut le 8 février, Justinien empe-
« reur. »

J'ai déjà fait observer que cette dernière phrase regardait
saint Nicet de Trèves, sauf le 8 février ; seulement, je trouve
encore assez singulier qu'on ait pris le règne de Justinien
pour fixer la mort d'un évêque français, comme si cet empereur d'Orient avait fondé une ère nouvelle et universelle.
Quant à l'exil de saint Nicet, sous un roi nommé Clotaire, cela
regarde Clotaire Ier et saint Nicet de Trèves, et nullement
saint Nicet de Besançon, qui, du reste, n'aurait pas pu recevoir saint Colomban dans sa ville épiscopale, s'il en avait été
exilé. En ce qui concerne la correspondance que l'on prétend
avoir été établie entre saint Nicet de Besançon et saint Grégoire le Grand, elle aurait été possible, puisqu'ils ont été
contemporains, saint Grégoire ayant été Pape de 590 à 604,
et saint Nicet étant mort vers 611. Mais a-t-elle réellement eu
lieu comme on l'assure ? Il en était question, il est vrai, dans
les manuscrits bisontins que le jésuite P.-Fr. Chifflet envoya
aux Bollandistes, ses confrères ; mais Bollandus lui-même,
dans son article sur saint Nicet, faisait remarquer que les
lettres réciproques de ces deux saints lui étaient parfaitement
inconnues. J'ai feuilleté, à mon tour, le Registre des lettres
de saint Grégoire, soit dans les *Conciles des Gaules* du P. Sir-
mond, soit dans la grande *Collection des Conciles* des PP.
Labbe et Cossard où l'on a recueilli toutes les lettres connues
de cet illustre Pontife ; eh bien ! pas une seule qui ait été
adressée à saint Nicet de Besançon. Et pourtant beaucoup de
ces lettres ont été envoyées à des personnages même de
Bourgogne, princes et évêques : ainsi, lettre à Childebert,
fils de Brunehaut, roi d'Austrasie et de Bourgogne, en août
595 ; lettre à Brunehaut, devenue régente, en octobre 596 ;
lettres à cette même princesse et à ses deux petits-fils, Théodebert et Thierry, à part ou ensemble, en 599 et 601. Ajoutons :
lettres à Clotaire II, roi de Neustrie, en juillet 601 ; à Virgile
d'Arles, d'abord sous Childebert en 595, puis sous Thierry
en 600 ; au même Virgile et à ses collègues Syagre d'Autun,
Didier de Vienne et Ætherius de Lyon ; puis à ce même Ætherius, en compagnie d'Arige ou Arey de Gap en juillet 601. Voilà,

je pense, assez de lettres de saint Grégoire à des Français, mais pas une à saint Nicet de Besançon que l'on dit avoir été *son ami et avoir joui d'un grand crédit auprès de lui*. Rayons donc cette correspondance, avec la même hardiesse que les églises de Trèves réparées.

Saint Nicet en aura-t-il au moins restauré beaucoup à Besançon ? C'est J.-J. Chifflet qui a signalé le premier, dans son *Vesuntio,* non pas plusieurs églises restaurées par saint Nicet à Besançon, mais une seule, celle de Saint-Pierre fondée primitivement par Eusèbe ; et pourtant, si Besançon était resté en ruine depuis saint Antide jusqu'à saint Nicet, comme on le suppose, que d'églises il aurait fallu refaire ! Quant aux actes de ce saint, assez longs et imprimés dans les Bollandistes en neuf numéros, ils parlent bien des églises que saint Colomban avait construites dans ses couvents et dont ils attribuent la consécration à saint Nicet, mais ils ne mentionnent de Besançon que celle où saint Nicet fut enterré, savoir Saint-Pierre *extra muros,* c'est-à-dire, situé alors hors des murs de la ville dont l'enceinte avait été beaucoup réduite. C'est bien dans ces mêmes actes que l'on a puisé certains traits de la légende actuelle, mais on les a un peu défigurés ; ainsi, le chroniqueur du moyen âge se contentait de dire que Thierry obéissait *très souvent* aux volontés de Brunehaut ; il parlait aussi de l'*appel* du saint, mais il avait soin d'ajouter *ab hoc sæculo ;* quant à la *paix,* il affirmait que le saint l'avait non pas *dite* mais *laissée* à tous, *reliquit ;* enfin, il signalait une *longue viduité* du siège, mais qui aurait plutôt précédé que suivi la mort de saint Antide.

Voici, en effet, le numéro 3 de ces Actes qui faisait les trois leçons du Bréviaire de 1480 : « 1ʳᵉ *Leçon.* Donc, du temps de « Thierry, roi des Bourguignons, qui était petit-fils de « Brunehaut, aux volontés de laquelle, *cujus voluntatibus* « (le Bréviaire de 1480 avait mis ici *sancti Niceti,* au lieu de « *cujus,* ce qui rendait la phrase intraduisible), ledit roi « obéissait très souvent, le siège de Besançon était resté long-« temps veuf. — 2º *Leçon.* Mais après, *post vero,* le glorieux « combat de l'heureux martyre du Bienheureux Antide, « évêque de ce même siège, consommé par l'irruption bar-

« bare des Vandales, cet homme (lequel ? — le saint Nicet
« enchevêtré plus haut), un des grands, *de sublimibus*, est
« destiné (désigné pour) patron à ce même siège par le con-
« sentement pareil (commun) du clergé et du peuple (grâce
« à) la divine Providence. » Ici finissait, pour bien dire, la
légende, car la troisième leçon portait simplement qu'on avait
toujours suivi, à Besançon, cette forme canonique d'élection
épiscopale.

On voit, du reste, ici, comme déjà pour saint Maimbœuf, ce
qu'étaient les légendes du Bréviaire de 1480, du moins en ce
qui regardait les saints du pays dont l'histoire trop diffuse
ne pouvait être insérée en entier. Cela donne à comprendre
qu'il eût été difficile en 1862 d'emprunter beaucoup de légendes à ce Bréviaire, et même à celui de 1590. J'ai pourtant
remarqué qu'on avait pris, dans ce dernier, les légendes des
saints Evêques de Besançon, Germain et Antide, mais celle-ci
très amplifiée. Quant au Bréviaire de 1480, il a fourni : 1° pour
la fête de l'Invention des SS. Ferréol et Ferjeux, deux de ses
neuf leçons, savoir la huitième et la neuvième, qui renfer-
maient les trois actuelles, sauf une addition faite à la dernière au dix-septième siècle ; 2° pour le jour de leur Translation, trois de ses neuf leçons, les cinquième, sixième et
septième, qui forment les deux premières d'aujourd'hui, sauf
qu'on a mis ici, à tort selon moi, *probatur, dispositione, ora-
tione* et *laudabilem,* au lieu de *probantur, dispensatione,
ratione* et *sacrosanctam ;* 3° la légende des SS. Victor et
Ours ; 4° celle de saint Léger, où l'on a supprimé quelques
mots seulement ; 5° la première leçon de saint Germain
d'Auxerre (sauf coupures des deux tiers faites par-ci par-là) ;
6° la première leçon de saint Maimbœuf, hâchée de la même
façon ; 7° enfin, la moitié de la première leçon de saint Agapit,
traitée comme celle de saint Germain.

A part ces restes d'antiquités, toutes les légendes bisontines
actuelles sont de facture plus ou moins moderne ; il y en a
bien une quarantaine du dix-septième siècle, une trentaine
du dix-huitième, et à peu près autant du dix-neuvième, soit
qu'on ait emprunté celles-ci à d'autres Propres diocésains,
soit qu'on les ait composées soi-même. Il est facile de s'ima-

giner, dès lors, quelle énorme différence de style règne dans les légendes du Propre bisontin, ce qui en fait une mosaïque d'espèce toute nouvelle. Mais me voilà rentré, sans m'en douter, dans l'examen genéral de ce Propre ; il faut donc clore ici ce chapitre pour reprendre la suite du précédent.

CHAPITRE XVII.

SUITE DU CHAPITRE XV.

Mgr Besson nous dit, t. II, p. 87 : « Qu'on ajoute à cela (au « travail des légendes) nombre de Messes propres, retenues « ou composées pour le Missel, et on se fera une idée de « l'étendue de l'entreprise et du travail que le Prélat s'imposa « pour l'accomplir. » Je ferai humblement remarquer ici que ce n'est pas la composition des Messes qui a coûté beaucoup à l'entrepreneur ; car, bien que Besançon en possède quarante-deux, toutes étrangères au Missel romain quant à leur introït, graduel, trait ou *Alleluia,* offertoire et communion, avec assaisonnement d'oraisons particulières et d'un certain nombre de proses et de préfaces, il a suffi, pour se procurer tant de richesses, de savoir transcrire. En effet, trente-sept de ces Messes ont été prises toutes faites (sauf quelques modifications insignifiantes, comme nous l'avons dit) dans le Missel de 1766 et les cinq autres, celles des saints Jean-Népomucène, Léon IX, Michel des Saints, Vincent de Paul et la Toussaint bisontine, ont sans doute été tirées d'ailleurs. Mais, ce qui m'étonne ici, c'est qu'on ait demandé de ces sortes de Messes, d'abord pour quatre fêtes qui n'ont rien de particulier au Propre du Bréviaire : saint Bernard, saint Hilaire, sainte Marthe et le jour octaval de l'Assomption ; et ensuite que, parmi les fêtes qui jouissent de ce privilège, on compte neuf semi-doubles, vingt et un doubles mineurs et cinq majeurs, en tout 35 fêtes non solennelles. N'aurait-on pas pu se contenter d'obtenir cette faveur extraordinaire pour de véritables solennités, comme celles de la sainte Eucharistie, du Saint-Suaire, de saint Jean Porte-Latine, de l'Invention de saint Etienne, des saints Ferréol et Ferjeux et de saint Claude ? Ajoutons-y, si l'on veut, les doubles majeurs de la sainte Couronne, de la Toussaint bisontine, de l'Invention des saints Ferréol et Ferjeux et de la Délivrance de Besançon ; et même les doubles simples de saint Vincent de Paul et de saint Louis, pour établir un vrai parallélisme entre les Offices et les Messes, c'est-à-dire pour avoir autant de Messes propres que d'Offices complets. Le Propre du Bréviaire de Besançon, en effet, possède douze Offices qui n'empruntent rien ou presque rien au Commun, et c'est pour la composition de ces Offices, plutôt que des Messes correspondantes, que Mgr Besson aurait dû faire ressortir l'*étendue du travail du Prélat*[1].

[1] Ici encore, pour justifier ma critique, j'en appellerai à l'autorité du P. Guyet. Cet écrivain, en effet, ne s'est pas contenté de limiter le nombre des fêtes à insérer dans un Propre ; mais il a consacré le troisième livre de son *Héortologie* à l'exposition des règles que l'on doit suivre pour composer leurs offices. Or, en ce qui regarde les Messes propres, il dit qu'il ne convient guère d'en donner aux saints, à moins qu'ils ne figurent dans l'Ecriture elle-même. Pour ce qui est de l'office, d'abord, il n'accorde d'histoire propre, c'est-à-dire, d'antiennes et de grands répons, que pour les fêtes qui n'ont point de commun, ou qui sont du rite solennel, comme celles des patrons principaux, par exemple ; et alors il veut qu'on les tire, soit des actes des saints eux-mêmes, soit de l'Ecriture, si elle a des rapports avec la fête. Il ajoute que les antiennes, d'ordinaire, sont extraites des psaumes qu'elles accompagnent. Le Bréviaire romain ne s'est guère écarté de cette dernière règle que pour les antiennes de Laudes ; et celles-ci servent aussi aux Vêpres, excepté dans six offices et deux communs qui en ont dix au lieu de cinq, et le jour de Noël où il y en a quinze par une exception unique. Besançon pourtant a sept de ses offices complets, sur douze, qui jouissent de ce dernier privilège.

En fait de capitules, Guyet n'en autorise que trois, empruntés à l'Epître du jour selon l'usage ordinaire (voir au Romain les dimanches de l'Avent, de la Septuagésime jusqu'à Pâques et du Temps pascal) ; et il réduit aussi à quatre les versets, qui se combinent ensemble pour former les petits répons (c'est ce qu'on voit surtout dans les Communs du Bréviaire romain). Eh bien ! à Besançon, on n'a fait aucun cas de cette rubrique, et l'on a multiplié les versets au-delà de toute mesure.

Quant aux hymnes, Guyet déclarait qu'il était plus rare d'en avoir de propres que des répons, ajoutant que l'usage était de n'en donner qu'aux fêtes des patrons, et jamais à des fêtes non propres, et seulement deux ou, au plus, trois pour chaque office. Et pourtant Besançon en a mis à vingt-quatre fêtes, et d'ordinaire quatre à chacune, puisqu'il en pos-

Il faut avouer pourtant que le Cardinal n'avait pas songé d'abord à se procurer tant de richesses. Si l'on examine, en effet, les concessions renfermées dans le second indult du

sède quatre-vingt-dix, ou, si l'on veut, à cause des doubles emplois, quatre-vingt-un, dont dix proses servent d'hymnes à certaines secondes Vêpres.

Il faut avouer que c'est là une richesse extraordinaire, attendu que Besançon possède, à lui seul, en propre, presque autant d'hymnes qu'il y en a dans tout le Bréviaire romain. Nous avons vu, en effet, que ce Bréviaire, au sortir des mains de saint Pie V, n'en renfermait pas cent, dont dix-sept seulement au Propre des saints. Il est vrai que ce nombre a augmenté depuis, non pas cependant sous Clément VIII qui, en insérant l'hymne des saintes non vierges, en avait supprimé une autre; mais Paul V, son successeur, y en a ajouté deux, pour la fête des Anges gardiens qu'il a instituée; quant à Urbain VIII, indépendamment des neuf cent corrections et plus qu'il a faites, selon Gavantus, aux anciennes hymnes pour les rendre plus latines ou plus prosodiques, il a ajouté successivement à leur nombre celles de sainte Elisabeth de Portugal qu'il a canonisée, et celles de sainte Martine, de sainte Thérèse et de sainte Herménigilde. Clément X a fait le même honneur à saint Venant; Clément XII, à sainte Julienne de Falconiéri; Clément XIV à saint Jean de Kenti; Pie IX à l'Immaculée-Conception, et enfin Léon XIII, actuellement régnant, aux saints Cyrille et Méthode. Néanmoins, malgré toutes ces additions récentes, le Propre des saints du Bréviaire romain a trois fois moins d'hymnes que le Propre bisontin. Il est bon de noter aussi que la moitié des hymnes bisontines proprement dites sont de Santeuil, et que, parmi les autres de divers auteurs, il y en a trois du janséniste Coffin et six ou sept de création, ou plutôt de compilation récente, ayant été piochées quelque part, en partie du moins.

Une autre règle signalée par Guyet veut, non seulement qu'on respecte la distinction des psaumes matutinaux (ou nocturnaux) et vespertinaux, mais encore qu'on les place à Matines et à Vêpres selon leur ordre numérique. Il a trouvé cette rubrique en usage dans le Bréviaire romain (où je n'ai remarqué qu'un seul office qui y déroge, celui de Notre-Dames des Sept-Douleurs de septembre, composé dans ce siècle). A Besançon, au contraire, si dix de ses offices complets sont conformes à cette règle, parce qu'ils prennent les psaumes du Commun ou parce qu'ils ne sont pas de facture locale, les fêtes purement diocésaines de la Sainte-Hostie et de l'Invention de saint Etienne rangent leurs psaumes de Matines dans l'ordre suivant : la première, 38, 17, 20, 26, 96, 103, 67, 79, 83, et la seconde, 16, 26, 1, 30, 2, 75, 39, 8, 61.

J'ai voulu savoir d'où pouvait venir cette dernière organisation. Eh bien! après s'être contenté de l'office romain pour la fête principale de saint Etienne le 26 décembre (sauf annexion de trois hymnes propres), afin de ne pas perdre toutes les richesses dont le cardinal de Choiseul avait doté ce saint, on a pris le parti de les faire servir à l'office de son Invention, qui aura désormais les neuf antiennes et les trois versets des

18 décembre 1862, on n'y trouvera signalés que l'usage des cinq *Laudate* aux premières Vêpres de cinq fêtes; celui des deux généalogies de Noël et de l'Epiphanie ; la cérémonie de

Matines de 1761, plus l'invitatoire. Quant aux psaumes eux-mêmes, il y y avait ici une difficulté, car le Bréviaire de 1761 n'en indiquait que 5, savoir 16 et 26 divisé pour le 1er nocturne, 30 en trois divisions pour le 2e, et enfin 39 divisé et 61 pour le 3e ; il a donc fallu en ajouter quatre : 1, 2, 75 et 8 ; mais le psaume 1 conservera une antienne du psaume 26 ; les psaumes 2 et 75, deux du psaume 30, et le psaume 8, une du psaume 39. Voilà le *bel agencement* qu'on trouve dans cet office. Quant aux antiennes de Laudes, elles sont restées les mêmes que dans l'office de l'Invention de 1761, en sorte maintenant que les psaumes romains de cette Heure, 92, 99, 62-66, 148-149-150, auront des antiennes des psaumes 85, 85, 63 et 56 qui étaient ceux des anciennes Laudes, et le cantique *Benedicite,* une antienne du livre de Job qui avait fourni le cantique d'autrefois. Faut-il ajouter ici que ces antiennes ne serviront, ni pour les 1res Vêpres où les cinq *Laudate* en auront trois tirées d'Isaïe, une d'Ezéchiel et une du 2e livre des Machabées, ni pour les secondes où les psaumes du romain 109, 110, 111, 112 et 115, qui ont remplacé les anciens rangés dans l'ordre suivant 115, 112, 118, 111 et 125, conserveront quatre de leurs anciennes antiennes heureusement tirées de ces psaumes. et où le psaume 109 nouvellement introduit en empruntera une au livre des Actes. Mais je n'aurais pas tout dit sur cet office excessivement complet, si je n'en signalais pas les grands répons. Comme le Bréviaire de 1761 en possédait quinze, dont neuf le 26 décembre et six le 3 août à l'honneur de saint Etienne, quelqu'un serait tenté de croire qu'on en a trié huit parmi eux ; eh bien! non, les huit de 1862 ont été fabriqués de nouveau, sauf la moitié d'un seul.
Je n'ai donné tous ces détails sur ce grand office que pour faire ressortir, non seulement l'*étendue du travail du Prélat,* comme dit Mgr Besson, mais encore sa fécondité créatrice. Celle-ci ressortirait encore davantage, si je voulais développer l'office non moins complet de la Sainte-Hostie, qu'on pourrait appeler l'office du feu, tant on l'y voit briller. Pour le composer, on a bien emprunté au Bréviaire de 1761 un verset et huit passages de l'Ecriture qu'on a donnés pour antiennes aux deux Vêpres ; mais tout le reste a été forgé à neuf, invitatoires, capitules, versets (au nombre de 8 en dehors des petits répons) avec 15 antiennes et 8 grands répons. Or, on a si bien *approprié* ces antiennes qu'aux 2es Vêpres le psaume 109e en aura une du 110e, le 110e une du 17e, et le 149e une du 148e. Quant aux répons, on a hâché singulièrement les ps. 49, 65 et 77, pour en tirer une partie du 1er, du 2e, du 3e et du 5e. Mais en voilà assez. Remarquons pourtant encore, pour en finir, qu'on a eu l'adresse d'assigner aux Matines de l'Invention des saints Ferréol et Ferjeux les psaumes du Commun d'*un seul* martyr, et que pas une des vingt-quatre antiennes de l'office de saint Claude, servant d'intonation à ses psaumes, n'a été tirée du Psautier, mais toutes d'autres livres de l'Ecriture.

l'*Attollite portas* le jour des Rameaux [1]; une oraison récitée par le célébrant à l'adoration de la croix le Vendredi-Saint et

[1] Je doute que cette coutume soit bien *louable,* d'abord en elle-même, car il ne convient guère de ne pas obéir tout de suite au Roi de gloire et surtout de lui faire élever de plus en plus la voix, comme s'il parlait à des sourds ; ensuite, cela me paraît *condamné* par la rubrique positive du Missel romain, qui veut qu'on ouvre la porte dès que le Roi de gloire a frappé, *qua statim aperta.* Or on ne doit regarder comme *louables* que les coutumes non contraires aux règles du Missel et du Bréviaire, celles qui sont *præter* et non *contra.* Du reste, en supposant qu'il fût bon de conserver cette cérémonie, était-il nécessaire de répéter trois fois l'*Attollite ?* L'Indult du 18 décembre 1862 supposait qu'on ne le dirait qu'une fois : *addi valeat versus,* au singulier. Il est vrai que le psaume auquel on l'a emprunté le porte deux fois ; mais, outre qu'il fait allusion à l'entrée triomphante de Notre-Seigneur au ciel le jour de son Ascension que l'on pourrait solenniser de cette manière, là où on a conservé l'ancienne procession de cette fête, si c'est pour rappeler ce psaume qu'on chante l'*Attollite,* on aurait pu se contenter de le copier tel qu'il est, en ne répétant ce verset que deux fois à l'honneur du Fils de Dieu tout seul, sans y mêler le chiffre de la sainte Trinité.

Mais cette cérémonie de l'*Attollite* m'en rappelle une autre que Besançon n'a pas cru devoir conserver, et avec raison, malgré son antiquité bien plus respectable. En effet, dans le premier des *ordres romains* que Mabillon a édité au t. II de son *Musée italique,* et qui représente, selon lui, les usages du temps de saint Grégoire, on voit que, quand le Pape avait pris ses ornements à la sacristie, un sous-diacre, au signe que lui en faisait le Pontife, allait à la porte du chœur avertir d'allumer les cierges en disant *une fois : Accendite;* alors, non-seulement on lui obéissait *de suite,* mais les chantres entonnaient le psaume de l'introït, qui se continuait jusqu'à ce que le célébrant, arrivé à l'autel et une fois la paix donnée, fît signe de chanter le *Gloria Patri ;* ensuite venait le *Kyrie,* répété un nombre de fois indéterminé, avant le *Gloria in excelsis* noté déjà alors tout comme aujourd'hui : *ut, re, fa.*

Eh bien ! Besançon s'était approprié et avait conservé cet usage de l'*Accendite* pour la Messe du samedi-saint, seulement en le déplaçant et en l'amplifiant, car il l'intercalait dans le corps des litanies auxquelles les *Kyrie* de la Messe appartiennent, et il le répétait trois fois. Pourquoi donc cette triple répétition, et sur un ton de plus en plus élevé, quand le marguillier auquel on s'adressait était déjà là debout, le roseau en main et la mèche allumée, ne demandant pas mieux que d'obéir ? Il m'est impossible de trouver un sens mystique dans cette cérémonie.

Il en est certes bien autrement du rite romain qui fait chanter trois fois *lumen Christi* au diacre, quand celui-ci apporte ce même jour dans l'Eglise le feu nouveau dont il se sert pour allumer successivement trois cierges sortant d'une même tige, lesquels représentent évidemment les trois personnes de la sainte Trinité qui se communiquent la nature divine tout entière sans la perdre ni la diviser. Aussi chante-t-on plus

les trois litanies du samedi suivant; la procession aux fonts
le jour de Pâques ¹; des complies surnuméraires pour la so-

loin dans l'*Exultet,* au moment où on allume le cierge pascal, que ce
feu ne perd rien de sa lumière tout en la communiquant. Et parce qu'il
s'agit véritablement ici du mystère de la sainte Trinité que la *lumière de
Jésus-Christ* nous a révélé, il n'est pas étonnant que le diacre fléchisse
trois fois le genou comme devant les trois Personnes divines. On comprend également la triple répétition, le Vendredi-Saint, de l'*Ecce lignum
crucis* qui commande une triple adoration aux fidèles; mais renouveler,
sans motif appréciable et même contre toute raison, un ordre qui devrait
être exécuté sans retard, cela me semble plus inconvenant encore que
si l'on faisait chanter trois fois le *Procedamus in pace* au célébrant au
départ d'une procession, ou l'*Ite, missa est* au diacre à la fin de la Messe,
surtout quand ils voient qu'on ne part pas et qu'on ne les prend pas au
mot. Je crois donc qu'il n'y a de coutumes louables, ou à conserver,
que celles qui ont leur raison d'être, une raison d'instruction ou d'édification pour les fidèles, ou de religion envers Dieu qui s'en trouve
véritablement honoré.
¹ On comprend la procession dont il s'agit, quand le Baptistère se
trouve, comme cela avait lieu autrefois, en dehors de l'église où l'on
célèbre, ou, tout au moins, dans une chapelle à part assez éloignée du
chœur; mais, quand les fonts baptismaux sont relégués dans un petit
coin de l'église et pressés par les rangs des fidèles, convient-il que le
célébrant s'y rende avec son clergé et y demeure assez longtemps, perdu
en quelque façon dans la foule, au lieu d'occuper, comme au chœur,
une stalle particulière due à sa dignité? Est-ce là un usage louable, et
propre à rehausser le caractère sacerdotal! S'il s'agissait d'une véritable
rénovation des promesses du baptême, comme on l'a fait faire un jour
de première communion, à la bonne heure! mais ne faudrait-il pas,
même alors, organiser les choses de manière à ce que le prêtre y occupât
une sorte de trône? En ne consultant que l'Indult du 18 décembre 1862,
on aurait cru qu'il n'accordait véritablement qu'une procession aux
fonts aux Vêpres de Pâques pour y renouveler les vœux du baptême;
mais le manuscrit du Propre indiquait sans doute tout le détail de
l'office que l'on demandait. Or, on ne s'est pas contenté de suivre ici le
Rituel de saint Prothade, mais on l'a amplifié, en ajoutant, par exemple,
la prose dont il ne parlait pas et plusieurs autres choses, et en inter-
vertissant l'ordre de la station à la croix qui précédait alors la procession. D'ailleurs, on faisait, dans l'ancien rite bisontin, une véritable
procession, car on sortait de l'église pour aller au Baptistère qui en
était séparé, tandis que maintenant il n'y a que le clergé qui se dérange,
les fidèles restant à leur place. Il y a même tout lieu de croire que
l'ancien usage bisontin était réservé à la cathédrale qui avait alors
comme le monopole des baptêmes le samedi-saint, tandis que maintenant on a étendu à toutes les églises baptismales ce rite, autrefois
exceptionnel et localisé, de la procession qui précédait les Vêpres et de
celle qui en faisait partie.

lennité de la Fête-Dieu [1]; six proses pour autant de Messes, avec neuf autres employées comme motets au salut du Saint-Sacrement ; enfin, six préfaces propres, pour ne pas parler d'une Messe votive de saint Etienne à la citadelle de Besançon le 23 août *(sic)*. Il est à croire qu'outre les particularités signalées ici par leurs noms, il y en avait beaucoup d'autres contenues et approuvées en bloc dans le corps du Propre lui-même, puisqu'on y trouve, en dehors de ce qui a été accordé plus tard, neuf offices complets, avec quarante-un hymnes propres et quatre proses en tenant lieu, plus deux autres cantates encadrées dans des Vêpres surnuméraires pour l'Assomption [2] qu'aucun indult n'a spécifiés.

On devait donc être déjà passablement content d'une pareille fortune ; mais, selon le proverbe : qui a bu, boira, le Cardinal, comprenant qu'il pouvait s'enrichir encore davantage, fit de nouvelles demandes en 1863, et on lui accorda, par trois nouveaux Indults des 30 avril, 12 novembre et 30 décembre, l'extension : 1° des cinq *Laudate* à trois autres fêtes (les Indults en désignent cinq, mais deux les avaient déjà) ; 2° des trois litanies au samedi avant la Pentecôte ; 3° de la Messe votive de la citadelle à la cathédrale le 20 août *(sic)*; plus vingt-six hymnes et six proses-hymnes pour huit fêtes nouvelles ; une légende toute fraîche pour saint Taurin ; et, enfin, une oraison surnuméraire à ajouter à celle des Complies, déjà surnuméraires. Est-ce tout ? non ; car, pendant qu'on imprimait le Propre, ou le Propre étant déjà imprimé, on fit tirer une feuille *surnuméraire* contenant quatre hymnes, dont trois de Coffin (à la bonne heure !) pour l'office de la Nativité de la sainte Vierge, en vertu sans doute d'un nouvel

[1] Ces Complies, qui perpétuent la forme donnée à cette partie de l'office par l'ancien rite bisontin, ne se chantent pas seulement le jour de la solennité, comme l'Indult le supposerait, mais tous les jours de l'octave. On y a inséré, du reste, une antienne d'une grande nouveauté, tant pour le chant que pour les paroles, avec une seconde oraison qui doit ne faire qu'un avec la première.

[2] Il en est de ces Vêpres, qui, du reste, n'excluent pas les romaines, comme des Complies surnuméraires dont nous avons parlé ; elles ont été composées d'après le type bisontin, avec *Alleluia* et prose ou cantate, au lieu de capitule et hymne. C'est ainsi qu'on a réussi à conserver ou consacrer les formes les plus particulières du rite bisontin.

Indult qui n'a pas paru jusqu'ici. Après une victoire aussi complète, mais qui avait exigé tant d'assauts successifs, le Cardinal pouvait bien se reposer, et se reposer sur ses lauriers. Aussi y a-t-il dormi assez longtemps. Mais n'anticipons pas, et suivons notre guide.

Je lis, t. II, p. 89 : « L'accueil que le Cardinal reçut (à Rome, « en 1862, quand il y porta son Propre) l'indemnisa de ses « peines. Il traita avec Mgr Bartolini, secrétaire de la Congré-« gation, répondit à quelques critiques (lesquelles ?), aban-« donna certains points dans lesquels ses demandes ne « semblaient pas justifiées, et, à peine revenu de Rome, reçut « un *visa* placé sur toutes les feuilles de son manuscrit « (notons ceci en passant), une approbation complète, soit « pour le Propre du Missel, soit pour le Propre du Bréviaire. « Les neufs Rescrits qui renferment cette approbation sont « datés de 1862 et 1863. »

J'arrête ici Mgr Besson pour lui demander où sont ces neuf Rescrits. Il n'y en a que sept à la tête du Propre imprimé, quatre de 1862 et trois de 1863. J'ai signalé les trois derniers et le second des autres ; quant au premier, purement général, il ne fournit aucun détail sur le contenu du Propre [1], et le

---

[1] Aux termes de cet Indult, le Cardinal n'aurait voulu que « *conserver* leur *ancienne place d'honneur aux* noms des *saints qui ont illustré l'Eglise de Besançon par leurs actions,* ou du *patronage spécial* desquels elle a eu *l'habitude de se glorifier depuis les vieux siècles.* » On ne devait donc, ce semble, faire entrer dans le Calendrier bisontin que des saints qui y avaient déjà leur place *dans le bon vieux temps,* et pourtant on y en trouve plus de trente qui n'y ont paru que dans le cours des deux derniers siècles, et plus des deux tiers en 1761 seulement ; ensuite, beaucoup d'autres n'ont jamais illustré l'Eglise de Besançon que par leurs reliques, maintenant perdues pour la plupart ; quelques-uns, éliminés en 1761, ont été ressuscités ; enfin, au lieu de laisser simplement à tous leur ancienne place d'honneur, on a singulièrement relevé la dignité de plusieurs en leur assignant un rite supérieur. Du reste, on a pris dans un sens assez singulier l'auguste qualité de *patron,* puisque, dans un permis d'imprimer du 23 octobre 1874 mis en tête du petit Missel des morts, on appelle saint Valère *un de nos patrons,* sans doute, comme titulaire de quelqu'une des églises du diocèse.

Quant aux *patrons de tout le diocèse,* on en a trouvé plus d'un. Ainsi le 2e Indult du 18 décembre 1862 qualifiait de *fêtes patronales,* non seulement l'Immaculée-Conception de la sainte Vierge déclarée telle au dix-septième siècle par Mgr d'Achey, mais encore son Assomption ; il donnait

troisième et le quatrième ne sont que l'extension au diocèse de Besançon des deux fêtes des saints qui venaient d'être canonisés en 1862, et dont le Cardinal a voulu enrichir son Eglise, sans doute parce qu'il avait coopéré, du moins par sa

aussi le titre de *patron* à saint Etienne, et aux saints Ferréol et Ferjeux celui de *patrons principaux*. Dans celui du 12 novembre 1863, où il était question des fêtes de saint Jean Porte-Latine et de l'Invention de saint Etienne, on appelait ces deux saints *patrons de la Cité*, au préjudice des saints Ferréol et Ferjeux déclarés tels par Claude d'Achey. On les qualifiait encore au même endroit de *titulaires des deux églises concathédrales*, tandis qu'ils ne sont à présent que *co-titulaires de l'unique cathédrale actuelle*, en vertu du décret du Cardinal légat qui a suivi le concordat de 1801 ; et ils ne sont que cela et non patrons du diocèse. On devrait donc rendre son vrai titre à saint Etienne qui en a été privé. Au reste, anciennement, on rattachait le privilège des titulaires, c'est-à-dire, le rite de 1re classe avec octave, à la fête principale de ces deux saints qui se fait en décembre, et non pas à leur fête secondaire de mai et d'août qui n'avait qu'un rite inférieur. Maintenant leurs deux fêtes, principale et secondaire, sont également de 1re classe avec octave ; néanmoins on ne renvoie plus la solennité de la secondaire au dimanche suivant, ce qui prouve bien que ce n'est plus une fête *vraiment patronale*. Au contraire, on a obtenu récemment ce privilège, du renvoi de la solennité, pour la fête des saints Ferréol et Ferjeux qui pourtant ne sont réellement *patrons* que de certaines localités du diocèse.

Mais, après avoir exposé comme il a été dit les intentions du Cardinal Mathieu, le 1er Indult de 1862 supposait ensuite que ce Prélat « avait observé très religieusement la règle des rubriques en assignant à ses saints propres leur place au Calendrier, » tandis qu'au contraire un très grand nombre se trouvent hors de leur vrai jour. Quelles sont en effet les dispositions des Rubriques pour l'assignation d'un jour à un saint ? Ce jour doit être, autant que possible, celui de sa mort, c'est-à-dire, celui de sa naissance au ciel, ou celui que lui donnent les Martyrologes. J'ai dit, autant que possible ; car, si ce jour est déjà occupé par une autre fête d'un rite ou d'une dignité supérieure, le saint en question doit être renvoyé *au premier jour libre qui suit* dans le calendrier. On appelle libre un jour qui n'a pas un office de neuf leçons. Si, au contraire, le vrai jour du saint est libre ou qu'il ne soit occupé que par un office d'un rite et d'une dignité inférieure ou égale, c'est cet office-ci qui doit être transféré au premier jour libre. Gardellini fait observer au sujet de ces règles, à propos d'un décret du 17 mars 1820, qu'elles sont si strictes, que, si on ne les a pas observées, il faut y revenir nonobstant tout usage contraire.

Eh bien ! qu'a t-on fait à ce point de vue en organisant le Propre de Besançon ? On a si peu observé ces règles qu'il y aurait plus de quarante rectifications à faire dans son calendrier perpétuel, si on voulait les observer. Il y a des fêtes, par exemple, qu'on a *avancées* d'un ou plusieurs jours, telles que celle de saint Sigismond (à qui Besançon a donné des

présence, à leur apothéose. En vertu du même principe, il aurait pu, en 1867, réclamer sept nouveaux Indults du même genre : un, par exemple, pour donner comme patronne aux petites bergères sainte Germaine, à défaut de sainte Geneviève, dont il avait été parlé dans le temps.

Vous oubliez, me dira-t-on, et pour cause, un huitième Rescrit imprimé avec les sept autres. — Lequel? — Celui qui commence par *Non latet*. — Ce que vous appelez un Rescrit

compagnons que le Martyrologe romain ne lui a pas associés) ainsi que celles des saints Pothin, Germain d'Auxerre, Agile ou Aile, Quentin et Odon; d'autres n'ont pas obtenu la préséance à laquelle elles avaient droit, celles des saints Maimbœuf, Pierre-Baptiste et comp., Prix ou Brix, Just, Thomas de Villeneuve, Simon de Valois (s'il est du 28 septembre, comme on le dit) et Adélaïde; d'autres ont été transférées audelà du premier jour libre, savoir les saints Desle, Lupicin, Pierre de Tarentaise, Yves, Louis de Gonzague, Lothein et Romaric. Ce sont aussi des jours de fantaisie qu'on a assignés aux saints Gerland, Aldegrin, Ursanne, Eustase, ainsi qu'aux commémoraisons des saints Jean Calybite, Théodule et Genès. La principale cause de ces erreurs est qu'on a pris pour base le calendrier Choiseul en regardant comme le vrai jour des saints celui qu'il leur assignait, tandis qu'il les avait placés à sa guise où il lui avait plu; et pourtant on avait bien su le rectifier en ce qui regarde les saints Nicet, Prothade, Romain et Colette; pourquoi ne pas pousser la chose plus loin, puisqu'on était sur la voie? Il aurait suffi pour cela de consulter des calendriers plus anciens ou les divers Martyrologes.

Le 1er Indult disait encore que Monseigneur s'était appliqué, avec non moins de diligence que de zèle ou de soin, à tirer de sources approuvées et à organiser convenablement les offices et les Messes de son Propre. Etait-ce donc, pour les Messes, une source approuvée que le Missel bisontin de 1766, d'où l'on a extrait trente-sept Messes composées pour ce Missel? Quant aux légendes, je m'abstiens d'en parler ici, ainsi que du reste des offices que l'on suppose avoir été si bien agencés, me contentant de demander si les recueils de Santeuil, Coffin et autres, étaient aussi des sources approuvées pour les hymnes et les proses de l'Eglise. Je ferai également observer que, quand on veut s'appuyer sur les Bollandistes, il ne suffit pas de citer ce qu'ils ont mis dans leur collection, car ils y ont recueilli tout ce qu'ils ont pu trouver, n'importe où, authentique ou non, de bon ou de mauvais, sur le compte des saints dont ils donnent la vie; ce n'est donc pas sur leur simple *rapport* qu'il faut se baser, mais sur leurs notes qui seules sont revêtues de leur *autorité,* plus ou moins grande selon leur mérite personnel, car tous ceux qui se sont associés pour cette œuvre gigantesque ou qui se sont succédé d'âge en âge pour son exécution sont loin d'avoir la même valeur. On comprend que je n'en finirais pas si je voulais tout examiner en détail; arrêtons-nous donc là, et laissons le reste manuscrit.

n'est pas autre chose qu'une lettre confidentielle, comme l'indique assez l'*Eminentissime* au commencement et à la fin. Mais, puisqu'on veut que j'en parle, je dirai franchement que cette lettre tout entière roule sur un faux supposé, savoir que le Cardinal avait déjà alors, 12 décembre 1863, rendu son Propre canoniquement obligatoire. Est-ce qu'on ne lui disait pas, en effet, qu'il avait le droit et le devoir d'en *presser* l'observation, et de forcer les récalcitrants à s'en servir sous peine de ne pas remplir le devoir de l'Office divin ? A cette date, près d'un an après l'approbation du Propre, le Pape pouvait bien avoir cette pensée, et c'est pourquoi il tenait pour sûr, aux termes de la lettre, qu'à partir du moment où il parlait, *amodo,* tous les membres du clergé bisontin embrasseraient d'eux-mêmes, sans aucun délai, *nulla interposita mora,* ce qui avait été accordé (d'une part, à Rome) et enjoint (de l'autre, à Besançon) par les soins du Cardinal, au sujet de la liturgie. Mais qui donc avait si mal renseigné le Saint-Siège ? Et, d'un autre côté, convenait-il que cette lettre, confiée au Cardinal pour être communiquée à son clergé *de la manière qu'il jugerait devant Dieu la plus opportune,* fût livrée, comme elle l'a été, à la publicité la plus complète ? Il aurait fallu attendre, au moins, que le Propre fût rendu canoniquement obligatoire et que les récalcitrants se montrassent, pour faire, à un clergé que le Pape déclarait très remarqué ou remarquable, *spectatissimo,* une injure aussi grave et aussi solennelle. Or on n'a repris le romain à Besançon que onze ans après.

Maintenant, à supposer que Mgr Besson persiste à prendre cette pièce pour un huitième Rescrit, je lui demanderai : Et le neuvième, où le trouverons-nous ? Est-ce celui qui autorisait les quatre hymnes de la Nativité, ou bien peut-être celui dont le Cardinal s'est servi en 1874 pour permettre à tous les prêtres qui l'ont voulu, tant jeunes que vieux, de conserver leur ancien Bréviaire ? Non ; je suppose plus volontiers, et avec plus de raison sans doute, que ce Rescrit, compté pour le neuvième, est un de ceux dont Mgr Paulinier, archevêque de Besançon, a publié le texte authentique et intégral dans son premier *Ordo* pour 1876, avec son *visa* du 3 décembre 1875. Le Cardinal, il est vrai, en avait déjà donné le contenu à peu près dans son premier *Ordo* romain pour 1875, sous ce titre : « *Observation importante : Par une concession du Saint-Siège, qui n'a pu être portée dans l'édition précédente de l'Ordo,* 1° on récite les cinq *Laudate* aux 1ʳᵉˢ Vêpres de la Nativité et de l'Epiphanie de N.-S., de l'Annonciation de la sainte Vierge, de la Toussaint et de l'Anniversaire de la Dédicace ; 2° on chante, aux Messes solennelles, les proses *de la sainte Trinité ;* de la Nativité, de la Circoncision, de l'Epiphanie et de l'*Ascension* de N.-S.; de l'*Invention* de la sainte Croix ; du Sacré-Cœur de Jésus ; de la Nativité, de la Purification, de l'*Annonciation,* de la Visitation et du *Saint-Rosaire* de la sainte Vierge ; de la Nativité de saint Jean-Baptiste ; de la fête des saints Apôtres Pierre et Paul et *de la Toussaint ;* 3° pendant la nuit de Noël, les prêtres du diocèse peuvent célébrer trois Messes sans interruption, et les fidèles peuvent être admis à la communion ; 4° trois fois par semaine on peut, aux jours de fête du rite double, célébrer des Messes de *Requiem, pourvu qu'elles soient chantées.* Sont exceptées les fêtes de première et de seconde classe, les fêtes de commandement, les féries, les vigiles et les octaves privilégiées. »

La *concession du Saint-Siège*, dont parlait ici le Cardinal, était le résultat de deux Rescrits très distincts, l'un du 18 décembre 1862, et l'autre du 28 janvier 1869. Le premier autorisait, d'abord, le Cardinal à permettre, *s'il le jugeait bon, arbitrio Archiepiscopi,* et *pourvu que cela n'entraînât ni scandale ni abus,* les usages de Noël signalés plus haut numéro 3 ; et, ensuite, le même Cardinal et ses successeurs à permettre, au *nom et d'après l'autorité du Saint-Siège,* de chanter des Messes de *Requiem* comme il a été dit numéro 4, *dans les églises paroissiales surtout.* Quant au second, il ne se contentait pas d'autoriser les cinq *Laudate* et les proses des numéros 1 et 2, mais il accordait un octave pour saint Lin et le chant d'une prophétie le jour de Noël à la Messe pontificale seulement. J'ignore pourquoi Mᵍʳ Mathieu n'avait pas signalé à son diocèse ces deux dernières faveurs ; je sais bien qu'il a usé de la dernière, au moins une fois, au grand ébahissement des assistants qui n'avaient pas connaissance de l'Indult ;

mais, quant à l'octave de saint Lin, le Cardinal aura sans doute reconnu que l'Avent l'abrégerait trop souvent, attendu que Besançon fait la fête de saint Lin le 26 novembre à la veille de ce saint temps ; aussi ne l'avait-il pas même indiqué dans son *Ordo* pour 1875, et Mgr Paulinier, dans celui de 1876, déclarait qu'il n'était pas obligatoire cette année-là. Nous verrons bientôt ce qui a été réglé par ce dernier Archevêque tant sur ce point que sur d'autres.

En attendant, ne me sera-t-il pas permis de faire remarquer ici une chose étonnante, savoir que *des concessions du Saint-Siège,* en date du 18 décembre 1862 et du 28 janvier 1869, *n'aient pas pu être portées* dans les *Ordo* antérieurs à 1875 ? je comprends qu'on ait laissé dans les cartons assez longtemps l'*Indult* de 1869 qui ne devait avoir d'application qu'après l'introduction de la liturgie romaine ; mais celui de 1862 ne pouvait-il pas avoir tout de suite un effet salutaire ? Pourquoi donc le Cardinal n'avait-il pas jugé à propos de *légitimer* dès lors, les usages de Noël, et accordé, d'*autorité apostolique,* à ses prêtres le privilège des Messes de *Requiem ?* A moins que le Saint-Siège n'ait voulu concéder ces faveurs qu'autant qu'on aurait rétabli le romain dans le diocèse. Au fait, dans cet Indult de 1862, on représentait la liturgie romaine comme devant être introduite à Besançon le plus vite possible, non plus *quamprimum* comme en 1856, mais *quantocius ;* et ce dernier adverbe, déjà employé dans le premier Rescrit de 1862, était encore répété, avec intention sans doute, dans un cinquième Rescrit daté du 30 avril 1863, où l'on supposait, je ne sais pas pourquoi, les livres liturgiques bisontins déjà sous presse, *in cusione.* Cette observation ne manque pas d'intérêt en face du *Non latet.*

Mais voyons où en était le Propre autorisé pour Besançon, à l'époque de la mort du Cardinal en juillet 1875. D'abord, le Propre du Missel, imprimé en vertu d'un permis du 2 janvier 1867, consacrait ses quatorze premières pages, A. au chant *solennel* des six préfaces de l'Avent, du Jeudi-Saint, des saints Ferréol et Ferjeux, de la Toussaint, de l'Anniversaire de la Dédicace et des Morts *(Ind. du 18 déc. 1862). Mais les rubriques, placées en tête de chaque préface, étendaient la préface du*

Jeudi-Saint à la Fête-Dieu et à tout son octave, puis à la solennité de la Sainte-Hostie, et même aux Messes votives ordinaires du Saint-Sacrement ; celle de la Toussaint aux Patrons, y compris saint Etienne au moins pour sa fête d'août, et saint Joseph à quelqu'une de ses deux fêtes ; enfin, *celle de la Dédicace à toutes les Dédicaces du Calendrier,* sauf pourtant celles de N.-D. des Neiges, de saint Michel et de saint Pierre-aux-Liens, etc. J'ai dit *au chant solennel ;* car, sauf la Préface des Morts, notée, comme de juste, sur le ton férial, les autres seront toujours chantées avec solennité, mêmes aux Messes votives du Saint-Sacrement et aux féries de l'Avent. Quant aux Messes votives des Patrons et des saints Ferréol et Ferjeux, je crois qu'on les a oubliées dans la fameuse rubrique : *Dici permittitur.*

On y trouvait ensuite, de la page 15 à 22,

B. le chant de la généalogie de Noël entre la neuvième leçon et le *Te Deum (sic. Ind. du* 18 *déc.* 1862), et C. celui de la généalogie de l'Epiphanie dans les mêmes conditions *(même Ind.). Mais le Propre faisait précéder l'une et l'autre d'un neuvième répons, suivi à Noël de la prose « Inviolata. »* Ce même Indult ajoutait que, dans les églises qui ne chantaient pas les Heures canoniques, ces deux généalogies pourraient être chantées après l'aspersion de l'eau bénite qui précède la grand'messe. *Cette rubrique regardait, sans doute, le dimanche dans l'octave de l'Epiphanie à cause de la solennité renvoyée ; mais fallait-il la suivre aussi dans l'octave de Noël?*

Venaient ensuite, p. 23, D. la cérémonie de l'*Attollite portas* pour le dimanche des Rameaux *(Ind.* 18 *déc.* 1862); p. 24, E. une oraison à réciter à haute voix par le célébrant le Vendredi-Saint avant l'adoration de la Croix *(Ind.* 18 *déc.* 1862). *On y en avait ajouté une autre pour d'autres adorateurs ;* p. 25-26, F. la triple Litanie, septénaire, quinaire et ternaire *(au lieu de la binaire)* à la Métropole le Samedi-Saint *(Ind.* 18 *déc.* 1862), et G. la même la veille de la Pentecôte *(Ind.* 12 *mai* 1863); puis, p. 26, H. l'usage du voile, de l'instrument de paix et d'une *forme* spéciale de bénédiction à la Messe *pro sponsis (Ind. resté inconnu).*

Les Messes du Propre des saints remplissaient ensuite

quatre-vingt-dix-huit pages, de 27 à 124. Enfin, on trouvait, p. 125, I. l'indication sommaire des six proses de l'Immaculée-Conception, de l'Assomption, de la Dédicace, de saint Jean l'Evangéliste, le 27 décembre, de saint Etienne le 26 et des saints Ferréol et Ferjeux le 16 juin (*Ind. 18 déc.* 1862); et, de la page 125 à 134, J. le texte de treize autres proses, savoir : des neuf qui avaient été autorisées pour le salut du Saint-Sacrement le 18 décembre 1862, *et de celles de l'Ascension, de l'Annonciation, de la Toussaint,* et même du Saint-Suaire, *qu'on avait imprimées sans doute comme pierres d'attente en vue de l'avenir.* Aussi l'Indult du 28 janvier 1869 a-t-il ajouté à douze de ces proses (car le Saint-Suaire n'y est pas mentionné), K. les trois proses *de la sainte Trinité, de l'Invention de la sainte Croix et du Saint-Rosaire.* Seulement, je suppose que cet Indult a fait un *quiproquo* en mettant le Saint-Rosaire au lieu du Saint-Suaire, non-seulement parce que la prose du Saint-Suaire était déjà dans le Missel et le Graduel comme pierre d'attente, mais encore parce que cette fête a le rite solennel à Besançon, tandis que le Saint-Rosaire n'y est que double-majeur comme dans le reste de l'Eglise.

Un autre rite particulier à ajouter à tous ceux-là était celui, L. d'une prophétie à insérer entre la collecte et l'épître à la Messe pontificale de Noël (*Ind.* 28 *janvier* 1869); et enfin on avait obtenu la faveur de célébrer, M. une Messe votive de saint Etienne à la citadelle de Besançon le 23 août (*Ind.* 18 *décembre* 1862) et à la métropole le 20 août (*sic, Ind.* 30 *avril* 1863). Voilà quelle était la richesse du Propre du Missel de Besançon en juillet 1875.

Quant au Bréviaire ou à l'office proprement dit, on pouvait, P. chanter ou réciter les cinq psaumes *Laudate* aux 1ʳᵉˢ Vêpres de la Sainte-Hostie, des saints Ferréol et Ferjeux, de la Délivrance de la cité, de saint Claude et de saint Lin (*Ind.* 18 *décembre* 1862), du Saint-Suaire et *encore de saint Claude et de saint Lin* (*Ind.* 30 *avril* 1863), de saint Jean Porte-Latine et de l'Invention de saint Etienne (*Ind.* 12 *novembre* 1863), enfin de Noël, l'Epiphanie, l'Annonciation, la Toussaint et la Dédicace (*Ind.* 28 *janvier* 1869); Q. faire une procession aux fonts, aux Vêpres propres du jour de Pâques, pour renouveler les vœux du baptême (*Ind.* 18 *décembre* 1862). *N'aurait-on pas dû dire : chanter des Vêpres propres avec procession aux fonts le jour de Pâques et les cinq jours suivants ?* R. chanter au chœur, à l'occasion de la procession de l'Assomption, des Vêpres surnuméraires *(du rite bisontin pur)*; S. célébrer des Complies extra-liturgiques également surnuméraires à la solennité de la Fête-Dieu (*Ind.* 18 *décembre* 1862) avec une seconde oraison annexée à la première (*Ind.* 30 *avril* 1863), *faveur étendue à tout l'octave ;* T. dire quatre hymnes propres à la fête de la Nativité de la sainte Vierge *(imprimées après coup) ;* enfin, V. chanter ou réciter, au salut du Saint-Sacrement, les proses de Noël, de la Circoncision, de l'Epiphanie, du Sacré-Cœur de Jésus; de la Nativité, de la Purification et de la Visitation de la sainte Vierge ; de la Nativité de saint Jean-Baptiste et de la fête des saints apôtres Pierre et Paul (*Ind.* 18 *décembre* 1862).

Il paraîtrait, d'après cet Indult primitif du 18 décembre 1862, que déjà alors Mgr Mathieu avait demandé la permission de chanter ces neuf proses à la Messe; mais on lui avait refusé cette faveur en ne lui accordant que les six indiquées plus haut (1); seulement ce refus ne l'empêcha pas de les faire imprimer dans son Propre, en simple texte au Missel, et avec chant dans le Graduel et l'Antiphonaire, et cela en y en ajoutant quatre autres. Il espérait donc, en 1867, que l'on reviendrait sur ce refus ; son espérance s'agrandit même plus tard, et il fit tant qu'en 1869, non seulement il les obtint, mais qu'on lui en accorda encore six nouvelles, en tout quinze, ou plutôt vingt-une. Qu'est-ce qui l'avait donc encouragé à faire cette dernière démarche ? L'Indult de 1869 suppose que c'était l'exemple de l'archidiocèse de Lyon, à la suite duquel il voulait marcher, *ad tramitem.* Mais il se rencontrait ici une petite difficulté ; car où rechercher les proses de la Sainte-Trinité, de l'Invention de la sainte Croix et du Saint-Rosaire, qui manquaient dans les nouveaux livres bisontins? Il aurait fallu imprimer de suite un supplément. D'ailleurs l'Indult, publié par Mgr Paulinier, parlait de corrections faites dans quelques-unes de ces proses par la sacrée Congrégation des rites. Or, il ne paraît pas qu'on ait fait ces corrections ; et c'est pourquoi, sans doute, le cardinal Mathieu lui-même, tout en annonçant, en tête de son *Ordo* pour 1875, que ces proses seraient chantées aux Messes solennelles, ne les indiquait, et *encore pas toutes,* dans le cours de ce livre, que comme devant servir au Salut. Nous dirons tout à l'heure ce que son successeur a décidé à cet égard.

Maintenant, je me demande quelles ont pu être les corrections dont on parle. Aurait-on, par exemple, remplacé par de vrais anges les êtres *ailés* de la prose de Noël, et supprimé les vagissements dont elle dit que l'enfant Jésus a rempli l'étable de Bethléem et les pleurs redoublés dont elle lui fait arroser la crèche? Aurait-on essayé de faire pleuvoir le Juste, le jour de la Circoncision, non pas des astres comme on le dit, mais des nuées comme l'affirme l'Ecriture? Alors on aurait donné satisfaction au P. de la Tour et à d'autres. Quant à moi, j'aurais substitué, au *desiderium* trop vague de la prose de l'Epiphanie, un mot plus propre, ne fût-ce qu'*adoratio* ou *deprecatio* pour qualifier l'offrande de l'encens, car on offre à Dieu l'encens de l'adoration ou de la prière. Je trouve aussi que ni la sainte Vierge n'a *tué* absolument le serpent, ni le Sacré-Cœur donné la *mort* aux démons. Ensuite, si je permets au Sacré-Cœur d'avoir des yeux pour nous regarder, j'ai peine à croire que saint Etienne ait *désiré périr par une blessure heureuse.* Enfin, quand, le jour de l'Assomption, on prie la sainte Vierge de sauver la foi *de* la France, j'ai peur qu'on n'entende cela du gallicanisme ; j'aimerais mieux qu'on dit : sauvez la foi *en* France. C'est la République, je le sais, qui a fait remplacer ici le roi par la foi ; et, en effet, quand le prêtre priera pour la foi dans son Missel, les chantres, au graduel né sous l'Empire, prieront encore pour le roi, ce qui peut, du reste, très bien s'entendre d'un simple régent ou président effectif d'un Etat quelconque. Je pousse peut-être trop loin ma critique ; mais, puisqu'on s'est cru en droit de changer une bonne moitié de l'ancienne prose bisontine des saints apôtres Pierre et Paul, on aurait pu corriger dans les autres ce que je regarde comme de petits défauts, ceux du moins qu'avait signalés autrefois le P. de la Tour.

Pourquoi n'ajouterais-je pas ici que, si j'avais voulu obte-

nir de Rome une si grande quantité de proses, au lieu de
m'arrêter au nombre de vingt et une, j'en aurais demandé, en
thèse générale, pour toutes les fêtes solennelles, y compris, à
Besançon, celles de saint Lin et de saint Claude. Je nomme
ces deux-ci en particulier, parce qu'on aurait pu, sans beaucoup de difficulté, chanter déjà à la Messe *solennelle* de ces
deux saints les proses qu'on a données pour hymnes à leurs
2es Vêpres, savoir : pour saint Lin, l'ancienne de saint Mansuy
de Toul, qu'on lui a appropriée en écrivant *gravis præco*
(crieur fâcheux ; pourquoi pas *mansuetus* ou *mitis Linus ?*) au
lieu de *Mansuetus,* et *Sequanis* où il y avait *Leucanis ;* et, pour
saint Claude, celle qu'avait composée en son honneur, il y a
quelque cinquante ans, M. de Montgaillard, alors vicaire
général du diocèse de Saint-Claude.

On pourra pourtant trouver singulier que le cardinal Mathieu ait tant tenu aux proses, si on lit dans son *Cahier bleu,*
p. 37, le passage où Muratori, parlant de la réduction des
proses faites par saint Pie V, loue « la sagesse des pontifes
romains qui, en supprimant ces marchandises (ou productions)
étrangères, dont la sainte liturgie se trouvait plus surchargée
(ou onérée) qu'ornée, *onerata potius quam ornata,* ont rendu
à la Messe romaine son antique pureté et sobriété, » ajoutant
qu'il « faudra à l'avenir user d'une assez grande sévérité à
cet égard, parce que l'espèce humaine se porte avec trop
d'entrain à la nouveauté, et qu'elle innoverait tous les jours
si elle ne rencontrait pas d'obstacle. » Il est vrai qu'après ces
excellentes observations, Muratori disait que, « si on pouvait
produire quelque chose de meilleur pour étendre le règne de
la piété, non seulement il ne serait pas défendu de s'en servir,
mais encore que cela serait quelquefois avantageux ; » et c'est
pourquoi, sans doute, Mgr Mathieu, qui se croyait en possession de proses excellentes, et qui redoutait si fort la dé-
sertion du lutrin si on ne les y chantait pas comme d'habitude, a voulu conserver cette richesse acquise au siècle
dernier, et l'augmenter même à un certain point de vue, en
faisant revivre des proses déjà abandonnées et en en admettant de nouvelles. J'ai signalé comme nouvelle celle de saint
Claude ; quant aux anciennes, qu'on voie, et surtout qu'on

chante, celle qui servira d'hymne aux 2es Vêpres de l'Invention des saints Ferréol et Ferjeux. Celle-ci, sans doute, ne fera pas danser, mais il pourrait en être autrement de celles de saint Etienne et de saint Colomban, quand on les chantera comme hymnes, c'est-à-dire debout, aux 2es vêpres de l'Invention du premier et de la fête du dernier.

Mais voyons quel a été le sort final des Indults obtenus par le Cardinal jusqu'en 1869. D'abord, l'octave de saint Lin est resté mort-né, tous les *Ordo* depuis 1876 ayant déclaré positivement qu'il ne serait pas en usage. Je ne crois pas non plus que Mgr Paulinier ait jamais fait chanter la Prophétie au pontifical de Noël. Quant à l'usage des cinq *Laudate*, il l'a restreint dès 1876 à l'office du chœur pour les treize fêtes où on est autorisé à s'en servir ; encore ignoré-je si les chanoines les chantent alors, et s'ils peuvent accomplir le devoir de l'office en les substituant aux psaumes ordinaires. Enfin, en ce qui regarde les quinze proses signalées dans l'Indult de 1869, si on les a chantées aux Messes solennelles en 1876, on n'a dû le faire que cette année-là, car l'*Ordo* de 1877, imité en cela par les suivants, afin de rendre plus facile et plus simple l'usage du Propre bisontin et pour se conformer au vœu de la sacrée Congrégation des rites, a réglé ce qui suit : 1° qu'il n'y aurait de proses obligatoires à la Messe que les six privilégiées de 1862, les autres n'ayant pas pu être corrigées comme il le fallait parce que le Missel était déjà imprimé (on permet néanmoins de chanter au Salut les neuf qui avaient été autorisées en 1862, mais sans y obliger personne : *Ordo* de 1876) ; 2° que, conformément à la règle ordinaire qui étend à tous les jours d'un octave l'office tel qu'il se fait le jour de la fête, ce ne serait pas seulement dans l'octave des saints Ferréol et Ferjeux, comme on l'avait dit dans l'*Ordo* pour 1876, que l'on répéterait la prose, mais encore dans toutes les autres, et de plus les hymnes propres ; 3° que l'Immaculée-Conception serait censée la fête patronale principale [1] du dio-

---

[1] Cette fête étant la vraie et la seule patronale du diocèse, on pourrait s'étonner qu'on n'ait pas demandé son office votif pour les samedis libres de l'année, à l'imitation de tant d'autres Eglises qui n'avaient pas le même droit à ce privilège ; mais on aura remarqué, sans doute, que

cèse, la seule (avec l'Epiphanie, la Fête-Dieu et les saints apôtres Pierre et Paul) dont la solennité serait renvoyée au dimanche là où il n'y a pas de patron spécial, savoir au second dimanche de l'Avent d'après la concession du 14 février 1840 ; 4° que la préface du jeudi-saint devrait se dire toutes les fois qu'on célébrerait devant le Saint-Sacrement exposé une Messe dépourvue de préface propre [1], et que celle de la Dédicace serait

cette concession resterait sans effet pour ainsi dire à Besançon à cause de la plénitude de son Propre ; et, en réalité, cet office n'aurait pu y être récité qu'une fois en 1876, deux en 1880, et jamais en 1879 et en 1881. Quant à la fixation perpétuelle de la solennité de l'Immaculée-Conception au deuxième dimanche de l'Avent, c'est par pure imitation de Paris, je crois, qu'on l'a demandée, car il n'y a pas de raison à Besançon de ne pas la transférer au troisième quand le deuxième tombe avant le 8 décembre ; pourquoi donc cette anticipation extraordinaire et sans motif plausible ? Rien ne serait plus facile que de rentrer dans la règle, ce qui pourrait peut-être se faire sans Indult spécial. Et, à ce propos, je me demande encore si on a été bien inspiré quand on a voulu continuer de fêter le Sacré-Cœur de Jésus le second dimanche de juillet qui avait été choisi autrefois par pure imitation. Il me semble, en effet, qu'il serait bien plus convenable de célébrer cette fête, avec toute l'Eglise, le vendredi après l'octave de la Fête-Dieu, sauf renvoi de la solennité au dimanche suivant, comme on le fait actuellement à Versailles en vertu d'un Indult dont j'ai eu l'initiative. Je crois que tout le monde a applaudi à ce changement, d'autant mieux qu'alors la solennité du Sacré-Cœur coïncide toujours avec le jour octaval *solennel* de la Fête-Dieu et avec la dernière procession du Saint-Sacrement.

[1] L'Indult du 18 décembre 1862, qualifiant ces préfaces *de Feria V in Cœna Domini* et *de Dedicatione omnium Ecclesiarum*, semblait n'autoriser la première que pour le jeudi-saint et la seconde que pour l'anniversaire de la Dédicace de toutes les églises de France ; c'est donc en vertu d'une interprétation large ou d'une nouvelle concession qu'on les a étendues à d'autres fêtes. De plus, ce même Indult de 1862 ne parlait que de conserver les préfaces en usage, *ut retineri possint*. D'où vient donc qu'on en a modifié ? Si, comme je le suppose, on en avait le droit, n'avait-on pas celui de changer, par exemple, dans celle du jeudi-saint, le *formam perennis sacrificii,* que M. de la Tour avait justement critiqué au siècle dernier en disant que le sacrifice de l'autel ne serait pas *perennis* ou ne durerait pas *toujours,* et qu'il n'avait pas seulement la *forme,* ou la figure, mais la réalité du sacrifice ? Il me semble qu'on aurait pu sans danger remplacer *formam* par *normam,* car Notre-Seigneur a réellement établi *la règle* du sacrifice qu'il a offert le premier et qu'il a voulu que les prêtres offrissent à son exemple : *hoc facite in meam commemorationem.* Je sais bien qu'on a trouvé cette incise de phrase dans une préface *dominicale* du Missel gothique ; mais, à l'époque où ce Missel fut rédigé, personne n'avait encore dit que le sacrifice de l'autel n'était

censée concédée pour toutes les dédicaces marquées au Calendrier ; 5° que l'on n'userait pas de la permission de chanter soit la généalogie de l'Epiphanie, soit, à la métropole, les

qu'une *figure* de sacrifice, le mot *forma* ayant encore le sens dans lequel
saint Paul l'avait employé en parlant de Notre-Seigneur, *qui cum in forma
Dei esset,* au lieu que maintenant son sens a changé. Mais si l'on a
conservé cette incise de 1766, pourquoi a-t-on remplacé ce qui suivait :
sacerdos et victima semetipsum obtulit et præcepit offerri, par *hostiam se
tibi primus obtulit et primus docuit offerri?* Sans doute, pour mieux
copier le Missel gothique ; mais ce Missel portait *primum obtulit,* et non
primus. D'un autre côté, est-ce que le *præcepit* ne valait pas mieux que
le *docuit offerri,* non seulement au point de vue du chant, mais parce
que le concile de Trente lui-même a traduit le *hoc facite* de Notre-
Seigneur par *ut offerrent præcepit?* Quant à la suite de cette même
préface que nous examinons, on l'a prise dans le Missel bisontin de 1766
telle qu'elle ; on lisait pourtant dans la préface *quadragésimale* du Missel
gothique d'où on l'avait tirée : *cujus carne a teipso sanctificata,* au lieu de
pro nobis immolata, et *sanguine dum hausto sitienter,* au lieu de *fuso sanguine
dum.* Je ne veux pas dire qu'on ait eu tort de faire et de conserver ce
changement, mais on aurait pu peut-être y remplacer *potamur* et *abluimur,*
car le premier ne me paraît pas latin au sens *actif* qu'on lui donne, et
le second ne rend pas parfaitement les effets propres de la communion
eucharistique. Comme l'Eucharistie n'a pas seulement pour effet de
fortifier nos âmes, mais encore de les délecter, à l'instar de la nourriture
et du breuvage corporels, quelqu'un, prenant acte des observations ci-
dessus, transformerait la préface en question de la manière suivante :
*verum æternumque pontificem et solum sine peccati macula sacerdotem ;
qui, in novissima cœna, divini sacrificii normam instituens, sacerdos et
victima seipsum tibi primum obtulit, ac in sui memoriam deinde præcepit
offerri ; cujus corpore pro nobis tradito, dum vescimur, roboramur, et
sanguine pro nobis effuso, dum alimur, delectamur.* Le correcteur dont je
parle prétend que *vescimur* vaut mieux que *pascimur, alimur,* auquel il
substituait difficilement un synonyme, que *potamur,* et enfin *delectamur*
que *abluimur ;* quant au *corpore pro nobis tradito,* substitué à *carne pro
nobis immolata,* il le trouve non seulement plus latin et plus vrai, mais
encore plus conforme au texte de l'Ecriture où on lit : Hoc est *corpus*
meum quod *pro vobis tradetur ;* et il fait la même remarque au sujet du
sanguine pro nobis effuso, puisqu'on lit dans la Bible : *Hic est sanguis
meus qui pro vobis effundetur...* N'a-t-il pas tant soit peu raison ? J'avoue
que sa critique me plaît, parce que, non content de critiquer, ce qui est
facile, il améliore, à mon avis, ce qui est plus malaisé.

Je m'abstiens de faire des réflexions sur la préface de la Dédicace, où
l'on a plus que doublé l'ancienne bisontine, en parlant tantôt de l'église
matérielle consacrée au culte divin, tantôt de l'Eglise spirituelle qui
nous régénère, nous instruit, nous nourrit et nous réchauffe par les
secours de la miséricorde, et enfin de l'Eglise militante et triomphante ;

litanies septénaire, quinaire et ternaire[1]; ni de réciter les
oraisons marquées pour l'adoration de la Croix le vendredi-

mais pourquoi oublier ici l'Eglise souffrante, qui a sa place entre deux,
quand même elle n'aurait pas dû intervenir pour la perfection de la
période, tant récitée que chantée? Et puisque je parle des préfaces mo-
difiées, est-ce que l'on a été heureux en remplaçant le *coronas dona tua*,
que l'on a pu lire quelque part, par l'incise interminable et certainement
peu mélodieuse du *justus exaltaris et dives in misericordia?* Je reprocherai même, avec M. de la Tour, quelque chose aux préfaces que l'on
a conservées telles quelles, par exemple, à celle des saints Ferréol et
Ferjeux, le *verbum fidei* pour *Dei*, à celle des morts le *fidem consoletur*,
comme si la foi pouvait être consolée, et qu'elle ne fût pas elle-même la
source de nos consolations par les espérances qu'elle nous donne et
auxquelles elle sert de base, *sperandarum substantia rerum;* enfin à celle
de l'Avent les mots *inscios* et *impios*, pour désigner les ignorants et les
pécheurs en général. J'ajouterai que *instruere inscios* n'est pas d'un excellent latin, et qu'au point de vue vraiment liturgique, on fait un anachro-
nisme en chantant la préface en question avant le troisième dimanche
de l'Avent, qui est celui du *Gaudete* et du *Prope est*. Auparavant
l'Eglise, comme elle le déclare elle-même, ne voit encore que de loin
son futur Rédempteur, *aspiciens a longe*, et elle se garde bien de tressaillir
de joie et de chanter alors *gaudiis exultamus*. Si donc on voulait mettre
de l'ordre dans les choses, je conseillerais de dire, avec quelqu'un, les
deux premières semaines de l'Avent : *Cum ergo aliquando venturus sit
Redemptor quem missurus es, a longe aspicientes diem liberationis nostræ, in
hac promissionum tuarum fide, gemebundi suspiramus;* et à partir du troisième je chanterais : *Cum ergo jam prope sit Redemptor quem missurus es,
et dies appropinquet liberationis nostræ, proxima spe sursum erecti, gau-
dentes jamjam exultamus.* Le même correcteur remplacerait aussi le
commencement de cette préface par les paroles suivantes : *Cujus veritas
erudiret indoctos, sanctitas emundaret injustos, et potestas roboraret in-
firmos.* Il s'est amusé également à modifier certaines hymnes du Propre
bisontin; en particulier, celles qu'on a empruntées à l'ancien Commun
des abbés et des moines pour en faire la propriété de saint Colomban.
On verra comment il en a fait *personnellement* hommage à ce Saint, dans
la *note F,* à la fin de cet ouvrage.

[1] D'après l'*Ordo romain*, rédigé par Benoît, chanoine de Saint-Pierre
du Vatican, au milieu du douzième siècle, on chantait ces trois espèces
de litanies le jour de saint Marc, d'abord la septénaire, instituée par
saint Grégoire, en allant du Colisée à Sainte-Marie-la-Neuve, ensuite la
quinaire, dans la traversée de Sainte-Marie à Saint-Marc, et enfin la
ternaire, dans le parcours de Saint-Marc au pont d'Adrien. On y ajoutait
même la simple en se rendant de ce pont, maintenant dit Saint-Ange,
à la basilique de Saint-Pierre où se célébrait la Messe. On voit que les
Kyrie ou litanies ont été dans l'origine un chant purement processionnel;
et c'est encore la procession au baptistère, situé primitivement hors de
l'église, qui a donné naissance aux litanies du samedi-saint.

saint, ni de faire l'octave de saint Lin, ni enfin d'employer le voile aux noces avec une bénédiction spéciale [1].

A ces cinq articles d'observations, l'*Ordo* pour 1877 en ajoutait un sixième, où il était dit que, « autant que possible, sans pourtant rendre trop onéreuse la pratique de la chose, l'*Ordo* lui-même fournirait des indications propres à faire disparaître petit à petit les divergences qui existaient entre le Bréviaire et le Missel, jusqu'à ce qu'une nouvelle édition de ces livres permît d'y corriger ce qui était nécessaire pour les mettre dans une plus parfaite harmonie. » C'est ce qui a été fait, je suppose, dans l'édition que Msr Paulinier a publiée en 1880 des *Messes propres de Besançon* révisée par la sacrée Congrégation des rites. Cette Congrégation, en effet, a prescrit et ordonné, le 28 septembre 1878, qu'on observât désormais, *amodo,* dans le diocèse de Besançon ce Propre revu et corrigé par elle. L'édition qu'en a faite Msr Paulinier contient 98 pages au lieu de 134. On y trouve ce que j'ai noté sous les numéros A, B, D (et même F, avec cette note : « Que l'on observe ce rite, s'il est possible.) » Vient ensuite le Propre des saints avec les six proses du n° I à leur place. Quant aux autres concessions des nos C, E, G, H, J, K, L, on les a abandonnées; mais M subsiste encore, ainsi que les faveurs relatives à l'office *du chœur* signalées sous les lettres P, Q, R, S, V, et les hymnes propres de la Nativité T.

[1] On n'a jamais signalé d'Indult autorisant ce dernier usage que l'on avait inséré purement et simplement dans le Propre du Missel, en ajoutant, à l'emploi du poêle ou du voile, le baiser de l'Instrument de paix, là sans doute où on en a et où l'on s'en sert. Au reste, la rubrique relative à cet instrument n'était pas des plus claires; elle disait qu'il fallait le donner au prêtre, et ensuite à l'époux et à l'épouse. Le célébrant devait-il donc le baiser lui-même, avant de le donner à baiser ? Quant à la bénédiction spéciale que l'on interdit ici, je suppose qu'on veut parler seulement de la forme de préface que l'on avait donnée à l'oraison romaine, en souvenir de l'usage bisontin antérieur où l'on employait cette forme, comme si le mariage imprimait un caractère à l'égal de l'ordre ou produisait une consécration réelle, comme celle d'un abbé ou d'une abbesse, d'une vierge ou d'une reine, d'une église ou d'un autel. En outre, puisque cette préface finissait par la conclusion ordinaire des oraisons, il eut fallu au moins remarquer, comme au pontifical, que cette conclusion devait se réciter sur un autre ton de voix que celui de la préface.

On voit, par tout ce qui précède, que Mgr Mathieu, malgré tout le temps et les soins qu'il y avait employés, n'était pas parvenu à produire un chef-d'œuvre, ni pour le fond ni pour la forme, puisque son successeur a dû y faire tant de modifications. Mais, après avoir beaucoup retranché, Mgr Paulinier a aussi ajouté. Ayant obtenu, en effet, le 16 mars 1876, un Indult de la Sacrée Congrégation des rites, approuvé par le Pape le 23, qui autorisait le diocèse à célébrer les cinq fêtes de la Passion de Notre-Seigneur fixées aux cinq premiers vendredis de Carême, avec trois autres à l'honneur de la sainte Vierge pour trois dimanches d'octobre et celle de saint Justin, son patron, pour le 14 avril, il publia ce Rescrit dans l'*Ordo* pour 1877 avec son *visa* du 15 novembre 1876, et il en fit l'objet d'une septième observation ajoutée aux précédentes. L'année suivante, dans l'*Ordo* pour 1878, en vertu d'un nouvel Indult du 15 novembre 1877, il adjoignit aux cinq fêtes de la Passion en Carême les deux autres fêtes qui se célèbrent les mardis de la Septuagésime et de la Sexagésime; puis, supprimant la sixième observation que nous avons signalée plus haut, il la remplaça par celle de 1876, relative à l'usage des cinq *Laudate*. En même temps, il publiait un autre Rescrit du 1er février 1877, qui autorisait l'usage diocésain de transférer au dimanche suivant la solennité, d'abord du titulaire dans chaque paroisse, et ensuite des saints Ferréol et Ferjeux dans tout le diocèse. Enfin, il signalait encore, dans ce même *Ordo* pour 1878, d'autres concessions récentes qui permettent l'encensement aux Messes chantées sans diacre ni sous-diacre les jours de fêtes solennelles, et la répétition en français des interrogations qui ont lieu dans l'administration du baptême. Cela faisait, dans l'*Ordo* pour 1879, l'objet d'une huitième observation, à laquelle on a ajouté, dans l'*Ordo* pour 1880, une nouvelle faveur du 11 mai 1878, en vertu de laquelle on peut, dans les processions de saint Marc et des Rogations, interrompre les litanies pour chanter à la station de la Croix le trait *Domine non secundum,* avec verset et oraison, puis bénir le peuple avec le reliquaire ou avec une image sans rien dire. Ce même *Ordo* contient une neuvième observation relative à un

Indult du 3 février 1879, qui autorise les curés administrant deux églises à biner dans leur annexe le mercredi des Cendres, le jeudi-saint et le jour des Morts. Enfin, on y lit encore que, d'après une réponse de la Sacrée Congrégation des rites du 18 décembre 1878, on peut user du privilège de l'Indult de 1862, relatif aux Messes de *Requiem*, plusieurs fois par jour dans la même église, comme aussi dans les semaines où il y aurait des fêtes d'un rite inférieur; en sorte que maintenant, quand une semaine ne renferme aucun des jours réservés par l'Indult, alors même qu'elle contiendrait trois semi-doubles avec trois doubles, on se croit en droit d'y chanter tous les jours des Messes quotidiennes de *Requiem*. Seulement les prêtres qui disent une Messe basse restent obligés de respecter une couleur qui ne paraît plus, ce qui ne laisse pas que de les gêner un peu, et sans motif bien appréciable, du moins les étrangers, qui ne peuvent pas dire la Messe conforme à leur office, et qui sont obligés de prendre au Commun romain la Messe d'un saint ou d'une fête qui en a une propre dans le diocèse.

Voilà donc dans quelle situation Mgr Paulinier a laissé les usages liturgiques de Besançon. On n'y donne plus le titre de patronne à la sainte Vierge le jour de son Assomption, mais on le conserve à saint Jean l'Evangéliste et à saint Etienne, sans renvoyer pourtant au dimanche suivant la solennité de leurs fêtes du 6 mai et du 3 août, tandis que les saints Ferréol et Ferjeux jouissent de ce privilège dans tout le diocèse, ainsi que les titulaires dans leurs paroisses. De plus on donne à cette fête secondaire de saint Etienne et à son octave, ainsi qu'au jour octaval de sa fête principale, la préface de la Toussaint, dite aussi des Patrons, ce qui me paraît assez singulier.

Mais revenons enfin, après d'aussi longues excursions, à notre *Vie du cardinal Mathieu*. J'y lis encore p. 89 : « Restait « l'impression des livres liturgiques. L'adoption d'un chant « particulier ne permettait pas de se servir des éditions de « Malines et de Paris (pas même de Digne ou de Dijon, de « Rennes ou de Rome). Le Graduel et l'Antiphonaire romano- « bisontins (plus que bisontino-romains) furent donc com-

« posés et édités pour l'usage du diocèse de Besançon en deux
« formats populaires et in-folio. Ces grands ouvrages furent
« achevés et publiés en 1866 (c'est du moins de cette année
« que sont les permis d'imprimer, en date du 19 avril, fête de
« saint Léon IX, pour l'Antiphonaire, et du 26 novembre, fête
« de saint Lin, premier apôtre de Besançon, pour le Graduel).
« Un Missel en grand format, contenant le romain et le Propre
« de Besançon, parut le 1ᵉʳ mai 1872. Mais le Propre du Bré-
« viaire fut tiré à part dès le 5 septembre 1868 (avec permis
« d'imprimer du 2 janvier 1867. Le permis d'imprimer le
« Propre du Missel portait la même date!) Les Heures pa-
« roissiales ne parurent qu'en 1872. C'était le moment qu'at-
« tendait Mᵍʳ Mathieu pour donner à son diocèse la liturgie
« romaine (pas encore tout à fait, puisqu'il ne le fit qu'en
« 1874 par mandement du 19 octobre). »

J'ai voulu mettre à la suite, comme mon guide, toutes ces
indications de librairie pour montrer, d'abord, avec quelle
promptitude on a marché, en allant par étapes successives de
1862 à 1866, 1868, 1872 et 1874, et, ensuite, dans quel ordre
on a procédé en commençant par le moins nécessaire, ou le
moins urgent certainement, les gros livres de chant que les
paroisses ont *dû* se procurer, et à *grands frais*, plusieurs
années avant de s'en servir, au risque de les laisser moisir
dans quelque coin.

Mais Mᵍʳ Besson trouve qu'on ne les a pas payés trop cher ;
écoutons-le, page 90 : « Avec les grandes œuvres entreprises
« par le Cardinal, et les dettes qu'il avait contractées pour
« les payer, rien n'était plus légitime, ni même plus néces-
« saire, que de conserver, par ces divers moyens, la propriété
« des nouveaux livres liturgiques et d'en tirer, au profit du
« diocèse, un bénéfice destiné à un si noble usage. En pre-
« nant les livres édités ailleurs, on aurait sans doute abrégé
« les délais et enrichi des libraires étrangers. L'Archevêque
« de Besançon préféra l'intérêt de son siège et le bien de son
« diocèse. »

Il préféra le bien de son diocèse ! quel *bien?* voyons ; son
bien *spirituel?* mais je ne vois pas que les mêmes livres
puissent y contribuer plus ou moins, selon qu'ils sortent d'une

imprimerie bisontine ou étrangère ; au reste, puisqu'il s'agit de couvrir *des dettes*, il est tout naturel de penser au bien *temporel*. — Mais ces dettes avaient été contractées dans l'*intérêt du siège* ou du diocèse. — Je le veux bien ; mais, tout d'abord, convient-il de rendre obligatoire un acte de charité ? n'eût-il pas mieux valu quêter qu'imposer ? Ensuite, est-il légitime de vendre au-dessus du prix pour payer des dettes ? — On n'a pas dépassé le juste prix. — Cependant, pour se procurer un certain *bénéfice*. — Un bénéfice raisonnable et légitime qui, sans cela, aurait *enrichi des libraires étrangers*. — Mais pourquoi des libraires étrangers auraient-ils demandé plus que les bisontins, au point de s'enrichir ? est-ce que ceux-ci se sont tellement désintéressés dans l'affaire qu'ils n'aient fait absolument que couvrir leurs frais, laissant à l'Archevêque tout le bénéfice de l'entreprise ? En ce cas, on aurait bien fait d'en prévenir, car, sans cela, il est difficile que Monseigneur ait pu bénéficier avec eux plus qu'avec des étrangers. Ceux-ci même auraient pu faire au Cardinal, comme autrefois à Mgr de Salinis, pour Amiens, *une remise considérable sur le cours des prix ordinaires* [1].

L'avantage le plus clair que le diocèse a retiré de cette entreprise liturgique a donc été de payer plus cher ce qui valait réellement moins, malgré les magnifiques promesses du 1er août 1863, annonçant « un format convenable et un papier « beau et durable, » à la différence des autres « éditions du « Missel romain, qui sont, en général, faites d'un format mé- « diocre et avec du papier qui s'use bientôt. » On a donné, en effet, un format remarquable aux Missels et livres de chant bisontins, lourds comme des immeubles pour ceux qui doivent les manier ! Mais laissons de côté le prix, le poids et même le papier, et contentons-nous de dire que tout ce que le diocèse a gagné dans cette affaire a été de voir les *délais* se prolonger outre mesure, au grand préjudice de tous ses vrais intérêts, les spirituels surtout.

Je ne sais pas si Mgr Besson me comprend, mais il me

[1] Voir ce qu'a dit là-dessus M. Thiébaud, p. 13 de son *Départ* et, dans le reste de l'ouvrage lui-même, les commentaires du vénérable chanoine sur la matière en question.

mettra tout à l'heure en voie de bien m'expliquer. Auparavant, pour suivre son récit, je dois examiner ce qu'il dit page 91 : « Monseigneur fut dénoncé au Pape, pour avoir altéré « le Propre du Missel et du Bréviaire en faisant imprimer un « texte différent de celui qui avait été approuvé par la Con- « grégation des rites. Il lui fallut, pour réfuter cette *calomnie,* « envoyer à Rome le texte manuscrit, *dont chaque page est* « *paraphée par la Congrégation,* et demander qu'il fût colla- « tionné avec le texte imprimé. Ce minutieux examen dé- « montra combien la conscience du Cardinal était droite, et « jusqu'où pouvait aller *l'audace de ses ennemis.* On ne « découvrit pas entre le manuscrit et l'imprimé la plus légère « différence. Le cardinal Patrizzi se déclara aussi édifié de la « fidélité de l'Archevêque qu'il était surpris de tant de ca- « lomnies. Le cardinal Mathieu ne réclama aucune réparation « et garda le silence. »

Je déclarerai formellement ici à Mgr Besson qu'il a été le premier à m'apprendre cette histoire. J'ai bien entendu dire, mais depuis la mort du Cardinal, que son successeur avait fait voir au Saint-Siège les approbations autographes données par la Sacrée Congrégation des rites à des concessions tellement *extraordinaires* que celle-ci ne croyait pas les avoir faites (tant était vrai ce que disait le Cardinal, dans une lettre du 30 décembre 1862, qu'à Rome on avait pesé rigoureusement toutes choses, jusqu'à une virgule[1]) ; mais je n'ai

---

[1] Voici cette lettre, dont on m'a donné copie dans le temps : « Je viens « de terminer heureusement *mes* affaires liturgiques à Rome. Elles y ont « été *examinées avec le plus grand soin,* et elles sont sorties avantageuse- « ment de l'épreuve. Nos rites anciens sont *autorisés tels que je les avais* « *présentés,* et cela par un bref qui constate leur origine, leurs preuves, « et qui est des plus honorables pour le diocèse, ainsi fidèle à la véné- « rable antiquité. Le Calendrier et le propre du Missel, ainsi que celui « du Bréviaire, ont été, je puis le dire, approuvés *presque dans leur* « *entier.* Ces deux Propres étaient *considérables,* surtout celui du Bré- « viaire (ou plutôt : du Missel, car il est plus rare d'obtenir quarante-deux « Messes propres que des légendes et des oraisons, ce qui est assez « ordinaire, et même des offices complets avec hymnes ou proses « propres, ce qui est moins commun), et nous sortons de *cette crise plus* « *riches* que nous n'y étions entrés.

« Les *opposants* m'avaient suivi à Rome (lesquels ?) et avaient agi et « fait agir *contre moi* de toutes leurs forces, ce que je leur pardonne

jamais su de quoi il s'agissait, et surtout j'ai toujours ignoré que le Cardinal eût été *dénoncé* au Pape.

Aurait-on pris pour une dénonciation la brochure publiée par M. Thiébaud, en 1869, sous le titre d'*Examen de la réforme liturgique bisontine?* Je le suppose ; mais une publication de cette espèce peut-elle être, sans abus des termes, considérée comme une *dénonciation* proprement dite, occulte de sa nature ? J'ai voulu passer en revue de nouveau toute cette brochure pour en avoir mon cœur clair. Or j'y ai vu, il est vrai, que l'on s'étonnait de trouver, dans le Propre imprimé, beaucoup de particularités passées sous silence dans les Indults connus, qui en *spécifiaient* tant d'autres de moindre importance ; mais l'auteur finissait toujours par conclure sa critique en disant que, si on trouvait ces particularités dans l'exemplaire manuscrit qui avait été présenté à l'approbation, il n'avait pas la moindre observation à faire (c'est ce qu'on peut lire p. 95), et après avoir répété *plusieurs fois* la même chose, notamment p. 84, 93, 97, il disait, p. 143, en terminant sa glose : « Néanmoins et malgré tout, nous le répéterons encore pour « la cinquième fois, s'il y a un titre émané du Saint-Siège « qui (autorise les insertions que nous avons critiquées), « nous protestons ici que nous sommes le premier à recon- « naître comme légitime, et à admettre comme obligatoire, « tout ce que notre Propre nous apporte. »

Est-ce que cette *protestation* ou *déclaration* finale n'enlevait pas à ses observations tout caractère de *calomnie*, surtout après qu'il avait dit, p. 131, qu'il n'avait pas vu le manuscrit et *qu'il ne pouvait croire qu'on l'eût sciemment dénaturé?* Mais pourquoi, me dira-t-on, cet auteur semblait-il douter

« facilement ; mais ils auront plus de peine à se faire absoudre de leurs « procédés envers l'Eglise de Besançon, n'ayant pas craint de *demander* « *expressément que le miracle de Faverney fût mis de côté comme douteux,* « *et l'office refusé.* Heureusement, j'étais muni de toutes pièces. Le « miracle (c'est-à-dire les pièces constatant le miracle) soumis aux con- « sulteurs de la Congrégation, a été reconnu comme *(sic)* très authen- « tique, et l'Indult le confirme dans les termes les plus *expressifs (sic).* « L'office a été également admis — On a été, à Rome, et le Saint-Père « en tête, plein de bienveillance et de prévenance pour moi, sans avoir « manqué en rien aux lois de l'examen, car *tout a été rigoureusement pesé* « *jusqu'à une virgule.* »

de la réalité des concessions dont il s'agit? — Eh bien! c'est précisément parce que, comme je l'ai déjà insinué, les Indults nᵒˢ 2, 5, 6 et 7 avaient pris soin de spécifier beaucoup de particularités semblables, telles que trente-deux hymnes ou proses propres. Si, en effet, on avait cru devoir noter ce détail, était-il raisonnable de penser qu'on en avait déjà approuvé en bloc, sans le dire, une quantité bien plus considérable dans le manuscrit présenté d'abord? Pouvait-on, en particulier, supposer que ce manuscrit renfermât déjà les quatre hymnes de la Nativité, que l'*on venait d'imprimer après coup sans indiquer d'Indult nouveau?* Etait-il surtout possible d'imaginer que ce manuscrit portât pour le jour de Noël et de l'Epiphanie un neuvième répons, plus à Noël la prose *Inviolata,* avant la généalogie, quand le second Indult ne parlait que de la généalogie *après la neuvième leçon et avant le Te Deum?* etc., etc. On aurait pu signaler encore, à défaut d'Indult connu, la rubrique insérée à la Messe *pro sponsis,* autorisant l'usage du poêle ou voile, et même le baiser de l'*instrument de paix.* Avouous donc que, si on avait obtenu d'autres Indults que les sept imprimés, on avait été bien mal avisé de ne pas les produire avec ou après les autres, parce qu'on donnait lieu de penser qu'on introduisait de son chef toutes ces excentricités nouvelles.

Mais revenons à notre guide. Mᵍʳ Besson, après avoir parlé de la reprise du romain à Besançon pour l'Avent 1874, ajoute, p. 92 : « Ainsi se termina, après vingt ans de travaux *mêlés*
« *de critiques* et d'ennuis, cette affaire capitale. Dans les dix
« premières années, Mᵍʳ Mathieu fut en butte à la contra-
« diction des langues (pourquoi ne pas ajouter : *et des*
« *plumes?*), et eut le regret de voir une petite (petite!) partie
« de son clergé se tourner contre lui. Mais l'approbation
« donnée à son Propre en 1862 satisfit les *impatiences légi-*
« *times;* la conduite qu'il tint en 1865, par la publication de
« l'Encyclique, lui ramena les *esprits les plus difficiles.* On vit
« *assez* que ses lenteurs et ses délais ne l'empêchaient pas
« d'être profondément dévoué à l'Eglise romaine... Il com-
« prenait le mouvement liturgique ..., (mais) il tenait que c'é-
« tait aux Evêques, et non aux prêtres, et encore moins aux

« laïqués par l'organe des journaux *(et des livres)*, de com-
« mander et de conduire ce mouvement de retour, si una-
« nime et *si nécessaire*. S'il n'hésita *jamais* sur le devoir et
« le but, il s'attarda dans l'exécution, parce qu'il voyait son
« autorité ou suspectée ou tenue en échec. Il eût été à la fois
« plus habile et plus digne d'un grand Evêque de hâter le
« pas au lieu de le ralentir, et d'ôter ainsi tout prétexte à la
« critique. Plusieurs de ses meilleurs amis lui en donnèrent
« le conseil. On peut regretter qu'il ne l'ait pas assez suivi.
« Le zèle qu'il avait pour le respect de (pour faire respecter)
« son autorité l'abusa *peut-être* sur les moyens de la main-
« tenir ; mais il ne manqua jamais *de charité* ni *de prévenance*
« envers ceux qui *l'avaient offensé* davantage. Il leur par-
« donna de tout son cœur, il les *assista* dans leurs besoins,
« et il leur rendit dans l'occasion *toutes sortes de services*. Il
« disait *de l'un d'eux* (de qui ?) : J'ai voulu m'assurer que je
« n'avais rien contre lui dans le cœur. C'est pourquoi, sans
« attendre ses avances, je suis allé à sa rencontre et je l'ai
« embrassé. »

Je n'ai pas voulu interrompre par trop cette citation qui
résume si habilement et si brièvement une *guerre de dix ans*.
Je vais même y ajouter, pour tout réunir, le passage suivant
de la page 451 : « Les *contradictions* et les *injustices* auxquelles
« il fut en butte étaient certainement de nature à l'émou-
« voir ; la contradiction alla jusqu'au *mensonge*, et l'injustice
« jusqu'à *l'outrage*. Il mit tout aux pieds de la croix. Avec
« son caractère emporté et l'extrême vivacité de ses impres-
« sions, ce sacrifice était singulièrement méritoire. Point de
« réponse aux *soupçons injurieux* jetés sur sa foi ; point de
« représailles envers ceux qui l'avaient le plus offensé. Il ne
« se vengea que par des procédés agréables, des prévenances,
« *des services*. Quand on *lui apportait des excuses*, il ne vou-
« lait les entendre qu'à moitié, et il ouvrait les bras au *pro-
« digue*, dès qu'il avait murmuré le mot *repentir*. *Les lettres*
« par lesquelles on lui exprimait ce sentiment auraient été
« peut-être précieuses à son administration et il aurait pu
« s'en servir au besoin. Mais sa générosité alla jusqu'à *les*
« *rendre* (lesquelles et à qui?). »

Maintenant que Mgr Besson a tout dit, c'est à moi de prendre la parole pour éclaircir tout ce que son texte renferme d'obscur, et que j'ai pointé en passant. Il m'en a donné certainement le droit, sinon imposé le devoir. Au reste, je n'apprendrai rien de bien nouveau à mes lecteurs, du moins jusqu'à l'année 1865 qui a mis fin à la guerre de dix ans. Je ne ferai, en effet, qu'un résumé succint de ce qu'on peut lire au long dans les ouvrages que nous avons publiés, mes amis et moi, du vivant du Cardinal, sans que personne ait osé et pu nous contredire. D'un autre côté, je n'entrerai dans la vie privée de personne sauf pour en faire l'éloge, me contentant de critiquer les actes publics relatifs à l'administration diocésaine, et m'abstenant même de toucher aux cancans qui n'ont pas été fixés par un écrit authentique et qui n'ont fait que passer par la malignité des langues. Enfin, je ne rapporterai que ce qui est absolument nécessaire pour mettre mes lecteurs à même de juger de la vérité et de la sincérité de l'histoire que l'on a composée sur la vie du cardinal Mathieu et des appréciations que l'on s'est permis de faire à cet égard. J'espère que, *quand on aura tout lu,* on comprendra que je n'ai rien mis de trop dans mon récit, dont le commencement n'est qu'un abrégé du ch. XLIII de mon *Histoire* publiée en 1862.

CHAPITRE XVIII.

UN ÉPISODE DE LA GUERRE DE DIX ANS.

Je n'ai pas à revenir sur les premiers engagements qui signalèrent cette guerre en 1856 et 1857, puisque je les ai racontés dans le chap. XIV. Mais M. Thiébaud reprit sa plume sur la fin de 1859 pour mettre au jour son *Episode* concernant l'usage du Missel romain, que l'on osait interdire quelque part, et, au commencement de 1860, pour lancer son *Bisontinisme liturgique* contre les gallicans *pratiques*. C'est alors que j'entrai en lice à mon tour pour les raisons que je vais expliquer.

Malgré les convictions que j'avais acquises et communiquées à mes élèves en théologie dès 1846 sur l'irrégularité de la liturgie bisontine, j'attendais patiemment qu'il plût à l'autorité diocésaine d'opérer la réforme *nécessaire*. Même à Dijon, où le Cardinal m'avait délégué pour prêcher le Carême en 1853, je ne fis aucun mystère de mes idées arrêtées sur ce point. Aussi, lorsque je sus que Monseigneur avait annoncé à son Chapitre, après son retour de Rome en 1854, qu'on allait s'occuper de la réforme, j'en eus de la joie ; mais, malheureusement, j'appris bientôt qu'au lieu d'un Propre diocésain, on voulait nous donner des livres particuliers ; cela m'inquiéta fort, et c'est pourquoi, quand M. Maire fit paraître en mars 1856 le livre où il combattait ce funeste projet, je pris hautement sa défense et je fus heureux de voir le Pape le féliciter de son œuvre. Lorsque, ensuite, le Cardinal publia son *Cahier bleu* en février 1857, mon contentement éclata si bien qu'un des tenants du bisontinisme osa en pleine réunion me le reprocher ; mais je sus lui fermer la bouche par une réplique *ad hominem*. Néanmoins, comme Monseigneur avait assez dit dans sa Circulaire qu'il fallait s'occuper du Propre tout de suite, pour terminer la chose *sans délai* conformément au vœu du Souverain-Pontife, je me résolus à attendre, dans l'espérance qu'on ne tarderait pas à aboutir.

Toutefois les années se succédant sans qu'on vît rien paraître et même sans que l'on sût si on travaillait sérieusement à l'affaire, après avoir différé près de trois ans inutilement, je crus devoir marcher en avant, et je me mis au romain, tant pour la Messe privée que pour l'office, à l'Avent 1859, en usant des privilèges que le nonce, Mgr Sacconi, m'avait accordés par lettre du 11 novembre ainsi qu'à trois autres prêtres, avec la seule réserve que « nous nous conformerions pour la Messe à l'office des Eglises où nous célébrerions, » quand nous y serions obligés par la couleur *prescrite*. Je fis plus : voulant non seulement justifier ma conduite, mais encourager encore mes confrères à m'imiter, je pris sur moi de rédiger à la hâte, malgré cinq laborieuses missions d'hiver à Paroy, Chauvirey, Vuillafans, Levier, Poligny, un ouvrage en ce sens, où je traitais encore d'autres questions, conformément aux vœux exprimés par le Saint-Père dans son Encyclique de 1853. J'espérais, en écrivant cet ouvrage, m'attirer la bienveillance et la faveur que le Pape avait réclamées des Evêques envers les écrivains catholiques.

Hélas ! je m'étais bien trompé ; car mon livre n'était pas encore publié, quand le cardinal Mathieu, qui n'en avait rien lu, sauf peut-être l'épreuve égarée de la première feuille, me déclara pour ce seul fait exclu, sans monition préalable, de la Communauté des missionnaires diocésains dont j'étais membre, en ne me laissant que le temps de me pourvoir. C'est en vain que j'essayai de le ramener à des sentiments plus justes, en suspendant la publication de mon ouvrage. Ne voyant donc surgir de ce côté aucune espérance, et ne voulant pas rester sous le poids d'un déshonneur immérité, je publiai mon livre, en y adjoignant une *Préface* de circonstance où je racontais ce que je viens de dire, et annonçais mon recours à Rome. En effet, au commencement de juin 1860, je fis remettre mon livre au Saint-Père, réclamant pour lui et pour moi son jugement suprême.

Mais comme, au lieu d'attendre l'effet de mon recours, on me fit savoir que, si je n'avais pas quitté la maison fin juin, on *aviserait* contre moi, dans l'ignorance où j'étais alors de ce que Rome déciderait et de la manière dont on pourrait *aviser* contre moi, je me décidai à prendre possession, le 1ᵉʳ juillet, de l'honorable hospitalité qu'avait bien voulu m'offrir M. Maire, *notre premier chef*, dans sa villa de Saint-Claude, banlieue de Besançon. Là, je m'occupai tout de suite de mettre au net, pour servir à ma défense à Rome et ailleurs, un mémoire que j'intitulai : *Explications intéressantes* de l'auteur des *Etudes liturgiques*. Dans cette brochure, je prouvais, entre autres choses, qu'en ma qualité de missionnaire diocésain et en vertu des constitutions même de la Communauté reconnues par Mᵍʳ Mathieu, je n'étais pas amovible à son gré, et qu'en m'excluant de la Mission de sa propre autorité, il avait outrepassé ses droits. Dès que ce Mémoire fut imprimé, je me hâtai de l'envoyer à Rome.

La Sacrée Congrégation des Evêques et des Réguliers n'avait pas attendu jusque-là pour s'occuper de mon recours, car, dès le mois de juillet, le Saint-Père avait fait écrire au Cardinal *pro informatione et voto*. Son Eminence fit attendre sa réponse jusque vers la fin de septembre ; mais, dès qu'elle fut arrivée, la Congrégation discutant l'affaire, et reconnaissant que mon livre était *irréprochable tant pour la doctrine que sous le rapport du respect qui est dû à l'Ordinaire,* prit une décision dont on me rendait compte le 24 novembre dans les termes suivants : « Contentez-vous de savoir que cette « décision n'est nullement contre vous, car votre innocence « et la futilité des raisons apportées pour justifier la mesure « étaient par trop claires. Priez Dieu d'éloigner les obstacles « qui peuvent empêcher la manifestation de la décision... « Soyez parfaitement tranquille sur la manière dont Sa « Sainteté a envisagé votre affaire. »

Rassuré par cette communication officieuse, j'attendais avec patience qu'il plût à la Sacrée Congrégation de publier son jugement, ou à Mgr l'Archevêque de Besançon de l'exécuter lui-même sans autre forme de procès. En attendant, comme un Evêque, consulté par M. le Supérieur du Séminaire de Besançon agissant tant au nom du Séminaire que de la Mission sur la ligne de conduite à tenir dans les circonstances, avait répondu de manière à justifier le *statu quo* liturgique et que sa lettre, colportée partout, pouvait gêner notre légitime propagande, je me hâtai de la réfuter, sans nommer l'auteur, et ce fut le principal objet d'une brochure que je portai à Reims en décembre 1860 et que je fis imprimer à Paris en janvier 1861, sous le titre d'*Entretien sur la nécessité d'adopter le rite romain.* Vers le même temps, M. Thiébaud publiait à Besançon sa *Profession de foi liturgique,* qui avait pour objectif la même lettre que je viens de signaler. Cela nous valut à tous deux l'honneur d'être loués dans le *Monde;* mais ce journal méticuleux ne tarda pas de regretter son article, qu'il tâcha d'expliquer de son mieux pour ne fâcher personne.

En ce même mois de janvier 1861, je reçus d'un de mes confrères, curé d'arrondissement, qui m'avait prié d'abord de donner dans sa paroisse des exercices spirituels et que j'avais remercié faute de pouvoirs, une lettre où il me disait que j'étais dans l'erreur sur ce point, puisque Monseigneur lui-même, avec qui il s'en était expliqué, lui avait répondu : « M. Bergier, jeune, a conservé ses pouvoirs de prêcher et « de confesser, tout *en quittant* la Mission ; et vous pouvez « ainsi en toute liberté et sécurité lui demander le service « dont vous me parlez. » Je répondis à M. le curé en le priant de m'envoyer cet autographe dont j'avais besoin ; et ne l'ayant pas reçu, je continuai à m'abstenir, ne voulant pas, comme de juste, remplir l'*office* sans le *bénéfice*, Rome surtout ayant réclamé ma *restitutio in integrum* ou ma réintégration. N'est-il pas écrit d'ailleurs à l'adresse des ouvriers évangéliques : *Non alligabis os bovi trituranti?*

Mais, pendant qu'on aurait voulu me voir remplir les fonctions évangéliques du missionnaire expulsé, on les interdisait partiellement à mon excellent hôte, M. Maire, pour qui la prédication, où il excellait, était devenue comme un besoin, depuis qu'on l'avait évincé de son hôpital militaire et des droits éventuels qu'il avait mérités par ses longs et nobles services. Qu'était-il donc arrivé ? Le 24 octobre 1860, M. Maire avait eu la malechance de dire, bien qu'un peu forcé, quelques mots d'édification à l'enterrement d'un confrère ; on l'accusait dès lors d'y avoir prononcé une *Oraison funèbre* contre la défense de l'Ordinaire. Or, M. Maire eut beau justifier sa conduite par le témoignage de presque tous les confrères qui l'avaient entendu, il n'en demeura pas moins sous le poids de la suspense partielle prononcée contre lui; pourquoi ? parce qu'il avait été le porte-drapeau de la réforme liturgique dans le diocèse de Besançon, ou parce qu'il était devenu l'hôte d'un de ses humbles disciples. Quoi qu'il en soit, il publia en février 1861 son *Mémoire* justificatif, dont je recommande encore la lecture, au moins pour la dernière moitié, à tous mes confrères dans le sacerdoce, parce que cette partie conservera toujours son actualité.

Cependant les choses ne marchaient toujours pas mieux dans notre malheureux diocèse. On nous communiquait de temps à autre des lettres qui n'étaient pas de nature à nous flatter. En 1860, nous étions des *esprits excessifs et manifeste-ment égarés,* engagés *dans une voie dangereuse et odieuse,* n'écrivant que des *platitudes;* en mars 1861, nous étions devenus des *insensés, des aboyeurs et des émeutiers qui ne feraient pas avancer le Cardinal d'une ligne,* en un mot *les criminels destructeurs de la paix diocésaine.* Il sont *fous ou aveugles,* écrivait-on encore; *je crois bien les deux à la fois.* Enfin, une lettre d'avril portait ce qui suit : Je ne puis rien « dire des *folies* de ces Messieurs et de leurs mauvais pro-« cédés... C'est un secret et un mystère que la facilité qu'ont « (de) *bons ecclésiastiques* à se laisser duper et conduire par « des gens qui ne méritent *nullement leur confiance,* parce « que ce sont des *esprits faux, exagérés, passionnés,* et très « certainement d'ailleurs aucun de ceux qui les croient ne « voudraient *se confier à eux pour la moindre affaire.* »

Ces manières de s'exprimer sur le compte de ceux qui poussaient à prendre le romain, comme aussi de ceux qui les écoutaient, montrent assez de quel esprit on était animé et comment on devait traiter et les uns et les autres. Possédée de la manie de vouloir tout mener *par ensemble,* l'autorité diocésaine ne supportait pas qu'on prît le romain même pour son usage privé, et tous ceux qui avaient le malheur de le faire ostensiblement, s'exposaient, sinon à être molestés par elle, au moins à être exclus de tout partage dans les *faveurs* de sa *justice* distributive. Qu'avait-elle à voir pourtant dans cette conduite toute personnelle qui ne touchait en rien au culte public?

Si le Pape avait permis à Monseigneur en 1854 de conserver *provisoirement* la liturgie bisontine, jusqu'à ce qu'il eût fait valoir ses droits à des concessions de privilèges, est-ce que cela regardait le culte privé? évidemment non, puisque le Nonce avait reçu des pouvoirs spéciaux pour autoriser les prêtres des diocèses qui n'avaient pas encore adopté le rite romain, non pas à prendre le Bréviaire et le Missel de l'Eglise universelle, ce qui était de droit, mais à y adjoindre soit le Propre de Rome tout entier, soit des offices spéciaux qui en faisaient partie. Comment donc expliquer cette prétention du Cardinal à vouloir faire *respecter son autorité* dans des choses qui ne lui étaient pas soumises, et qui relevaient directement du Saint-Siège apostolique ?

La liturgie, en effet, même dans ses actes publics, fait l'objet d'une réserve pontificale, où les Evêques n'ont point de pouvoir propre, et où ils ne peuvent agir que comme délégués du Souverain-Pontife. C'est ce que disait Benoît XIV dans son traité *de Synodo,* liv. IX, ch. viii, où il déclarait que le droit reconnu aux Evêques, de faire recours au Saint-Père avec le respect convenable pour en obtenir l'exemption d'une loi disciplinaire universelle, ne s'étend pas aux constitutions qui regardent les rites, les cérémonies, les sacrements et même la vie des clercs; car toutes ces choses, ajoutait-il, dépendent absolument de l'autorité pontificale, et par conséquent les décrets du Saint-Siège sur ces matières ne sont nullement soumis au jugement et à la censure ou à la critique des inférieurs.

D'un autre côté, quand le Pape lui-même avait fait savoir au Cardinal en 1856 qu'il ne lui restait plus rien à faire qu'à ramener le plus tôt possible son diocèse à l'unité liturgique romaine, comment pouvait-il trouver mauvais qu'on l'aidât dans cette œuvre en y travaillant de son côté par sa conduite et par ses écrits? Au reste, le jugement de Rome sur mon livre et sur ma personne lui prouvait assez que j'étais (comme l'avait écrit l'Evêque de Montauban), *dans le vrai et dans le bien;* pourquoi donc s'obstinait-il dans la fausse voie où il s'était engagé? Pour moi, fort de l'appui du Saint-Siège, je ne m'émouvais en rien des injures qu'on se permettait sur mon compte et à l'adresse de mes amis, et j'attendais patiemment qu'il plût au Saint-Père et à la Sacrée Congrégation de publier la sentence favorable qui avait été prise à mon égard.

Cependant, comme on ne la voyait pas venir, on me pressait de divers côtés, de Reims, de Montauban et de Rome même, en mai et juin 1861, d'aller la chercher, en m'assurant que je l'obtiendrais si je faisais le voyage ; mais j'ai persisté toujours à rester dans mes foyers, moins encore pour éviter les dépenses d'un voyage qui m'eût été certainement onéreux dans l'état où on m'avait réduit en supprimant mon traitement, que pour ne pas obliger le Saint-Siège à une manifestation qu'il jugeait *inopportune*. En ceci, je n'étais pas trompé, comme on le verra bientôt.

Je dormais donc tranquille, tantôt chez moi, tantôt chez mon ami, quand un jour je reçus à Myon une lettre de celui-ci, en date du 27 juillet 1861, où il me disait que la Mission devait m'intimer, au nom de Monseigneur, l'ordre d'enlever mes meubles de la maison d'Ecole. Ayant reçu cet avis, je résolus de prolonger mon séjour dans ma famille, afin d'obtenir la signification de ce commandement *par écrit;* mais j'attendis en vain une quinzaine de jours, et je dus aller le 11 août la solliciter moi-même. On me fit alors la commission de vive voix; mais, au lieu de me soumettre à cette inique sentence, je profitai de l'occasion pour publier un nouveau Mémoire que j'intitulai, à l'instar du précédent : *Nouvelles Explications;* et comme j'avais mis pour épigraphe au premier : *Curam habe de bono nomine :* Prenez soin de votre honneur, j'empruntai pour celui-ci une courte phrase de la circulaire latine du Cardinal sur la liturgie : *Ista narrans, insipienter egi; quidam coegerunt :* J'ai fait une folie en racontant ces choses; mais on m'y a forcé.

Dans cette brochure, en effet, non content de réfuter les faux principes qu'on avait mêlés aux injures dans les lettres de 1860 et 1861 dont j'ai parlé tout à l'heure, j'attaquais de front mes adversaires, de quelque dignité qu'ils fussent, sans les nommer toutefois parce qu'on les connaissait assez; c'est ce qui faisait dire à un de mes amis, bisontin d'origine, mais alors vicaire général ailleurs, dans les lettres qu'il m'écrivait en août et septembre : « Vous vous montrez à visage décou-
« vert à vos ennemis, comme les preux chevaliers d'autrefois,
« et, comme eux aussi, vous frappez avec une main armée
« d'un gantelet de fer. Quels coups vous donnez, mon cher
« ami, et comme vous avez dû étourdir, pour ne pas dire
« assommer, ceux que vous avez touchés!... En défendant
« votre honneur et votre position, vous enseignez les prin-
« cipes du gouvernement de l'Eglise à ceux qui les ignorent...
« La récente mesure essayée contre vous justifie pleinement
« votre publication... Il était très bon que le public sût

« que deux lettres ont été écrites de Rome en votre faveur et
« qui sont restées lettres mortes..... Vous flagellez sans pitié
« des gens dont vous taisez les noms et que chacun peut
« nommer. Quelle mine peuvent-ils faire en face de leurs
« confrères ?... Vous avez placé l'empreinte du fer rouge,
« non sur l'épaule, mais sur le front. On doit non pas crier,
« mais hurler contre vous. » En effet, on hurla ; mais parce
que les hurlements des intéressés s'élevèrent d'abord contre
M. Maire, voyons comment il se les était attirés.

Pendant que je travaillais à mon Mémoire, lui, de son côté,
rédigeait un opuscule qu'il intitula : *la Liturgie romaine et
la Conscience*. Son but particulier était, à l'occasion d'une
ordination de prêtres et de sous-diacres qui devait avoir lieu
bientôt, de gagner quelques recrues à notre cause commune.
Pas n'est besoin de dire ici avec quelle force mêlée de douceur
ce digne prêtre exhortait et encourageait les nouveaux ordinands à fouler aux pieds le respect humain et les craintes
mondaines pour remplir le devoir qu'ils allaient s'imposer.
Mais à peine son livre eut-il paru qu'un anonyme se hâta de
lui opposer des *Observations* qui furent louées et publiées par
l'*Union franc-comtoise* (ce journal qui, comme a dit Mᵍʳ Besson, prenait « dans toutes les questions religieuses et scolaires *les conseils* de son Archevêque » et, à l'occasion, quelque
chose de plus); seulement M. Maire ne tarda pas de confondre
son contradicteur par une nouvelle brochure, où il le fustigea
de main de maître en relevant ses erreurs de fait et de
doctrine.

Or j'étais presque jaloux de l'honneur que l'on avait fait à
mon ami en le critiquant, lorsque M. J. Michel, rédacteur de
l'*Union franc-comtoise*, me prouva que je n'avais rien perdu
à attendre, en remplissant quatorze grandes colonnes de son
journal de diatribes contre moi et contre mon prétendu *pamphlet*, dans quatre articles qui parurent successivement les 14,
16 et 24 septembre et le 2 octobre. Je réfutai les trois premiers
dans deux *Lettres* séparées, dont la dernière fut publiée le
27 septembre. J'aurais voulu que mon insulteur les insérât
dans son journal, comme j'en avais le droit divin et humain,
mais ce fut en vain que je fis appel à sa justice ; au contraire,

il continüa son œuvre de dénigrement le 2 octobre, lorsque je me trouvais en voyage, ce qui m'empêcha de lui répliquer de suite. Je n'en rédigeai pas moins, après mon retour, une troisième Lettre à son adresse que j'allais publier vers la fin du mois, lorsque de nouvelles réflexions me décidèrent à différer.

Désespérant en effet d'amener M. Michel à me rendre la justice qu'il me devait sans entamer un procès considérable, et voyant dès lors l'impossibilité de me justifier aux yeux de ses abonnés, je résolus de réserver cette lettre pour la faire paraître plus tard dans l'ouvrage que je composais alors. Elle forme en effet la note O, de 24 pages compactes, dans mon *Histoire de la Controverse et de la Réforme liturgique en France au dix-neuvième siècle; Histoire* que je donnai au public par livraisons successives en janvier, février et mai 1862. Ces trois livraisons, portant la même pagination, composent dans leur ensemble un volume in-8° de 620 pages non compris trois grands tableaux synoptiques utiles à l'*Histoire* dont ils résument comme le fond ; et malgré cette étendue, cette *Histoire* est restée forcément incomplète, parce qu'il y avait encore alors une douzaine de diocèses français en dehors de l'unité liturgique. Il me serait possible de la terminer maintenant avec un demi-volume de notes prises çà et là, et qui regardent surtout, après Besançon, Lyon, où la controverse liturgique a pris en 1863 et 1864 des proportions gigantesques ; mais, après avoir lutté si longtemps, et à mes propres frais, on conçoit que je ne sois pas curieux de renouveler l'entreprise.

Maintenait je dois faire connaître le dénouement final de mes démêlés avec l'Archevêque. Au commencement de l'année 1862, un de mes amis de cœur, dont j'ai toujours admiré le zèle apostolique et le désintéressement, M. Gousset, de la Mission, inquiet de ne pas voir arriver la solution de mon affaire, prit sur lui, sans m'en prévenir, de faire remettre ma cause entre les mains d'un avocat romain. Or celui-ci, le 18 mars, m'écrivit la lettre suivante : « *Dès que* je fus chargé « (de votre affaire), je *me transportai* chez Mgr Bizarri, secré- « taire de la Sacrée Congrégation des Evêques et Réguliers,

« avec *qui j'ai* les meilleurs relations. Il me *fit voir* la grande
« sympathie (qu'il a) pour vous, *dont* il connaît la vertu et la
« haute intelligence. Mais il *m'apprit* en même temps, sans
« mystère, que la Sacrée Congrégation avait déjà fait tout
« *son* possible en votre faveur *auprès* de l'Archevêque. En
« effet, elle *écrivit tout* d'abord à Monseigneur de vous *rendre*
« votre place. Le Saint-Père *lui-même* permit à la Sacrée
« Congrégation d'écrire à son Nonce selon votre juste pré-
« tention ; mais tout (fut) inutile, parce que l'Evêque avait
« toujours *gardé* le plus profond silence. Enfin, le Nonce
« pontifical, *engagé à agir* par la Sacrée Congrégation, ne
« *manqua* pas de parler directement à Monseigneur. Malheu-
« reusement il *arriva* alors qu'il fit entendre que, si on l'o-
« bligeait absolument par force à vous faire rentrer dans votre
« *Communauté*, il n'*hésiterait* pas à renoncer tout de suite
« à son Archevêché. *Cela étant*, le Saint-Siège, pour éviter
« un plus grand mal, ne croit pas (devoir) aujourd'hui insister
« davantage, parce qu'il *faudrait* là en finir avec un Evêque
« si distingué en France, et vous comprenez bien quelle im-
« prudence (ce) serait en ce moment. C'est pour cela que
« Mgr le secrétaire vous conseille *d'user* encore de votre
« grande vertu, et de trouver plutôt moyen de vous *adresser*
« à Mgr l'Evêque avec humilité, afin de pouvoir obtenir par
« grâce ce que vous mériteriez vraiment par justice. Je suis
« bien *aise* de pouvoir vous assurer de la profonde estime
« qu'on *a pour* vous à Rome à la Sacrée Congrégation et
« *combien* le Saint-Père (lui) aussi *compatit* à votre triste
« position. J'espère vous être plus utile en (de) meilleures
« circonstances. »

Voilà la lettre de l'avocat tout entière, sauf certaines
expressions moins propres que j'ai remplacées par leurs sy-
nonymes plus françaises, mises en italiques. Dès le 29 mars,
je répondis à l'avocat que je ne pouvais me promettre aucun
succès de la démarche qu'il m'engageait à faire auprès d'un
Prélat qui aimerait mieux donner sa démission de son siège
que de consentir à me réintégrer, et cela malgré les instances
réitérées du Saint-Père et de la Sacrée Congrégation ; j'ajoutais à l'appui le précédent de M. Maire dont les très humbles

satisfactions n'avaient point eu de résultat. Je lui indiquais donc un autre moyen d'arranger les choses : c'était d'obtenir de la Sacrée Congrégation une lettre par laquelle elle nous ferait savoir, à mes confrères de la Mission et à moi, que je n'avais pas mérité d'être exclu de ma communauté, et que par conséquent ils devaient encore me regarder et me *traiter* comme un des leurs, alors même que je ne ferais pas ma résidence habituelle à la maison. Le 6 mai, l'avocat me fit savoir qu'il avait déposé une demande en ce sens au secrétariat, en me priant d'attendre le résultat avec patience.

La chose en était là, lorsque le Cardinal se rendit à Rome pour la canonisation des martyrs du Japon et du B. Michel des Saints ; mon avocat crut alors devoir s'aboucher avec lui, et le 13 juin, il me rendit compte de leur entrevue dans les termes suivants : « Je crois vous avoir rendu un important « service, et je vous dirai lequel. A peine sus-je que le Car-« dinal de Besançon venait d'arriver à Rome (que) je conçus « l'idée de lui parler directement en votre faveur. Il fallait « choisir le moment le plus favorable. Il me reçut en effet « avec une extrême affabilité et avec toute la douceur qui « convient à un Archevêque. Cette grande bonté me donna « le courage de me déclarer votre avocat. Son Eminence « voulut justifier sa colère en cette manière. Il me dit que, « pendant qu'il avait toujours eu pour vous une grande dé-« férence, car il estime beaucoup votre honorabilité et votre « doctrine, vous avez publié un livre qui, quoique louable « dans le fond, contient, dans la Préface (mise après coup !) « une horrible accusation contre sa personne. Il ajouta encore « que, ces injures, vous les aviez répétées dans vos autres « ouvrages. Son Eminence se plaignit (de ce) que, pour cela, « le diocèse entier était resté scandalisé, méprisant la per-« sonne sacrée du Pasteur. Après cette histoire qu'il racontait « avec feu, et en même temps avec dignité, je pris la parole.

« Donc, Monseigneur, il s'agit d'une question de simple « forme. Ce n'est ni le *défaut* de talent, ni celui des vertus « qui vous rendent contraire à M. Bergier ; ni même les « erreurs *contenues* dans son livre ?. Seulement, vous vous « plaignez de quelque expression *écrite* avec simplicité par

« M. Bergier, et que vous avez *prise* (caractérisée) pour une
« injure contre vous ? Il sera donc bien facile, je finis, de
« vous réconcilier, puisque, unis tous deux, vous pouvez
« faire *un* grand bien.

« Après ce discours, le bon Archevêque me répondit qu'il
« était prêt à vous donner une paroisse ou l'argent néces-
« saire à votre traitement. Mais moi, non content de cela,
« j'insistai pour vous faire rentrer dans votre Communauté
« de missionnaires. Alors il me promit solennellement de vous
« rendre votre place, à condition que vous lui écririez une
« lettre d'excuses relatives aux expressions dont il se plaint.
« Voici de quelle manière vous pouvez en sortir avec dignité :
« Monseigneur, si, par hasard, dans mes expressions écrites,
« je vous avais offensé, je vous en demande pardon, » c'est-
à-dire, non absolument, mais conditionnellement.

« Je pense que vous agréerez ce que j'ai fait pour vous
« avec la meilleure intention de vous *faire plaisir*. »

Ayant reçu cette lettre, j'écrivis au Cardinal le 23 juin :
« Monseigneur, je viens de recevoir, de mon avocat en cour
« de Rome, une lettre par laquelle il m'avertit qu'il a eu
« l'honneur d'avoir avec Votre Eminence, dans l'intérêt de
« ma cause, une entrevue dont il me rend compte en ces
« termes :

« A peine, etc. (Ici je transcrivais la pièce et j'ajoutais) :

« A la réception de cette lettre, Monseigneur, je n'ai pas
« hésité un instant à donner à Votre Eminence la satisfaction
« qu'Elle exige comme condition de ma rentrée à Ecole. La
« raison en est que je ne me suis jamais proposé de manquer
« au respect que je dois à mon premier Pasteur, mais, uni-
« quement, d'écrire dans l'intérêt de la vérité et du droit. En
« conséquence, je suis heureux que Votre Eminence elle-
« même ait rendu témoignage à la pureté des principes et
« des doctrines renfermées dans mon livre. Si, au point de
« vue de la forme, j'ai écrit des choses dont Votre Eminence
« a pu se trouver offensée, et si j'ai dépassé les limites d'une
« légitime défense, je lui en exprime le regret le plus sincère
« et La prie humblement de me le pardonner.

« J'ai confiance que Votre Eminence voudra bien agréer

« ces humbles satisfactions. Si pourtant, contre mon attente,
« elles lui paraissaient défectueuses, comme j'ai le plus grand
« désir de les donner complètes, je La prie instamment de
« me dicter Elle-même la formule que je devrai signer pour
« rentrer dans ses bonnes grâces.

« J'ai l'honneur d'être avec le plus profond respect et la
« plus parfaite soumission, Monseigneur, de Votre Eminence
« le très humble et très obéissant serviteur. »

Il me semble qu'en écrivant cette lettre, j'avais rempli, et
au delà, les conditions convenues avec mon avocat, et c'est
ce que pensèrent aussi mes confrères de la Mission, même le
plus *difficile* qui finit par trouver, dans deux de mes phrases,
une *humilité* suffisante. J'avais adressé, en effet, cette lettre à
ces Messieurs, non pour les établir juges, mais parce qu'ils
étaient intéressés dans l'affaire, et pour me servir d'eux comme
d'intermédiaires auprès de Monseigneur, à qui je les priais
de remettre ma lettre *en mains propres*. Maintenant, je n'ai
pas à regretter d'avoir pris cette mesure qui m'a au moins
justifié à leurs yeux. Et pourtant j'étais arrivé au 3 août sans
avoir reçu, ni de Monseigneur, ni d'eux, aucune nouvelle ;
ils s'excusaient, m'a-t-on dit, de m'écrire, parce que Son Eminence, en répondant de vive voix, ne les avait chargé d'aucune commission pour moi. Seulement, la rumeur publique
m'ayant rapporté ce que Son Eminence avait déclaré à cette
occasion, savoir, que l'avocat romain ne m'avait pas rendu un
compte *exact* de leur entrevue, et, pour ce qui regarde la formule que je La priais de me dicter, qu'Elle ne pouvait pas me
dicter une formule de *rétractation,* parce que plus tard je
pourrais dire qu'elle n'avait pas été *spontanée,* j'écrivis le
3 août à Monseigneur une nouvelle lettre où, après une
entrée en matière tirée de ce qui précède, je lui disais :

« Il paraît donc tout d'abord, Monseigneur, que mon
« avocat se serait mépris sur le sens et la portée des déclara-
« tions et des promesses qui lui auraient été faites par Votre
« Eminence. Il fallait cependant qu'il se crût bien sûr de la
« chose pour m'écrire comme il l'a fait, pour m'engager à
« une démarche très grave, et pour m'indiquer lui-même une
« formule d'excuses conditionnelles qu'il affirmait devoir

« suffire. Mais je n'insiste pas sur ce point, puisque Votre
« Eminence déclare que mon avocat l'a mal comprise ; je ne
« demande pas même à Votre Eminence de rectifier les erreurs
« commises par lui dans le compte-rendu qu'il m'a fait et
« dont je vous ai donné copie ; la chose n'aurait plus guère
« d'intérêt à présent, puisque Votre Eminence parle aujour-
« d'hui de *rétractation,* ce qui ne ressemble pas du tout à de
« simples excuses vagues et conditionnelles. Qu'il me soit
« permis seulement de faire remarquer à Votre Eminence,
« à propos de cet incident, combien il importerait de traiter
« les choses par écrit, afin d'échapper aux sempiternels mal-
« entendus des explications purement verbales. Avec un écrit
« remis à mon avocat, nous nous serions épargnés une hon-
« teuse mystification.
    « Pour en venir maintenant à l'affaire d'une rétractation,
« si une rétractation est nécessaire, Monseigneur, pourquoi
« Votre Eminence refuserait-elle de m'en dicter la formule ?
« Une rétractation suppose des erreurs commises, soit dans
« les faits, soit dans la doctrine. Si j'en avais avancé de cette
« espèce sciemment et de mauvaise foi, je concevrais sans
« peine que l'on m'obligeât à les dénoncer moi-même et à
« en faire l'objet d'une rétractation *spontanée ;* mais pourquoi
« supposer, Monseigneur, que j'aie été assez méchant *pour*
« *mentir contre ma conscience ?* J'ose affirmer qu'il n'en est
« rien ; et, aujourd'hui encore, il m'est impossible de recon-
« naître par moi-même les erreurs dans lesquelles je serais
« tombé. Je déclare seulement que, si on me les montre, je
« suis tout prêt à les rétracter ; que peut-on exiger de plus ?
    « Jamais l'Eglise, Monseigneur, n'a requis, que je sache,
« la *spontanéité* comme condition d'une rétractation, surtout
« en matière de doctrines. Elle s'est, au contraire, toujours
« réservé la rédaction et la dictée des formulaires de cette
« espèce. Le formulaire d'Alexandre VII contre le jansénisme
« est assez célèbre dans l'histoire ; plus tard, on a imposé
« aux constitutionnels la rétractation ou la déclaration de
« soumission qu'ils devaient signer pour se réconcilier à
« l'Eglise. N'a-t-on pas tenu la même ligne de conduite vis-
« à-vis de MM. Bautain, Allignol, Bonnetty, en leur indiquant

« les propositions qu'ils avaient à souscrire ? Puis donc,
« Monseigneur, qu'il paraît à Votre Eminence que je dois
« rétracter certaines erreurs, je La conjure de me les signa-
« ler ; jamais je ne me suis cru infaillible, ni impeccable ; je
« ne trouverai donc pas mauvais que l'on me redresse ; et,
« avec la grâce de Dieu, je ne m'opiniâtrerai pas à repousser
« la vérité certaine et déclarée.

« Votre Eminence, en m'accusant d'erreurs puisqu'Elle
« demande une rétractation, n'a pas manqué sans doute de
« noter ces erreurs qu'Elle a trouvées dans mes ouvrages ;
« il lui sera donc facile de les réduire en formule. Pourquoi
« ne dirais-je pas que, dans un cas pareil, sa qualité d'Evêque
« et le devoir de sa charge l'obligent de les dénoncer au
« public et de m'en imposer la rétractation, si surtout ces
« erreurs sont de telle nature qu'elles aient, non seulement
« trompé, mais *scandalisé* les âmes ? Votre Eminence doit à
« son honneur de signaler les *calomnies* qui auraient pu
« atteindre sa personne, comme elle doit à toute l'Eglise de
« venger la véritable doctrine que j'aurais outragée par mes
« écrits.

« Laissons donc de côté, Monseigneur, les vains épou-
« vantails qui nous auraient empêchés de conclure une affaire
« importante. Je pourrais d'autant moins objecter plus tard
« la *non-spontanéité* de mon acte de rétractation que, si je le
« fais, c'est moi-même qui aurai pris l'initiative à cet égard,
« en vous priant par deux fois, le 23 juin et aujourd'hui, de
« me dicter la formule que vous me croyez obligé de souscrire
« pour avoir droit à vos bonnes grâces.

« J'ose espérer, Monseigneur, une prompte réponse à la
« présente ; cette réponse, quelle qu'elle puisse être, est né-
« cessaire, ce me semble, pour l'un comme pour l'autre, et
« ne saurait tarder.

« J'ai l'honneur d'être avec le respect le plus profond et la
« soumission la plus parfaite, Monseigneur, de Votre Emi-
« nence, le très humble et très obéissant serviteur. »

Cette lettre n'obtint pas plus de réponse que la précédente.
Je voudrais bien savoir pourtant ce qui pouvait y manquer,
et comment Mgr Besson, qui a dù voir ces deux pièces, a osé

nous dire que, *quand on lui apportait des excuses, il ne voulait les entendre qu'à moitié?* Je lui demanderai même si c'est de moi qu'il a parlé, quand il a dit que *la contradiction alla jusqu'au mensonge et l'injustice jusqu'à l'outrage;* en ce cas, il eût été facile au Cardinal d'obtenir réparation; et il aurait dû l'exiger, selon moi, puisque je lui écrivais qu'il *devait à son honneur de signaler les calomnies qui auraient pu atteindre sa personne.* Nous l'avons bien entendu dire à mon avocat qu'il y avait dans la *Préface* de mon *Etude préliminaire* une *horrible accusation contre sa personne;* eh bien ! j'ai beau relire cette *Préface* qui n'a que trois pages, il m'est impossible d'y découvrir cette *horrible accusation,* et je prierais volontiers Mgr Besson de me l'y montrer. D'ailleurs cette Préface est postérieure à la condamnation de mon livre, et ce n'est pas elle qui m'a fait frapper. Monseigneur ajoute que *j'ai répété ces injures dans mes autres ouvrages;* mais *quelles injures?* qu'on me les spécifie pour que je les connaisse.

Sans doute, il se trouve dans ces livres des choses peu honorables pour le Cardinal, mais ce ne sont pas des choses fausses ou des *calomnies,* ce sont des faits malheureusement trop avérés. A qui la faute, si j'ai été *forcé,* non pas de les révéler parce qu'ils étaient patents, mais de les dénoncer pour ma légitime défense et pour échapper à un nouvel ostracisme? Ne disais-je pas d'ailleurs, dans ma lettre du 23 juin à Monseigneur : « Si j'ai écrit des choses dont Votre Eminence a « pu se trouver offensée, et si j'ai dépassé les limites d'une « *légitime défense,* je lui en exprime le regret le plus sincère « et la prie humblement de me le pardonner? » Que pouvais-je faire de plus? Ah ! Monseigneur avait bien raison de dire à mon avocat que le *diocèse était resté scandalisé;* mais d'où était venu le scandale? et sur qui aussi était-il retombé? sinon sur *la personne sacrée du Pasteur* lui-même, ainsi qu'il en faisait le pénible aveu.

Mais pourquoi donc ne pas faire cesser ce scandale? Serait-ce, comme le dit Mgr Besson, *parce que Monseigneur voyait son autorité tenue en échec,* ou, si l'on veut, à cause du *zèle qu'il avait pour le respect (sic) de son autorité.* Mais lui-même respectait-il bien l'autorité supérieure qui l'avait pressé à plusieurs reprises de revenir sur ses pas et de me réintégrer sans conditions? est-ce que Rome ne savait pas jusqu'à quel point on doit respecter un Archevêque ?

Ici je me rappelle un passage curieux cité par Mgr Besson t. II, p. 327. On y fait dire à Son Eminence : « Comme les « hommes d'Etat tiennent pour maxime que le gouverne- « ment ne doit jamais avoir tort, il n'est pas probable qu'on « revienne sur les lois; et comme l'exécution des lois, même « préjudiciables, est à leurs yeux une nécessité, on ira en « avant jusqu'à ce qu'on meure faute de chaleur naturelle et « de force suffisante pour résister. Voilà mes tristes prévisions « que je prie Dieu de détourner. » Le Cardinal écrivait ceci une des dernières années de sa vie; il voyait alors le mal que peut faire une autorité qui, bon gré mal gré, ne veut jamais reculer, alors même qu'elle est engagée dans une fausse voie. Dieu soit béni ! Mais si, comme le dit Mgr Besson, le Cardinal, *comprenant le mouvement liturgique, n'hésita jamais sur le devoir et le but,* ce qui est fort douteux; au moins *il s'attarda dans l'exécution parce qu'il voyait son autorité suspectée ou mise en échec,* absolument *comme les hommes d'Etat* qui ne veulent *jamais avoir tort;* or, cela ne vaut rien aux yeux du Cardinal lui-même, devenu vieux. Aussi, pour le blanchir, j'aurais mieux aimé dire, ce qui me paraît plus vrai, que, par suite de ses faux principes sur le droit coutumier, Monseigneur ne connaissait pas *le devoir* et par conséquent ne se croyait pas obligé d'atteindre *le but.* Mais revenons, et voyons ce qui suivit mes deux lettres des 23 juin et 3 août 1862.

Tout naturellement j'en donnai communication à mon avocat, en lui apprenant qu'elles n'avaient produit aucun résultat; et, comme il pouvait être appelé à plaider ma cause, je tâchais de lui faire comprendre combien il importait au Saint-Siège de me rendre justice. Que l'on ne s'y trompe pas, lui disais-je; ce qui blesse nos adversaires, ce ne sont pas des défauts de forme, mais le fond lui-même; ce sont nos doctrines, nos principes et nos conclusions que nous devrions *rétracter,* et non pas nos impolitesses qu'il faudrait effacer. C'est le gallicanisme, cette semence de schisme, qui nous poursuit et que nous combattons. On ne veut point du droit de l'Eglise ; on ne veut, à Besançon du moins, ni de conciles provinciaux, ni de synodes diocésains ; on n'admet aucune garantie pour les prêtres contre les emportements de l'arbitraire ; ce n'est pas le concours qui mènera aux postes inamovibles, ce pourra être la servilité ; quant aux curés amovibles, car ils sont curés tout de même, il est bien clair qu'ils devront agir *ad nutum,* étant révocables *ad nutum ;* il n'est pas jusqu'aux droits acquis dans une communauté que l'on ne foule aux pieds, alors même qu'on en a reconnu les sages constitutions ; enfin, s'il arrive qu'un prêtre quelconque se plaigne au Saint-Père et que celui-ci lui donne raison, on ne fera aucun cas de ses ordres ou de ses désirs, et on se déclarera prêt à donner sa démission plutôt que de consentir à rendre justice.

Mais, si Rome cède à de telles exigences, que lui restera-t-il de l'exercice de sa primauté divine et nécessaire? Quoi ! on pourra lui imposer *en quelque façon* des Evêques qui sont loin de lui plaire ! ensuite ces Evêques pourront nommer *à tous les bénéfices* de leur diocèse, n'y ayant plus de réserves apostoliques à cet égard ! ils pourront même gouverner *à leur façon* ces bénéficiers de *leur choix,* sans être liés par aucune règle du droit canonique, au point de les placer ou déplacer à leur gré, même de les dépouiller de tout office et de tout bénéfice, quoiqu'ils les aient ordonnés sans titre de patrimoine ! et si, réduits à mendier pour vivre contrairement aux prescriptions du saint concile de Trente, ils se plaignent et font ressortir de la manière la plus complète l'injustice commise à leur égard, ils ne pourront pas même obtenir réparation au tribunal de la sainte Eglise !... Mais alors, comment veut-on que le clergé se soutienne, et même se recrute, quand on considère surtout qu'il ne perçoit que de maigres traitements, trouvés cependant suffisants par un *orateur* en plein Sénat, comme si l'Eglise avait des remerciements à faire à l'Etat qui l'a dépouillée de ses biens et d'un revenu de beaucoup supérieur, ou qu'il ne suffit pas à un prêtre d'être amovible pour être maniable, mais qu'il dût encore être pauvre pour être plus servile !

A Dieu ne plaise que je dise ceci pour me plaindre! mais c'est l'Eglise elle-même que je plains, quand je vois son Chef dépouillé de presque toutes les prérogatives attachées au droit divin de sa primauté, telles que le *choix* et le *gouvernement* parfaitement libres de nos Evêques. Faut-il donc que le droit de recours et d'appel lui échappe aussi, ou que ce dernier privilège de son autorité suprême en matière de discipline soit réduit à ne pouvoir ressortir son effet par l'obstination d'un Prélat quelconque ?

Revenant ensuite à mon affaire personnelle, comme je n'avais ni le dessein, ni les moyens pécuniaires et autres, de poursuivre un procès en forme, je me contentais de réclamer la solution que j'avais indiquée le 29 mars, et je disais à ce propos : « De quoi pourra s'offenser l'Archevêque de Besançon « si, le laissant tranquille, on agit en dehors de lui ? La com- « munauté des Missionnaires gère librement ses biens tem- « porels ; rien ne l'empêchera donc de me fournir un traite- « ment ; quant au logement, je consens au besoin à demeurer « loin de mes confrères pour épargner à la maison les sévices « de l'autorité. D'ailleurs l'Archevêque de Besançon pourra « d'autant moins trouver mauvais que l'on agisse ainsi envers « moi, que lui-même s'est déclaré, Monsieur, tout-prêt à me « donner sans conditions, vous en êtes témoin, soit une « paroisse, soit un traitement. Chose étrange pourtant ! car, « s'il me croit digne d'administrer une paroisse sans ré- « tractation, pourquoi en exige-t-il une pour m'autoriser à « exercer simplement les fonctions de prêtre auxiliaire ? Ah, « c'est que cette paroisse ne serait sans doute qu'un titre « *précaire* qu'il pourrait m'enlever du jour au lendemain, « tout comme la pension qu'il offrait de me servir. »

Mais en voilà assez sur ces débats qui n'ont abouti à rien. Bien que le cardinal Mathieu soit retourné à Rome en novembre 1862 pour y porter son Propre, ni mon avocat, ni la Sacrée Congrégation ne m'ont plus reparlé de mon affaire, et je suis resté grosjean comme devant ; du reste, le dénouement que venait d'avoir le démêlé de M. l'abbé Galeran avec l'Evêque de Montpellier, et surtout l'immixtion du gouvernement dans ce différend, m'ôta toute idée de me plaindre

davantage. J'écrivis pourtant encore à mon avocat le 3 décembre : « On dit ici que Rome s'abstient de me rendre justice,
« parce que ma Communauté, purement diocésaine, n'a pas
« reçu l'approbation *canonique* du Chef de l'Eglise. Mais, si
« le droit ecclésiastique *pur* n'a pas à intervenir dans ma
« cause, en est-il de même du droit naturel et divin ? Est-ce
« que mon Evêque n'a pas reconnu les constitutions de ma
« Communauté? Il s'est donc lié envers elle et envers moi.
« Aussi a-t-il tenté, il y a un an, d'obtenir contre moi un vote
« d'exclusion, et il a échoué malgré sa toute-puissance. Rome
« ne peut-elle donc pas protéger et venger le droit naturel
« dont le droit canonique n'est que le développement?... En ce
« qui regarde le droit divin, je suis prêtre, empêché par con-
« séquent de travailler à certains arts et métiers pour gagner
« mon pain et l'Eglise ne veut pas que je le mendie ; que
« faire donc?... Si l'Eglise m'abandonne, qu'Elle s'honore au
« moins et se sauvegarde en me déclarant son bouc émissaire.
« Cette déclaration me suffira, et elle empêchera peut-être
« nos gallicans de méconnaître encore la vérité, et de violer
« de nouveau la justice. »

Voilà où nous en étions à Besançon quand le Cardinal revint de Rome triomphant, non pas pourtant avec un anathème fulminé contre les romains comme nous avions lieu de le craindre et qu'on nous en avait menacés, mais avec son Propre approuvé pour toute bonne fortune. Peu de temps après, un bruit courut dans le diocèse que Son Eminence était disposée à se réconcilier avec mon ami M. Maire, s'il consentait à me retirer le *bénéfice* de sa généreuse hospitalité, dont je profitais toujours de temps en temps, me partageant pour ainsi dire entre Myon et Saint-Claude. Ce bruit étant venu à mes oreilles, je crus devoir écrire à Monseigneur le 16 février 1863, pour le prier de me renseigner à cet égard ; parce que, s'il en était ainsi, ce que je désirais beaucoup pour la tranquillité de mon ami et l'avantage du diocèse, je m'offrais à me retirer de moi-même, pour épargner à M. Maire la peine de m'éconduire. Je suppliais donc Son Eminence de me répondre le plus tôt possible, parce qu'étant alors dans ma famille, j'y commencerais de suite mon exil, au lieu de retourner sous peu à Saint-Claude comme je l'avais promis.

Monseigneur ne me répondit pas ; mais M. Maire, à qui j'avais communiqué ma lettre, se hâta de m'écrire que les bruits qui couraient, au sujet d'ouvertures qui lui auraient été faites et dont il ignorait le but, n'étaient que des cancans absurdes. Nous continuâmes donc de vivre à Saint-Claude dans les mêmes rapports de confiance et d'intimité qu'auparavant, attendant en silence et patiemment l'heure de la délivrance et la publication du Propre approuvé.

C'est alors que le Cardinal envoya ses circulaires relatives à ses futurs gros livres de chant, dont il imposait d'avance à toutes les fabriques *un minimum* de deux Graduels et deux Antiphonaires *in-folio*, nécessaires selon lui pour la solennité du culte et pour séparer les catholiques des protestants, qui n'ont nul livre d'église semblable. Mais M. Thiébaud, qui avait laissé reposer sa plume depuis le 28 décembre 1861 (époque où il avait publié sa *Crise nouvelle du Bisontinisme agonisant* pour réfuter les allégations et repousser les injures des lettres particulières dont j'ai déjà parlé page 170), crut devoir la reprendre pour s'expliquer sur les entreprises que l'on annonçait. Comme il n'était pas rassuré parfaitement sur la valeur intrinsèque et le bas prix extrinsèque des éditions liturgiques que l'on préparait dans le plus profond mystère, ou plutôt, comme il ne comprenait pas qu'on pût travailler dans le véritable intérêt des paroisses, du clergé et des fidèles, en se livrant à une opération uniquement diocésaine qui coûterait beaucoup plus cher aux fabriques et quelque part aux communes, il se permit de gloser sur ce sujet, et il fit paraître en février 1864 une brochure où il attaquait vivement cette manière de procéder véritablement singulière.

Mais il trouva à qui parler, car un pseudonyme, M. Wilhem Champdessus, essaya de lui répondre. Or, comme M. Thiébaud, faisant allusion au malheureux sort de la liturgie bisontine qu'il fallait abandonner, avait intitulé son œuvre le *Départ,* son antagoniste, qui se proposait de le contrecarrer en tout, eut l'*heureuse* idée de lui opposer son *Arrivée,* qui ne pouvait être que l'arrivée de ce Monsieur, se présentant au son du tambour comme un charlatan, car ce n'est pas lui qui voulait fêter l'*Arrivée* de la liturgie romaine. Au fait, M. Wilhem mit plus de charlatanisme dans sa critique et ses injures que de raison et de charité. C'est ce qui m'engagea à ne pas le ménager dans mon *Anti-Wilhem* qui parut au commencement de juin 1864. J'en avais d'autant plus de droit que cet homme n'avait osé paraître aux yeux du public qu'affublé d'un masque.

Je le pris donc corps à corps, comme font les lutteurs, ne laissant aucun de ses griefs sans réplique, et le battant à la fin avec ses propres paroles, que voici : « Lancé par une bou- « tade en pleine mer, sans les choses indispensables aux « navigateurs, vous ne pouviez faire que de tristes naufrages. « Vous n'aviez pour vous guider aucune boussole, ni celle de « la *vérité*, ni celle de la *justice*, ni celle de la *charité*; vous « n'aviez point, dans votre navire, le lest nécessaire, *celui de* « *la science,* pour parcourir en sûreté les plages orageuses où « vous vous êtes aventuré. De là ces faussetés, ces récrimi- « nations injustes, ces outrages. » Ici, pour lui appliquer ce que j'avais prouvé dans mon livre, je transfigurais son am- plification de la manière suivante : « De là votre ignorance : « en science liturgique, au point de nier qu'il y ait un droit « liturgique ; en science canonique, au point de ne pas savoir « qu'il y a plusieurs livres dans le *Corpus Juris;* en science « théologique, au point de ne pas comprendre ce que c'est « que le scandale, d'en trouver partout comme les pharisiens « et les faibles, de fausser et de tronquer la charité en suppri- « mant le devoir de la correction paternelle et fraternelle, « de ne pas distinguer entre le respect et l'honnêteté, entre « le mépris de la personne et celui de l'autorité, de vous « adjuger les permissions gracieuses qui ne vous regardent « pas, de transformer les gallicans en ultramontains et *vice* « *versa,* de confondre le fébronianisme avec le presbytéria- « nisme, de ne pas soupçonner, enfin, qu'il y a quelque « chose d'*éminemment* révolutionnaire dans le gallicanisme « fébronien et autre, etc. Je m'arrête, Monsieur. » Ici, repre- nant son texte pour le lui adapter, je disais : « Je souhaite « que, désormais, vous ne traitiez plus les matières que vous « ignorez, pour ne pas vous exposer à la risée de ceux qui les

« connaissent. L'honneur (de la famille des Champdessus) le
« réclame impérieusement (et je tiens tant à ce qu'elle le
« conserve intact que je me permets à mon tour de vous
« crier :) Gare! Monsieur (Wilhem). Sur ce, j'ai l'honneur
« d'être avec (le) respect (que je dois avoir) pour votre per-
« sonne et les sentiments que vous me connaissez pour votre
« brochure, votre très humble serviteur. » J.-F. Bergier,
prêtre missionnaire.

M. Thiébaud, à l'insu et pour la défense duquel j'avais
composé à Myon cette apologie, la trouva si bien qu'il m'engagea à la publier, quoiqu'il eût déjà fait imprimer la sienne
sous ce titre : *Réflexions sur les colères du Bisontinisme en
déménagement*. Mon *Anti-Wilhem* fut mon dernier acte dans
la guerre de dix ans qui a servi de sommaire à ce long
chapitre. Il est donc temps de passer à un autre.

CHAPITRE XIX.

RÉCONCILIATION.

Si Mgr Besson n'a pas dit tout à fait vrai en déclarant que
« l'approbation du Propre de Besançon en 1862 avait satisfait
« les *impatiences légitimes*, » il s'est un peu plus *approché de
la vérité* en ajoutant que « la conduite du Cardinal en 1865,
« par la publication de l'Encyclique, lui ramena les esprits
« les plus difficiles. » En effet, « on vit (ou plutôt on crut
« voir) assez que les lenteurs et les délais (du Cardinal) ne
« l'empêchaient pas d'être profondément dévoué à l'Eglise
« romaine. » Je dis qu'on crut voir, parce qu'enfin la chose
n'était pas de toute évidence ; et, pour ce qui me regarde en
particulier, je ne pouvais pas être dupe au point d'oublier ce
qui venait de se passer à mon sujet à Ecole l'avant-veille de
l'affaire. Mais racontons les choses telles qu'elles ont eu lieu.

Le 8 décembre 1864, le Pape avait publié une Encyclique
où il condamnait beaucoup d'erreurs modernes, comprises
dans un *Syllabus* ou Recueil de propositions condamnables

annexé à sa circulaire. Cet acte pontifical ne plut pas au gouvernement français qui voulut en empêcher la publication dans nos églises. « Dès le 1ᵉʳ janvier 1865, nous dit Mᵍʳ Bes-
« son, t. II, p. 174, M. Baroche, ministre de la justice et des
« cultes, écrivit aux Evêques que le conseil d'Etat était saisi
« d'un projet de décret sur ce sujet. Le 5, ce décret était
« rendu. Il mutilait l'acte pontifical, et ne laissait subsister
« que la partie relative à l'annonce d'un jubilé. Le 9, tous
« les Evêques recevaient ampliation de ce décret. » Mais
Mᵍʳ Mathieu n'avait pas attendu cette notification pour agir.
Quoiqu'il n'eût reçu, d'après son biographe, l'Encyclique elle-
même que le 7, il la lut, le dimanche 8, dans sa chaire métropolitaine, et ajouta après lecture : « Ladite Encyclique et
« le *Syllabus* y annexé sont et demeurent publiés dans le
« diocèse de Besançon. »

Un mois après, le 8 février, il fut condamné comme d'abus ;
mais, le 10 mars, dans un discours au Sénat, il se défendit de
la manière suivante, t. II, p. 189 : « S'il est une chose certaine
« en religion, c'est que l'Evêque est le dépositaire et le juge
« des choses de la foi. Il n'est pas le seul juge et le seul dé-
« positaire ; il y a, avant lui, par-dessus lui, un autre juge,
« un autre guide qui le dirige, lui comme son troupeau.
« Lorsque ce juge supérieur a parlé, et que l'Evêque *croit de*
« *son devoir d'adhérer à sa décision et de la faire connaître*
« *à ses fidèles,* il remplit le devoir de *sentinelle ;* il n'est placé
« dans la maison du Seigneur que parce qu'il a charge de
« s'en acquitter, et il manquerait essentiellement à ses pre-
« mières obligations, s'il ne disait pas à son troupeau ce qui
« lui a été dit à lui-même, et ce *qu'il ratifie au fond de son*
« *esprit* et dans le plus intime de son cœur.

« Je suis évêque, évêque français. Vous dites que l'Eglise
« de France a des libertés. La première de toutes ces libertés,
« c'est sans doute la liberté de la foi …, la liberté pour l'Evêque
« de juger en matière de foi. Je puis donc, moi, en vertu de
« cette maxime dont vous parlez, que *le jugement du Saint-*
« *Siège n'est irréformable que si le consentement de l'Eglise*
« *dispersée vient s'y réunir,* je puis donc, moi, juger, définir
« après lui ; et, si vous m'ôtez cette liberté, vous m'ôtez la

« liberté que vos maximes m'assurent; de sorte que, d'un
« côté, j'ai un droit qui est signé par vous, et, de l'autre
« côté, vous m'ôtez ce droit! Mais c'est une énormité! »

Je n'ai pas à juger cet argument purement *ad hominem*.
Néanmoins, de ce que le gallicanisme doctrinal reconnaît aux
Evêques le droit de juger après le Pape, s'ensuit-il évidemment que le gallicanisme parlementaire le *leur permette?*
Non, puisqu'au contraire les Articles organiques leur défendent de publier les Bulles du Pape sans l'autorisation
préalable du gouvernement, et par conséquent de juger soit
après le Pape, soit avec lui. S'ensuit-il même qu'il *doive* le
leur permettre? Mais, si ces *Bulles ne sont irréformables que
quand l'Eglise dispersée y a adhéré,* n'est-il pas naturel qu'a-
vant de les publier, les Evêques attendent que cette adhésion
leur ait été donnée? N'étant pas infaillibles par eux-mêmes,
est-ce qu'ils ont droit de publier, ou, si l'on veut, d'imposer
à leurs diocésains une doctrine douteuse? Ainsi les gallicans
vrais étaient obligés, par leur propre principe, de surseoir à
la publication des Bulles doctrinales du Pape, tant qu'elles n'é-
taient pas devenues certainement irréformables. A plus forte
raison, ne devaient-ils pas trouver mauvais que le gouvernement les obligeât à soumettre à son *visa,* avant de les publier,
leurs propres mandements doctrinaux, bien que Bossuet lui-
même se soit élevé fortement contre cette prétention; mais
n'y avait-il pas donné lieu, en rédigeant ses quatre articles?

Maintenant, le Cardinal, dans son discours, n'a-t-il mis en
avant la maxime gallicane que comme un argument *ad hominem,* tout en étant lui-même ultramontain? On pourrait le
croire, quand il ne se donne que comme *une sentinelle* qui
doit toujours obéir à son chef; néanmoins, sans recourir à
ses agissements postérieurs pour juger de ses vrais sentiments, n'a-t-il pas mis une restriction assez gallicane à sa
déclaration, en n'obligeant un Evêque à publier la décision du
Pape que *quand il la ratifie au fond de son esprit* et *qu'il
croit de son devoir d'y adhérer.* Il ne publiait donc l'Encyclique de 1864 que parce que cela lui plaisait et qu'elle ne
contrariait pas ses vues, tandis qu'il s'était révolté contre la
proposition de promulguer celle de 1853, qui ne lui allait pas

du tout, sous prétexte qu'elle lui était adressée à lui seul et non à ses diocésains.

Mais on ne savait pas encore ce que le Cardinal dirait au Sénat, quand on apprit dans le diocèse ce qu'il avait fait le 8 janvier, la veille du jour où devait lui arriver, selon Mgr Besson, le décret du gouvernement qui mutilait l'Encyclique. Alors, nous dit Mgr Besson, p. 181, « non seulement les prêtres
« signèrent, dans chaque canton, des adresses de félicitation
« au Prélat, mais ceux qui s'étaient signalés dans les querelles
« liturgiques par leur opposition à l'Archevêque *vinrent* (sic)
« *faire amende honorable,* et témoignèrent hautement de leur
« obéissance et de leur *admiration.* Le cardinal Mathieu en
« fut singulièrement consolé. Il s'en exprime dans toutes ses
« lettres avec une émotion profonde, raconté les démarches
« faites et remercie Dieu de lui avoir ainsi réconcilié tous les
« cœurs. » C'est sans doute dans ces lettres que Mgr Besson aura lu ce que nous avons rapporté p. 164 : *Il disait de l'un d'eux,* etc., puis : *Quand on lui apportait,* etc. Eh bien ! puisque Mgr Besson a jugé à propos de toucher, quoique vaguement, ce point délicat, on ne trouvera pas mauvais que je vienne l'éclaircir, et pour cause.

Nous nous trouvions, M. Maire et moi, dans une grande réunion de romains au presbytère si hospitalier de Marnay, le lendemain ou le surlendemain du jour où Monseigneur avait lu l'Encyclique; on en parla donc tout naturellement, et il n'y eut qu'une voix pour reconnaître qu'il avait bien fait; précisément parce que les romains ne sont pas gallicans, et que l'Archevêque avait fait un acte d'ultramontain. Mais M. Maire ne se contenta pas de louer Monseigneur en son absence, il voulut aussi le féliciter lui-même et il lui adressa le 14 janvier une lettre magnifique dont je donnerai l'extrait suivant : « Permettez, Monseigneur, que je vous le dise en
« toute humilité, votre *admirable* conduite dans ces grandes
« circonstances ne m'a pas seulement comblé de joie; elle
« m'a pénétré en même temps d'un sentiment de douleur :
« j'ai reconnu que je vous avais mal jugé et que j'avais eu
« tort de douter de vous; aussi, je vous remercie avec effu-
« sion (de cœur) de m'avoir fourni cette belle occasion de le

« regretter, et de vous en faire *amende honorable*. Vous me
« le pardonnerez, je l'espère, car vous êtes père, et mon
« excuse est dans l'ardeur de mon amour pour le Saint-Siège
« et l'unité de notre sainte Eglise.

« Oh! Monseigneur, laissez-moi vous adresser une prière
« que vous pouvez exaucer, car vous venez d'obtenir un
« triomphe qui vous rend tout-puissant sur nos cœurs. Faites
« qu'il n'y ait plus dans ce diocèse qu'un cœur et qu'une
« âme, afin qu'avec vous et par vous, il n'y ait plus autour
« du successeur de saint Pierre qu'un seul troupeau comme
« il n'y a qu'un seul Pasteur.

« Devant la gravité des circonstances, et en présence de
« votre noble attitude, il ne peut plus y avoir aujourd'hui
« de dissidence ni d'opposition ; toute persévérance dans
« cette voie serait plus qu'un malheur, elle serait un crime.

« Daignez donc oublier les torts, excuser les travers d'es-
« prit et pardonner même les injures ; et, par une complète
« et généreuse amnistie, faites succéder la paix, là où règnent
« si tristement maintenant la division et la discorde. »

Mgr Besson a raison de dire qu'une lettre aussi noble et
aussi digne dut *consoler singulièrement* Monseigneur; aussi
il en fut tellement touché qu'il fit appeler M. Maire et se ré-
concilia avec lui. Mais tout n'était pas fini, car M. Maire
entendait que je participasse au traité de paix qu'il venait de
conclure. Or là était la difficulté, et des deux côtés, comme
on va le voir. D'abord, du côté du Cardinal, car il fit à M. Maire
un assez grand nombre d'objections, parmi lesquelles figuraient mes idées sur l'abstinence du samedi, ainsi que la
licence que je m'étais donnée de pêcher à la ligne, et de faire
certains actes de chasse aussi paisibles et non moins inoffen-
sifs.

Mais il y avait surtout deux choses qui primaient toutes
les autres ; d'abord, mon impudence pour avoir dit tout récemment encore que je ne sortirais d'Ecole que sur réquisition
d'huissier, et ensuite mon hypocrisie. Quant au premier grief,
voici sur quoi il reposait.

J'étais à Ecole, dans ma chambre, le 5 janvier au matin,
lorsqu'un de mes confrères vint m'y trouver et me dit : Vous

savez déjà le motif de ma visite ? Comme on m'en avait prévenu, je répondis : oui. Alors ce confrère me représenta les inconvénients qui pouvaient résulter pour la maison d'un séjour prolongé que j'y ferais. J'en convins ; mais je lui dis : vous avez deux moyens de sortir d'embarras : le premier, rigoureux, serait une sentence d'exclusion que vous prononceriez contre moi, conformément aux constitutions de la Communauté, à raison de quelque faute considérable ou scandaleuse ; le second, plus doux, une prière que vous m'adresseriez *par écrit* de me tenir dans un certain éloignement pour ne pas vous mettre trop à la gène. Sur ce, il y eut, le lendemain 6 janvier, un conseil auquel je fus convoqué, et où je renouvelai ma double proposition. Or on écarta, de prime abord et d'un consentement commun, le premier moyen d'en finir ; quant au second, que j'avais promis d'accueillir, *positis ponendis*, on ne crut pas devoir l'employer non plus, puisqu'on ne m'adressa aucune prière par écrit. Où Monseigneur avait-il donc pris que j'étais résolu à lui résister jusqu'à sommation par voie d'huissier ?

En ce qui regarde l'accusation d'hypocrisie, c'est M. Maire qui me l'avait aussi révélée lui-même, car Monseigneur lui avait fait observer que la chose n'était pas égale entre lui et moi, attendu qu'il pouvait compter sur lui à cause de *sa franchise*. Enfin, une condition que Monseigneur exigeait pour m'admettre au traité de paix, c'était, me disait M. Maire, une démarche *spontanée* de ma part.

Nous en étions là le 15 janvier. M. Maire et un de nos amis communs, qui voyaient tout en beau, me sollicitèrent longtemps pour me faire faire cette démarche. Mais, leur disais-je, elle m'est bien impossible cette démarche *spontanée*, puisque vous m'y poussez tant, et jamais on ne pourra la regarder et admettre *comme telle*. Il n'y en a qu'une qui pourrait présenter ce caractère, c'est celle que j'ai faite le 23 juin 1862 en écrivant à Monseigneur ce que vous savez. Si le Cardinal veut accueillir aujourd'hui cet acte qu'il a refusé dans le temps, je suis prêt à le signer des deux mains ; vous pouvez donc l'en assurer de ma part et conclure mon affaire dans ces termes. Mais je n'y crois guère, à cause des griefs qu'il a sur le cœur (ceux que j'ai signalés plus haut). Nous luttâmes ainsi deux jours durant.

Enfin M. Maire prit sur lui de rédiger une formule de lettre que je possède encore, et qu'il me proposait de transcrire et de signer. On m'y faisait dire au Cardinal, après lui avoir offert *mon tribut d'admiration* : « *Pardonnez-moi mes torts;*
« je les regrette sincèrement. Oubliez les expressions qui
« vous ont blessé; je les révoque, et je *voudrais ne les avoir*
« *jamais prononcées* (écrites). Permettez-moi de reprendre
« avec mes confrères mes fonctions de missionnaire; elles
« sont dans mes goûts; je désire ne pas les abandonner. Je
« ne vous le demande pas certainement *comme un droit,*
« mais *comme une grâce et une faveur* que j'attends avec
« confiance de votre paternelle bonté. Comptez sur moi,
« comme sur M. Maire ; je ne *suis pas moins franc et sincère*
« *que* lui ; il a eu raison de vous répondre de moi ; l'avenir,
« je vous le promets, vous en donnera une meilleure preuve
« encore. »

Mais en vain M. Maire me pressait de prendre ce parti ; aussi *franc et sincère* que lui, je ne pouvais pas signer ce que je ne pensais pas. En face pourtant d'un bienfaiteur aussi généreux, je souffrais de ne pouvoir l'obliger comme il le désirait. La chose alla au point que, pour me soustraire à une épreuve aussi douloureuse, j'avais pris le parti de fuir. Mais, ne voulant pas quitter mon ami sans lui en donner les raisons, je me mis à rédiger une longue lettre à son adresse, qui lui expliquerait les motifs de ma fuite et qu'il trouverait sur son bureau. Malheureusement notre ami commun, qui était chargé de faire le guet, vint me surprendre dans ce travail. Ainsi gardé à vue et dans l'impossibilité de m'échapper, je me décidai à rédiger le 18 janvier la lettre suivante :

« Monseigneur,

« L'infaillibilité doctrinale du Saint-Siège et l'autorité
« pleine et suprême dont Dieu a investi le Souverain-Pontife
« pour le gouvernement de son Eglise sont, à mes yeux, des
« vérités si certaines et si importantes pour le bien, que je
« ne puis voir sans une véritable satisfaction ces vérités pro-

« clamées en principe et reconnues en pratique par nos vé-
« nérables Prélats. C'est donc avec une très grande joie,
« Monseigneur, que j'ai appris le zèle avec lequel Votre
« Eminence s'est empressée de publier dans notre diocèse
« l'Encyclique du Saint-Père du 8 décembre 1864, et je la
« félicite de tout mon cœur de cet acte glorieux qui lui fait
« le plus grand honneur aux yeux de la religion.

« A cette gloire, Monseigneur, vous venez d'en ajouter
« une autre qui réjouit aussi mon cœur. Mon cher ami,
« M. Maire, est rentré en grâce avec Votre Eminence. Quel
« bonheur pour moi, pour tout le diocèse, que cette réconci-
« liation qui nous présage des jours de paix et d'union uni-
« verselle ! N'y aurait-il donc que moi, Monseigneur, qui
« demeurerais en dehors de cette concorde qui fait tressaillir
« tous les vrais amis du bien ?

« Permettez-moi de le dire à Votre Eminence ; je me repro-
« cherais toujours de ne pas la suivre dans la voie qu'Elle
« nous trace de l'accord parfait avec le Saint-Siège dans les
« temps malheureux où nous vivons. Je prie donc Votre
« Eminence d'oublier et de me pardonner paternellement
« tous les torts que j'ai eus (j'aurais dû écrire : *pu avoir*)
« envers Elle, et de me permettre de reprendre avec mes
« confrères les fonctions de missionnaire diocésain. Je ne
« vous le demande certainement pas comme un droit, mais
« comme une grâce et une faveur que j'attends avec con-
« fiance de votre paternelle bonté. »

Certainement cette dernière phrase était de trop, mais elle
était transcrite du premier projet de M. Maire, et j'étais si
harcelé, à peu près comme Pie VII à Fontainebleau en face
de Napoléon ! Et pourtant cette lettre n'amena point de résultat définitif, et il me fallut, le 20 janvier, *copier* et signer
la suivante :

    « Monseigneur,

« Pardonnez au sentiment d'inquiétude que j'éprouve, si
« je viens de nouveau me jeter à vos pieds pour vous con-
« jurer de ne pas hésiter à me comprendre dans la généreuse

« amnistie que vous avez accordée à mon excellent ami
« M. Maire.

« Je crains que Votre Eminence ne soit trop fortement pré-
« venue par tout ce qui Lui a été raconté de faux sur mon
« compte ; je crains surtout qu'Elle soit en *défiance de ma
« loyauté et de ma franchise ;* c'est pourquoi j'éprouve le
« besoin de vous déclarer encore que c'est dans toute l'amer-
« tume et la sincérité de mon âme que je vous prie d'oublier
« *mes torts* à votre égard et que je vous en demande hum-
« blement pardon. *Plusieurs de mes paroles ont pu vous
« blesser ;* elles sont allées bien au-delà de mes intentions ; aussi
« je les révoque, je les regrette, et je voudrais pouvoir en
« effacer entièrement le souvenir.

« Si j'ai prié Votre Eminence de me *permettre par grâce
« de reprendre mon ministère de missionnaire,* c'est parce
« qu'il est autant dans mes habitudes que dans mes goûts,
« et qu'il me donne de grandes facilités pour me livrer à
« l'étude ; et c'est enfin parce que je n'ai pas d'attraits pour
« d'autres fonctions.

« Ne repoussez pas, Monseigneur, la prière d'un prêtre
« humilié, et permettez-moi de renouveler l'assurance que
« dorénavant ma soumission et mon dévouement ne seront
« pas moins grands que ma reconnaissance. »

Eh bien ! c'est cette lettre *dictée,* et certainement *peu
franche,* qui décida la réconciliation du côté de Monseigneur.
Pour moi, j'avais cette lettre sur le cœur, ainsi que les deux
points signalés dans la précédente. Heureusement que le
Cardinal, qui devait regarder ces deux pièces comme entachées
d'*hypocrisie,* les remit à M. Maire. Et c'est cette noble et juste
condescendance de sa part qui, remettant la paix dans mon
âme, me décida de lui écrire, cette fois de mon plein gré,
pour le *remercier de m'avoir rendu mes lettres,* cette conduite
me prouvant qu'il aurait désormais assez de confiance en
moi, pour me laisser exercer à l'avenir, avec la tranquillité
d'esprit et de cœur nécessaire, le ministère des missions diocésaines. Alors eut lieu aussi l'entrevue dans laquelle le Cardinal, comme le dit Mgr Besson, *vint à ma rencontre et m'em-*

brassa. Quant aux lettres rendues qui, selon lui, *auraient été peut-être précieuses à l'administration* de Monseigneur et dont il *aurait pu se servir au besoin*, comme on les a maintenant sous les yeux, on pourra en juger en toute connaissance de cause. Au reste, il n'était pas nécessaire, je crois, que le Cardinal gardât mes lettres pour s'assurer de ma fidélité à remplir mes devoirs. Pendant les deux ans que je restai encore à la Mission, je ne sache pas lui avoir donné lieu de regretter la perte de mes lettres. Mais avant de raconter ma sortie d'École qui me fit renouer avec Monseigneur une nouvelle correspondance et où il me rendit *un service*, je dois demander raison à Mgr Besson de ce qu'il a écrit t. II, p. 430, dans les termes suivants :

« Les deux maisons qui tenaient la tête (du clergé séculier « du diocèse), le grand Séminaire et la Mission, gardaient « avec un soin pieux leurs constitutions séculaires, se recru- « taient elles-mêmes, et observaient leurs règles comme avant « la Révolution. Mgr Mathieu *respecta ces règles* et ces usages, « comme l'avaient fait ses prédécesseurs. » En vérité, après ce que j'ai dit du Séminaire à propos de MM. Gaume aîné et Jacquenet, et de la Mission pour ce qui me concerne, comment peut-on parler ainsi de Mgr Mathieu? Je pourrais ajouter deux choses assez connues, savoir que le Cardinal a constitué autrefois M. Lombard supérieur de la Mission, en dehors des règles constitutionnelles de l'élection, et que, pour éviter sans doute la contradiction des langues qui aurait pu se réveiller si son successeur avait été nommé dans les mêmes conditions, il a mieux aimé désigner un supérieur provisoire et lui conserver ce titre jusqu'à la fin. Mais passons à un autre chapitre.

CHAPITRE XX.

MA SORTIE DE LA MISSION ET MON DÉPART POUR VERSAILLES.

Comme je venais de passer quatre ans et demi, de 1860 à 1865, en dehors des exercices du saint ministère, uniquement occupé d'études, d'impressions et de voyages, j'avais perdu un peu mes anciennes habitudes, et c'est pourquoi le travail des missions m'était devenu beaucoup plus pénible qu'auparavant. Voyant donc, après une expérience de deux années nouvelles, que ce genre de vie ne pouvait plus me convenir, je pris mon parti, et le 13 février 1867, j'adressai à Monseigneur la lettre suivante :

« Monseigneur,

« Je ne crois pas pouvoir rester davantage dans la com-
« munauté des Missionnaires diocésains, attendu la peine
« extrême que je n'ai cessé d'éprouver de diverses manières
« dans l'exercice accablant des missions pendant le cours de
« ces deux dernières années. D'un autre côté, je n'aperçois
« qu'embarras dans toute autre position ecclésiastique qui
« me serait faite au diocèse de Besançon, au point que, mar-
« tyre pour martyre, je préférerais encore celui que j'endure
« présentement à celui qui devrait lui succéder.

« Dans un tel état de choses, Monseigneur, quel autre parti
« me reste-t-il à prendre, sinon de prier humblement Votre
« Eminence de vouloir bien m'accorder des lettres formées
« d'excorporation de son diocèse pour me servir en temps et
« lieu ?

« Je La supplie également de m'autoriser à continuer de
« célébrer ou dire la Messe dans le diocèse de Besançon, tant
« que je ne m'en serai pas rendu indigne en encourant une
« suspense *ab ordine; quod Deus avertat!*

« J'ai l'honneur d'être, Monseigneur, avec le plus profond
« respect, de Votre Eminence, le très humble serviteur. »

Le Cardinal, qui était alors à Paris, me répondit le lendemain :

« Monsieur et très cher, l'ouverture que vous me faites est
« très considérable. Outre que je serais désolé de vous perdre,
« et que votre départ serait un malheur diocésain, vous ne
« savez pas dans quel abîme vous tomberiez en passant
« ailleurs. Il est tout à fait nécessaire que je vous parle et
« que vous attendiez pour cela mon retour.

« Tout à vous. † »

Comme mon parti était pris définitivement, je me hâtai de répliquer le 17 :

« Monseigneur, ce n'est pas sans y avoir réfléchi mûrement
« et devant Dieu, que je me suis décidé enfin à vous adresser
« ma supplique du 13.

« Votre Eminence me fait observer, dans sa réponse,
« qu'Elle serait *désolée de me perdre* et que mon *départ serait*
« *un malheur diocésain.* J'admire, Monseigneur, vos sentiments
« pour ma chétive personne, et je ne puis que remercier
« Votre Eminence de ce qu'Elle a bien voulu me les mani-
« fester ; seulement j'oserai lui dire qu'Elle me juge beaucoup
« trop favorablement, quand elle considère mon départ comme
« un *malheur diocésain ;* je ne mérite assurément pas autant
« d'attention ; et je suis persuadé que ma disparition en
« 1867 passera tout à fait inaperçue, à bien plus juste titre
« encore que ma suppression en 1860.

« Pour ce qui regarde maintenant l'*abîme* dont me parle
« Votre Eminence, j'espère, Monseigneur, que Dieu me pré-
« servera d'y tomber, et je confie à sa bonté le déclin déjà
« commencé de ma courte carrière... J'ai l'honneur, etc. »

Le Cardinal me répondit le 21 :

« Monsieur et très cher,

» Quoique vous ne me disiez pas vos motifs, je les respecte,
« et, puisque vous insistez autant, malgré mes observations,
« pour avoir votre *exeat* pour un autre diocèse en général,
« je vous l'envoie ci-joint. Je crois seulement que, si vous
« n'avez pas encore prévenu M. le supérieur de la Mission de
« votre détermination, il faudra le faire. Le bon ordre le
« demande et aussi l'arrangement des missions. »

Cette lettre m'étant parvenue le 23 avec l'*exeat* en règle qu'elle contenait, j'écrivis de nouveau le 24 à Monseigneur :

« Dans votre réponse, Monseigneur, Votre Eminence sup-
« pose que je ne Lui ai pas dit mes motifs. Je Lui avais
« déclaré pourtant, dans ma lettre du 13, que je ne croyais
« pas pouvoir rester davantage à Ecole, tant j'avais souffert
« ces deux dernières années dans l'exercice des missions.
« Partant de là, et considérant quelle autre position pourrait

« m'être faite dans le diocèse, j'y découvrais toutes sortes
« d'embarras. C'est ici, sans doute, que j'ai été trop laco-
« nique. Puis donc que Votre Eminence semble désirer
« quelques éclaircissements, je Lui dirai en toute humilité
« que je me serais trouvé d'abord très embarrassé au sujet
« des usages liturgiques. Jusqu'à présent j'ai pu m'abste-
« nir, et je me suis abstenu *autant que possible,* des fonctions
« du culte public, pour ne pas troubler l'ordre existant dans
« le diocèse en y introduisant les usages du rite romain; à
« l'avenir, je n'aurais plus cette liberté, et il en serait néces-
« sairement résulté quelque conflit entre ma conscience et
« une autorité que je voulais respecter. D'un autre côté, les
« confrères du diocèse sont si peu unis, et leur manière d'agir
« est si peu uniforme, que je n'aurais su véritablement, ni sur
« quel pied marcher, ni quelles relations entretenir, attendu
« surtout mes précédents bien connus. Il est donc tout na-
« turel que, songeant à quitter Ecole, et redoutant les in-
« convénients inséparables de toute autre position dans le
« diocèse, j'aie pris le parti connu de Votre Eminence. »

Je terminais cette lettre en disant à Monseigneur que
j'allais, selon son invitation, prévenir MM. les missionnaires,
en lui faisant toutefois observer que l'arrangement des missions ne pourrait pas être troublé par mon départ, parce que
je l'avais précisément différé jusqu'au moment où j'aurais
fait ma bonne part de missions, pas moins de quatre dans le
cours de l'hiver. Enfin, comme je m'étais permis de prêcher
à Myon le jour même où j'écrivais (malgré mon *exeat* reçu la
veille) pour faire honneur à une promesse faite antérieurement, comptant sur la bonté dont Son Eminence m'avait fait
preuve dans sa lettre, je La priais de me pardonner cette
témérité.

Monseigneur me fit la gracieuseté de répondre à cela le
2 mars :

« Monsieur et très cher, il est évident que je n'ai pas eu
« l'intention de vous retirer vos pouvoirs et que vous les
« aurez tant que vous resterez dans le diocèse, pour prêcher,
« confesser et remplir les autres fonctions ecclésiastiques *de*
« *consensu parochorum.*   « Très parfaitement. † »

Là se termina ma correspondance avec l'Archevêque de Besançon au sujet de ma sortie de son diocèse. Pour comprendre maintenant le service qu'il m'a rendu dans cette occasion, il faut savoir ce qui suit. Je n'avais pas encore mon *exeat,* quand j'appris de M. Maire le 22 février que M\ugr Mabile, évêque de Versailles, arriverait le 25 chez lui, et qu'il voulait absolument m'y voir. Ceci m'intrigua, car la pensée me vint que ce Prélat aurait bien pu être informé de l'état de mes affaires par le Cardinal résidant à Paris, et que peut-être il voulait m'en parler. Je répondis donc de suite à M. Maire que, me trouvant à Myon, près de Rurey où Monseigneur allait venir, je le verrais plus facilement à Rurey qu'à Saint-Claude ; je le priais en conséquence de m'excuser auprès de Sa Grandeur en lui annonçant ma visite à Rurey aussitôt après son arrivée en ce lieu. Mais je fus tiré de peine avant cette entrevue, ayant reçu mon *exeat* le 23.

Pourquoi donc Monseigneur de Versailles tenait-il tant à me voir ? c'est ce qu'il m'expliqua le 26, dès que je fus chez lui, en m'offrant le poste de vicaire général. Là-dessus, je me récriai, et je représentai à Sa Grandeur, d'une part, le tort qu'Elle se ferait en prenant un second vicaire général en dehors de son diocèse, et, d'autre part, mon défaut de capacité, et même de goût, pour les fonctions qu'il me proposait. — La difficulté n'est pas là, reprit Monseigneur ; toute la question est de savoir, comme je l'ai dit à M. Maire, si le Cardinal de Besançon voudra bien vous céder à ma demande. — A ce point de vue, Monseigneur, il n'y aurait point d'obstacle. — Et comment le savez-vous ? — Parce que je ne Lui appartiens plus, ayant mon *exeat* en poche. — Pas possible ! et qu'entendiez-vous donc faire ? — Demander, au besoin, à quelque Evêque, comme celui de Saint-Claude, par exemple, dans mon voisinage, un tout petit poste, incapable de faire des jaloux, tel que la Châtelaine-sur-Arbois. — Eh bien ! non ; ce n'est pas là que vous irez, mais vous viendrez à Versailles. Et ne voyez-vous pas, dans la coïncidence inattendue de ma demande et de votre *exeat,* quelque chose de providentiel ?

J'eus beau renouveler alors mes deux objections ; Monseigneur persista dans son idée, et le 12 mars, de retour à

Versailles, il m'écrivit qu'il allait me présenter, aussitôt après la préconisation de M. Hacquard, qui n'eut lieu que le 27. Sa Grandeur ne pouvait rien faire avant, parce qu'il s'agissait pour Elle d'offrir à mon prédécesseur une cure d'arrondissement qui ne vaquerait qu'après cette époque par suite d'une translation. Il était donc nécessaire que ses vues par rapport à moi demeurassent secrètes jusqu'alors.

Mais malheureusement quelqu'un se permit d'ébruiter dans le diocèse, et même de répandre au loin, la nouvelle de mon élévation future, et le *Courrier franc-comtois* en parla dans son numéro du 15. Quoique parfaitement innocent de cette publication puisque je n'avais révélé mon secret à personne, pas même à ma famille où je demeurais, j'en éprouvai une peine extrême, et dès le 16 j'écrivis à M. Maire de vouloir bien faire insérer dans le journal coupable le démenti formel que je lui envoyais; mais, au lieu d'y consentir, mon ami se contenta d'en référer à Mgr Mabile. Le Prélat lui répondit le 19 qu'il regrettait l'indiscrétion, mais que l'affaire marcherait tout de même quand le temps serait venu. Ce même jour, je me plaignais amèrement à M. Maire de ce qu'il n'avait pas fait droit à ma demande du 16. Sa réponse fut telle que je me hâtai d'écrire, le 22, à Monseigneur de Versailles de vouloir bien renoncer à son projet, parce que je lui serais un trop grand embarras, ce qui venait d'arriver l'éclairant assez d'ailleurs sur l'inconvenance de son choix.

Mais Monseigneur ne voulut entendre à rien, et après une première lettre où il me disait de garder le silence et de laisser faire, il m'écrivit enfin le 5 avril que ma nomination était au ministère; il ajoutait : « Prenez vos arrangements « pour venir dès que je vous avertirai. *Monseigneur de Be-* « *sançon m'a écrit une très bonne lettre à votre sujet.* Je vois « les intentions et l'œuvre de la Providence dans tout ce qui « s'est passé; vous ne pouvez donc avoir aucune hésitation. » J'ai poussé mon récit jusqu'à cette date pour faire connaître *le service* que m'a rendu le Cardinal de Besançon vis-à-vis de mon nouvel Evêque. Si j'ai à le remercier de ce bon office, d'autres agirent dans un sens bien opposé, car il fallut que Monseigneur de Versailles employât le crédit de hauts magistrats auprès du ministère, où l'on finit pourtant par agréer ma nomination le 24 avril 1867.

Mais, puisque j'en suis à parler des services que m'a rendus Mgr Mathieu, et que lui-même a bien voulu, dans son entrevue avec mon avocat en 1862, parler de la *grande déférence qu'il avait toujours eue pour moi,* je dois avouer qu'en effet, jusqu'à l'affaire de la liturgie, Monseigneur m'avait toujours comblé d'attentions assez délicates, et je ne craindrai pas de les signaler ici au risque d'aggraver mon ingratitude.

Ainsi, quand j'eus terminé à Besançon en 1839 mon cours de théologie, comme, par défaut d'âge, je n'étais encore que diacre, Monseigneur me fit l'honneur de m'envoyer passer deux ans au noviciat des Sulpiciens à Issy, où je partageais mes journées entre les occupations théologiques et ascétiques des novices de la Compagnie, d'une part, et l'étude successive de la physique et des mathématiques avec les élèves de philosophie, d'autre part. A ces deux années, il en ajouta une troisième que je passai à Paris dans l'établissement des Jésuites de la rue des Postes, où je m'occupai plus ou moins des langues sémitiques. Il est vrai que, pendant ces trois ans, je fus encore tant soit peu à charge à ma famille, et que je ne suis devenu pour autant, ni un grand physicien, ni un mathématicien hors ligne, ni un savant hébraïsant ; mais ceci n'était pas la faute de Monseigneur. Je sus, du reste, que le Prélat avait des vues sur moi, quand le directeur de la Mission me proposa dès ce temps là d'entrer dans sa communauté ; car Monseigneur, à qui je l'avais renvoyé, refusa d'acquiescer à sa demande pour le motif susdit. Au contraire, lorsque plus tard le supérieur du Séminaire m'offrit la place de directeur, comme j'hésitais, autant par scrupule de conscience que par un vif sentiment de mon incapacité, à accepter cet honneur, Monseigneur lui-même, prenant l'initiative, m'écrivit d'envoyer de suite mon assentiment.

Je devins donc en 1842 directeur du Séminaire et plus tard professeur de théologie dogmatique. J'ai déjà dit ailleurs que ni Monseigneur, ni d'autres, ne me gênèrent dans mes allures ultramontaines. Mais, sentant bientôt le fardeau trop lourd pour mes faibles épaules, je me remis en 1847 à la discrétion de mon Archevêque pour une autre position. Or il eut encore cette attention de renouveler tout le personnel du vicariat de la paroisse métropolitaine, pour qu'en m'y donnant une place avec deux de mes élèves nouvellement ordonnés, je pusse occuper la première. Cependant, sur la fin de ma seconde année de vicariat, MM. les missionnaires étant revenus à la charge pour m'accaparer, Monseigneur ne fit plus difficulté d'accéder à leur demande. C'est ainsi que j'évitai tout danger d'arriver à une cure importante dont je n'aurais pas voulu, ne pouvant être le père d'une famille trop nombreuse.

Mais la déférence de Monseigneur me suivit à la Mission ; car, bien que je fusse encore novice et très pauvre en instructions *ad hoc,* il me désigna en 1850 pour aller prêcher, de concert avec un de mes confrères, le Carême à la cathédrale de Nîmes. Il me fit encore le même honneur, ou, si l'on veut, un honneur plus grand encore, en me choisissant pour prêcher seul un nouveau Carême à Dijon en 1853. Au reste, je ne crois pas avoir trop mal répondu à son attente dans cette dernière entreprise, si je dois m'en rapporter aux bons témoignages que m'ont rendus dans le temps les journaux de cette ville, témoignages que je conserve précieusement encore aujourd'hui. Si je rappelle ces vieux souvenirs de Dijon, c'est parce que j'y trouvai une autre occasion d'apprécier la bienveillance dont m'honorait l'illustre Cardinal. Non content en effet de m'accepter pour son compagnon de voyage à Paris et de payer ma place, il voulut encore me loger dans sa propre maison les cinq jours que je passai à la capitale.

Ainsi donc, bien loin de nier la déférence que le Cardinal m'a témoignée assez longtemps par des marques aussi sensibles, j'en ai toujours gardé le bon souvenir, et je me plais à lui rendre ici cet hommage. Si maintenant, pendant que nous avons été en lutte, il m'a d'autant plus maltraité qu'il m'avait plus estimé et chéri, il faut que l'on sache bien que je ne l'ai pas contrarié sans regret et par caprice, mais pour obéir à mes convictions et à la voix de ma conscience, ne pouvant raisonnablement attendre de mes travaux qu'injures et persécutions pour moi, mais espérant, par mes sacrifices, rendre service à l'Eglise de Dieu. Quand après cela Mgr Besson nous dit que le Cardinal n'a jamais manqué *de charité ni de prévenance envers ceux qui l'avaient offensé davantage ;* qu'au contraire, il les a *assistés dans leurs besoins* et leur a *rendu dans l'occasion toutes sortes de services,* je ne peux m'empêcher de sourire, me rappelant très bien que, si j'ai à remercier Monseigneur de sa lettre à l'Evêque de Versailles en 1867, il ne m'a rendu aucun autre *service* depuis 1860, et que surtout, au lieu de *m'assister dans mes besoins,* il m'a laissé quatre ans et demi, sans traitement, vivre uniquement de la charité d'un généreux ami et de mon petit patrimoine, malgré les dépenses exceptionnelles des publications qu'il m'a forcé de faire pour sauver mon honneur. Mais je sens le besoin de terminer mon ouvrage et il ne me reste plus qu'à dire ce que le Cardinal a fait pour ou contre la Papauté, au point de vue de sa souveraineté temporelle et spirituelle.

CHAPITRE XXI.

CE QUE LE CARDINAL A FAIT POUR ET CONTRE LA PAPAUTÉ.

Le 20 juillet 1860, le Cardinal de Besançon, sénateur-né, fit un discours au Sénat pour défendre le temporel du Saint-Siège, et le Pape l'en remercia par un Bref le 20 août suivant. Etait-il possible, après cela, de douter des bons rapports de Son Eminence avec le Saint-Père ? Monseigneur ne le croyait pas puisqu'il écrivait : « Ce Bref répond suffisamment « aux platitudes qu'on s'est plu à débiter contre moi » au sujet de la liturgie. C'était pourtant alors que Pie IX lui demandait raison, par la Sacrée Congrégation des Evêques et Réguliers, de sa conduite à mon égard. Du reste, sans vouloir rien ôter au mérite de ce discours que l'on a proclamé magnifique, je crois que j'y ai trouvé dans le temps un véritable défaut, celui de n'envisager le pouvoir temporel du Saint-Siège que comme tout autre pouvoir humain *légitime,* sans faire ressortir son caractère spirituel et divin, qui entraîne pour ceux qui l'attaquent le crime et la peine du sacrilège.

Il me semble cependant qu'un Evêque devait surtout appuyer sur ce point, si bien mis en évidence par Bossuet lui-même qui apercevait un dessein *providentiel* dans l'élévation du Souverain-Pontife au titre de roi.

Aussi, bien qu'on ait crié assez haut que les Evêques *gallicans* de France avaient *seuls* embouché la trompette pour soutenir le pouvoir temporel du Pape, je vois, pour ne pas parler des conciles provinciaux qui s'étaient presque tous prononcés en ce sens en 1849-51, que le cardinal Gousset, archevêque de Reims, fit paraître en 1862 un livre traitant *ex-professo* du *Droit de l'Eglise touchant la possession des biens destinés au culte et la souveraineté temporelle du Pape.* Or on y lit, p. 4, que « la souveraineté temporelle du Pape « est une institution *toute providentielle,* qui s'est établie « comme garantie de la liberté et de l'indépendance que ré- « clame le ministère du Chef de l'Eglise universelle ; et qu'on « ne peut porter atteinte à cette souveraineté, ni à l'intégrité « des Etats sur lesquels elle étend son domaine, sans être « rebelle à l'Eglise qui défend, de la manière la plus expresse, « tout envahissement à cet égard, sous peine d'anathème. »

C'est cette thèse que le cardinal Gousset développait dans la 2ᵉ partie de son livre, où il disait, p. 167, que cette souveraineté « est, comme la possession des biens ecclésiastiques, « *doublement* sacrée » et qu'on « ne peut la violer, sans violer « tout à la fois les lois de l'équité et de *la religion,* et sans se « rendre coupable d'une injustice et d'*un sacrilège.* » Plus loin, p. 223, expliquant, avec saint Augustin, une parole du Sauveur souvent objectée, il écrivait : « Le Fils de Dieu ne « dit point : *Mon royaume,* ou mon Eglise, *n'est pas de ce « monde,* n'est pas *dans ce monde,* est étranger aux affaires « *de ce monde,* aux lois et aux mœurs des princes *de ce « monde ;* mais il dit : Mon royaume *ne vient pas* de ce monde : « *regnum meum non est* DE HOC MUNDO. Il ne dit pas : Mon « royaume n'est pas ici, mais bien : Mon royaume n'est pas « d'ici, *regnum meum non est* HINC. »

Notre-Seigneur a voulu dire tout simplement à Pilate que son royaume, ce royaume de la vérité qu'il voulait établir, ne ressemblait pas aux royaumes de ce monde ; qu'en conséquence il n'avait pas besoin de tenir sa royauté de César, l'ayant reçue de plus haut, de Celui qui lui avait donné, comme il le déclarait à ses Apôtres, *tout pouvoir au ciel* ET SUR LA TERRE, pouvoir en vertu duquel il leur imposait le devoir et leur accordait le *droit inviolable* d'aller dans tout l'univers enseigner toutes les nations et prêcher l'Evangile à toute créature.

Mais revenons au cardinal Mathieu. « Rentré à Besançon « le 24 décembre 1862, nous dit son biographe t. II, p. 134, « il rapportait de Rome un recueil de documents sur la sou-« veraineté pontificale, nouvellement édité par l'ordre du « Pape. » *On* en tira alors un gros volume in-8° de 687 pages qui fut imprimé à Paris en 1863 sous le nom du cardinal Mathieu avec ce titre : *le Pouvoir temporel des Papes justifié par l'histoire*. J'ai dit *on*, car bien que ce livre soit attribué à Mgr Mathieu, j'ai peine à croire qu'il en ait été le véritable auteur. Tout ne lui manquait-il pas, en effet, pour rédiger cet ouvrage tel qu'il est : le temps qui ne lui aurait pas suffi tant il était occupé ailleurs, le style qui trahit un autre litté-rateur, et enfin les idées bien différentes des siennes, à moins qu'il n'ait changé du tout au tout depuis 1863 à 1869?

Ainsi on y lit p. 147, au sujet des fausses décrétales, que, « si elles sont *fausses* quand on en considère l'origine, la date « et l'auteur, elles sont *vraies*, si on les considère dans leur « doctrine et dans leurs rapports avec les faits de l'histoire... « Leur autorité est celle de la tradition... Leur influence et « leurs effets ne sont que la conséquence de la juridiction « *naturelle au Pape*, qui s'est développée en s'étendant et « et qui n'a jamais cessé d'être *suprême* aussi bien qu'uni-« verselle. » Ce n'est certainement pas là l'opinion des galli-cans, au moins des vieux. — On dit aussi, p. 260, à propos de la sentence de déposition de Frédéric II prononcée par Inno-cent IV, qu'elle « ne fut pas seulement approuvée par la « présence et le silence des Prélats (assistant au concile de « Lyon), mais par leur voix et leurs mains. Ils souscrivirent « l'arrêt et y attachèrent leur sceau. » — On ajoute, p. 327, que Boniface VIII, dans sa Bulle *Unam sanctam*, « n'exagérait « rien. Il y rappelait la distinction des deux puissances et la

« subordination des rois aux Papes, non en raison du do-
« maine, mais en raison du péché, c'est-à-dire, non comme
« souverains, mais comme chrétiens et comme pécheurs. Il
« ne faisait que renouveler un grand principe, admis alors
« par tous les juristes comme par tous les docteurs, et dont
« l'application universellement reconnue était pour les princes
« le frein le plus sûr et, pour les peuples, la meilleure consti-
« tution. » — L'auteur n'hésite pas non plus à dire p. 405, au
sujet du grand schisme, que « l'histoire, entourée de tous les
« documents, peut déclarer ... qu'Urbain VI a été un Souve-
« rain-Pontife légitime et (le prétendu) Clément VII un anti-
« pape. » Je dis le prétendu ; car il y a eu, après lui, un autre
Clément VII au seizième siècle. — Il n'y a pas jusqu'à la Bulle
In Cœna Domini, « Bulle qui atteint les adhérents et les
« fauteurs de toute usurpation, Bulle publiée régulièrement
« jusqu'à Clément XIII, » que l'on ne déclare, p. 508, « encore
« obligatoire aujourd'hui. » — Quant à celle d'Alexandre VIII,
qui « condamnait solennellement à son lit de mort la décla-
« ration et les actes de 1682, » on remarque, p. 559, qu'elle
« acquit en quelque sorte une solennité plus grande, à cause
« des circonstances dans lesquelles elle fut publiée. » — On
ajoute à cela, p. 560 : « Louis XIV retira les quatre ar-
« ticles (sic); les Evêques qui les avaient signés se rétrac-
« tèrent ; Bossuet les abandonna (sic), et il ne resta pour les
« défendre que les parlements. » — Au sujet des articles organiques, annexés au Concordat de 1801, on dit, p. 581, que,
« loin d'interpréter sincèrement le traité, ils en dérangèrent
« l'économie et en troublèrent l'exécution. » — Page 596, on
raconte que Pie VII, après avoir « failli (faibli) un moment »
en promettant d'autoriser « le métropolitain à donner l'insti-
« tution canonique aux Evêques qui n'auraient pas reçu leurs
« Bulles six mois après leur nomination (ce qui était se dé-
« pouiller en quelque sorte de son droit de suprématie sur
« tous les sièges de l'Empire et ouvrir les rangs de l'épiscopat
« à tous les sujets suspects ou indignes), se releva avec un
« admirable héroïsme, en écrivant de sa main une protes-
« tation contre sa propre signature, par laquelle il déclarait
« nul et sans valeur le (projet de) Concordat de Fontaine-

« bleau, se comparant à Pascal II à qui l'empereur Henri V
« avait arraché le droit de donner les investitures. » Cette dernière phrase est amphibologique ; en voici le sens : *qui avait
cédé par crainte à l'empereur le droit,* etc. — Enfin, p. 642,
à propos de la définition du dogme de l'Immaculée-Conception,
notre auteur dit carrément avec saint Augustin : « Le Pape
« avait parlé ; la cause était finie. » Toutes ces assertions,
à ce qu'il me semble, ne venaient pas plus du cardinal
Mathieu que le style du livre.

A qui donc attribuer l'honneur de cet ouvrage ? J'en ai fait
hommage un jour à quelqu'un qui ne m'a pas démenti ;
Mᵍʳ Besson en sait quelque chose, et c'est pourquoi je ne
lui reprocherai pas d'avoir cité vingt pages de cet ouvrage
dans sa *Vie du Cardinal,* et d'avoir appris à ses lecteurs,
p. 156, « que l'empereur, à qui on avait parlé de ce livre, y fît
« quelque allusion, un jour d'audience, en disant à l'Arche-
« vêque de Besançon : Vous êtes bien savant, » et que
« M. Bonjean, réfuté si complètement, eut non seulement
« l'esprit de se taire, mais en estima encore davantage son
« éminent contradicteur, qui avait gardé dans sa discussion
« avec lui la mesure la plus parfaite et la plus exquise poli-
« tesse. » J'ai cru seulement remarquer dans tout ceci comme
la preuve d'un amour paternel très légitime ; au reste, le
style, c'est l'homme.

Nous voici arrivés maintenant à la grande épreuve du
concile du Vatican où se rendit le cardinal Mathieu. C'était,
nous dit son biographe, t. II, p. 257, son « dixième et dernier
« voyage (à Rome). Il partit le 20 novembre... Il n'ignorait
« pas que la question de l'infaillibilité du Pape serait traitée
« au Concile. » Comment le savait-il ? Le Pape ne s'en doutait
pas lui-même ; du moins, il ne prit en aucune façon l'initiative à cet égard, puisque les théologiens qu'il avait appelés
en 1868 des diverses contrées catholiques pour préparer les
matières à discuter dans le concile, avaient passé sous silence
ce point de doctrine dans leur projet de décret sur l'Eglise [1].

---

[1] On comptait parmi eux, dans la Commission de la théologie dogmatique, Mᵍʳ Jacquenet, notre compatriote déjà cité, et M. Gay, vicaire

Quels furent donc les promoteurs de cette question, sinon les gallicans eux-mêmes qui, par une adresse singulière, élevèrent d'avance leurs batteries pour attaquer un ennemi imaginaire, et qui, selon une belle expression d'un Prélat français, rendirent *nécessaire* une définition qu'ils avaient tant proclamée *inopportune?* N'est-ce pas ce que fit, au moins, Mgr Maret, évêque de Sura *in partibus;* et, après lui, Mgr Dupanloup, évêque d'Orléans? Le premier, nous dit Mgr Besson, avait « communiqué au cardinal Mathieu le projet « et les premières épreuves de son livre. Celui-ci improuva « très nettement l'entreprise, dissuada le doyen de la Sor- « bonne de la poursuivre, et, n'ayant pu l'obtenir, pria l'au- « teur de ne plus lui faire de communications. »

J'aime à croire ce que dit ici Mgr Besson; seulement, je trouve étrange que le doyen de la Sorbonne ait osé faire une pareille injure à l'auteur du livre dont j'ai parlé tout à l'heure, à moins qu'il n'ait pas cru à la sincérité de ses sentiments écrits, ou qu'il n'ait eu encore par-devers lui quelque autre motif de le regarder toujours comme le chef *invisible* de l'Eglise gallicane. C'est sous ce titre, en effet, que l'Archevêque de Besançon avait été représenté au Pape en 1862 par un autre Cardinal qui le connaissait bien et qui savait parfaite- ment tout ce qui se passait en France : je veux parler du cardinal Gousset, qui était, de son côté, le chef *visible* des ultramontains de France. Mais passons, et voyons si réelle- ment Mgr Mathieu avait toujours les idées romaines émises sous son nom.

« Une première assemblée (des Evêques de France) faite « à Saint-Louis-des-Français groupa soixante-quinze Prélats « dans les salons du cardinal de Bonnechose. » Il me semble qu'ici Mgr Besson va bien vite en besogne, et je voudrais savoir quel jour eut lieu cette fameuse réunion que l'on dit avoir été la première. Je crois, au contraire, que cette assem- blée monstre ou mixte ne se réunit pas tout de suite, ainsi que je vais l'expliquer. On sait que le Concile tint sa première

general de Poitiers, aujourd'hui évêque d'Anthédon *in partibus.* C'était là la part des Français pour cette Commission spéciale.

session, ou fit son ouverture solennelle, le 8 décembre. Le surlendemain eut lieu la première Congrégation générale, où l'on annonça aux Pères qu'ils éliraient, le 14, les membres des quatre commissions qui auraient à s'occuper de la Foi, de la Discipline, des Ordres religieux, et enfin des Eglises orientales et des Missions étrangères.

Quand Monseigneur de Versailles me fit part de cette mesure, je pris la liberté de lui faire observer qu'elle me paraissait peu sage, parce qu'en faisant un vote d'ensemble comme celui-là, on se priverait du droit et de l'avantage de pouvoir choisir, pour une seconde commission, le candidat qu'on aurait présenté et qui aurait échoué dans l'élection de la première ; d'où il pourrait arriver que les membres les plus capables des divers clergés fussent exclus de toutes les commissions et privés ainsi de toute action et influence directe sur le Concile. Heureusement que l'on revint tout de suite de cette première idée, et les Pères apprirent à temps que, le 14, on ne nommerait que les députés de la Commission de la Foi. Restait à savoir combien la France pourrait proposer de membres pour cette Commission, qui, comme les trois autres, devait en compter vingt-quatre ; or sa part fut réduite à deux.

Mais, avant le revirement dont je viens de parler, un certain nombre d'Evêques français s'étaient réunis chez le cardinal Mathieu, et dans l'idée où ils étaient encore qu'on élirait ensemble les membres des quatre Commissions et que la France en aurait quatre dans chacune, ils avaient fixé leur choix sur ce pied-là. La chose nous fut racontée de cette façon par Monseigneur l'Archevêque de Rennes dans deux visites successives que nous lui rendîmes, la première avant l'élection et la seconde après. Dans la première, ce digne Prélat nous avait exprimé de tels sentiments sur la bonté, et même sur la bonhomie ou le laisser-faire du cardinal Mathieu, que, tout étonné de l'illusion où il était à cet égard, je lui demandai la permission de l'éclairer un peu mieux sur ce point. Au reste, lui dis-je, puisque Votre Grandeur va demain à sa réunion, Elle verra ce qui en est. En effet, dans notre seconde visite, Monseigneur de Rennes, amené sur ce terrain, s'écria : Oh! ne m'en parlez pas ; figurez-vous qu'on n'a élu que des gallicans et que j'avais le malheur d'être scrutateur ; je n'y retournerai pas. Tel fut certainement le sens de ses paroles ; du reste, personne n'ignore les convictions ultramontaines de cet Archevêque, qui, obligé de quitter Rome avant la fin du Concile pour cause de santé, prévint la définition et envoya de Rennes au Saint-Père, dès le 26 juin, son *placet* en faveur de l'infaillibilité, demandant qu'il fût consigné dans les fastes du Concile comme un témoignage authentique de sa foi et de la tradition de son Eglise. Mais où ce Prélat avait-il puisé l'idée qu'il s'était faite du cardinal Mathieu? Sans doute dans la bienveillance avec laquelle celui-ci avait accueilli, et le zèle avec lequel il avait défendu une de ses pétitions au Sénat en 1862.

Maintenant, il faut savoir que le Saint-Père n'avait pas dû faire plaisir à Mgr Mathieu, en lui préférant le cardinal de Bonnechose comme membre de la haute Commission dite des *postulata* qu'il avait choisie lui-même, et qui était chargée d'accueillir ou de repousser les propositions que les Prélats voudraient faire discuter au concile. Le cardinal de Bonnechose, en effet, n'était entré au Sacré-Collège qu'en 1863, plus de treize ans après Mgr Mathieu ; pourquoi donc le Pape lui avait-il fait l'honneur de le comprendre parmi les douze Cardinaux que comptait cette Commisssion, savoir Patrizzi, évêque de Porto, di Pietro, évêque suburbicaire d'Albano, de Angelis, archevêque de Fermo, Corsi de Pise, Riario-Sforza de Naples, Rauscher de Vienne en Autriche, Cullen de Dublin en Irlande, Moréno de Valladolid en Espagne, Barili du titre de Saint-Agnès, Monaco la Valetta de Sainte-Croix, et le cardinal-diacre Antonelli, secrétaire d'Etat[1]? On a raconté dans le temps, mais de mauvaises langues sans doute, que Mgr Mathieu avait dit en voyant cette liste : Le Pape veut donc m'enterrer tout vivant. Quoi qu'il en soit, on peut croire que cet acte du Pape ne contribua pas peu à causer au cardinal Mathieu la nostalgie qui le saisit bien vite,

---

[1] Cette Commission comptait en outre quatorze autres membres tant Archevêques qu'Evêques de diverses nations, entre autres un Français, Mgr Guibert, archevêque de Tours.

puisqu'il prit congé pour revenir en France avant le 18 décembre 1869.

Mgr Besson attribue ce voyage, et un autre qui suivit, à une cause bien différente. Voici son explication : « Des cir- « constances inattendues obligèrent deux fois le Cardinal à « quitter le Concile. Ce fut d'abord pendant les fêtes de Noël « 1869. Il était appelé à Paris auprès de son frère qui venait « d'être frappé d'une attaque de paralysie et dont les jours « étaient en grand danger. La mort de l'amiral Mathieu « n'arriva (cependant) que le 7 avril 1870. Le Cardinal avait « obtenu un second congé pour aller recevoir son dernier « soupir. » Je ne veux certes pas m'inscrire en faux contre ce témoignage assez plausible ; mais si Mgr Besson a dit la vérité, peut-être n'a-t-il pas dit toute la vérité ; car il fut question ostensiblement dans le temps (et le *Bulletin religieux de Versailles* lui-même en parlait dans son numéro du 26 décembre 1869) d'une ordination (inattendue) à faire à Besançon. Quant à son second congé, ce Bulletin l'attribuait, le 27 mars 1870, à son désir d'assister à l'inauguration de l'Eglise de Montbéliard. Quoi qu'il en soit, de mauvaises langues dirent encore, pour expliquer son premier départ, qu'il avait senti le besoin de s'éclipser, pour un temps, après l'élection trop hâtive de ses députés pour les quatre Commissions. En tout cas, je crois qu'il n'était plus à Rome quand eut lieu l'*assemblée* mixte, signalée par Mgr Besson, de *soixante-quinze Prélats français dans les salons du cardinal de Bonnechose trop petits pour les recevoir,* et que ce fut son absence qui décida ceux de sa réunion à s'y rendre eux-mêmes et sans convocation. Voici, si je ne me trompe, comment la chose arriva.

Dès qu'on eut fait connaître aux Pères qu'on n'élirait le 14 décembre que les membres de la Commission de la Foi et que la France n'y aurait que deux représentants, les Evêques français cherchèrent à s'entendre pour faire leur choix. Or, on dit un jour à Monseigneur de Versailles que, quand même la France nommerait un gallican, cela ne tirerait pas à conséquence, parce qu'il se trouverait perdu dans la masse des ultramontains. Cette proposition, quoique admise en haut lieu, déplut à Mgr Mabile, et il déclara hautement que jamais il n'élirait pour représenter sa foi quelqu'un qui ne l'aurait pas. Je confirmai moi-même le Prélat dans cette idée, en lui faisant observer que, quand même le gallican en question ne parviendrait pas à brouiller les choses, il en résulterait toujours pour l'Episcopat français la honte de s'être fait représenter par un gallican en matière de foi. C'est pour cela que Monseigneur de Versailles et plusieurs autres de ses collègues, animés des sentiments romains, s'abstinrent d'assister à la réunion qui devait avoir lieu chez le cardinal de Bonnechose pour fixer définitivement le choix des commissaires français; mais leurs places furent plus qu'occupées par les partisans du cardinal Mathieu. Je passe sous silence ce qui eut lieu dans cette assemblée; seulement je doute fort qu'il s'y soit trouvé soixante-quinze Prélats, attendu les abstentions dont j'ai parlé et le nombre des Evêques français alors présents à Rome, qui ne dépassait guère quatre-vingts.

Au reste, quand on eut appris à Monseigneur de Versailles le choix fait de NN. SS. Régnier, archevêque de Cambrai, et Pie, évêque de Poitiers, pour la Commission de la foi, il se garda bien de manquer au mot d'ordre, et mettant de côté ses préférences *personnelles* pour Mgr Plantier, évêque de Nîmes, qui ne tenaient pas au fond des choses, il vota, non seulement pour l'Archevêque de Cambrai, mais aussi pour l'Evêque de Poitiers, qui obtinrent les n°s 4 et 2 dans la liste générale des élus. On avait recueilli en effet dans une même liste générale les noms des Prélats proposés par l'Episcopat de chaque nation catholique. On fit de même pour les autres commissions, et c'est ainsi que les Evêques de Nîmes, du Mans et de Quimper entrèrent dans celle de la Discipline avec les n°s 10, 16 et 18, l'Evêque de Strasbourg et l'Archevêque de Rennes dans celle des Ordres religieux sous les n°s 2 et 3, et enfin l'Archevêque d'Alger et l'Evêque d'Angoulême dans celle des Rites orientaux et des Missions étrangères sous les n°s 3 et 20. Chose remarquable! aucun des élus du clergé français ne représenta nulle part le gallicanisme. C'était une belle victoire et un excellent présage. Il n'y eut pas jusqu'à Mgr Landriot, archevêque de Reims, un des cinq membres du

Tribunal des excuses ou des congés, qui ne finît par donner
son *placet* en faveur de l'infaillibilité pontificale, bien qu'il
eût été, dans le principe, du nombre des inopportunistes français [1]. Voilà donc les douze Prélats qui eurent l'honneur de

[1] Le nombre de ces inopportunistes fut d'une trentaine environ, et
voici comment ils se firent connaître. Le 3 janvier 1870, une quarantaine
de Pères rédigèrent une pétition ou *postulatum* pour demander que la
question de l'infaillibilité pontificale fût discutée et définie au Concile.
Parmi eux figuraient neuf Prélats français, savoir les Evêques de Strasbourg, Montauban, Laval, Quimper, Carcassone, Nîmes, Rodez, le Mans
et Saint-Denys. Cette pétition courut le monde et finit par recueillir à la
longue environ cinq cents signatures. C'est ce qui donna lieu aux opposants de se montrer, et ils rédigèrent de leur côté plusieurs *contre-
postulata* dans lesquels ils priaient le Pape d'écarter cette question.
Celui des Evêques d'Allemagne, d'Autriche et de Hongrie réunissait
une quarantaine de signataires ; celui des Prélats de France, calqué sur
le premier, une trentaine ; les Evêques des Etats-Unis étaient au nombre
de vingt-cinq, ceux d'Italie au nombre de sept, à quoi il faut ajouter
dix-sept orientaux des rites melchite et chaldéen ; en tout cent vingt
inopportunistes environ. Ces diverses pièces sont datées des 12, 15 et
18 janvier 1870. Or le Saint-Père, au lieu d'entrer dans les vues des
opposants, aima mieux se ranger du côté de la grande majorité, et, le
6 mars, le secrétaire du Concile distribua aux Pères le chapitre additionnel qui avait été rédigé en faveur de l'infaillibilité.
Mais comme la discussion de ce chapitre, qui se trouvait le onzième
du projet proposé sur l'Eglise, n'arriverait que bien tard, ou plutôt
n'arriverait jamais, si on suivait cet ordre des matières, plusieurs Pères
écrivirent le 23 avril au Pape pour demander que ce chapitre fût soumis
de suite aux délibérations de l'assemblée, et le 29 ils le remercièrent
d'avoir exaucé leur prière. Ce fut en vain que les opposants, au nombre
de soixante-cinq, dont dix-huit français y compris le cardinal Mathieu,
protestèrent le 8 mai contre le changement d'ordre établi dans la
discussion ; dès le 13 dudit mois, Mgr Pie fit, au nom de la Commission
de la Foi, son rapport sur le projet de décret relatif à la primauté et à
l'infaillibilité pontificale devenues l'objet d'une *première Constitution sur
l'Eglise,* et le lendemain commença la discussion générale sur cette
Constitution.
Le primat de Hongrie, Mgr Simor, archevêque de Gran, dans une Circulaire de 100 pages in-8°, en date du 15 août 1872, où il a fait un excellent commentaire sur les deux Constitutions dogmatiques du Vatican, a
fait ressortir la sagesse de cet arrangement *nouveau* de la manière suivante : « Le concile du Vatican, voulant parler de l'Eglise de Jésus-
Christ, a eu bien raison de commencer par le Souverain-Pontife, parce
que, nous aussi, quand nous construisons une maison, nous commençons
par poser le fondement, et que le divin Sauveur lui-même, avant de
mettre la main à l'édification de l'Eglise, a pris souci de son fondement
qu'il a placé d'abord en disant à Pierre : Tu es Pierre, et sur cette pierre,

représenter l'Eglise de France dans les Commissions du concile du Vatican. Mais, comme on n'y discuta guère que des questions de foi, y compris celle du catéchisme qui s'y rattache à certain point de vue, Mgr Pie eût seul l'avantage d'y faire briller son talent *ex officio* au nom de la Commission dont il faisait partie ; les autres pérorèrent en leur propre nom, et ils n'y manquèrent pas, puisque sur trois cent-soixante discours environ qui furent entendus dans quatre-vingt-six congrégations générales, ils en fournirent pour leur part au moins quatre-vingts, ou les deux neuvièmes, quoiqu'ils ne fussent que le neuvième en nombre dans l'assemblée, doublant ainsi leur droit.

Mais voyons quelle part active le cardinal Mathieu prit aux débats et aux conclusions de l'assemblée, d'abord dans sa réunion au palais Salviati où il logeait, et ensuite au Vatican lui-même dans la salle conciliaire. Mgr Besson nous dit qu'après ce qu'il lui a plu d'appeler « la première assemblée de « soixante-quinze Prélats dans les salons du cardinal de « Bonnechose, trop petits pour une pareille réunion, on se « sépara dès la semaine suivante, et il fut convenu (entre « qui?) qu'il y aurait au palais Salviati, sous la présidence « du cardinal Mathieu, une autre assemblée. C'était, dit il, « une réunion distincte de la première, mais qui d'abord ne « lui semblait pas contraire. On s'était promis de se commu- « niquer et de s'entendre (cela est-il sûr?). Les Prélats français

---

je bâtirai mon Eglise. Jésus-Christ a donc mis dans Pierre le commencement (l'origine) du pouvoir qu'il a donné à son Eglise et conféré à ses apôtres... Il l'a choisi parmi ceux-ci pour qu'il fût le chef de tous, *la source de la juridiction* et le centre de l'unité... Et certainement, au témoignage des saintes lettres, Jésus-Christ n'a pas institué la primauté de manière à l'attacher comme un appendice à son Eglise déjà préparée (ou organisée), mais il l'a établie de telle sorte que celui à qui il l'a donnée devînt dans l'Eglise ce qu'est le fondement dans un édifice, c'est-à-dire la partie la plus essentielle de l'Eglise. La primauté n'a donc pas été surajoutée à l'Eglise comme un ornement dont elle pourrait se passer ; mais plutôt, sans elle, l'Eglise elle-même manquerait de pierre fondamentale, de chef visible, de suprême Pasteur, ou, ce qui reviendrait au même, elle cesserait d'être la véritable Eglise de Jésus-Christ. » Les théologiens songeront à cela désormais dans leur Traité de l'Eglise pour l'organiser convenablement.

« choisirent entre ces deux groupes, chacun selon son pen-
« chant. Mgr Mathieu se trouva par le fait à la tête d'une
« assemblée qui dessina peu à peu ses allures et passa à la
« longue pour être le centre de l'opposition à la définition de
« l'infaillibilité pontificale. Ce rôle répugnait à son caractère,
« à ses sentiments, à ses antécédents bien connus. »

Mgr Besson cite plus bas, comme à l'appui de cette appréciation, la suivante de M. Emile Olivier (*le Concile du Vatican*, II,
13) : « Le groupe français, présidé par le cardinal Mathieu, paraît
« marcher à la suite du bruyant Evêque d'Orléans ; en réalité,
« c'est le sage Archevêque de Paris qui le dirige. » Mgr Besson
répond : « Ce que M. Olivier appelle la sagesse de l'Arche-
« vêque de Paris n'était pas toujours ni admiré, ni suivi par
« le cardinal Mathieu... Il était entraîné par son groupe plutôt
« qu'il ne le dominait (n'est-ce pas là ce qu'a dit M. Olivier?),
« et sa position un peu contrainte ne laissa pas de peser
« beaucoup à son cœur. » S'il en était ainsi, pourquoi ne
reprenait-il pas sa liberté ? Si *le rôle* qu'on lui faisait jouer
répugnait à son caractère de Cardinal sans doute, à *ses sentiments* vraiment ultramontains, et *à ses antécédents bien connus*
de dévouement au temporel du Saint-Siège plus qu'au spirituel, ne devait-il pas remercier l'assemblée qui se tenait
chez lui et la prier de se réunir ailleurs ? Cela eût été d'autant
plus naturel et plus simple que lui seul célébrait ainsi un
petit concile dans le grand.

Il n'y avait pas, en effet, deux assemblées toujours subsis-
tantes de Prélats français, les uns romains chez le cardinal de
Bonnechose, et les autres gallicans chez le cardinal Mathieu.
Une fois les élections faites, les premiers avaient pris leur
liberté, pour faire partie, ou non, à leur gré, de certains
petits groupes formés quelque part. C'est ainsi que Monseigneur de Versailles, par exemple, s'est rendu un certain
nombre de fois, avec ses vénérables compatriotes les Evêques
de Montauban et de Langres et Mgr de la Bouillerie, évêque de
Carcassonne, qui vient de mourir tout récemment coadjuteur de Bordeaux, chez Mgr de Dreux-Brézé, évêque de Moulins, pour se concerter avec eux sur ce qu'il y avait à faire et
à dire ; et ce dernier Prélat a parlé quelquefois, en leur nom

comme au sien, dans les congrégations générales. Voilà le seul club auquel Mgr Mabile ait assisté, avec son théologien qui aurait pu y rencontrer celui de Monseigneur de Langres, s'il y était venu.

Quand Mgr Besson dit, après cela, que le cardinal Mathieu n'admirait et ne suivait pas toujours la sagesse de l'Archevêque de Paris, je veux bien le croire et j'en félicite le Cardinal ; car les principes et la pratique de Mgr Darboy, stigmatisés si vivement par le Pape dans un Bref célèbre du 26 octobre 1865 qu'on a imprimé avec traduction française en 1868, n'étaient pas de nature à mériter l'approbation d'un Prince de l'Eglise romaine ; et pourtant Mgr Besson fait dire au Cardinal, t. II, p. 300, au sujet de Mgr Darboy : « Lorsque « j'étais avec lui au Sénat, j'ai pu constater combien on était « injuste envers lui. » De quelle injustice s'agit-il ici ? Est-ce de celle que le Pape aurait commise ? On serait presque tenté de le croire, puisque c'est précisément au Sénat que l'Archevêque de Paris avait débité la plupart des erreurs que le Pape lui reprochait dans son Bref de 1865. En plaignant ainsi Mgr Darboy, le Cardinal se rappelait peut-être qu'il n'avait pas été tout à fait étranger au succès de sa translation du siège de Nancy à celui de Paris en 1863, comme on me le dit à Reims à cette époque.

Mais arrivons aux actes personnels du Cardinal au concile. Mgr Besson nous déclare à ce propos que, « malgré ses deux « voyages (en France), il se fit remarquer dans l'assemblée « conciliaire par son assiduité aux séances et par son attention « scrupuleuse à suivre les discussions genérales. » Pour en dire ce que j'en sais, j'affirmerai ici que je n'ai jamais vu Mgr Mathieu entrer avec les autres à la salle conciliaire ; pourtant j'accompagnais toujours Monseigneur de Versailles quand il se rendait à l'assemblée, et il y était d'ordinaire assez longtemps avant l'ouverture de la séance ; or, une fois qu'il était entré, je m'adjoignais assez souvent à la foule des curieux qui se rangeaient en ligne dans la grande nef de Saint-Pierre pour voir défiler les Prélats à mesure qu'ils arrivaient. Eh bien ! me dira-t-on, vous prétendez que le cardinal Mathieu n'allait pas au concile ? Au contraire, je croirais pouvoir dire ici à sa louange que non seulement il était *assidu aux séances,* mais encore qu'il y arrivait toujours l'un des premiers; quant à son *attention* à écouter, je ne puis pas en témoigner *de visu* et j'ignore où Mgr Besson a puisé ce renseignement.

J'ajouterai à ce qui précède qu'il m'est arrivé quelquefois de rencontrer dans l'enceinte de Saint-Pierre le commensal du Cardinal, Mgr Epivent, évêque d'Aire, et que, comme j'avais eu l'honneur de lui rendre visite avec l'Evêque de Versailles au palais Salviati, je me suis permis de lui adresser alors la parole pour lui demander des nouvelles de sa position; or il n'a eu qu'à se féliciter toujours du bonheur qu'il avait de loger sous le même toit que le Cardinal, qui avait la bonté de l'amener au concile dans sa voiture. C'est pourquoi j'applaudis à ce que raconte Mgr Besson, t. I, p. 47, quand il dit : « Les « deux Prélats étaient séparés sur la question de l'opportu- « nité de la définition de l'infaillibilité pontificale; mais ni « l'Evêque d'Aire ne se crut obligé de suivre le sentiment de « son illustre commensal, ni le cardinal Mathieu ne s'offensa « d'avoir à côté de lui un Evêque d'une opinion différente de « la sienne, tant ils avaient de déférence l'un pour l'autre, « et tant a été grande la liberté du concile. » Au reste, personne au monde n'a jamais pu douter de l'amabilité du Cardinal en dehors de son diocèse, et même, dans son diocèse, vis-à-vis des laïques, ou des prêtres qui ne lui déplaisaient pas.

Maintenant, pour ce qui regarde les discours du cardinal Mathieu au concile, Mgr Besson dit « qu'il prit deux fois la « parole et se fit *écouter avec un vif intérêt.* L'habitude qu'il « avait de la langue latine (par suite de ses allocutions « annuelles au collège Saint-François-Xavier) l'avait mis en « relief depuis quarante ans (mettons vingt-huit) dans le clergé « français (ou plutôt franc-comtois). Il parla la première « fois dans la discussion du *schema* (ou projet de décret) re- « latif à l'établissement d'un petit catéchisme uniforme dans « toute l'Eglise. » On lisait dans le *Bulletin religieux* de Versailles, le 20 janvier 1870, qu'il avait parlé « en bon latin, « dit-on, une demi-heure, sans consulter ni notes, ni ma-

« nuscrit. » Soit ; mais dans quel sens a-t-il parlé ? Je regrette que Mgr Besson ne nous le dise pas, car alors même qu'il aurait plaidé *pro domo sua* en faveur des catéchismes diocésains, son biographe n'eût pas été embarrassé de justifier ses prétentions à cet égard dans l'intérêt de son Eglise et pour le bien de son diocèse, comme il l'a fait pour la propriété des livres liturgiques. Quoi qu'il en soit, il n'eut pas le dernier mot sur la question, puisqu'il fut le premier à la traiter et que son discours là-dessus fut suivi d'une quarantaine d'autres, dont onze de Prélats français, pendant six congrégations générales tenues du 10 au 22 février, sans compter celle ou celles qui eurent lieu plus tard pour arriver enfin au vote définitif du 4 mai, qui réunit quatre cent-cinquante *placet* contre quarante-quatre *juxta modum* et cinquante-six *non placet,* ceux-ci d'Allemands pour la plupart, à cause de leur attachement au catéchisme du bienheureux Canisius en usage dans leur pays.

On avait entendu sur cette matière le cardinal Rauscher, archevêque de Vienne, NN. SS. Simor, de Gran en Hongrie, Scher, de Munich en Bavière, et, après les Evêques d'Ausbourg et de Trèves, l'Archevêque de Colocza en Hongrie, Mgr Haynald qui fut, par parenthèse, rappelé à l'ordre alors par le cardinal Capalti, cinquième président du concile. Quand on reprit plus tard l'affaire pour la terminer, ce fut, je crois, le cardinal Donnet qui fit un des derniers discours sur la matière, et qui profita de l'occasion pour demander d'urgence la discussion du projet sur l'infaillibilité. On trouve son discours sur le catéchisme au t. IXe de ses œuvres, p. 26. Il y déclarait qu'il admettait le *schema* tout entier et qu'il désirait très ardemment que tous l'approuvassent sans délai.

Je dois ajouter ici que Monseigneur de Versailles avait parlé aussi dans cette discussion dès le 15 février. Le *Bulletin religieux* de Versailles citait, dans son numéro du 27, le passage suivant de l'*Univers :* « Mgr Mabile, évêque de Versailles, a pris la parole dans la congrégation générale du 15 février. Il paraîtrait que son discours a été très goûté. Nous ne pouvons malheureusement en connaître la substance. » Le *Bulletin* ajoutait ensuite, d'après son propre correspondant : « Nous avons su que les paroles de Monseigneur de Versailles lui avaient attiré les félicitations d'un grand nombre de Pères du concile. » Enfin, le 6 mars, il tirait du *Petit Echo* de Rome l'article suivant : « Dans la séance du 15 février, le vénérable Evêque de Versailles a prononcé un discours plein de doctrine dont toute la ville s'est entretenue le soir. Ceux qui exigent d'un orateur l'éclat du style et de l'imagination, la véhémence de la voix et du geste, auront trouvé sans doute que Mgr Mabile n'est pas leur idéal. Mais les esprits sérieux qui préfèrent les arguments aux figures de rhétorique, l'enseignement traditionnel de l'Eglise aux brillantes et fallacieuses utopies, le langage sévère, clair et précis de l'apôtre aux périodes plus ou moins creuses de l'académicien, ont été servis à souhait. Cette sorte d'esprit forme la presque totalité du concile, et c'est pourquoi la parole de l'Evêque de Versailles a produit sur toute l'assemblée la plus vive sensation. Monseigneur de Carcassonne, qui a parlé après lui, s'est complu à le citer, et les cardinaux-présidents, Capalti et Bilio, ont dit à un de leurs familiers « que rien d'aussi remarquable n'avait été émis jusque-là sur la matière. » Pendant que Mgr Mabile descendait de la tribune, un Evêque italien se pencha à l'oreille de son voisin et lui dit : « *Quis est iste?* » — *Gallus,* lui fut-il répondu, *sed non gallicanus.* — Ce mot avait déjà été prononcé par le Saint-Père, au séminaire français, à propos d'un portrait de Mgr Gousset. On voit qu'il a été recueilli et qu'il fait fortune. Heureux ceux qui en méritent l'application ! »

Comme, après un pareil rapport, quelques-uns de mes lecteurs pourraient désirer connaître un peu ce qu'a pensé et dit Mgr Mabile, je crois pouvoir leur offrir en français, sinon ses propres paroles, du moins leur traduction *assez fidèle.* On trouvera donc ce discours à la fin de cet ouvrage. Je le signalerai d'autant plus volontiers que le vote favorable à la rédaction d'un catéchisme universel n'a pas encore reçu son exécution, et que par conséquent un discours sérieux sur cette matière a toujours de l'actualité. (Voir note *A* à la fin du volume.)

Je passe maintenant au second discours du cardinal Mathieu.

Ce second discours, nous dit Mgr Besson, « fut *encore plus re-*
« *marqué.* C'était sur le *schema* relatif à l'Eglise... Au cours
« de la discussion, Mgr Valerga, patriarche latin de Jérusalem,
« attaqua l'ancien clergé de France et mit en doute sa fidé-
« lité envers le Saint-Siège. La réponse de Mgr Dupanloup,
« quelque concluante qu'elle fût, laissait encore quelque
« chose à dire au cardinal Mathieu. Il le fit dans un latin
« élégant et facile (toujours!) et avec l'accent de cette piété
« filiale dont il faisait publiquement profession envers les
« Evêques de l'ancienne France morts en exil (avant le Con-
« cordat, soit!) ou sur l'échafaud en témoignage de la foi
« catholique (très bien!)... Il était au moins inutile d'attaquer
« l'ancien clergé de France. »

J'ignore ce qu'avait dit Mgr Valerga, et si, par conséquent,
il avait attaqué les personnes ou seulement les doctrines
gallicanes ; mais il n'était certainement pas *inutile* de montrer,
par exemple, le mal que les quatre articles avaient fait en
France et ailleurs, même à ceux qui étaient morts en exil
après le Concordat, puisque les principes gallicans qu'ils pro-
fessaient les menaient tout droit au schisme, et que la bonne
foi seule pouvait les excuser ; et Mgr Besson lui-même n'a-t-il
pas avoué au commencement de son livre que le cardinal de
Montmorency et son auxiliaire, Mgr d'Urgons, avaient dû se
réconcilier à l'Eglise pour mourir en paix? Laissons donc là
l'inutilité, et poursuivons.

« Il s'agissait de définir l'infaillibilité pontificale et de
« transformer en dogme une croyance universellement reçue
« dans toute l'Eglise, fondée sur l'Ecriture, appuyée par les
« Pères et la Tradition, pour laquelle l'histoire avait mille
« arguments, et contre laquelle une raison judicieuse n'avait
« pas une seule objection à formuler. » J'admets bien volontiers tout ce qu'affirme ici Mgr Besson, sauf l'universalité de
la croyance dont il parle, puisqu'il y avait encore des gallicans, au moins NN. SS. Maret et Darboy ; et que l'on soule-
vait une masse d'objections contre cette doctrine. Qu'aucune
raison judicieuse ne fût en droit d'en formuler, je le veux
bien ; mais enfin il y avait encore, soit en France, soit en
Allemagne, des raisons *peu judicieuses,* telles que celles des

abbés Gratry et Dœllinger, pour ne pas en citer d'autres [1].

« Ce n'était pas, il est vrai, ajoute Mgr Besson, l'infaillibilité « elle-même qui était discutée au concile, mais l'opportunité de « la définir. » Ici je ne suis pas de son avis ; car, s'il n'eût été question que de l'opportunité, on n'aurait pas discuté si long-temps et surtout tant épilogué sur le texte de la définition ; on se serait contenté d'exposer les dangers que l'on redou-tait, et ces dangers une fois révélés au concile, comme la vérité de la définition elle-même n'aurait pas été en jeu, on se serait tout naturellement soumis au vœu bien connu d'une majorité écrasante, en lui laissant au besoin la responsabilité de son acte. Est-ce bien ainsi qu'on a procédé ? et n'y a-t-il pas eu, au contraire, comme un déluge de discours qui étaient plus qu'inopportunistes ?

La discussion générale sur la Constitution a duré du 14 mai au 3 juin, dans quatorze congrégations générales, où l'on a entendu cinquante-quatre discours, sans compter ceux des délégués de la Commission de la Foi, au nombre de dix [2]. Là

---

[1] Personne n'ignore le tort que se fit l'illustre académicien Gratry en composant et publiant ses lettres contre l'infaillibilité. Les deux pre-mières, où il se prévalait du fait d'Honorius et déclamait contre les fausses Décrétales, furent condamnées le 15 février 1870 par Monseigneur de Strasbourg, auquel adhérèrent successivement un grand nombre de Prélats, notamment une vingtaine de Français, parmi lesquels NN. SS. Doney, Caverot, Mabile et Guerrin. Mais cela n'empêcha pas M. Gratry d'aller plus loin, jusqu'à attribuer certaines légendes du Bréviaire romain à une école de mensonge. Il en était déjà à sa quatrième lettre vers le milieu du mois de mars, lorsque M. l'abbé de Geslin, le malin colla-borateur du *Clocher*, fit paraître l'excellente réfutation de la première dans son livre intitulé : *le Chant du cygne gallican*. Je laisse de côté beaucoup d'autres publications qui tombèrent dru comme grêle sur le dos du malencontreux écrivain, nouveau Pascal qui n'eut heureusement pas le funeste succès du premier. J'aime mieux rappeler à mes lecteurs que M. Gratry eut le bonheur de se reconnaître, et qu'il fit adhésion au concile du Vatican le 25 novembre 1871, moins de trois mois avant sa mort, dans une lettre adressée à Monseigneur l'Archevêque de Paris. Malheureusement, il n'a pas été imité par le fameux prévôt de Munich, M. l'abbé Dœllinger, qui a trop marché sur les traces de Lamennais et a fait plus de mal que lui en donnant naissance à la secte détestable des vieux-catholiques.

[2] Chaque séance commençait d'ordinaire par un discours d'un des membres de la Commission de la Foi, en réponse aux objections ou observations des orateurs entendus dans la précédente. Nous avons déjà

ont parlé treize Prélats français, entre autres NN. SS. Darboy, Ginouilhac et Maret, qui fut rappelé à l'ordre par le cardinal

signalé le rapport général fait par M⁅ᵍʳ⁆ Pie le 13 mai sur l'ensemble de la Constitution proposée au concile. Le 16, ce fut le tour de Mᵍʳ Dechamps, archevêque de Malines ; le 18, de Mᵍʳ Garcia Gil, archevêque de Sarragosse ; le 19, du cardinal Cullen, archevêque de Dublin, de la commission des *Postulata* ; le 20, de Mᵍʳ Simor, archevêque de Gran, primat de Hongrie ; le 21, de Mᵍʳ Leahy, archevêque de Cashel ; le 23, de Mᵍʳ Hassoun, patriarche des Arméniens ou de Cilicie ; le 24, de Mᵍʳ de Preux, évêque de Sion en Valais ; le 25, de Mᵍʳ Manning, archevêque de Westminster ; le 28, de Mᵍʳ de Senestrey, évêque de Ratisbonne ; le 30, de Mᵍʳ Spalding, archevêque de Baltimore, et le 21 de Mᵍʳ Schœpmann, archevêque d'Utrecht. Je rapporte tous ces noms pour faire connaître les représentants des principales nations catholiques dans la Commission de la Foi. On en vit paraître d'autres plus tard, savoir, le 15 juin, Mᵍʳ d'Avanzo, évêque de Calvi et Théano ; le 5 juillet, Mᵍʳ Zinelli, évêque de Trévise, et le 11, Mᵍʳ Gasser, évêque de Brixen. J'ajouterai que ce dernier avait déjà parlé sur la première Constitution de la Foi, ainsi que NN. SS. Simor, Pie et Martin, évêque de Paderborn Si Mᵍʳ Régnier, archevêque de Cambrai, n'a pas fait de rapport au concile, il s'en est dédommagé en envoyant de Rome à son clergé, le 15 mai et le 12 juin, deux circulaires assez longues en faveur du concile et du dogme de l'infaillibilité.

Au reste, ce n'est pas à cela que se réduisit le travail de la Commission de la Foi. Déjà, avant qu'on discutât la Constitution, elle avait dû non seulement la rédiger en y introduisant le quatrième chapitre de l'infaillibilité, mais encore analyser les observations faites par les Pères, d'abord sur le chapitre xi du projet primitif ou sur les trois premiers chapitres de la nouvelle Constitution, et ensuite sur le chapitre ajouté traitant de l'infaillibilité. Or son analyse sur le premier chef remplissait une cinquantaine de pages in-8° sous 88 numéros distincts, et celle où il s'agit du second, environ cent-cinquante sous 139 numéros. Enfin, dans le cours de la discussion, elle résuma admirablement dans quarante-deux pages ses réponses à toutes les objections et observations qu'on lui avait adressées sur son projet de Constitution. Ce qui ne l'empêcha pas d'adopter ensuite un assez grand nombre d'amendements qui ont modifié son travail. (On trouvera dans la note *C* à la fin de cet ouvrage le projet de Constitution et la Constitution elle-même mis en parallèle.)

Quant au travail des autres commissions, je n'en puis rien dire ; seulement, je raconterai ingénument à mes lecteurs que, m'étant trouvé en relation avec Mᵍʳ Fillion, évêque du Mans, mon ancien condisciple à la solitude d'Issy, qui faisait partie de la Commission de la Discipline, je me suis permis de lui faire observer un jour qu'on n'en finirait pas, si on voulait discuter mot à mot des projets de décrets trop délayés. J'aurais voulu que l'on rédigeât en quelques pages les points principaux de l'organisation disciplinaire de l'Eglise, tels que celle-ci les formulerait si elle jouissait de sa pleine liberté, sans s'occuper des besoins particuliers

Bilio, un des présidents, et dont le discours fut suivi de la clôture de la discussion générale, votée par la grande majorité des Pères, bien qu'il restât encore une cinquantaine d'orateurs inscrits pour disserter toujours[1]. Ensuite, quand on en fut venu à la discussion des chapitres, les trois premiers donnèrent lieu, du 6 au 14 juin, dans sept congrégations générales, à quarante-sept discours dont treize de français, entre autres NN. SS. Landriot et Dupanloup; enfin, le quatrième chapitre, discuté du 15 juin au 4 juillet dans onze congrégations générales, vit monter à la tribune cinquante-six orateurs dont quinze français, entre autres le cardinal Mathieu, et NN. SS. Ginouilhac et Maret.

Ainsi, en résumant tout l'ensemble de la discussion, on trouve que sur cent cinquante-sept discours, il y en a eu quarante et un de Prélats français (plus du quart) et, dans ces quarante et un discours, vingt-six prononcés par des membres de l'opposition, trois par Mgr David, deux par NN. SS. Bravard, Callot, Colet, Ginouilhac, Landriot et Maret, et un par NN. SS. Darboy, Dupanloup, Guilbert, Lascazes, Mathieu,

des divers pays, en laissant au Souverain-Pontife le soin d'en juger et de dispenser de la loi générale selon les nécessités locales. Seulement, le Pape aurait été appuyé par toute l'Eglise vis-à-vis des gouvernements, quand il aurait réclamé d'eux la suppression de certains abus contraires à la discipline générale, ce qui lui aurait donné plus de force pour rétablir peu à peu la règle, et fourni un moyen d'y réussir plus sûrement. Il est certain que si, au lieu de laisser discuter par les Pères tous les détails d'une longue Constitution, on s'était contenté de les faire délibérer seulement sur les formules de la foi à définir ou des lois à établir, en remettant aux commissions le soin de rédiger l'exposé des motifs et des preuves à l'appui, on aurait marché beaucoup plus vite. Du reste, les décisions prises sur les droits de la Primauté pontificale toute seule permettent au Saint-Père d'aller désormais plus loin et de tout ramener à l'ordre, en vertu de son autorité suprême dans tous les pays du monde, sans qu'aucun catholique puisse lui faire une opposition légitime.

[1] On comptait dans ce nombre douze français, NN. SS. *Freppel*, Lacroix, *Ramadié*, Bertault, Baillès, *Colet*, Gros, *Lacarrière*, Delalle, *Landriot*, *Mathieu* et *Dupanloup*; mais sept d'entre eux, mis en italiques, se firent entendre plus tard dans la discussion des articles, et, par conséquent, n'eurent pas à se plaindre. J'ajouterai ici que le 4 juillet, parmi les soixante Pères encore inscrits sur la liste des orateurs, on trouvait également douze français : NN. SS. Hugonin, Dupanloup, de Dreux-Brézé, de la Bouillerie, Sola, Delalle, Dabert, Place, Rivet, Bravard, Gros et Guilbert.

Meignan, Place, Ramadié, Rivet, Sola et Thomas. Si l'on ajoute à cela plus de vingt orateurs, non français, mais également de l'opposition (dont plusieurs ont parlé plusieurs fois), savoir, les Cardinaux de Vienne et de Prague, les Archevêques de Colocza, Halifax, Trébizonde et Tuam et les Evêques d'Ausbourg, Biella, Bosnie, Clifton, Czanad, Kerry, Mayence, Pitzbourg, Rotenbourg, Saint-Augustin, Trieste et Vesprim, c'est-à-dire, des inopportunistes de tous les pays du monde, de l'Angleterre, de l'Irlande, de l'Allemagne, de l'Autriche, de la Hongrie, de l'Amérique du Nord et même de l'Italie, qui pourra dire que les gallicans n'ont pas eu toute liberté d'exprimer et de développer leur opinion et leurs raisons ?

Or ils plaidaient si bien la plupart le fond de la doctrine et non la simple inopportunité de la décision que, comme le dit Mgr Besson, « un dernier effort fut tenté, avant la séance du « 16 juillet, par quelques Prélats pour prévenir le résultat « (redouté). Le Primat de Hongrie, les Archevêques de Paris « et de Munich, les Evêques de Dijon et de Mayence, se ren- « dirent auprès du Pape et le supplièrent de faire introduire « dans la définition un mot, par exemple, *innixus testimonio* « *Ecclesiarum* (appuyé sur le témoignage des Eglises) qui, « sans atteindre le fond même du décret, en adoucirait la « formule et leur permettrait de se joindre à leurs collègues[1]. » Eh bien ! ce mot ne touchait-il pas à la doctrine ? — Il *n'atteignait pas le fond même du décret.* — Comment ? est-ce qu'il ne faisait pas dépendre l'infaillibilité du Pape d'une condition extrinsèque ? Mais c'était là le gallicanisme lui-même, et quelque chose de pire, car, si l'on ne demandait plus, pour l'irréformabilité des définitions pontificales, le consentement *postérieur* des Eglises, on exigeait en quelque sorte leur consentement *antérieur.* Il aurait donc fallu que le Pape, avant de définir, consultât les Eglises pour avoir *leur té-*

---

[1] L'Archevêque de Paris, parlant de ce fait dans la lettre qu'il envoya au Pape le 2 mars 1871 pour adhérer aux définitions du Concile, dit qu'il avait exprimé au Saint-Père, avec ses collègues, *l'espoir* qu'on obtiendrait l'unanimité des suffrages, si on adoptait *deux ou trois amendements* qui ne touchaient pas du tout au fond du décret, mais en adoucissaient la formule. Quels étaient donc les autres amendements dont il parle et dont Mgr Besson ne dit mot ? J'aimerais les connaître.

moignage; toutes les Eglises, car pourquoi en exclure quelques-unes? N'était-ce pas le vrai moyen de rendre impossible la condamnation des erreurs? qu'on me dise, par exemple, comment le pape s'y serait pris pour frapper le jansénisme ou la constitution civile du clergé.

Mais prenons un exemple cité par Mᵍʳ Besson. « Si le car« dinal Mathieu, nous dit-il, n'eût consulté que son cœur et « ses sentiments, nul doute qu'il n'eût reconnu la nécessité « de la définition (nous verrons tout à l'heure qu'il a plus « consulté son cœur que son esprit). S'il ne se fût inspiré « que de la foi de son peuple et des traditions de l'Eglise de « Besançon, son vote n'eût pas été moins certain, car l'in« faillibilité du Pape n'y avait jamais rencontré que des « croyants (ceci est trop absolu [1]). Mais il s'agissait moins à « ses yeux de proclamer sa propre foi ou celle de son Eglise « que d'éviter les dangers dont on se disait menacé de toutes « parts en définissant une telle croyance. » C'est donc par crainte de ces dangers, et par conséquent en consultant son cœur plus que son esprit ou *sa propre foi,* qu'il s'est abstenu. Nous verrons tout à l'heure si son esprit était bien convaincu, et si véritablement il avait cette foi dont on parle et dont il croyait devoir refuser le témoignage.

Maintenant je demande seulement ce qu'aurait fait le Cardinal, ainsi affecté dans son cœur, si, avant de définir l'infaillibilité, le Pape l'avait consulté sur le témoignage de son Eglise. Est-ce qu'il l'aurait donné? et les dangers qu'il redoutait ne lui auraient-ils pas fermé la bouche par devoir de prudence? Qu'on ne réclame donc plus le témoignage des

---

[1] Je sais que, pendant le Concile, plusieurs prêtres du diocèse de Besançon firent d'assez belles démonstrations en faveur de l'infaillibilité. Ainsi, le *Bulletin religieux* de Versailles parlait, le 8 mai, de 40 prêtres de l'arrondissement de Lure qui avaient eu ce courage ; le 15, de 17 autres parmi lesquels M. l'abbé Maire, chanoine honoraire de Versailles ; le 22, de 17 encore ; le 26 juin, de 22 ; le 3 juillet, de 11 (de l'arrondissement de Lure), avec 4 autres et même plusieurs milliers de prêtres et de fidèles ; le 10, de 4 curés du canton d'Audeux ; et enfin le 17, du curé de Vellexon ; mais cela suffit-il pour justifier ce que dit Mᵍʳ Besson, tant du présent que du passé ? (Voir, pour le passé, la note *D,* à la fin de cet ouvrage.)

Eglises ni avant, ni après, ni même pendant, car ceci entraînerait la nécessité d'un concile général pour toute définition. Et pourtant le cardinal Mathieu ne s'est pas montré tout à fait exempt de l'erreur que je combats, comme on le verra plus tard. Remarquons auparavant que, si le Concile a défini l'infaillibilité, c'est grâce aux gallicans qui l'y ont forcé, et, ensuite, que c'est grâce à leurs objections de toutes sortes contre l'étendue de la définition, que l'on a fini par couper court à tous leurs subterfuges et à leurs faux-fuyants, en la rendant la plus complète possible et en arrachant jusqu'à la dernière racine du gallicanisme spéculatif et pratique.

Voilà ce qui a fait déclarer, dans le troisième chapitre sur le caractère de la primauté pontificale, 1° que le pouvoir de juridiction du Pape n'est pas, comme l'avait prétendu l'Archevêque de Paris en 1865, un pouvoir médiat et extraordinaire, mais un pouvoir véritablement *épiscopal, ordinaire* et *immédiat* sur toutes et chacune des Eglises, ainsi que sur tous et chacun des Pasteurs et des fidèles, qui sont tenus de lui obéir, non seulement dans les choses de foi et de morale, mais encore dans celles qui appartiennent à la discipline et au gouvernement de l'Eglise universelle ; 2° que le Pape est le *juge suprême* des fidèles ; que, dans toutes les causes qui sont de la compétence de l'Eglise, on peut recourir à lui, et que personne n'a droit de discuter son jugement ou de le réformer, parce qu'il n'y a point d'autorité supérieure à la sienne ; 3° qu'il n'a pas seulement la principale part, mais *toute la plénitude du pouvoir* suprême ; 4° qu'il ne possède pas seulement le pouvoir suprême de juridiction, mais encore (ch. iv) celui *du magistère* ou de l'enseignement ; et enfin 5° que ses définitions, en matière de foi et de morale, sont irréformables d'elles-mêmes et non pas *en vertu du consentement de l'Eglise*. C'est par cette dernière addition que l'on a répondu à la demande des opposants : *innixus testimonio Ecclesiarum*. Cette addition avait été introduite, le 15 juillet, sur la demande de plusieurs Pères, dans le projet de décret ; le 16, le rapporteur la signala, et elle fut votée en présence des Evêques de l'opposition qui étaient encore à Rome, car l'Archevêque de Munich et d'autres Prélats allemands étaient partis au premier bruit de guerre. Ainsi fut condamné à tout jamais le quatrième article de la déclaration de 1682.

Voyons maintenant ce que firent les gallicans et les inopportunistes en face de cette condamnation finale. « Dans la session (mettons : séance ou congrégation) du 13 juillet, nous dit Mgr Besson, sur six cent-un votants, on avait compté quatre-vingt-huit *non placet* et soixante-deux votes conditionnels ou *placet juxta modum* « contre quatre cent cinquante et un *placet*. » Au nombre des quatre-vingt-huit opposants se trouvèrent vingt-cinq Français, le cardinal Mathieu en tête, suivi des Archevêques de Paris et de Lyon, et de vingt-deux Evêques, entre autres Dupanloup et Maret. « La session (séance) du 16 fixa définitivement la formule de la définition ; on la vota à une majorité plus grande encore, et la session *publique (sic)* fut indiqué pour le 18. (Alors) il ne resta plus aux dissidents qu'à délibérer sur la conduite qu'ils devaient tenir le jour de la proclamation solennelle. C'était l'opinion de Mgr Haynald, archevêque de Colocza, que les membres de la minorité devaient se rendre à l'assemblée du 18 et dire très haut le *non placet*. Le cardinal Mathieu ne fut point de cet avis. Il invoqua le respect et les égards dus au Souverain-Pontife, l'inutilité de la manifestation, le danger qu'elle n'amenât quelque éclat. NN. SS. Darboy, Dupanloup et Strosmayer (de Bosnie) exprimèrent le même sentiment, et le départ fut décidé. On résolut aussi de faire une lettre à Pie IX, dans laquelle il serait déclaré que la piété filiale ne permettait pas à des fils de prononcer publiquement à la face de leur Père un vote négatif. Cinquante-cinq (53) Prélats signèrent cette lettre. » En tête de la liste se trouvaient les cardinaux Schwartzenberg, archevêque de Prague, et Mathieu. Vingt et un Evêques français seulement y figuraient, quatre des vingt-cinq ou des quatre-vingt-huit opposants s'étant éclipsés ou n'ayant pas voulu ou pu signer, savoir : NN. SS. Cuttoli, Dours, Gueullette et Grimardias. Dans cette dernière protestation des cinquante-trois, le cardinal Mathieu occupait la seconde place, les Archevêques de Paris et de Lyon la quatrième et la cinquième, Mgr Maret la dix-neuvième, et Mgr Dupanloup la trentième. On voit par là qu'ils ne l'avaient pas signée par ordre, ou en concile, sans doute parce qu'elle n'avait pas été délibérée en séance plénière, mais colportée d'un lieu à un autre.

Quant aux motifs qu'avait fait valoir le cardinal Mathieu pour ne pas paraître à la session, je n'ai rien à dire des deux derniers, surtout de celui où il est question d'un éclat dont je ne saisis pas la portée, à moins qu'il ne s'agisse d'une émeute ; mais, en ce qui regarde le premier, je ne puis l'admirer qu'au point de vue du savoir-vivre, car j'ignore s'il est permis de pratiquer une pareille politesse quand il y a un grave devoir à remplir. Dans mon *Etude préliminaire*, p. 248, j'ai cité un passage du traité *de Synodo* de Benoît XIV, où il est dit que « les Cardinaux, en leur qualité d'assesseurs, collatéraux et coadjuteurs du Pape, sont tenus, quand celui-ci les consulte, de déclarer ingénument ce qu'ils pensent devant Dieu, et ne peuvent pas, sans péché, taire leur avis ou le produire dans des termes ambigus, quand même ils sauraient qu'il sera repoussé par les autres Cardinaux et par le Pape lui-même [1]. »

Il me semble donc qu'un Evêque, obligé par le devoir de sa charge et par l'ordre de son chef à assister au concile, n'avait pas le droit de s'absenter sans congé en forme ou autorisation de son supérieur ; ainsi, à mon avis, les dissidents auraient dû, s'ils ne voulaient pas prendre part à la session, demander humblement au Pape la permission de

[1] Il s'était déjà présenté, à l'occasion de la première Constitution *de Fide*, un cas semblable à celui-ci. La députation de la Foi avait consenti à retrancher un anathème contre ceux qui diraient que l'on peut tenir ou enseigner des opinions condamnées par l'Eglise, pourvu qu'elles ne soient pas condamnées comme hérétiques ; mais, un grand nombre d'Evêques ayant demandé alors que ce canon fût remplacé par l'avertissement qui termine ladite Constitution, quatre-vingt-trois Pères votèrent contre cette addition au *schema,* ce qui ne l'empêcha pas d'être admise ; et c'est en vain que, la veille de la session, les principaux opposants sollicitèrent sa suppression, en promettant leur *placet* qu'ils refuseraient dans le cas contraire ; car on leur répondit simplement qu'ils eussent à voter selon leur conscience, le décret devant être présenté tel qu'il avait été adopté dans la Congrégation générale. Mgr Strossmayer s'abstint seul, à ce qu'il paraît, d'assister à la session où le vote fut unanime. (Article du P. Desjardins dans les *Etudes religieuses des Pères de la Compagnie de Jésus,* n° de septembre 1872.)

s'abstenir; cela n'eût-il pas mieux valu que de lui adresser la lettre suivante? :

« Très Saint-Père, dans la congrégation générale du 13 de
« ce mois, nous avons donné nos votes sur le projet de la
« première Constitution dogmatique (traitant) de l'Eglise de
« Jésus-Christ. Votre Sainteté sait qu'il y a eu quatre-vingt-
« huit Pères qui, pressés par leur conscience et leur amour
« de la sainte Eglise, ont dit *non placet;* soixante-deux autres
« ont voté *placet juxta modum;* enfin, soixante-dix environ
« n'ont pas assisté à la congrégation et se sont abstenus de
« voter. De plus, il y en a qui, pour cause de maladie ou
« autres raisons graves, sont retournés dans leurs diocèses.
« Votre Sainteté, ainsi que le monde entier, a donc connu
« nos votes et su quel nombre considérable d'Evêques ap-
« prouve notre sentiment (comme si tous ceux dont ils
« parlent étaient de leur avis !). Nous avons donc rempli ainsi
« le devoir et l'office qui nous était imposé. Depuis lors il
« n'est rien arrivé qui changeât notre manière de voir; au
« contraire, bien des *choses et des choses extrêmement graves*
« (lesquelles?) nous ont affermis dans notre dessein.

« C'est pourquoi nous déclarons renouveler et confirmer
« les votes que nous avons déjà émis. Confirmant donc
« nos suffrages par cet écrit, nous avons résolu de ne pas
« assister à la session qui aura lieu le 18 de ce mois. Car la
« piété filiale et le respect qui ont conduit tout récemment
« nos délégués à vos pieds (les cinq nommés plus haut) ne
« nous permettent pas, dans une cause qui regarde de si près
« la personne de Votre Sainteté (la personne ! il s'agissait
« bien de Pie IX comme individu !) de dire ouvertement et en
« face de notre Père : *non placet.* D'ailleurs, les votes que
« nous émettrions dans la session solennelle ne feraient que
« reproduire ceux que nous avons donnés dans la congréga-
« tion générale.

« Nous retournons donc sans délai (et sans congé) à nos
« troupeaux, qui, après une si longue absence, ont de nous
« un besoin extrême, à cause de leurs craintes de guerre et
« surtout de leurs très graves nécessités dans l'ordre spiri-
« tuel, gémissant (hélas !) d'y retrouver la paix et la tranquil-

« lité des consciences troublée dans les tristes circonstances
« où nous sommes. En attendant, nous recommandons de
« tout cœur à la grâce et à la protection de Notre-Seigneur
« Jésus-Christ l'Eglise de Dieu et Votre Sainteté, envers qui
« nous professons une fidélité et une obéissance inviolables,
« et dont nous sommes les fils très dévoués et très soumis.
« Rome, le 17 juillet 1870. »

Je ne ferai pas beaucoup de réflexions sur cette lettre. Que
s'était-il donc passé du 13 au 17 juillet pour affermir les dissidents dans leur sentiment? Sans doute, le rejet de leur
innixus testimonio Ecclesiarum, et l'affirmation positive de
l'irréformabilité des définitions pontificales indépendamment
du consentement de l'Eglise; mais cette chose très grave, ils
l'avaient rendue nécessaire par le fait même de leurs fausses
prétentions. Quant à la multitude d'adhérents qu'ils voulaient
bien se donner, en y comprenant tous les absents, n'était-ce
pas une trop grande bévue? Pour ne parler que des Français,
par exemple, s'il leur était permis de compter sur quatre de
leurs anciens associés qui étaient partis, savoir NN. SS. Lyonnet d'Albi, Lecourtier de Montpellier, Hacquard de Verdun
(qui, du reste, avait quitté Rome bien avant toute discussion),
et Bélaval de Pamiers, évidemment ils ne pouvaient pas se
flatter d'avoir pour eux l'Archevèque de Rennes, qui avait
donné son *placet* d'avance, et les Evêques de Strasbourg,
Nîmes et Montauban, qui avaient signé le postulatum du
3 février; ajoutons même les Archevêques de Tours et d'Alger
et les Evêques de Vannes et de Cérame *in partibus,* qui n'a-
vaient jamais signé leurs réclamations pendant toute la durée
du concile. D'un autre côté, est-ce qu'ils ne s'étaient pas vus
finalement abandonnés par quatre de leurs partisans d'autrefois qui votèrent *placet,* savoir les Archevêques d'Avignon, de
Reims et de Sens et l'Evêque de Viviers? Ensuite, que fallait-
il penser des soixante-deux *placet juxta modum?* Etaient-ils
dans le sens gallican? Au contraire, ils indiquaient, la plupart
du moins, un *mode* d'en finir plus sûrement avec les erreurs
gallicanes. Enfin, que signifient les dernières lignes de cette
protestation où l'on supposait que les besoins extrêmes des
diocèses ne pouvaient pas attendre un jour de plus et que

la définition allait troubler les consciences, et où l'on faisait profession d'une fidélité et d'une obéissance inviolables envers celui à qui on opposait dans le moment et par le fait même une résistance invincible ? Mais voyons la suite.

« Le 19 (18) juillet eut lieu la proclamation solennelle de la « Constitution *Pastor æternus*..... 533 *placet* répondirent à « l'appel suprême ; deux *non placet* seulement leur furent « opposés [1]. » Il faut rendre justice à l'un de ces deux oppo-

---

[1] Pour bien connaître la part des Français dans cette affaire, remontons à l'origine du concile. A cette époque, 8 décembre 1869, la France avait cinq de ses 92 sièges vacants, savoir : ceux de Saint-Pierre et d'Agen, depuis la mort de NN. SS. Porchez, le 11 juin 1860, et de Vezins, le 11 avril 1867, le Pape n'ayant pas voulu préconiser MM. Mounicq et Gérin, nommés le 25 août 1860 et le 16 mai 1867 ; ensuite ceux de Basse-Terre, Angers et Ajaccio, par suite du décès de NN. SS. Boutonnet, le 13 novembre 1868, Casanelli d'Istria et Angebault, les 2 et 12 octobre 1869. Ses titulaires étaient donc au nombre de 87 ; mais sept d'entre eux ne purent se rendre au concile, savoir les Cardinaux-Archevêques de Lyon et de Chambéry, les Archevêques d'Aix et d'Auch, et les Evêques de Clermont, de Nantes et de Saint-Flour. Le Cardinal de Bordeaux lui-même ne put s'y transporter qu'au mois de mars 1870. Seulement aux 79 Evêques titulaires non empêchés s'adjoignirent 5 autres Prélats français, trois anciens titulaires des sièges de Luçon, de Basse-Terre et de Vannes, et les deux Evêques *in partibus* de Cérame et de Sura (7 autres étant restés en France). Ainsi la France comptait, au commencement du concile, 84 Pères, réduits à 83 par la mort de Mgr de Tarbes le 30 janvier 1870 ; mais leur nombre s'éleva à 87 au mois de mars par l'arrivée du cardinal Donnet et par la préconisation de NN. SS. Reyne, Freppel et Cuttoli pour les sièges de la Basse-Terre, d'Angers et d'Ajaccio ; seulement ce nombre ne fut jamais complet à cause des congés, et, depuis la mort de Mgr Devoucoux, évêque d'Evreux, arrivée en France le 2 mai 1870, les Pères français ne purent jamais dépasser 86, car les quatre nouveaux Evêques que le Pape préconisa le 27 juin 1870 pour les sièges d'Evreux, Nantes, Tarbes et Grenoble, vacants par la mort de NN. SS. Devoucoux, Jacquemet et Laurence, et par la translation de Mgr Ginouilhac à Lyon, ne purent évidemment pas se rendre au concile. Si l'on remarque maintenant que 12 de ces 86 Prélats avaient obtenu leur congé avant la quatrième session, on trouvera qu'à cette dernière époque le concile ne comptait plus parmi ses membres que 74 Français, dont 49 votèrent pour l'infaillibilité et 25 s'abstinrent. Nous nous contenterons de signaler ici les noms des 49 premiers, rangés selon l'ordre alphabétique des provinces :

1° AIX :	Meirieu et Jordany,	év. de Digne et Fréjus.
2° ALBI :	Foulquier et Delalle.	— Mende et Rodez.
3° AUCH :	Epivent et Lacroix,	— Aire et Bayonne.
4° AVIGNON :	Dubreuil et Delcusy,	— *Avignon*, Viviers.

« sants, savoir à l'Evêque de Cajazzo, de la province de Capoue en Italie, qui eut l'honneur et la vertu de renoncer à son propre sentiment séance tenante, en faisant hautement sa profession de foi, dès que le Souverain-Pontife eut donné à la Constitution sa confirmation suprême. N'est-ce pas ainsi qu'auraient dû agir tous les dissidents, au lieu de rester dans les ténèbres, en laissant à l'Eglise et à leur diocèse des motifs assez graves de douter pendant quelque temps de la catholicité de leur foi? Si le Pape, pour couper court à ce scandale, avait, aussitôt après la confirmation de la Constitution, fulminé quelque censure, telle que la suspense *ab officio,* contre tous ceux d'entre eux qui ne lui auraient pas envoyé, ou publié dans leur diocèse, leur adhésion pure et simple d'esprit et de cœur à telle époque fixe, ne l'auraient-ils pas bien mérité? Mais Pie IX se contenta alors de les plaindre et de prier Dieu de les éclairer et de les ramener, sans oublier toutefois de faire remarquer au Concile la contradiction où ils étaient tombés. « Qu'ils se souviennent, dit-il, qu'il y a peu d'années, « tenant un sentiment opposé, ils abondèrent dans notre sens « et dans le sens de la majorité de ce nombreux concile;

5° BESANÇON :	de Langalerie et Caverot,	év. de	Belley et St-Dié.
6° BORDEAUX :	card. Donnet. Cousseau, Dabert, Pie, Reyne et Maupoint,	—	***Bordeaux,*** Angoulême Périgueux, Poitiers, Bse-Terre et St-Denys.
7° BOURGES :	Tour d'Auvergne, Fruchaud, Lebreton et Bertault,	—	*Bourges,* Limoges Le Puy et Tulle.
8° CAMBRAI :	Régnier et Lequette,	—	*Cambrai* et Arras
9° CHAMBÉRY :	Magnin, Vibert et Gros,	—	Annecy, Maurienne et Tarentaise.
10° LYON :	Nogret et Guerrin,	—	St-Claude et Langres.
11° PARIS :	Pallu du Parc, Regnault, Allou et Mabile,	—	Blois, Chartres, Meaux et Versailles.
12° REIMS :	Landriot, Boudinet et Gignoux,	—	*Reims,* Amiens et Beauvais.
13° RENNES :	Sergent,	—	Quimper.
14° ROUEN :	card. de Bonnechose et Rousselet,	—	*Rouen* et Séez.
15° SENS :	Bernadou, de Dreux-Brézé, Forcade et Ravinet,	—	Sens, Moulins, Nevers et Troyes
16° TOULOUSE :	Desprez et la Bouillerie,	—	***Toulouse,*** Carcassonne
17° TOURS :	Freppel, Wicart et Fillion,	—	Angers, Laval, Le Mans
puis	Baillès, Lacarrière et Gazailhan,	anc. év.	de Luçon, Basse-Terre et Vannes.

« mais alors ils jugèrent avec la légèreté de l'air, *in spiritu*
« *auræ lenis*. Peut-il donc y avoir, quand il s'agit de pronon-
« cer sur le même objet, deux consciences opposées? *Absit.* »

Mais continuons. Mgr Besson, en racontant tout ce que
nous venons d'extraire de son livre sur l'histoire du Concile,
remarque à plusieurs reprises que Dieu intervint dans toute
cette affaire. « Les hommes en s'agitant, dit-il, font toujours
« plus ou moins qu'ils ne pensent, et Dieu qui les mène voit
« seul le but... Ici paraît le doigt de Dieu. La question étant
« ajournée et l'assemblée dissoute par la force des choses,
« quel jour, en quel lieu, dans quel concile, sous quel Pape,
« la discussion eût-elle été reprise?... Il fallait se hâter. » Il
ajoute en finissant : « A peine rentré dans son diocèse, le
« cardinal Mathieu parut plus frappé que personne de la
« marche que le Concile avait suivie, de ses résultats et de
« son brusque dénouement. Cette marche avait trompé toutes
« les prévisions, et les deux Constitutions *Dei Filius* sur la
« Foi catholique et *Pastor æternus* sur l'Eglise étaient les
« seuls résultats définitifs et acquis [1].

« Il faut bien confesser qu'il y eut là dedans quelque chose
« d'inattendu, de supérieur à tous les calculs humains, de
« vraiment providentiel. Ni le Pape, ni les Evêques, ni le
« monde catholique, n'avaient lieu de croire à un si prompt
« (et à un tel) dénouement... (Mais) Dieu le voulait sans am-
« bage et sans délai... Les flots de la Révolution, semblables
« à ceux de la mer Rouge (mettons : *du Jourdain*) s'étaient
« écartés sous sa main, comme pour laisser passer le grand
« prêtre avec l'arche sainte et les lévites (il s'agit bien *du*
« *Jourdain*). Mais, quand l'œuvre est finie, Dieu retire sa
« main, les flots retombent, et la Révolution reprend son
« cours. » Tout cela est très beau ; Dieu veuille pourtant, pour
continuer la comparaison, que nous nous trouvions maintenant, comme les Hébreux après le passage du Jourdain, dans
la Terre promise, pour y vivre en paix après avoir exterminé
toutefois les Chananéens !

Voyons maintenant ce que fera le Cardinal, *rentré si frappé*

[1] J'ai dit dans la note 2 de la page 223 que cette dernière Constitution
pourrait suffire toute seule aux besoins de l'Eglise.

dans son diocèse. Mais écoutons d'abord Mgr Besson, t. II, p. 265 : « Le cardinal Antonelli, dans une lettre adressée au « Nonce apostolique de Bruxelles à la date du 11 août (1870), « avait déclaré, au nom du Saint-Père, que la Constitution « *Pastor æternus* était devenue obligatoire, bien que le Concile « n'eût pas été clos, ni souscrit par les Evêques. » C'était une chose bien simple, puisque le Saint-Père avait *promulgué* cette Constitution. Quand un Concile se tient loin du Pape qui n'y assiste que par ses légats, comme celui de Trente, on comprend qu'il faille attendre la clôture et recueillir les signatures, parce que le Pape absent n'a pas encore dit son mot et que c'est sa confirmation seule qui donne à un Concile, même général, son caractère propre, et à ses décrets une véritable autorité. Mais, quand le Pape est là et qu'il ratifie les actes du Concile à mesure qu'ils se produisent, que faut-il de plus pour que l'Eglise ait parlé ?

Poursuivons : « Le cardinal Mathieu n'était pas encore « informé de ce fait (du cardinal Antonelli) qu'il avait déjà « adhéré à la définition par une lettre du 9 août, adressée au « cardinal-secrétaire d'Etat. Celui-ci lui répondit que le Saint- « Père avait été *très* satisfait de son obéissance. » C'est bien. Mais comment Mgr Mathieu fit-il part de cette démarche à son diocèse ? Voici les termes de son Mandement du 11 octobre suivant : « Une violente invasion a dépouillé le Père commun « des fidèles de ce qui lui restait de terrain libre pour l'exer- « cice de son ministère, et une main de fer pèse sur lui et « sur ce qui l'entoure. Dans la prévision de cette captivité « cruelle, nous *n'avons pu,* fidèle enfant de *l'Eglise, faire* « *autrement que d'adhérer* aux définitions qu'il a *prononcées* « *après Elle* (*innixus,* sans doute), et il a eu le temps de « nous témoigner qu'il était satisfait (il n'y a pas *très*) de « notre adhésion simple et de cœur. »

On m'accusera peut-être d'être trop exigeant, mais n'aurait-il pas fallu dire *d'esprit* et de cœur ? car une décision doctrinale demande avant tout l'adhésion de l'esprit et pourrait, au besoin, se passer de celle du cœur qui n'y trouverait pas son plaisir. Au reste, le Cardinal ne montre pas trop qu'il adhère de *bon* cœur, puisqu'il dit : *nous n'avons pu faire autrement.* Ensuite, pourquoi se décide-t-il à adhérer ? est-ce parce que la loi de l'infaillibilité l'y oblige ? Non, c'est parce qu'il a prévu la captivité du Pape. Ceci est bien un motif de cœur. Quant à l'esprit, comment entend-il la chose ? On pourrait dire que c'est à la façon ultra-gallicane de ceux qui demandaient le témoignage *antérieur* des Eglises, *innixus*. Que signifie en effet ce mot qui termine la phrase, *après Elle ?* Après l'Eglise ! il semblerait que ce n'est pas le Pape qui a défini, mais qu'il a seulement *prononcé* la définition *après l'Eglise.* Enfin, est-il permis d'admettre cette espèce de division ou de dualité que l'on établit entre l'Eglise d'une part, et le Pape de l'autre, comme s'il y avait une Eglise en dehors du Pape, quand il y a un Pape, un vrai corps sans tête, la moitié d'un cadavre ? Celui-là pensait bien autrement qui disait : Là où est Pierre, là est l'Eglise, ou bien encore : Le Pape et l'Eglise, c'est tout un. (Saint Ambroise et saint François de Sales.)

Je veux bien croire qu'en s'exprimant comme il l'a fait, le cardinal Mathieu n'a pas saisi la portée de ses paroles, et qu'il avait eu l'intention d'adhérer de son mieux aux défini-tion du Vatican. C'est ce qui ressort du reste de la déclaration qu'il avait ajoutée, le 16 septembre 1870, à son testament du 4 août 1866, où on lit t. II, p. 508 : « Je déclare que le 9 août « 1870, j'ai fait au Souverain-Pontife acte d'adhésion pure et « simple de toute mon âme et de tout mon cœur aux défini-« tions par lui prononcées le 18 juillet précédent ; et que je « lui ai envoyé cet acte par le cardinal Antonelli, à qui Sa « Sainteté a déclaré qu'Elle en était satisfaite. » Ici les choses sont dans les règles, car il y a adhésion de l'*âme* tout entière, esprit et cœur (qu'on aurait pu dès lors ne pas spécifier à part) au Pape lui-même, ou aux définitions prononcées par lui, sans association d'Eglise ni avant, ni après ; et, si c'est une adhésion de cette espèce qu'on a transmise au Pape, il a pu s'en déclarer satisfait ; mais pourquoi n'avoir pas inséré tout bonnement *cette formule testamentaire* dans le Mande-ment du 11 octobre 1870 ? cela aurait empêché les *malins* d'épiloguer, comme ils l'ont fait, en ne consultant que les lumières de leur esprit suffisamment éclairé.

Et puisque je suis arrivé au testament du Cardinal, je finirai par en extraire ce qui suit : « Je demande pardon à tous ceux « que j'ai *pu* contrister et offenser. » C'est le pardon que je demandais moi-même le 23 juin 1862 et que je n'ai pas obtenu ; j'aurais dû écrire au positif : que *j'ai offensé.* « Je proteste « que je ne conserve rien sur le cœur de toutes les injures « qu'on a pu me faire, et que je les pardonne cordialement, » sans doute, si on les lui a faites. Eh bien ! moi, à mon tour, je proteste que je ne conserve, et n'ai jamais conservé, rien *sur le cœur* de toutes les injures *que l'on m'a faites,* et que je les pardonne et les ai toujours pardonnées *cordialement,* autant *que la charité chrétienne y oblige ;* et si, autrefois, comme aujourd'hui, j'ai écrit des choses pénibles pour quelqu'un, je déclare que je ne l'ai fait que par contrainte, en vue de sauvegarder, non seulement mon honneur et mes droits personnels à mesure qu'on cherchait à les atteindre, mais surtout et avant tout les intérêts de la vérité, de l'Eglise catholique et de son Chef suprême, que le concile du Vatican a enfin soustraits à la contradiction des langues par ses infaillibles décrets.

Et pour qu'on ne doute pas que j'aie toujours été dans ces dispositions, voici ce que j'avais écrit dans mon testament le 24 août 1864 : « Maintenant, par rapport aux injustices dont « j'ai eu à me plaindre et dont je suis encore actuellement « victime, je déclare devant Dieu qu'elles n'ont jamais été « capables d'altérer en moi les sentiments de la *vraie* charité. « J'ai toujours pardonné, comme je pardonne encore, à tous « mes ennemis. Mais je n'en réserve pas moins mes *droits* « *de justice,* persuadé que les vrais intérêts de la religion « elle-même me défendent d'en faire cession. J'affirme, en « outre, que, dans tout ce que j'ai écrit, je n'ai eu en vue « que la gloire de Dieu et de son Eglise, laquelle gloire tient « surtout à ce que ses ennemis publics soient confondus et « ses ennemis secrets démasqués. Je vois avec douleur l'Eglise « de France dans un état dangereux, attendu le peu d'in- « fluence que la sainte Eglise romaine exerce de fait sur l'é- « lection de ses Evêques et de ses autres dignitaires, le peu « de cas que font quelques-uns de ceux-ci des sages règles

« de sa discipline en beaucoup de points importants, et enfin
« le peu d'efficacité des moyens que l'on emploie pour répri-
« mer leurs actes arbitraires. Il me semble que, dans un
« pareil état de choses, les droits sacrés de la Primauté sont
« comme anéantis, et que, si on laisse chacun de nos diocèses
« faire comme une Eglise à part et autonome, on s'expose à
« un danger de schisme. Je voudrais donc voir surgir un
« nouveau saint Grégoire VII, à la suite duquel je ne meurs
« dans une sorte d'exil que pour avoir aimé la justice et haï
« l'iniquité. » Un poète ferait là-dessus ce distique :

Justitiam dilexi, odivique omnia iniqua ;
Propterea morior (justus) in exilio.

ÉPILOGUE.

Et maintenant, si on me demande pourquoi j'ai écrit cet ouvrage, je déclarerai hardiment qu'il n'est entré dans mes motifs aucun intérêt personnel. D'abord, après m'avoir lu, on ne m'accusera pas, je pense, d'ambitionner les honneurs de ce monde. Si j'ai fui, dans le temps, pour éviter une paroisse trop populeuse où je n'aurais pas pu connaître mes brebis ; si, ensuite, j'ai fait tous mes efforts pour ne pas accepter le vicariat général qui m'était offert ; si, enfin, le trouvant au-dessus de mes forces, je m'en suis librement déchargé pour m'enfoncer dans une retraite obscure, ce n'est pas, maintenant que l'âge s'est appesanti sur moi, que je rêverai aux grandeurs et à la gloire. J'aime mieux *mourir tous les jours*, à l'exemple de l'Apôtre : *quotidie morior*. Quand, il y aura bientôt vingt ans, on me raconta qu'un de mes amis, assez influent, avait pensé à moi pour une province ecclésiastique nouvellement érigée, je ne pus m'empêcher de rire, tout comme dix ans plus tard, lorsqu'un Evêque me reprocha d'avoir brisé ma carrière, attendu qu'un personnage haut placé se réservait de me proposer pour un évêché en France ; ni l'un l'un ni l'autre de ces racontars ne pouvait en effet trouver de l'écho dans mon cœur, parce que je n'ai jamais eu de vocation, ni morte ni vivante, pour un avenir (*Explications*, p. 37, 38). Si j'avais eu quelque ambition, je me suis trouvé assez près de la Cour et assez bien avec le Nonce pour arriver à quelque résultat ; mais, au lieu de courir les antichambres, et de faire les voyages de Paris et de Rome, j'ai mieux aimé pratiquer cette maxime de l'Imitation : *Ama nesciri et pro nihilo reputari.* Je sais bien que, d'après saint Paul, celui qui désire l'épiscopat désire un *bon travail ;* mais justement la charge mêlée à l'honneur m'épouvante, et j'en redoute trop la responsabilité. J'aurais donc, dans le cas donné, préféré la résistance à l'acceptation, selon cet adage d'un ancien : *rogatus, recedat.* — Il n'est pas jusqu'aux dignités purement honorifiques qui ne m'aient trouvé parfaitement indifférent. En ma qualité de *parrain* d'un nouvel Evêque à la nonciature, j'aurais pu espérer d'être compris dans la liste assez nombreuse des chanoines honoraires qu'il a cru devoir nommer; mais, outre que j'y aurais été tant soit peu déplacé, l'omission de mon nom ne m'a ni attristé ni surpris. On me connaissait assez pour savoir que je ne tenais nullement à ces sortes de distinctions. Je raconte tout ceci comme un enfant, parce que j'aime la simplicité, la franchise et la naïveté de l'enfance chrétienne : *Simplices sicut columbæ.*

Mais si, grâce à Dieu, je puis me dire assez exempt de l'orgueil de la vie, en serait-il de même des autres concupiscences signalées par l'apôtre saint Jean? C'est ce que je vais examiner en continuant mon examen de conscience.

En composant mon ouvrage, n'aurais-je pas pu penser au gain qui pourrait m'en revenir? — Il faudrait avouer alors que je suis complètement aveugle et tout à fait sourd aux leçons de l'expérience. J'ai imprimé en effet autrefois, et j'en ai été pour mes frais en partie; puis-je donc mieux espérer aujourd'hui que je continue d'être mon propre éditeur? — On me dira peut-être que les circonstances ne sont plus les mêmes et que le temps de la *Terreur* est passé. — Je veux bien le croire; néanmoins, il ne manque pas de *prophètes* qui, encore aujourd'hui, m'annoncent des malheurs à venir. J'ignore absolument d'où ils pourraient fondre sur moi. D'abord ce ne peut pas être du côté du gouvernement, dont il n'est nullement question dans mon ouvrage. C'est donc l'Eglise elle-même que j'aurais à redouter; mais, après m'avoir protégé, il y a vingt ans, dans une lutte toute pareille, pourrait-elle m'en vouloir de soutenir encore ses droits? Certaines personnes, il est vrai, se trouvent assez malmenées dans mon écrit, mais à qui la faute? D'abord, en ce qui regarde le Cardinal, je ne fais que *rappeler* des choses connues de tout le monde, et des choses qui se rapportent à sa vie *publique,* car je n'ai touché à sa vie *privée* que pour en faire l'éloge. Si donc Monseigneur d'Orléans a gagné autrefois son procès, quand on lui reprochait d'avoir publié certains actes de l'un de ses prédécesseurs, comment oserait-on m'en susciter un, quand le Cardinal lui-même, de son vivant, n'a pu s'inscrire en faux contre les faits que j'ai *racontés* alors et que je me contente de *rappeler* aujourd'hui ? L'histoire n'a-t-elle donc pas ses droits ? Voici ce que je disais d'après M. Dulac, p. 165 de mon *Histoire :* « Un des caractères distinctifs de l'Eglise catholique est le respect de la vérité ; elle ne commande point à ses historiens de jeter un voile sur les faiblesses, les fautes, les crimes (même) de ses ministres. Lisez Baronius... » (On trouvera le reste de la citation p. 5 de cet ouvrage-ci.)

Mais à quoi bon, me dira-t-on peut-être, rafraîchir le souvenir d'événements malheureux oubliés depuis longtemps ? et ne serait-ce pas quelque secret mouvement de haine ou de vengeance qui vous aurait remis la plume à la main ?—S'il en était ainsi, est-ce que j'aurais attendu sept ans pour faire ce travail ? Non, certainement. Il est donc évident que je n'ai été déterminé à composer mon ouvrage que par suite d'un accident tout à fait indépendant de ma volonté ; c'est la publication de la *Vie du cardinal Mathieu* qui m'a forcé à m'expliquer. Si Mgr Besson, en écrivant cette *Vie*, avait répondu à l'idée que j'avais exprimée dans mon *Anti-Wilhem*, c'est-à-dire, s'il nous avait donné une histoire véridique et complète de tout ce qui s'est passé, *au vu et au su de tout le monde,* dans le diocèse de Besançon pendant le long épiscopat du Cardinal ; si, se revêtant d'impartialité, il avait raconté ingénuement le pour et le contre des choses, en respectant tout à la fois la vérité, la justice et la charité, je déclare que j'aurais continué à garder le silence ; mais quand, indépendamment des réticences adroites et des révélations indiscrètes qui se rencontrent dans son ouvrage, je le vois semer le mépris et même soulever l'accusation *de mensonge et de calomnie* contre des personnes qu'il ne nomme pas, mais que tout le monde connaît ; quand, ensuite, il se permet un assez grand nombre d'appréciations personnelles qui compromettent la vérité des principes, j'avoue que je me sens blessé au cœur et que je résiste difficilement à la tentation de tout remettre en place. J'aurais encore passé volontiers sur ce qui regarde les personnes, mais je ne pouvais négliger les intérêts de la justice et de la vérité auxquels j'ai voué ma vie; et c'est surtout pour leur défense que je me suis armé, ne m'occupant des individus que pour bien faire connaître les rapports qui ont existé entre eux et produire la lumière au milieu des ombres dont on s'était plu à les envelopper.

Ah! pourquoi Mgr Besson n'a-t-il pas connu ce qu'on fait dire à son prédécesseur dans l'*Univers* du 18 juillet 1882 : « L'atténuation de la vérité est une apostasie: l'apostasie des honnêtes gens, si l'on veut; mais enfin une apostasie. Que la bonne foi l'excuse, le préjudice qu'elle cause aux âmes n'en est pas moins incalculable. » Oui, la diminution de la vérité est une plaie signalée dans les saints Livres; mais surtout il n'est pas permis à un historien de justifier, pour ne pas dire glorifier, des choses qui méritent la réprobation universelle.

Puisque Mgr Besson voulait écrire, n'aurait-il pas pu choisir un autre thème moins délicat? Après la vie de Mgr Cart, un de ses dignes prédécesseurs, qu'est-ce qui l'empêchait de raconter celles de nos autres gloires franc-comtoises, de Mgr Guerrin, par exemple, et même du cardinal Gousset et de NN. SS. Doney et Mabile? S'il avait fait un de ces choix, je l'en aurais loué pour l'honneur qui en serait revenu à notre patrie commune; encore, n'aurais-je pas voulu qu'il y mît tout en beau, car je n'approuve pas moi-même tous les actes de ces excellents Prélats, la lettre, par exemple, que j'ai dû réfuter dans mon *Entretien;* mais, si les Evêques dont je parle n'ont pas été exempts de faiblesse humaine, j'ose dire pourtant qu'on aurait pu écrire leur histoire sans se heurter aussi souvent contre certains écueils que l'on a rencontrés ailleurs le long de son chemin. — A cela, on objectera peut-être que Mgr Besson n'a eu avec ces hauts personnages que des rapports de simple compatriote. — Mais, outre que cela n'est pas absolument vrai, du moins pour Mgr Guerrin, M. Besson avait-il eu une autre raison pour donner la vie de Mgr Cart? D'ailleurs, il a esquissé même celle de M. Busson aîné, qui pourtant ne devait pas l'intéresser plus que le cardinal Gousset ou

Mᵍʳ Doney ? Je ne trouve pas mauvais, du reste, qu'il ait songé de préférence au cardinal Mathieu, attendu surtout la reconnaissance personnelle qui le lie à ce Prélat ; mais ce qui ne me va pas, c'est qu'au lieu d'écrire une *Vie,* il ait fait un vrai panégyrique, avec chapitres spéciaux destinés à célébrer les vertus, comme quand il s'agit d'un véritable serviteur de Dieu dont on prépare la canonisation. Il est vrai qu'après l'exposition des vertus, il n'a pas signalé de miracles ; ce qui, sans trop m'étonner, m'a fait songer à un passage de ma *Seconde Lettre* (p. 14), où je rapportais ce qu'une grande dame de ma connaissance avait dit un jour à un éternel panégyriste du Cardinal, un de ses grands vicaires : « C'est votre saint, à vous, Monsieur ; pour moi, c'est mon évêque. Du reste, pour que vous le canonisiez ainsi, et de son vivant, quels miracles a-t-il donc fait ? » J'ajouterai ici que, quand même il en aurait fait de son vivant, cela ne suffirait pas pour le déclarer saint ; car l'Eglise, avant de procéder à l'examen des miracles, veut s'assurer d'abord de la pureté immaculée des écrits, et ensuite de l'héroïsme des vertus tant morales que théologales. Si pourtant Mᵍʳ Besson n'avait pas de miracles à alléguer, n'aurait-il pas pu se dispenser de tant rehausser les vertus ? J'avoue que, pour mon compte, je ne m'en serais pas tant préoccupé, si le bon Dieu ne m'y avait pas forcé, pour ainsi dire, en me montrant, par de vrais miracles, qu'il voulait faire glorifier son serviteur sur la terre comme au ciel. Ah ! si Mᵍʳ Besson n'avait composé qu'un éloge funèbre du Cardinal (voir note E celui que j'ai fait pour Mᵍʳ Mabile), je comprendrais son éclectisme, car il n'aurait pas été obligé absolument de raconter le mal comme le bien dans un acte de cette espèce ; mais, puisqu'il rédigeait toute une *Vie* en deux volumes, il avait assez de marge pour donner une véritable histoire, et surtout pour rappeler à son public les faits patents et notoires dont ils avaient été témoins.

Je reviens maintenant à mon fait personnel afin de continuer ma confession. D'après les explications qui précèdent, je n'ai donc écrit le présent ouvrage par aucun motif peu avouable : ce n'est ni par orgueil, ni par avarice, ni par haine ou envie ; ai-je besoin d'ajouter que la gourmandise et un autre vice n'y sont entrés pour rien? à plus forte raison la paresse, car au lieu de me reposer lâchement, j'ai consacré les deux plus beaux mois de l'année, mai et juin, à ce travail, que j'aurais voulu voir publier dès le mois de juillet; mais, hélas! il ne m'a pas été possible de contenter mon désir, car je ne dispose pas en maître de la presse. Il n'y a donc, entre les péchés capitaux, qu'un vice qui aurait pu gâter la pureté de mes intentions, ce serait la colère. Sur ce, je dois avouer que je n'ai pas été tout à fait exempt d'un mouvement de cette espèce. Mais il y a colère et colère, comme histoire et histoire. Le Prophète royal ne nous dit-il pas : fâchez-vous, mais sans pécher? ... Ceci me rappelle un passage que j'ai cité p. 40 et suiv. de mes *Premières Explications,* et que j'empruntais à une lettre pastorale d'un éloquent Prélat. Il ne sera pas hors de propos de le remettre sous les yeux de mes lecteurs. Ce Prélat disait donc : « L'amertume et l'indignation sont deux choses bien distinctes; l'amertume part de la passion, l'indignation, de la conscience; dans la première, on cherche à blesser l'homme comme pour le plaisir de l'humilier; la seconde n'aspire qu'à venger la vérité compromise ou le droit insulté; l'une est le partage du pamphlétaire, l'autre est le sentiment et le devoir de l'apôtre et de l'apologiste. Jésus-Christ lui-même, quand il parlait sous cette impression, ne le faisait-il pas avec une vigueur devant laquelle la nôtre pâlira toujours? N'est-ce pas alors qu'il criait aux faux sectateurs de la loi : *Pharisiens hypocrites! Race de vipères?* Ainsi en sera-t-il de toute âme que l'iniquité révolte... Heureux les cœurs qui savent se livrer à ces généreuses explosions! heureux aussi les siècles et les peuples qui savent les comprendre et les absoudre! » J'avouerai donc avec franchise que c'est l'indignation qui m'a mis la plume à la main. J'aurais voulu avoir, pour bien remplir cette tâche, tous les talents nécessaires; mais, comme dit le poète, quand la nature les refuse, l'indignation y supplée comme elle peut :

> Si natura negat, facit indignatio versum
> Qualemcumque potest, quales ego vel Cluvienus.

Quel que doive donc être le sort de mon travail, et alors

même que j'y aurais perdu, non seulement ma peine et mon argent, mais encore la tranquillité de mes vieux jours, je me soumettrai avec résignation aux décrets de la Providence. On continuera, si on veut, à me regarder comme un homme impossible, c'est-à-dire, insociable et sans savoir-vivre. J'avoue que je ne connais ni la politique, ni la prudence de la chair, et que, par la franchise et la raideur de mes allures, je me trouve absolument déplacé au milieu d'un certain monde; mais je me console en lisant, ce qui m'arrive de temps en temps, cette leçon de saint Grégoire le Grand dans mon Bréviaire : « On se moque de la simplicité du juste. La sagesse de ce monde veut qu'on use d'adresse pour dissimuler son cœur, qu'on se serve de la parole pour déguiser ses sentiments, qu'on donne pour vrai ce qui est faux, et pour faux ce qui est vrai. Voilà la prudence (ou la politique) que l'on apprend à la jeunesse et qu'on enseigne aux enfants pour de l'argent; ceux qui la possèdent s'en font gloire en méprisant les autres ..., et l'on décore cette perversité d'esprit du beau nom d'urbanité... Au contraire, la sagesse des justes consiste à ne rien feindre, à s'exprimer franchement, à aimer le vrai, à éviter le faux ... et à regarder comme un gain les injures que l'on souffre pour la vérité. » Je suis dans ces dernières dispositions.

Je terminerai donc mon travail en redisant avec saint Alphonse de Liguori (cité p. 146 de mon *Etude préliminaire*) : « Si l'auteur que je critique a écrit dans de bonnes intentions, je tiens, moi aussi, pour certain que je n'ai été déterminé à le faire, ni par attache à mon propre sens, ni par amour pour la dispute... Qu'après cela on m'accuse d'obstination ou de faux zèle, je ne m'en mets pas en peine, sachant bien que mon (vrai) juge est le Seigneur : *qui judicat me, Dominus est.* » Le tout pour sa plus grande gloire (ad M. D. G.) et celle de son Eglise, au jugement de laquelle je soumets humblement mon livre !

NOTES.

Note A.

Idée du discours de Mgr Mabile au Concile.

« EE. Présidents, VV. Pères. La bienveillance avec laquelle vous accueillez tous les orateurs m'a déterminé à dire aussi mon mot sur le projet vraiment grave que nous discutons aujourd'hui. Personne n'ignore combien l'usage universel d'un catéchisme parfait contribuerait à la bonne éducation des fidèles et au bien de toute l'Eglise. Je m'étonnerais donc de voir soulever beaucoup de réclamations contre le projet qui nous est soumis. Ce projet, je l'admets en son entier et je vais m'efforcer de le défendre selon mon faible pouvoir. J'en dirai assez, je crois, tout en étant bref.

« Ce projet contient comme deux parties : l'une, concernant un petit catéchisme pour les fidèles, et l'autre, un catéchisme plus développé pour les curés eux-mêmes.

« Quant à cette seconde partie, où l'on exhorte instamment les prêtres à faire usage du catéchisme romain ou du concile de Trente, elle ne renferme rien de nouveau et d'extraordinaire, puisqu'on se contente d'y rappeler l'ancienne recommandation d'un ouvrage excellent, demandé et commencé par les Pères de Trente eux-mêmes, puis achevé par quelques-uns d'entre eux sous les yeux du Souverain-Pontife. Au reste, depuis que ce livre a été mis au jour par les soins et l'ordre de saint Pie V, chacun sait avec quel applaudissement il a été reçu dans tout l'univers chrétien. Je ferais donc un acte inutile, si je voulais le louer ; car ce catéchisme du Concile demeurera éternellement célèbre, à peu près de la même manière et pour les mêmes raisons que le concile de Trente lui-même. Serait-il donc possible qu'on méprisât maintenant et qu'on foulât aux pieds une si grande autorité, ou, si l'on veut, l'ancienne tradition de toute l'Eglise catholique ? Dieu nous en préserve ! et, par conséquent, que tous les prêtres non seulement possèdent, mais encore ne cessent de feuilleter cet excellent catéchisme de l'Eglise, afin qu'il n'y ait partout qu'une seule et même règle et manière d'enseigner la foi et de former le peuple chrétien à tous les devoirs de la piété.

« Mais, si les pasteurs doivent suivre fidèlement cette méthode d'instruction pour que les fidèles aient tous la même foi comme le même baptême, ne s'ensuit-il pas nécessairement qu'il faut mettre également entre les mains de ceux-ci le même abrégé d'enseignement dogmatique et moral, c'est-à-dire, un petit catéchisme tiré du plus grand et qui en soit comme la table des matières? Car comment s'accorderaient le maître et le disciple, s'ils suivaient une ligne différente pour arriver au même but? Il est donc nécessaire que le petit catéchisme des fidèles soit comme l'abrégé du plus grand donné aux curés, afin que gouvernants et gouvernés marchent dans le même chemin; c'est par ce moyen, en effet, et par ce moyen seulement, qu'ils tendront et parviendront au même terme, qui est le salut.

« Puis donc que le petit catéchisme, que le V. card. Bellarmin a rédigé par ordre du Saint-Siège, est conforme à celui de Trente, il est évident qu'on doit s'en servir comme de modèle pour composer celui que le Saint-Père nous promet et qu'il prendra soin de nous transmettre selon le devoir de sa charge. Ne serait-ce pas un crime de révoquer en doute la convenance et la compétence de la rédaction qui en sera faite sous les yeux du souverain Pasteur et Docteur de tous les chrétiens? Si, en leur temps, les Pères de Trente, quoique très jaloux de leur autorité, ont laissé avec confiance au Souverain-Pontife le soin de terminer et de publier, par son propre jugement et en vertu de son pouvoir suprème, tout ce que le Concile avait commencé par rapport à l'*Index* des livres défendus, à la réforme du Bréviaire et du Missel de l'Eglise catholique et à la rédaction du grand catéchisme des curés, qui sommes-nous pour refuser audacieusement à l'admirable Pie IX le droit de publier le petit catéchisme? Certainement l'affaire d'un catéchisme universel lui appartient en propre, à titre de cause majeure, puisqu'elle se rattache directement à la foi, aux mœurs et à la discipline générale de l'Eglise. On ne fait donc aux évêques aucune injure, si on lui abandonne cette cause qui lui est réservée par le Droit lui-même. Car nous ne devons pas oublier, quand nous réclamons nos prérogatives épiscopales, que la bulle *Auctorem fidei* a condamné, comme *schismatique et pour le moins erronée,* la doctrine du synode de Pistoie, prétendant que l'Evêque a reçu de Jésus-Christ tous les droits nécessaires pour le bon gouvernement de son diocèse; comme si, ajoutait la censure, le bon gouvernement de chaque diocèse pouvait se passer d'ordonnances supérieures, regardant soit la foi et les mœurs, soit la discipline générale, qu'il appartient aux Souverains-Pontifes et aux Conciles œcuméniques d'établir pour l'Eglise universelle. Or le catéchisme se rattache précisément à ces règlements supérieurs. La même Bulle a aussi condamné, *comme erronée et conduisant au schisme et au renversement de l'ordre hiérarchique*, la doctrine de celui qui dirait que l'exercice des droits épiscopaux ne peut être empêché ou restreint par aucune puissance supérieure, toutes les fois que l'Evêque pense, dans son propre jugement, que cela serait moins avantageux au plus grand bien de son Eglise. Evitons donc de dépasser les limites de notre droit en matière de catéchisme.

« Il serait certainement imprudent d'abandonner une affaire aussi grave à l'arbitraire des Evêques, chacun dans son diocèse ; car, comme la règle de la foi, des mœurs et de la discipline générale, doit être la même pour toute l'Eglise de Jésus-Christ, il ne conviendrait pas qu'on y employât des formules variées au gré de chacun, parce que la doctrine pourrait varier aussi elle-même avec les divers docteurs ; au contraire, il est très utile qu'on l'enseigne partout uniformément, afin que les fidèles, où qu'ils aillent et circulent, trouvent toujours, non seulement le même enseignement dogmatique et moral quant à la substance, mais encore la même manière de l'expliquer, ou de prêcher et de catéchiser. En ce qui regarde la discipline, elle peut varier sans doute selon les temps et les lieux, non pourtant quant à ses principes qui doivent être universels comme constitutifs de la société catholique, mais seulement dans les choses de moindre importance. Qu'il soit donc permis, dans ces sortes de choses, à chaque nation, province et diocèse, d'user de leurs légitimes privilèges, s'ils en ont, sauf toujours l'unité prescrite à tous, et à condition que ces privilèges soient imprimés à part dans un supplément, ou notés comme tels dans le corps de l'ouvrage. Car ce qui a été fait pour les livres liturgiques, pourra aussi, s'il y a lieu, se faire pour le catéchisme.

« Personne d'entre vous n'ignore avec quel zèle, en ces derniers temps, le Souverain-Pontife, d'une part, et, de l'autre, la plupart des Evêques de France, ont travaillé à rétablir dans leurs diocèses l'unité de la sainte liturgie qui y avait été troublée et détruite par de malheureuses innovations. Maintenant, en effet, presque tous les diocèses de notre pays, rattachés par un nouveau lien à l'Eglise mère et maîtresse, suivent le même Missel, Bréviaire et Rituel ; et cette unité fait briller davantage l'unité de foi et de culte entre les membres de la même famille et du même corps mystique qui est l'Eglise. Je n'hésiterai pourtant pas à dire qu'il n'était pas aussi nécessaire, du moins sous quelque rapport, de procurer l'uniformité des livres liturgiques qu'aujourd'hui celle du catéchisme. La raison en est que le catéchisme sera dans les mains de tous, même des simples fidèles, et établira entre eux tous l'uniformité de foi, de morale et de discipline.

« Les Evêques pourront aussi, d'après le projet, publier à part des ouvrages catéchétiques, soit pour développer davantage l'instruction des fidèles, soit pour détruire opportunément les erreurs locales ; mais on conservera toujours et partout l'usage du petit catéchisme, de manière à n'exiger des fidèles aucune science plus développée pour les admettre aux sacrements.

« Du reste, la chose, ainsi entendue, n'est pas une nouveauté. Car la Propagande, en révisant un décret du premier concile de la province de Baltimore, qui renfermait alors tous les Etats-Unis de l'Amérique septentrionale, remarquait qu'il faudrait composer un catéchisme qui, plus accommodé aux besoins de cette province, contiendrait la doctrine catholique expliquée dans le catéchisme de Bellarmin, et qui ensuite, approuvé par le Saint-Siège, serait publié pour l'usage de tous les catholiques. Cela en effet, ajoutait-elle, est tout à fait conforme à ce qu'a déclaré Benoît XIV dans son Encyclique de 1742. J'ignore ce qui a été fait à cet égard aux Etats-Unis, et les résultats qu'on y a obtenus. Mais j'entendrais volontiers un Evêque de ce pays-là nous en parler, attendu, si je ne me trompe, que le catéchisme dont il est question y a été mis réellement en usage depuis environ trente ans. Cette expérience nous servirait d'exemple.

« Pour ce qui regarde maintenant la traduction du catéchisme catholique dont je parle en langue vulgaire des divers pays, il serait bien étonnant que le moyen indiqué dans le projet pour se la procurer partout ne pût pas atteindre son but quelque part. Passant donc sur cette objection, je terminerai ma petite allocution en conjurant tous les Pères du Concile d'accepter en son entier, et tel qu'il nous est proposé, le projet de catéchisme universel, pour la plus grande gloire de Dieu et de son Eglise. »

J'ajouterai ici que, si Mgr l'Evêque de Versailles avait pensé alors à consulter sur cette matière les Actes des conciles provinciaux de France, tenus en ce siècle, il aurait pu formuler un argument *ad hominem,* au moins pour ce qui regarde les provinces de Bordeaux, Paris, Sens et Bourges ; et il aurait pu s'étonner de trouver dans ces provinces, s'il y en a eu, des opposants au projet qu'on discutait et dont il se faisait le champion à son propre préjudice ; mais ses intérêts personnels, et même ceux de son siège ou de son diocèse, ne comptaient pour rien, quand il s'agissait des droits du Souverain-Pontife et du bien de l'Eglise universelle.

Au reste, je n'ai voulu signaler cet acte de Mgr Mabile que pour montrer l'esprit qui animait ce grand Evêque, et avec quelle gravité il traitait les matières qui étaient soumises à son examen et à ses délibérations. Et parce qu'il n'a pas réussi, malgré ses excellentes intentions, à donner en 1868 à son diocèse de Versailles un catéchisme *viable,* je vais dire comment j'aurais désiré, dans ce temps-là, qu'il présentât à ses diocésains la partie des commandements de Dieu et de l'Eglise. Chargé, en effet, de *corriger* quelques épreuves de son travail, je m'étais mis dans la tête de transformer, entre autres choses, toute cette partie, et j'avais, en quelques jours, rédigé les articles suivants, que je ne lui ai jamais communiqués, et que je ne donne au public que comme un essai fait à la hâte et une ébauche plus ou moins intéressante. On pourra, si l'on veut, comparer mon travail avec celui qui a été édité dans le catéchisme susdit, pour mieux comprendre ma manière de procéder. Et parce que l'on pourrait s'imaginer qu'en le publiant aujourd'hui, j'aurais eu l'intention de le mettre en concurrence avec un autre projet de catéchisme qui vient de paraître dans le diocèse de Besançon, je sens le besoin de déclarer ici que mon imprimeur avait déjà composé ma note *B* avant que j'eusse la moindre connaissance du projet en question. Au reste, je le répète, je n'ai pas eu le moins du monde la pensée de proposer mon essai à l'approbation de qui que ce soit pour en faire une œuvre pratique; j'ajouterai même que je ne me serais jamais permis de rédiger ce travail après le vote du concile du Vatican favorable à la rédaction *romaine* d'un petit catéchisme à l'usage de toutes les Eglises de l'univers.

Note B.

CATÉCHISME (IIe PARTIE).

Ire LEÇON. — *Ce qu'il faut faire pour être sauvé.*

D. Suffit-il de croire pour être sauvé?
R. Non; il faut encore faire.
D. Qu'est-ce que le chrétien est obligé de faire?
R. Il doit observer les commandements de Dieu et de l'Eglise.
D. Combien y a-t-il de commandements de Dieu?
R. Il y en a dix, qu'on appelle Décalogue.
D. Récitez le Décalogue ou les dix commandements de Dieu.

R. I. Un seul Dieu tu adoreras
    Et serviras *fidèlement* (Matth., IV).
II. Dieu à témoin tu ne prendras
    Pour faux, pour mal, ni vainement.
III. Le dimanche, tu sanctifieras
    N'agissant point servilement.
IV. Tes père et mère honoreras
    Et aimeras parfaitement.
V. Ni toi, ni d'autres ne tueras;
    Et vivras toujours sobrement.

VI. Adultère point ne seras,
    Ni *luxurieux autrement.*
VII. Le bien d'autrui tu ne prendras.
    Ni retiendras injustement.
VIII. Faux témoin, *menteur* ne seras,
    Ni médisant aucunement.
IX. Femm' d'autrui ne convoiteras
    Pour en user peu chastement.
X. Biens d'autrui ne désireras
    Posséder à son détriment.

D. Ne pourrait-on pas résumer ces dix commandements dans une formule plus brève et plus concise?

R. Oui, et Notre-Seigneur l'a fait, quand il a dit : Vous aimerez le Seigneur votre Dieu de tout votre cœur, dans toute votre âme et dans tout votre esprit, et votre prochain comme vous-même. Ces deux commandements renferment toute la loi (S. Matth., xx).

* D. Comment ce double commandement renferme-t-il tous les autres?

R. Parce que celui qui aime Dieu évite de lui déplaire et par conséquent de lui désobéir; et que, quand on aime son prochain, non seulement on ne lui nuit pas, mais on lui fait encore tout le bien qu'on voudrait en recevoir si on était à sa place.

D. N'y a-t-il pas un autre moyen de bien observer les commandements de Dieu?

R. Oui, c'est de pratiquer les vertus chrétiennes en résistant aux vices et aux tentations qui y sont opposés.

IIe Leçon. — *Des vertus chrétiennes.*

D. Qu'est-ce qu'une vertu en général?

R. C'est une manière d'être ou une disposition intérieure qui nous porte à faire le bien et à éviter le mal.

* D. Cette inclination au bien nous est-elle naturelle?

R. Au contraire, notre nature est portée au mal par suite du péché originel.

* D. D'où vient donc la vertu?

R. De Dieu, qui nous la donne, comme aussi des habitudes de bien faire que nous avons contractées par le bon usage de ses grâces.

* D. Pourquoi lui donne-t-on le nom de vertu?

R. Parce qu'on ne peut la pratiquer qu'en faisant effort pour se vaincre et se renoncer soi-même.

D. Combien y a-t-il de sortes de vertus chrétiennes?

R. Il y en a de deux sortes : les vertus théologales et les vertus morales.

D. Qu'est-ce qu'on entend par vertus théologales?

R. Ce sont des vertus de l'ordre surnaturel qui nous mettent directement en rapport avec Dieu et avec le bonheur qu'il nous a destiné.

D. Qu'est-ce qu'on entend par vertus morales?

R. Ce sont des vertus de l'ordre naturel qui ont pour objet de régler nos mœurs, ou notre manière de vivre, selon la droite raison.

IIIe Leçon. — *Des vertus théologales.*

D. Combien y a-t-il de vertus théologales?

R. Il y en a trois : la Foi, l'Espérance et la Charité.

D. Qu'est-ce que la foi ?

R. La foi est une vertu surnaturelle qui nous fait croire tout ce que Dieu nous a révélé parce qu'il est la vérité même.

D. Comment savons-nous ce que Dieu a révélé ?

R. Par le témoignage de son Eglise qu'il a chargée lui-même de nous en instruire.

D. Faites un acte de foi catholique.

R. Mon Dieu, je crois fermement tout ce que croit et enseigne comme révélé la sainte Eglise catholique et apostolique-romaine parce que vous l'avez dit, vous qui êtes la vérité même.

D. Qu'est-ce que l'espérance ?

R. C'est une vertu surnaturelle par laquelle nous attendons de Dieu avec confiance tout ce qu'il nous a promis, parce qu'il est tout-puissant, bon et fidèle en ses promesses.

D. Faites un acte d'espérance.

R. Mon Dieu, j'espère avec une entière confiance qu'en vue des mérites de Jésus-Christ, vous me donnerez tout ce que vous m'avez promis, particulièrement votre grâce en ce monde et le Paradis en l'autre, parce que vous êtes tout-puissant, bon et fidèle à vos promesses.

D. Qu'est-ce que la charité ?

R. C'est une vertu surnaturelle qui nous fait aimer Dieu par-dessus toutes choses à cause de ses perfections et de ses amabilités infinies, et le prochain comme nous-même pour l'amour de Dieu.

D. Faites un acte de charité.

R. Mon Dieu, je vous aime de tout mon cœur et par-dessus toutes choses parce que vous êtes infiniment bon, aimable et parfait, et j'aime mon prochain comme moi-même pour l'amour de vous.

D. Quelle est la plus grande et la plus parfaite de ces trois vertus théologales ?

R. C'est la charité, parce qu'elle est le couronnement des deux autres, qu'elle résume toute la loi, et qu'elle subsistera toujours, ne faisant que se compléter et se consommer au Ciel.

IVᵉ Leçon. — *Des vertus morales.*

D. Combien y a-t-il de vertus morales ?

R. Il y en a un très grand nombre, parmi lesquelles on en distingue quatre principales ou cardinales auxquelles se rattachent toutes les autres.

D. Quelles sont ces quatre vertus cardinales ?

R. Ce sont la prudence et la force, la tempérance et la justice.

D. Qu'est-ce que la prudence ?

R. C'est une vertu qui nous fait distinguer, choisir et employer les moyens les plus propres à faire le bien, et qui nous fait fuir et éviter les dangers et les occasions de mal faire.

D. Qu'est-ce que la force ?

R. C'est une vertu qui nous donne le courage de surmonter les obstacles qui s'opposent à l'accomplissement de nos devoirs, tels que les tentations, les occasions, le respect humain et notre paresse naturelle.

D. Qu'est-ce que la tempérance ?

R. C'est une vertu qui nous fait user avec modération des honneurs, des richesses et des plaisirs de la terre.

D. La tempérance suffit-elle au chrétien pour atteindre ce but ?

R. Non, il doit encore pratiquer les œuvres de pénitence ou de mortification, tels que le jeûne et l'abstinence.

D. Qu'est-ce que la justice ?

R. C'est une vertu qui nous fait respecter les droits des autres, et rendre à chacun ce qui lui est dû.

D. A qui devons-nous quelque chose ?

R. A Dieu et au prochain.

D. La justice envers Dieu n'a-t-elle pas un nom plus particulier ?

R. Oui, c'est ce qu'on appelle la vertu de religion.

Ve Leçon. — De la vertu de religion.

D. Qu'est-ce que la vertu de religion ?

R. C'est une vertu qui nous fait rendre à Dieu le culte qui lui est dû.

D. Quel culte devons-nous à Dieu ?

R. Le culte de latrie ou d'adoration proprement dite.

D. Qu'est-ce que l'adoration ?

R. C'est l'acte par lequel nous reconnaissons les perfections infinies de Dieu, et en particulier sa souveraine autorité sur toutes les créatures.

D. Comment nous acquittons-nous personnellement de ce devoir envers Dieu ?

R. Principalement par les actes des vertus théologales, par la prière et par l'offrande du saint sacrifice.

* D. Comment les actes des vertus théologales sont-ils des actes d'adoration ?

R. C'est que, par la foi, nous reconnaissons la science et la sainteté infinies de Dieu, par l'espérance, sa toute-puissance et sa bonté, enfin, par la charité, tout l'ensemble de ses perfections.

* D. En est-il de même de la prière ?

R. Oui, parce qu'elle est de sa nature un acte d'espérance.

D. Enfin, comment le saint sacrifice est-il un acte d'adoration ?

R. C'est que le saint sacrifice, qui est l'immolation de Notre-Seigneur Jésus Christ lui-même, procure à Dieu la plus grande gloire possible et exprime de la manière la plus haute son souverain domaine ou son droit de vie et de mort sur toute créature.

D. A quoi nous oblige encore la vertu de religion?

R. A respecter le saint nom de Dieu, ses perfections infinies, le jour qu'il s'est réservé, les lieux, les personnes et les choses qui lui sont consacrées, les sacrements qu'il a institués, enfin les serments et les vœux par lesquels nous nous sommes liés envers lui.

D. N'y a-t-il que Dieu à qui nous devions un culte religieux ?

R. Nous pouvons encore honorer les anges et les saints, et surtout la sainte Vierge, mère de Dieu, ainsi que les images religieuses et les saintes reliques.

D. Quelle sorte de culte rendons-nous aux images et aux reliques?

R. Ce ne peut être qu'un culte relatif, mais de la même espèce que celui que nous rendons aux personnes qu'elles représentent ou à qui elles appartiennent.

VIe Leçon. — *De la justice envers le prochain.*

D. A quoi nous oblige la justice envers le prochain?

R. A respecter tout ce qui lui appartient, son âme et son corps, sa vie, sa santé, son honneur, sa fortune et sa réputation, et ensuite à réparer le tort que nous aurions pu lui faire dans l'un ou l'autre de ces biens.

D. Est-ce que nous ne devons au prochain que la justice?

R. Nous lui devons encore la charité.

D. En quoi consiste cette charité?

R. A l'aimer et à l'assister selon notre pouvoir dans tous ses besoins, spirituels et temporels, par la prière, les bons conseils, la correction fraternelle et l'aumône.

D. N'y a-t-il pas des personnes à qui nous devons une affection et une assistance plus spéciales ?

R. Oui, ce sont nos parents et ceux qui leur ressemblent.

D. Pourquoi les enfants doivent-ils à leurs parents un amour et des services tout particuliers?

R. A cause du bien que ceux-ci leur font ou leur ont fait.

D. Quel bien les parents doivent-ils faire à leurs enfants ?

R. Ils doivent leur donner l'entretien, l'instruction, le bon exemple et la correction.

D. Les enfants ne doivent-ils à leurs parents qu'amour et assistance ?

R. Ils doivent en outre les respecter et leur obéir.

D. Pourquoi ?

R. A cause de l'autorité que Dieu leur a donnée sur eux.

D. N'en est-il pas de même de tous les inférieurs vis-à-vis de leurs supérieurs ?

R. Oui, tous les inférieurs doivent respecter leurs supérieurs, et leur obéir dans les choses où ceux-ci ont droit de commander.

D. De leur côté, les supérieurs n'ont-ils pas des devoirs envers leurs subordonnés ?

R. Oui, ils doivent en prendre soin pour l'âme ou pour le corps, ou même pour tous les deux, selon la différence des fonctions qu'ils remplissent.

D. Que doivent en outre les maîtres ou patrons à leurs domestiques ou ouvriers ?

R. Le juste salaire qui a été convenu entre eux.

D. Et les domestiques et ouvriers à quoi sont-ils obligés envers leurs maîtres et patrons?

R. Au respect, au travail et à la fidélité.

VIIe Leçon. — *Des vices opposés aux vertus chrétiennes.*

D. Qu'est-ce qu'un vice en général ?

R. C'est l'opposé de la vertu, c'est-à-dire, une inclination déréglée qui nous porte à faire le mal ou à omettre nos devoirs.

* D. Y a-t-il des vices dans notre nature et d'où nous viennent-ils !

R. Oui nous avons des vices et ils nous viennent, soit du péché d'origine, soit des habitudes que nous avons personnellement contractées de mal faire.

* D. Comment appelle-t-on en général l'inclination qui nous porte au mal?

R. On l'appelle concupiscence ou passion.

* D. N'y a-t-il pas plusieurs espèces de concupiscence ?

R. Oui, et l'apôtre saint Jean en signale trois principales : la concupiscence des yeux, celle de la chair, et celle de l'esprit qu'il appelle l'orgueil de la vie.

* D. Qu'est-ce que l'orgueil de la vie ?

R. C'est le désir ou la recherche immodérée des honneurs de ce monde.

* D. Qu'est-ce que la concupiscence des yeux ?

R. C'est la passion pour les biens ou les richesses de la terre, que l'on recherche avec trop d'avidité ou auxquels on s'attache trop, par cupidité ou par avarice.

* D. Enfin, qu'entend-on par la concupiscence de la chair ?

R. C'est le désir ou l'usage immodéré des plaisirs des sens ; en d'autres termes, la sensualité qui comprend surtout la gourmandise et la luxure.

* D. N'y a-t-il pas encore d'autres vices ou péchés capitaux ?

R. Oui : l'envie, la colère et la paresse.

* D. Ces différents vices sont-ils par eux-mêmes des péchés?

R. Non ; mais ce sont des causes ou des sources de péchés, en tant qu'ils nous portent à transgresser quelqu'un des commandements de Dieu ou de l'Eglise.

VIIIe Leçon. — *Des tentations opposées aux vertus chrétiennes.*

D. Qu'est-ce que la tentation en général ?

R. On appelle tentation en général tout ce qui nous porte à faire le mal dans un temps donné.

D. D'où peut nous venir la tentation ou la sollicitation au mal?

R. D'abord de nos vices ou de nos passions, comme il a été dit dans la leçon précédente, et ensuite du démon ou du monde.

* D. Comment le démon nous tente-t-il ?

R. En nous suggérant la pensée de mal faire, ou même en excitant nos passions intérieures.

* D. Et le monde, comment nous porte-t-il au mal?

R. Par ses scandales de parole ou d'exemple, comme aussi par le simple appât de ses biens extérieurs propres à réveiller nos passions.

* D. Cette tentation, qui nous vient du monde, n'a-t-elle pas un autre nom ?

R. Oui, on l'appelle occasion, tandis que la tentation proprement dite est celle qui nous vient du démon ou de nos passions.

* D. Combien y a-t-il d'espèces de tentations ou d'occasions?

R. Autant qu'il y a d'espèces de vertus que nous sommes tentés de blesser ou d'espèces de péchés que nous pouvons commettre.

D. Citez-nous quelques-unes de ces espèces de tentations?

R. Les tentations contre la foi, l'espérance, la charité et les autres vertus chrétiennes.

IXe Leçon. — *Du péché en général.*

D. Qu'est-ce que le péché?

R. On le définit d'ordinaire : une désobéissance à la loi de Dieu ou de l'Eglise.

D. Combien y a-t-il de sortes de péché?

R. Deux : le péché originel et le péché actuel.

D. Qu'est-ce que le péché originel?

R. C'est celui que nous apportons en venant au monde et qui souille notre âme par suite de la désobéissance de nos premiers parents.

D. Qu'est-ce que le péché actuel?

R. C'est celui que nous commettons nous-mêmes, quand nous désobéissons personnellement.

* D. Quelle différence y a-t-il donc entre le péché originel et l'actuel?

R. Le péché originel est le résultat de la désobéissance d'Adam et d'Ève, tandis que l'actuel est l'effet de notre mauvaise volonté personnelle.

D. Combien y a-t-il d'espèces de péché actuel?

R. Deux : le péché mortel et le péché véniel.

D. Qu'est-ce que le péché mortel?

R. C'est une désobéissance pleinement consentie à la loi de Dieu ou de l'Eglise en matière considérable, c'est-à-dire, de grande importance.

D. Qu'est-ce que le péché véniel?

R. C'est une désobéissance en matière légère ou imparfaitement voulue, qu'on appelle vénielle parce qu'elle est assez pardonnable.

D. En quoi donc le péché véniel diffère-t-il du mortel?

R. Il en diffère en deux manières : par l'imperfection de l'acte ou par la légèreté de la matière.

D. Et quelles sont les suites de ces deux espèces de péché?

R. Le péché mortel, ainsi appelé parce qu'il donne la mort à notre âme, nous prive de la grâce sanctifiante ; et, si nous ne l'avons pas effacé sur la terre, il nous exclut du Paradis et nous précipite en Enfer.

D. En est-il de même du péché véniel?

R. Non ; ce péché ne nous prive pas de la vie de la grâce, et par conséquent il ne nous rend pas indignes du Paradis ; mais, si nous ne l'avons pas effacé avant de mourir, il nous jette en Purgatoire.

D. Le péché en général est-il un grand mal?

R. C'est le plus grand de tous les maux, le mortel surtout.

D. Et pourquoi?

R. Parce qu'indépendamment de l'injure qu'il fait à Dieu et de la mort qu'il a causée à Jésus-Christ, il nous prive, s'il est mortel, du plus grand de tous les biens, le Paradis, et nous précipite dans le plus grand de tous les malheurs, un Enfer éternel.

Xe Leçon. — *Des principaux péchés contre les trois premiers commandements de Dieu.*

D. Quels sont les principaux péchés contre le premier commandement de Dieu?

R. Ce sont les péchés contre la foi, l'espérance, la charité et la vertu de religion.

D. Dites-nous les péchés contre la foi.

R. C'est d'abord l'ignorance des vérités qu'il faut savoir; ensuite, le défaut de foi, c'est-à-dire, l'infidélité, l'incrédulité, l'apostasie, l'hérésie ou même les doutes en matière de foi; enfin, la honte de paraître chrétien quand on doit se montrer tel.

D. Que faut-il faire pour éviter ces péchés?

R. Premièrement, s'instruire, assister par conséquent aux catéchismes et aux instructions de l'Eglise, ou lire des livres qui les renferment; ensuite, repousser les tentations contre la foi; enfin, éviter les compagnies des mécréants et s'interdire la lecture de leurs ouvrages.

D. Quels sont les péchés contre l'espérance?

R. Le désespoir, le découragement, la défiance de la Providence; ou bien, au contraire, la présomption de la bonté de Dieu.

D. Et contre la charité, quels péchés pouvons-nous commettre ?

R. Celui de haïr Dieu, ou même de l'oublier, et celui d'aimer les créatures plus que lui.

D. Mais la charité n'a-t-elle pas aussi pour objet le prochain ? et quels péchés pouvons-nous commettre contre elle à ce point de vue?

R. Les péchés contraires à la charité que nous devons au prochain sont aussi la haine ou la vengeance, les injures, les imprécations, les malédictions, le scandale et l'omission des œuvres de miséricorde obligatoires, c'est-à-dire de l'aumône soit corporelle, soit spirituelle.

D. Quels sont les péchés contre la vertu de religion ?

R. L'idolâtrie, les diverses espèces de superstition, la vente ou la profanation des choses saintes, surtout des sacrements, et enfin l'oubli de la prière.

D. N'y a-t-il pas encore d'autres péchés contre la vertu de religion, ou contre le second commandement?

R. Oui, et ce sont les blasphèmes, les jurements, c'est-à-dire les serments vains et surtout contraires à la vérité ou à la justice, et la violation des serments justes et des vœux.

D. Enfin, quels sont les péchés contre le troisième commandement de Dieu?

R. La négligence du culte religieux, en général, et l'application aux œuvres serviles le dimanche sans nécessité ou permission.

XIᵉ Leçon. — *Des péchés contre le IVᵉ commandement.*

D. Qui sont ceux qui pèchent contre le quatrième commandement?

R. D'abord les enfants qui manquent de respect ou d'obéissance pour leurs parents, ou qui, au lieu de les aimer et de les aider, les haïssent, les chagrinent, les maltraitent ou ne les assistent pas dans leurs besoins corporels et spirituels, soit pendant leur vie, soit après leur mort.

D. Est-ce que les parents ne pèchent pas aussi contre leurs enfants?

R. Oui, quand ils n'en prennent pas soin et qu'ils leur refusent l'entretien ou l'éducation convenable ; ensuite, quand au lieu de veiller sur eux, de les édifier et de les corriger, il les négligent, les maltraitent ou les scandalisent.

D. Quels péchés les domestiques peuvent-ils commettre contre leurs maîtres?

R. Le péché d'irrévérence ou de désobéissance, et celui d'infidélité à leurs devoirs par paresse, par injustice ou autrement.

D. Les maîtres ne peuvent-ils pas aussi pécher contre leurs domestiques ou leurs ouvriers ?

R. Oui, s'ils ne leur donnent pas le nécessaire, le temps de remplir leurs devoirs envers Dieu et le salaire convenu.

D. N'y a-t-il pas encore d'autres péchés contre le quatrième commandement?

R. Oui, tous ceux en général des supérieurs envers leurs inférieurs et réciproquement, à raison du respect et de l'obéissance que les inférieurs doivent à leurs supérieurs, et du soin que ceux-ci doivent prendre des autres, chacun selon sa condition.

XIIe Leçon. — *Des péchés contre les six derniers commandements.*

D. Quels sont les péchés que l'on peut commettre contre le cinquième commandement ?

R. Il y en a de deux sortes : contre le prochain et contre soi-même.

D. Contre le prochain ?

R. L'homicide et les mauvais traitements.

D. Contre soi-même ?

R. Le suicide et les excès dans le boire et le manger.

D. Quels sont les péchés contre le sixième commandement?

R. La fornication, le viol, le rapt, l'adultère, l'inceste et le sacrilège.

D. N'y en a-t-il pas d'autres plus abominables encore ?

R. Oui, les péchés contre nature, commis seul ou autrement.

D. Comment pèche-t-on contre le septième commandement?

R. En prenant ou retenant injustement le bien d'autrui ; en lui causant des dommages dans ses propriétés, ou en violant l'obligation des contrats.

D. Quand on a fait du tort au prochain de quelqu'une de ces manières, suffit-il de s'en repentir et de s'en confesser pour en obtenir le pardon?

R. Non, il faut encore le réparer si on le peut et autant qu'on le peut, et cela le plus tôt possible.

D. N'en est-il pas de même des autres préjudices que l'on a causés au prochain, dans son corps, son honneur et même sa réputation ?

R. Oui, on doit aussi réparer ces injustices de la meilleure manière possible.

D. Quels sont les péchés que l'on peut commettre contre la réputation du prochain, ou contre le huitième commandement ?

R. Les principaux sont le faux témoignage en justice, la calomnie simple, la médisance et le mensonge.

D. Enfin, quels sont les péchés contre le neuvième et le dixième commandements ?

R. Ce sont les mauvais désirs purement intérieurs d'impureté ou d'injustice.

D. Résumez maintenant les principaux péchés contre le Décalogue.

R. Ce sont les péchés contre la foi, l'espérance, la charité, la vertu de religion, la justice et la tempérance.

XIIIe Leçon. — *Des commandements de l'Eglise.*

D. L'Eglise a-t-elle le droit de nous commander ?

R. Oui, tout comme de nous enseigner, et par conséquent on pèche quand on lui désobéit.

D. Quels sont les principaux commandements de l'Eglise ?

R. On en signale ordinairement six.

D. Récitez-les.

R. Les dimanches messe ouïras
Et fêtes de commandement.
Ces fêtes tu sanctifieras
Comm' le dimanche absolument.
Tous tes péchés confesseras
A tout le moins une fois l'an.

A Pâques tu communieras
Dans ta paroisse saintement.
Quatre-Temps, vigil' jeûneras
Et le Carême entièrement.
Vendredi gras tu ne feras,
Ni samedi pareillement.

D. A quoi donc l'Eglise nous oblige-t-elle ?

R. A assister à la messe le dimanche ; à sanctifier certaines fêtes comme le dimanche ; à nous confesser une fois l'an ; à communier tous les ans en temps de Pâques dans notre paroisse ; à jeûner tout le Carême, et les jours de Quatre-Temps et de vigile ; enfin, à faire abstinence les jours de jeûne, et tous les vendredis et samedis de l'année.

D. Ces divers commandements de l'Eglise sont-ils arbitraires et sans fondement ?

R. Au contraire, ils ne sont qu'une application raisonnable de la loi de Dieu relative à la vertu de religion et au précepte divin de la pénitence.

D. Mais ces commandements obligent-ils toujours ?

R. Non, on peut sans péché ne pas les observer quand on en a obtenu dispense, ou quand il y a de graves raisons de ne pas les accomplir.

XIVe LEÇON. — *Moyens de nous préserver et de nous délivrer du péché.*

D. Pourriez-vous me dire quels moyens on doit employer pour éviter le péché ?

R. Le Saint-Esprit nous déclare lui-même que le moyen de ne pécher jamais, c'est de nous souvenir de nos fins dernières.

D. Quelles sont ces fins dernières dont vous parlez ?

R. La mort, le jugement, l'enfer et le paradis.

D. Et comment la pensée de ces choses-là nous préservera-elle du péché ?

R. D'une part, à cause de la crainte que nous aurons d'encourir les châtiments de la justice divine, et de l'autre, parce que nous tiendrons à mériter ses récompenses.

D. C'est donc par la crainte et par l'espérance qu'on déterminera le chrétien à accomplir son devoir ?

R. Absolument, comme on décide quelqu'un à travailler en le menaçant d'une peine ou en lui promettant un salaire.

D. N'y a-t-il pas un autre moyen d'éviter le péché et de pratiquer la vertu ?

R. Oui ; et c'est la pensée habituelle de la présence de Dieu, que le Seigneur lui-même indiquait à Abraham comme propre à le rendre parfait.

D. Comment cette pensée produira-t-elle ce résultat ?

R. Parce qu'elle nous rappellera que Dieu qui nous voit est tout à la fois rémunérateur et vengeur, en d'autres termes, qu'il y a un paradis et un enfer ; ce qui nous déterminera à lui obéir fidèlement.

D. Mais pouvons-nous accomplir les commandements de Dieu par nos propres forces ?

R. Non, nous avons encore besoin pour cela de son secours ou de sa grâce.

D. Eh bien ! quel moyen avons-nous d'obtenir cette grâce ?

R. La prière.

D. Maintenant, si nous avons eu le malheur de commettre le péché, comment pouvons-nous nous en délivrer ?

R. Par la réception des sacrements.

Note C.

Projet de décret sur la Primauté pontificale mis en regard du décret lui-même tel qu'il a été promulgué dans la Constitution du 18 juillet 1870.

Le projet de décret sur la Primauté du Pontife romain, rédigé avant le Concile par les théologiens du Pape, formait le chapitre XI du *schema* sur l'Eglise. Mais, pendant le Concile, on discuta ce chapitre à part, et on le divisa en trois, les trois premiers de la Constitution actuelle. Je mets de côté les deux premiers, et je me contente d'établir le parallèle entre le texte primitif du dernier et son texte définitif tel qu'il a été promulgué dans la Constitution. Seulement, comme les changements qu'on y a faits ont eu lieu successivement, les uns avant toute discussion conciliaire, et les autres dans le cours des débats en juin et juillet, ceux-ci seront mis entre parenthèses et précédés d'une †. Au reste, j'ai arrangé les choses de manière à ce qu'on puisse lire d'un seul trait la Constitution telle qu'elle est, en ne prenant que le texte imprimé en lettres ordinaires dans les deux colonnes successivement suivant l'ordre des n°ˢ I, II, III, etc., car j'ai mis en *italiques* tout ce qui a été éliminé ou réformé par le Concile.

Texte primitif.	**Texte de la Constitution.**
Ch. XI. —	Ch. III. — *Nature et caractère de la Primauté du Pontife romain.*
Ainsi renouvelant et suivant en tout, soit les décrets des Pontifes romains nos prédécesseurs, soit les définitions nettes et claires des Conciles généraux précédents, nous enseignons et déclarons qu'il y a obligation pour tous les fidèles de croire que ce	I. († C'est pourquoi, nous appuyant sur les textes formels des saintes Ecritures, et) nous attachant aux décrets nets et clairs, tant des Pontifes romains nos prédécesseurs que des Conciles généraux, nous renouvelons *la profession de foi* († la définition) du concile œcuménique de Florence qui oblige tous les chrétiens de croire que le
II. Saint-Siège apostolique et le Pontife romain possède la primauté sur tout l'univers, et que ce même Pontife romain est le successeur du B. Pierre, prince des apôtres, le vrai vicaire de J.-C., le chef de toute l'Eglise, et le père	

et docteur, *ainsi que le juge su-*
prême, de tous les chrétiens, et
qu'il a reçu de N.-S. J.-C., dans
la personne du B. Pierre, plein
pouvoir de paître, régir et gouverner l'Eglise universelle,

et que ce pouvoir qu'il possède, pou-
voir de juridiction proprement dit,
est ordinaire et immédiat, à l'égard
duquel les pasteurs des Eglises par-
ticulières et les fidèles,

IV. tant pris isolément que
réunis ensemble, sont astreints au
devoir de la subordination hiérarchique et d'une véritable obéissance,

VI. en sorte que, l'unité, tant de
la communion que de la profession
de la même foi, étant gardée avec
le Pontife romain, l'Eglise de J.-C.
forme un seul troupeau sous un
seul Pasteur suprême. Telle est la
doctrine de la vérité catholique
dont personne ne peut s'écarter
sans perdre la foi et le salut.

Note. Ici, le projet primitif insé-
rait ce qui sera rapporté plus loin

III. † ainsi, du reste, qu'il est dit
dans les actes des conciles œcuméniques et dans les saints canons.
Nous enseignons donc et nous déclarons († que l'Eglise romaine,
par la disposition du Seigneur,
possède sur toutes les autres une
principauté de pouvoir ordinaire
et) que ce pouvoir de juridiction
du Pontife romain, pouvoir vraiment épiscopal, est immédiat, à
l'égard duquel les pasteurs et les
fidèles, de quelque rite et dignité
qu'ils soient,

V. non seulement dans les choses
qui concernent la foi et les mœurs,
mais aussi dans celles qui appartiennent à la discipline et au gouvernement de l'Eglise répandue
dans tout l'univers,

VII. Tant s'en faut, du reste,
que ce pouvoir du Souverain-Pontife *soit opposé* († nuise) à la puissance ordinaire et immédiate de juridiction épiscopale dont jouissent

sous la rubrique A et les n°s XII, XIV et XVI, puis il ajoutait ce qui suit :

Or, de ce pouvoir suprême, ordinaire et immédiat, de juridiction, tant sur l'Eglise universelle que sur tous et chacun des Evêques et des fidèles, il suit que le Pontife romain a nécessairement

VIII. le droit, dans cet exercice de son ministère, de communiquer librement avec les pasteurs et les troupeaux de toute l'Eglise, afin que ceux-ci puissent être instruits et dirigés par lui dans la voie du salut. C'est pourquoi nous condamnons et réprouvons les *pernicieux* sentiments de ceux qui disent *qu'il faut*

X. empêcher cette communication du Chef suprême avec les pasteurs et leurs troupeaux, ou qui l'assujettissent au pouvoir séculier, au point de prétendre que ce qui est établi par le Siège apostolique, ou de son autorité, pour le gouvernement de l'Eglise n'a de force et de valeur qu'autant qu'il est confirmé par le placet de la puissance séculière.

A. *C'est pourquoi nous condamnons*

les Evêques qui († établis par le S.-Esprit, occupent la place des Apôtres, et qui, en qualité de vrais pasteurs) paissent et régissent chacun le troupeau à eux assigné, que (au contraire) c'est le Pasteur suprême et universel lui-même qui proclame, fortifie et défend leur puissance, selon cette parole de saint Grégoire le Grand : Mon honneur est celui de l'Eglise universelle. Mon honneur est le solide appui de mes frères. On m'honore véritablement quand on ne refuse à personne le respect qui lui est dû. Or, de ce pouvoir suprême qu'a le Pontife romain († de gouverner toute l'Eglise), il suit qu'il a

IX. † qu'on peut licitement

XI. Et parce que le Pontife romain, en vertu du droit divin de sa Primauté apostolique, est à la tête de toute l'Eglise, nous en-

et réprouvons les sentiments de ceux qui, s'éloignant de la foi et se livrant à des esprits d'erreur, nient que Jésus-Christ ait accordé au B. Pierre le pouvoir de la primauté pour qu'il la transmît à ses successeurs à perpétuité, ou affirment que la juridiction des Pontifes romains n'est pas ordinaire et immédiate, sur toutes et chacune des Eglises des pasteurs particuliers, ou même prétendent

XII. qu'il est permis d'appeler des jugements des Pontifes romains au futur Concile général comme à une autorité supérieure au Pontife romain.

(*Can.* xvi). Si (donc) quelqu'un dit que le Pontife romain n'a qu'un office d'inspection ou de direction, et non un pouvoir plein et suprême de juridiction sur toute l'Eglise,

XIV. ou que son pouvoir n'est pas ordinaire et immédiat sur toutes et chacune des Eglises,

XVI. qu'il soit anathème.

seignons encore et nous déclarons qu'il est le juge suprême des fidèles, et que, dans toutes les causes qui appartiennent au for ecclésiastique, on peut recourir à son jugement; qu'au contraire le jugement du Siège apostolique, attendu qu'il n'y a point d'autorité supérieure à la sienne, ne peut être réformé par personne, et qu'il n'est permis à personne de juger de son jugement. C'est pourquoi, ceux-là sortent du droit chemin de la vérité qui affirment

XIII. non seulement dans les choses qui concernent la foi et les mœurs, mais encore dans celles qui appartiennent à la discipline et au gouvernement de l'Eglise répandue dans tout l'univers, († ou qu'il a seulement la principale part et non toute la plénitude de ce pouvoir suprême),

XV. et sur tous et chacun des pasteurs et des fidèles,

Voilà où s'arrêtait le onzième chapitre du travail préparatoire au Concile relatif à la Primauté pontificale; il n'y était nullement question de l'infaillibilité du Pape. Mais, les Pères ayant demandé que ce point de doctrine fût soumis à leurs délibérations et leur requête ayant été acceptée, la commission de la Foi fut chargée de rédiger un projet de décret qu'elle proposa d'abord comme chapitre additionnel dans le *schema* sur l'Eglise. Or, dans sa première rédaction, elle n'apportait, à l'appui de sa définition, que les passages du deuxième Concile de Lyon et du quatrième de Constantinople, qui ont été conservés dans son second projet et dans la Constitution elle-même. Quant à la définition proprement dite, elle ressemblait assez à celle qu'elle proposa ensuite, sauf quelques transpositions de mots et une addition très importante au sujet de l'irréformabilité des jugements du Souverain-Pontife. C'est pourquoi nous nous contenterons de donner un seul et même texte de ces deux projets et du décret de la Constitution, en mettant en *italiques* ce qui a été supprimé dans ces projets, et entre parenthèses avec le signe † ce qui a été ajouté dans le cours des débats.

Cɴ. IV. — *De l'infaillibilité* († Du Magistère infaillible) du Pontife romain. — Que *le pouvoir suprême de juridiction apostolique* († la Primauté apostolique elle-même) dont jouit sur toute l'Eglise le Pontife romain, comme successeur de saint Pierre, le prince des Apôtres, renferme aussi l'autorité suprême du magistère (ou de l'enseignement), c'est ce que ce Saint-Siège a toujours cru, ce que l'usage perpétuel de l'Eglise confirme, et ce qu'ont déclaré les Conciles œcuméniques eux-mêmes. (*Suivant donc la solennelle profession de foi des Conciles généraux, de*), ceux surtout où l'Orient se mettait en union de foi et de charité avec l'Occident, *nous croyons avec le Concile de Constantinople* († Car les Pères du quatrième concile de Constantinople, marchant sur les traces des anciens, ont fait cette profession solennelle) : La première condition du salut est de garder la règle de la vraie foi, *et de ne s'écarter en rien des Constitutions des Pères.* On ne peut (donc) pas mettre de côté la déclaration de N.-S. Jésus-Christ, qui a dit : Tu es Pierre, et sur cette pierre je bâtirai mon Eglise, (d'ailleurs) ce qu'il a annoncé ainsi a été justifié par les faits, le Siège apostolique ayant toujours conservé immaculée la religion catholique et proclamé la sainte doctrine, *en sorte que les chrétiens sont tenus de la suivre en tout pour mériter d'être en communion avec lui.* († Désirant donc ne nous écarter en rien de sa foi et de son enseignement, nous espérons mériter d'appartenir à la communion dudit Siège apostolique) en qui réside l'entière et vraie solidité de la religion chrétienne. [Formule du Pape saint Hormisdas, telle qu'elle a été proposée par Adrien II aux Pères du quatrième Concile de Constantinople et souscrite par eux], *et nous professons avec le deuxième Concile de Lyon* († Les Grecs ont professé aussi avec l'approbation du deuxième Concile de Lyon que) la sainte Eglise romaine possède sur toute l'Eglise catholique une primauté et principauté pleine et souveraine, qu'elle reconnaît en toute vérité et humilité avoir reçue, avec la plénitude du pouvoir, de Notre-Seigneur lui-même en la personne du B. Pierre, prince ou chef des Apôtres, dont le Pontife romain est le successeur; et comme elle est tenue plus (spécialement) que les autres à défendre la vérité de la foi, il faut, quand il s'élève des questions relatives à la foi, qu'elles soient définies par son jugement (Profession de foi des Grecs au deuxième Concile de Lyon). *Et nous répétons avec le Concile de Florence* († Enfin, le Concile de Florence a défini) que le Pontife romain est le véritable vicaire de Jésus-Christ, le chef de toute l'Eglise, le Père et Docteur de tous les chrétiens, et qu'il a reçu de N.-S. Jésus-Christ, en la personne du B. Pierre, plein pouvoir de paître, régir et gouverner l'Eglise universelle. »

Telle est la première partie du 4ᵉ chapitre de la Constitution. En la lisant, on voit que le Concile n'a fait que bien peu de modifications, et des modifications de peu d'importance, au décret qui lui avait été proposé par sa commission de la Foi. Mais, les débats sur cette matière ayant suscité une foule d'observations de la part des Pères, le Concile, en vue d'y faire droit, ajouta tout ce qui suit, jusqu'à la définition :

† « Afin de s'acquitter de cette charge pastorale, nos prédécesseurs ont, toujours et sans se lasser, travaillé à propager chez tous les peuples de la terre la doctrine salutaire de Jésus-Christ, et veillé avec non moins de soin à ce qu'elle fût conservée intacte et pure là où elle avait été reçue. C'est pourquoi les Evêques de tout l'univers, tantôt isolés, tantôt réunis en concile, fidèles à la longue habitude des Eglises et se conformant à la règle antique, ont (pris soin de) signaler à ce Siège apostolique les dangers surtout que la foi pouvait courir, afin que les dommages qu'elle aurait pu souffrir trouvassent leur remède là principalement où elle ne peut faire défaut. Et les Pontifes romains, agissant d'après ce que leur conseillait l'état des temps et des lieux, tantôt en convoquant des Conciles œcuméniques ou en consultant l'Eglise dispersée, tantôt en s'aidant des Conciles particuliers, tantôt en employant d'autres secours que la divine Providence mettait à leur disposition, ont (toujours) défini comme devant être cru ce qu'avec l'aide de Dieu ils avaient trouvé conforme aux saintes Ecritures et aux traditions apostoliques. Car le Saint-Esprit n'a pas été promis aux successeurs de Pierre pour qu'ils publiassent une nouvelle doctrine qu'il leur aurait révélée, mais (seulement) pour qu'avec son assistance, ils gardassent saintement et exposassent fidèlement la révélation que les Apôtres nous ont transmise ou le dépôt de la foi. Et quant à leur enseignement apostolique, tous les vénérables Pères l'ont accueilli et tous les saints

Docteurs orthodoxes l'ont vénéré et suivi, sachant parfaitement que le Siège de S. Pierre reste toujours exempt de toute erreur, selon la divine promesse que le Seigneur notre Sauveur a faite au Prince de ses disciples (quand il lui a dit) : J'ai prié pour toi, afin que ta foi ne manque pas (*texte grec* : ne souffre point d'éclipse); et toi, une fois converti, affermis tes frères.

« Ce don d'une vérité et d'une foi sans défaillance a donc été divinement accordé à Pierre et à ses successeurs dans sa Chaire, afin qu'ils remplissent leur sublime ministère pour le salut de tous; afin que tout le troupeau de Jésus-Christ, éloigné par eux du pâturage empoisonné de l'erreur, soit nourri de la doctrine céleste, et afin que, le danger de schisme cessant, toute l'Eglise conserve l'unité, et qu'appuyée sur son fondement, elle tienne ferme contre les portes de l'enfer.

« Or, comme aujourd'hui même, où il faut surtout que le ministère apostolique produise sa salutaire efficacité, son autorité est méconnue par un assez grand nombre de personnes, nous croyons tout à fait nécessaire d'affirmer solennellement la prérogative que le Fils unique de Dieu a bien voulu annexer au ministère pastoral suprême. »

Ici nous allons mettre en regard toute la formule de la définition selon le projet et selon la Constitution.

Ainsi,

✝ C'est pourquoi, nous attachant fidèlement à la tradition qui nous a été transmise depuis l'origine de la foi chrétienne, pour la gloire de Dieu notre Sauveur, l'exaltation de la religion catholique et le salut des peuples chrétiens,

avec l'approbation du sacré Concile, nous enseignons et *déclarons comme dogme de foi que le Souverain-Pontife à qui N.-S. a dit : J'ai prié pour toi afin que ta foi ne manque pas, et toi, une fois converti, affermis tes frères,* en vertu de l'assistance divine qui lui a été promise, *ne peut se tromper,* quand, remplissant sa charge de docteur suprême de tous les chrétiens, il définit, en vertu de son autorité apostolique, ce qui, en matière de foi et de mœurs, doit être tenu

avec l'approbation du sacré Concile, nous enseignons et ✝ définissons comme un dogme divinement révélé, que le Pontife romain,

quand il parle *ex cathedra,* c'est-à-dire, quand, remplissant sa charge de pasteur et docteur de tous les chrétiens, il définit, en vertu de sa suprême autorité apostolique, qu'une doctrine sur la foi ou les

comme de foi *ou rejeté comme contraire à la foi par* toute l'Eglise; et que ces sortes de décrets ou de jugements, irréformables par eux-mêmes, *doivent être reçus et acceptés avec une pleine soumission de foi par tout chrétien, dès qu'il en a connaissance.* Mais, parce que l'infaillibilité est la même, soit qu'on la considère dans le Pontife romain comme chef de l'Eglise, soit qu'on l'envisage dans toute l'Eglise enseignante unie à son Chef, *nous définissons en outre que l'une et l'autre infaillibilité s'étend à un seul et même objet.*

Que si, ce qu'à Dieu ne plaise, quelqu'un a la présomption de contredire notre présente définition,
qu'il sache qu'il est sorti de la vérité de la foi catholique et de l'unité de l'Eglise.

mœurs doit être embrassée par toute l'Eglise, jouit, par suite de l'assistance divine qui lui a été promise dans la personne du B. Pierre, de l'infaillibilité dont le divin Rédempteur a voulu doter son Eglise pour définir la doctrine de la foi et des mœurs; et que par conséquent ces sortes de définitions du Pontife romain sont irréformables d'elles-mêmes, † et non en vertu du consentement de l'Eglise.

Que si, ce qu'à Dieu ne plaise, quelqu'un a la présomption de contredire notre présente définition,
† qu'il soit anathème,

Note D.

Gallicans de la veille au diocèse de Besançon, du quinzième au dix-huitième siècle.

On a dit, quelque part, que les Francs-Comtois n'avaient jamais été gallicans, même depuis l'annexion de la Franche-Comté à la France. Le tout est de s'entendre. En 1861, quand je travaillais à mon *Histoire*, j'avais été singulièrement étonné des démêlés qui n'avaient cessé de se produire, du quinzième au dix-huitième siècle, entre le Saint-Siège et le Chapitre métropolitain de Besançon presque à chaque élection archiépiscopale; et, n'en trouvant pas une explication claire et satisfaisante dans les historiens tant anciens que modernes du pays, j'avais étudié plus à fond la chose; puis, croyant l'avoir mieux comprise, j'avais annexé à mon livre une longue note intitulée : *Quelques pages d'histoire ecclésiastique franc-comtoise.* Je ne prétendais pourtant pas avoir tout éclairci, puisque je posais encore quelques questions dont je demandais la solution à mes lecteurs. Mais aucun n'a répondu à mon appel, et j'ai dû m'éclairer par moi-même. Heureusement j'ai rencontré des renseignements nouveaux qui m'obligent, d'une part, à rectifier quelques-unes de mes assertions de 1861, et qui, de l'autre, me mettent à même de les développer davantage. Examinons donc si, et jusqu'à quel point, le Chapitre cathédral de Besançon était fondé à lutter avec le Saint-Siège pour l'élection de ses Archevêques et même de son haut doyen; car c'est sur ce double objet qu'a roulé la dispute.

Déjà alors, p. xxxix, j'osais conclure comme il suit : « Pour arriver au fond des choses, où les Chapitres avaient-ils donc pris autrefois le droit d'élire les Evêques, sinon dans les saints canons, c'est-à-dire, en définitive, dans une concession des Souverains-Pontifes qui avaient approuvé ces canons et leur avaient donné toute leur valeur? Le Pape seul, en effet, possède de droit divin la juridiction universelle dans l'Eglise, et seul il peut originairement disposer d'une partie de cette juridiction en faveur des Evêques qu'il institue dans le monde entier. Ainsi les réserves établies par les Papes (pour l'élection des Evêques) n'étaient point une usurpation sur les droits des Chapitres; au contraire, le droit d'élection épiscopale, en revenant au Souverain-Pontife, n'a fait que remonter à sa source, et le Concile de Trente a pu frapper d'anathème celui qui dirait que les Evêques, promus par l'autorité du Pontife romain, ne sont pas des Evêques vrais et légitimes » (sess. 23, can. 8).

En citant ce canon du Concile de Trente, j'avais, sans y penser, assez proclamé qu'il n'y a d'Evêques vrais et légitimes que ceux que le Pape établit directement par lui-même, ou tout au moins indirectement par ses délégués. En effet, si je consulte les auteurs *catholiques* (que l'on qualifiait autrefois d'*ultramontains*), je les trouve parfaitement convaincus de cette vérité. Pour n'en signaler qu'un, je citerai Dévoti, mort en 1820. Dans ses *Institutions canoniques*, liv. I, tit. v, il dit bien qu'au commencement les Evêques furent élus ou établis par les Apôtres eux-mêmes, et surtout par saint Pierre leur chef et leur prince; mais il a soin d'ajouter que ce pouvoir, dans les autres Apôtres, leur était personnel et qu'il a expiré avec eux sans passer à leurs successeurs dans l'Episcopat, tandis que celui que possédait saint Pierre était tout à la fois suprême et ordinaire, et devait être transmis aux héritiers de son Siège.

Il est aisé de comprendre pourquoi Notre-Seigneur avait donné à tous ses Apôtres une juridiction universelle, et, par suite, le droit d'établir des Evêques dans tous les pays qu'ils iraient évangéliser; c'était pour faciliter et activer la diffusion de l'Evangile. Aussi voyons-nous saint Paul écrire à son disciple Tite : « Je vous ai laissé en Crète ... pour y établir dans les villes des prêtres, comme je l'ai fait à votre égard. » Saint Paul parlait certainement dans ce texte de prêtres-évêques, puisqu'après avoir énuméré tout de suite les qualités dont ces prêtres devaient être revêtus, il ajoutait : « Il faut en effet que l'*Evêque* soit exempt de crime ou de reproche, » etc. Et c'étaient aussi des Evêques que les prêtres ou *anciens* qu'il avait fait venir d'Ephèse à Milet lors de son passage dans cette ville, puisqu'il leur disait dans son discours d'adieu : « Veillez sur vous et sur tout le troupeau dans lequel l'Esprit saint vous a établis *Evêques* pour gouverner l'Eglise du Seigneur. » On a certainement abusé de ce texte de l'Apôtre, quand on a prétendu en conclure que tous les Evêques sont établis *immédiatement* par le Saint-Esprit lui-même, chacun dans l'Eglise qu'il gouverne, avec tous les pouvoirs de juridiction, même diocésaine, dont ils sont investis. Il est de droit divin, sans doute, qu'il y ait dans l'Eglise de Dieu un corps épiscopal, comme il y a eu dans l'origine un Collège apostolique, et que les membres qui font partie de ce corps jouissent d'un pouvoir ordinaire pour être de vrais pasteurs et non de simples vicaires ou délégués. Il est vrai aussi que, comme Evêques, c'est-à-dire, à raison du sacrement de l'Ordre dont ils ont reçu la plénitude, ils tiennent immédiatement de Dieu les pouvoirs qui les distinguent des simples prêtres; mais quant à leur juridiction, si c'est le Saint-Esprit ou leur caractère qui leur donne le droit de participer au gouvernement de l'Eglise universelle comme juges de la foi et législateurs en union avec le Pape, il n'est pas certain du tout qu'ils tiennent directement de Dieu leur juridiction particulière comme Evêques de tel diocèse; au contraire, il y a tout lieu de croire qu'elle ne leur arrive que par l'intermédiaire du Pape, qui leur assigne leur mission et leur territoire. Et certes, Dieu n'a pas besoin de s'en mêler *directement*, puisque le Pape, ayant une juridiction universelle, possède toute la puissance requise pour remplir cette fonction distributive. (Voir là-dessus la note *J* de notre *Etude préliminaire*, p. 213 et suiv.)

Mais il y a encore ici une autre observation à faire dans le même ordre d'idées. On dit habituellement que les Evêques sont les successeurs des Apôtres. Cela est vrai, mais dans quel sens? Est-ce que les Evêques sont les successeurs des Apôtres au même titre que le Pape l'est de saint Pierre? Non assurément. Le Pape, en effet, est le successeur *direct* de saint Pierre, qui lui a transmis tous ses pouvoirs comme à son *héritier*; tandis que les Evêques n'ont pas hérité du tout des pouvoirs exceptionnels et extraordinaires des autres Apôtres; il y a plus : le Pape est l'héritier *personnel* de saint Pierre dans le Siège que celui-ci occupait, tandis qu'aucun Evêque ne peut se dire l'héritier personnel de tel Apôtre en particulier. Chose bien remarquable, à part saint Pierre et saint Jacques de Jérusalem, aucun apôtre ne paraît avoir occupé de siège fixe pour le laisser à un successeur; tous, au contraire, ont mené la vie d'Apôtre ou, si l'on veut, d'Evêque régionnaire, se transportant d'un lieu à un autre selon le besoin de leur mission, et établissant partout des Evêques dans les villes où ils avaient des disciples, sans se fixer dans aucune et en se contentant d'exercer une inspection générale sur toutes les Eglises qu'ils avaient fondées. C'est ainsi que saint Jean, même quand il avait sa résidence à Ephèse, n'était pas l'Evêque de cette ville qui en avait un autre, comme on le voit au ch. ii de l'Apocalypse : *Angelo Ephesi Ecclesiæ scribe.* Donc, tout en proclamant, avec les Conciles et avec celui du Vatican en particulier, que *les Evêques établis par le Saint-Esprit ont succédé en lieu et place des Apôtres, in locum Apostolorum,* c'est-à-dire, occupent dans l'Eglise vis-à-vis du Pape la même place que le Collège apostolique vis-à-vis de saint Pierre, nous affirmons qu'ils n'ont pas hérité de leur apostolat lequel a passé tout entier au Pape, *totius apostolatùs hæres;* en sorte que lui seul peut, comme l'observe Dévoti, élire ou instituer des Evêques avec le même droit que saint Pierre lui-même. Aussi, l'Eglise a-t-elle pris soin de noter, dans presque toutes les légendes de ses saints Papes, le nombre des Evêques qu'ils ont créés, savoir : dans le premier siècle, saint Lin et saint Clément chacun 15 et en deux ordinations; dans le second, 108; dans le troisième, 90; dans le quatrième, 192 (non compris ceux qu'ont dû ordonner les SS. Marc, Félix II et Sirice, car leur légende n'en parle pas); dans le cinquième, 351 (sans compter les *créatures* de trois Papes, saint Léon Ier, Anatase II et saint Symmaque, qui ont régné ensemble près de quarante ans). Il va sans dire qu'en faisant la supputation précédente, je n'ai pas entendu donner le dénombrement complet des Evêques créés dans les cinq premiers siècles; il n'est question ici que de ceux qui ont été ordonnés par le Pape personnellement; quant aux autres, je n'ai pas pu évidemment m'en occuper.

Mais, me dira-t-on, puisque le Pape seul a le droit d'instituer des Evêques, nul n'a pu en créer. — En vertu d'un pouvoir ordinaire, sans doute; mais par délégation, il en a été tout autrement. En effet, les Papes, au lieu de se réserver dès l'origine les élections épiscopales, se sont contentés d'exercer leur droit de primauté sur ce point, en établissant par des lois ou des canons les formes que devaient observer dans ces élections les personnes autorisées à les faire. C'est ce que remarque Dévoti, quand il dit qu'après le temps des Apôtres l'élection des Evêques fut attribuée aux métropolitains ou aux Conciles provinciaux. Qui n'a pas entendu parler aussi des élections faites par le clergé et le peuple? Mais il faut remarquer que le peuple n'a jamais pris part à l'élection proprement dite, qu'il se contentait de demander, d'acclamer ou même d'agréer tout simplement. Aussi le concile de

Trente a-t-il déclaré, sess. XXIII, ch. IV, que l'ordination, pour être valide, n'a besoin ni du consentement, ni de l'intervention soit du peuple soit d'un pouvoir séculier quelconque, ajoutant qu'au contraire tous ceux qui ne seraient nommés et institués que par le peuple ou la puissance séculière, au lieu d'être de vrais ministres de l'Eglise, ne seraient que des voleurs et des larrons, ou des intrus n'étant pas entrés par la *bonne* porte. Quant à l'intervention du clergé, même du second ordre, il n'en pas été ainsi ; au contraire, cette intervention a été la source du privilège dont les Chapitres cathédraux ont été ensuite investis pour l'élection de l'Evêque diocésain. Dévoti remarque que ce nouvel état de la discipline, déjà existant au douzième siècle, est celui qu'on trouve consigné dans les *Décrétales* que Grégoire IX fit recueillir par saint Raymond de Pennafort en 1234. Il en a donc été des élections des Evêques comme de celle du Pape qui a fini par être réservée au seul Collège des Cardinaux, comme celle des Evêques au Chapitre.

Mais parce qu'il a été question plus haut de l'ingérance du pouvoir séculier lui-même dans l'élection des pasteurs de l'Eglise, il ne sera pas hors de propos de noter ici que ce pouvoir a toujours tenté de s'immiscer plus ou moins dans cette affaire capitale. Ainsi personne n'ignore les luttes que le Saint-Siège a eu à livrer et à soutenir contre les empereurs d'Allemagne, tant pour ce qui regarde l'élection des Papes qu'en ce qui concerne l'investiture des Evêques par la crosse et l'anneau. Je ne veux, certes, pas faire ici l'histoire de ces démêlés ; mais je les signale comme ayant été la source des autres attaques que le Siège apostolique a eu à supporter de la part des princes jusqu'à nos jours. Voici comment M. l'abbé Blanc, dans son *Histoire ecclésiastique élémentaire,* a résumé cette longue discussion.

On lit dans sa 161ᵉ leçon : « La réaction antichrétienne (de la puissance séculière tendant à s'émanciper de l'autorité ecclésiastique) commence au treizième siècle par l'empereur Frédéric II ; elle continue par les attentats de Philippe le Bel (sur la fin de ce même siècle), par les jurisconsultes de Louis de Bavière (au quatorzième), par les débats et les écrits que fit naître (ensuite) le grand schisme d'Occident, par la Pragmatique de Bourges (au quinzième siècle), par les conciliabules de Louis XII (au seizième), etc. » M. Blanc ajoute : « Le jurisconsulte Pithou, né en 1539, saisit toutes les occasions pour relever les droits du roi au détriment de l'Eglise et de sa juridiction ; il fit plus : il voulut donner une sorte de consécration aux doctrines qui favorisaient ces empiètements, et ce fut dans ce but qu'il les recueillit comme en un corps de droit, et les résuma dans une suite de maximes et d'aphorismes où il affaiblit autant que possible les droits exercés par les Papes sur les Evêques en les confisquant au profit de l'Episcopat, et opprima, d'un autre côté, ces droits ecclésiastiques concentrés dans les mains des Evêques par l'abus de la force (ou du pouvoir civil). En définitive, tout s'absorbe dans les droits prétendus de la puissance séculière, et les Evêques, flattés d'abord, tombent dans une pleine servitude... Ainsi, ils ne peuvent sortir du royaume, ni s'assembler en concile, sans un *placet* du roi. Et c'était là ce que Pithou appelait les *Libertés de l'Eglise gallicane !* »

Poursuivant cette même histoire dans sa 167e leçon, M. Blanc s'exprime comme il suit : « Pierre Dupuy reprit l'ouvrage de Pithou, auquel il ajouta un Commentaire et un corps de Preuves en 4 in-fol. intitulé : *des Droits et Libertés de l'Eglise gallicane avec leurs Preuves* (c'est-à-dire, avec la compilation de tous les abus précédents apportés à l'appui). En 1639, vingt-deux Prélats dénoncèrent ce livre à tout l'Episcopat (français) comme un ouvrage détestable, rempli des propositions les plus venimeuses et masquant des hérésies formelles sous le beau nom de libertés. Mais, en 1651, il parut avec un privilège de Louis XIV. »

Voici comment ce même historien analyse les autres doctrines hostiles à l'Eglise : « Richer, dans son petit livre *de la Puissance ecclésiastique et politique,* posait en principe que toute puissance et autorité réside de droit naturel et divin dans la communauté dont les chefs ne sont que mandataires; ce qui faisait du Pape (lui-même) le pouvoir simplement exécutif ou le chef ministériel de l'Eglise, contre la définition du Concile de Florence qui lui fait tenir ses pleins pouvoirs, non de la communauté ou de l'Eglise universelle, mais de Jésus-Christ lui-même. Ainsi, il faisait de l'Eglise une démocratie. Il devait en être de même, *selon ses principes,* de la puissance politique ou royale.

« Marc-Ant. de Dominis embrassa le même système que Richer dans sa *République ecclésiastique,* en trois vol. in-fol., dont le premier parut en 1617. »

M. Blanc ajoute, leçon 191e : « Fébronius partait (aussi) du principe républicain de Richer, » et leçon 193 : « Les Archevêques de Cologne, Mayence, Trèves et Salzbourg protestèrent contre les nonciatures et firent dresser, par leurs quatre députés réunis à Ems, vingt-trois articles dans lesquels on lisait d'abord que Jésus-Christ avait donné aux Apôtres et aux Evêques leurs successeurs un pouvoir illimité de lier et de délier, ce qui dispensait de recourir à Rome; et qu'à défaut de la confirmation du Pape, les Evêques nommés trouveraient dans l'ancienne discipline les moyens de conserver leur office sous la protection de l'Empereur... (Quant à) la brochure d'Eybel, condamnée par le Pape en 1786, c'était le richérisme renouvelé par le joséphisme.

(Enfin) le synode de Pistoie appliquait les doctrines du jansénisme et menait au presbytérianisme. »

Je pourrais ajouter à ces appréciations de M. Blanc celles qui regardent le gallicanisme proprement dit, mais je me sens pressé de revenir à mon thème relatif aux élections épiscopales. J'ai dit que le droit des *Décrétales* publiées au treizième siècle attribuait ces élections aux Chapitres. Mais dès le commencement du siècle suivant, les Papes d'Avignon prirent soin de se réserver, selon leur droit, d'abord quelques-unes de ces élections, telles que celles des évêchés qui viendraient à vaquer par le décès soit d'un Cardinal, soit d'un autre titulaire en Cour ou à peu de distance de la Cour pontificale, et ensuite toutes ces élections sans exception aucune. Un canoniste franc-comtois, Belon, dans ses *Eléments de droit canonique,* rédigés en latin et imprimés à Besançon en 1784, attribuait à Clément IV, qui vivait dans la seconde moitié du treizième siècle, la seconde réserve que j'ai signalée ; mais, d'après Dévoti, on doit la rapporter à Clément V, le premier Pape d'Avignon, auteur des *Clementines* tirées du Concile de Vienne. Jean XXII, le successeur de Clément V, aurait, d'après le même Belon, fait la réserve des bénéfices incompatibles ; mais ce Pape ne s'est pas contenté de cela ; car, selon Dévoti, il fut le premier à faire rédiger par écrit les règles de la Chancellerie, c'est-à-dire, un recueil de certains décrets relatifs à la forme des jugements et aux réserves pontificales en matière d'élections et de collation de bénéfices. Chaque Pape renouvelle et confirme ces règles peu de temps après son élection. Elles sont maintenant au nombre de soixante-douze, que le cardinal Gousset a fait imprimer en 1855 à la fin de son ouvrage sur le droit canonique. Mais, quand Jean XXII les publia, elles n'étaient pas encore aussi nombreuses ; car, comme l'observe Dévoti, ses successeurs, Benoît XII en particulier, et surtout Nicolas V en 1447, en augmentèrent le nombre, qui s'accrut encore sous Martin V par la réserve des huit mois, qu'Innocent VIII réduisit à six ou à l'alternative en faveur de certains Prélats ou collateurs de bénéfices. Le canoniste Belon, dont nous avons parlé, ne comptait encore que soixante-neuf règles de la Chancellerie, et c'est ce qui explique comment les historiens de Besançon, tant anciens que modernes (ceux-ci par inattention), qualifient toujours de huitième règle celle qui est devenue réellement la neuvième.

Or, pour éclaircir ce que nous aurons à dire plus tard, nous devons signaler ici trois de ces règles de la Chancellerie ; d'abord la deuxième, qui réserve au Pape toutes les Eglises épiscopales, c'est-à-dire, l'élection de tous les Evêques de la chrétienté ; ensuite la quatrième, qui lui attribue la collation de la première dignité après la pontificale dans tous les Chapitres cathédraux, c'est-à-dire, l'élection de leurs doyens ou prévôts; enfin la neuvième (actuelle), où il est dit que, pour venir en aide aux clercs pauvres ou autres sujets méritants, le Pape conférera tous les bénéfices qui viendront à vaquer hors cour, autrement que par résignation, dans les mois de janvier, février, avril, mai, juillet, août, octobre et novembre, quel que soit d'ailleurs leur collateur ordinaire, à moins qu'il ne soit Cardinal ou qu'un Concordat ne l'autorise à user de son droit avec plus de plénitude. C'est cette règle ou cette réserve qu'on appelle des huit mois. Mais cette règle se trouve modifiée, dans le même article de la Chancellerie, indépendamment de tout Concordat, par une concession générale faite aux Evêques qui résident personnellement dans leur diocèse, pourvu qu'ils demandent cette faveur ou qu'ils déclarent par lettres patentes au Dataire de Sa Sainteté qu'ils veulent en user. Alors, au lieu de huit mois, le Pape ne s'en réserve que six, ceux de janvier, mars, mai, juillet, septembre et novembre; c'est-à-dire, qu'il alterne avec les collateurs ordinaires, et voilà pourquoi on a appelé cette règle, celle de l'alternative. La connaissance de ces trois règles de la Chancellerie et des deux réserves antérieures que nous avons spécifiées suffira pour éclairer notre discussion. Mais, avant d'aller plus loin, je dois répondre à une question que l'on m'adressera peut-être. Nous comprenons, me dira-t-on, d'après vos explications précédentes, que le Pape puisse se réserver les élections épiscopales; mais en vertu de quel droit conférerait-il les autres bénéfices ecclésiastiques de chaque diocèse, y compris la première dignité capitulaire? Je réponds : en vertu de sa Primauté de droit divin, de sa juridiction universelle, et enfin de son pouvoir épiscopal, ordinaire et immédiat sur tous les fidèles, brebis et agneaux, pasteurs et troupeaux. Ceci ne peut plus souffrir de difficulté depuis le Concile du Vatican. Ecoutons là-dessus notre canoniste Dévoti : « Le Pape, ayant pouvoir sur tous les diocèses, peut conférer tous leurs bénéfices, et par conséquent il a pu de plein droit se réserver la collation de quelques-uns, de ceux, par exemple, qui vaquent pendant les huit mois indiqués par Martin V. Mais pourquoi les Papes ont-ils ainsi restreint le droit des collateurs ordinaires? Pour le bien de l'Eglise universelle, afin d'y conserver *l'union de tous les membres avec leur chef,* en récompensant ceux qui le méritent ou en venant en aide aux clercs qui sont dans le besoin. »

Voyons maintenant comment les Concordats ont modifié ces règles générales de la Chancellerie apostolique. Ici nous devons signaler surtout le Concordat, dit germanique, qui fut conclu entre le pape Nicolas V et l'empereur Frédéric III en 1448. Par ce Concordat, le Pape dérogeait à la seconde règle de la Chancellerie, en laissant aux

Chapitres l'élection des Evêques, sauf vacance en cour ou par décès de Cardinal ; mais il maintenait sa réserve de la quatrième règle concernant l'élection du doyen ou prévôt des Chapitres cathédraux, et quant à la neuvième (la huitième d'alors) il se réduisait à l'alternative pour la collation des autres bénéfices. On comprend parfaitement que le Pape, en laissant aux Chapitres l'élection des Evêques qu'il se contentait de confirmer, ait voulu se réserver le choix du premier dignitaire de ces mêmes Chapitres, que l'Eglise place à côté des Evêques pour leur servir de conseil et de contrôle au besoin. Maintenant, arrivons aux démêlés du Chapitre de Besançon avec le Saint-Siège ; mais notons avant tout la source où ce Chapitre avait puisé son esprit de résistance contre ce qu'il regardait comme des entreprises de la Cour de Rome au détriment de son droit.

Nous avons vu que les Décrétales attribuaient aux Chapitres l'élection de l'Evêque diocésain, mais en faisant observer que cette discipline était le résultat d'une concession libre de la part des Souverains-Pontifes. Or, les Chanoines de Besançon ne s'en étaient pas formé cette idée, et ils se figuraient que ce droit d'élection leur appartenait *en propre* et ne pouvait leur être enlevé *même par le Pape* ; comme s'il y avait un droit canonique supérieur au Pape et indépendant de lui. Ils étaient donc gallicans sans y penser, *gallicans de la veille*. Seulement, il leur fallait une occasion pour manifester leurs sentiments ; et cette occasion leur vint après le grand schisme qui avait brouillé toutes les idées et singulièrement diminué le respect pour le Siège apostolique. Alors le Concile de Bâle se déclara supérieur au Pape. Il avait été précédé dans cette voie par celui de Constance ; mais avec cette différence remarquable que les Pères de Constance n'avaient en face, et sans doute en vue, que des Papes douteux dont il fallait absolument se débarrasser, tandis que ceux de Bâle voulaient appliquer les mêmes principes à un Pape certain, précisément à Eugène IV avec qui le Chapitre de Besançon a eu son premier démêlé, et voici comment.

Le cardinal Jean de la Rochetaillée, archevêque de Besançon, venait de mourir dans sa légation de Bologne le 24 mars 1437. Or, au point de vue des réserves générales et même spéciales du Pape, celles de la vacance en cour et par décès d'un Cardinal, le Souverain-Pontife seul pouvait procéder à l'élection de son successeur. C'est pourquoi Eugène IV n'hésita pas à pourvoir son neveu, François de Condelmire, de l'archevêché vacant ; mais le Chapitre de Besançon, de son côté, s'était hâté d'élire Jean Fruin le 24 avril 1437. Il prétendait sans doute user du droit *ancien* des décrétales antérieures aux réserves pontificales, ou plutôt, tout en admettant *quelques-unes* de ces réserves,

il croyait qu'elles ne s'appliquaient pas à son cas. Il disait, en effet,
que, quand il avait postulé le cardinal Jean de la Rochetaillée pour
succéder à Thiébaud de Rougemont, il avait obtenu du pape Martin V
un Bref qui lui assurait la liberté d'élire plus tard le successeur dudit
Cardinal. Dunod cite les propres paroles de ce Bref; seulement je
trouve étrange qu'il lui donne, s'il est vraiment authentique, la date
du 28 mai 1429, puisque Thiébaud de Rougemont ne mourut, selon
lui, à Rome que le 16 septembre suivant. Quoi qu'il en soit, et alors
même qu'Eugène IV n'aurait pas pu se prévaloir de cette réserve
provenant d'un décès de Cardinal, n'avait-il pas pour lui, sinon la
réserve de la vacance en Cour, tout au moins celle plus générale des
règles de la Chancellerie? Aussi, tout en consentant à rappeler son
premier élu, qu'il transféra bientôt à Vérone, il lui substitua, le
17 avril 1438, Jean de Norry, archevêque de Vienne en Dauphiné, et,
celui-ci étant mort quelques mois après, Quentin Ménart de Flavigny,
qui fit présenter ses Bulles au Chapitre le 4 janvier 1439.

On dit que Jean Fruin fit confirmer son élection par le Concile de
Bâle, qui ne demandait pas mieux sans doute que de lui appliquer le
décret par lequel il avait tenté d'abolir toutes les réserves pontificales
sans exception dans sa 12ᵉ session du 14 mars 1433. Mais cette confirmation, émanée d'un Concile déjà schismatique qui citait Eugène IV
à sa barre le 31 juillet 1437 dans sa 26ᵉ session et le déposait ensuite
pour le remplacer dans sa 39ᵉ session le 17 novembre 1439 par le
soi-disant Félix V, ne pouvait guère aider Jean Fruin dans ses prétentions aux yeux des vrais catholiques. Aussi cet élu du Chapitre
consentit à traiter avec Quentin Ménart pour une pension dont il
jouit jusqu'à sa mort arrivée le 14 septembre 1458, et Eugène IV lui-
même approuva ce traité le 8 mars 1439. On voit que, si le Chapitre
de Besançon crut pouvoir recourir au Concile de Bâle dans un moment d'égarement, il ne le suivit pas longtemps dans sa guerre contre
le Saint-Siège, et qu'il se rangea vite du côté du Pape légitime, Eugène IV, qui célébrait alors le véritable Concile général, commencé à
Ferrare en 1438 et terminé à Florence en 1439.

Mais à peine Quentin Ménart eut-il fermé les yeux le 18 décembre
1462 que, toujours jaloux de ses anciens droits ou plutôt privilèges,
le Chapitre de Besançon se hâta de postuler pour Archevêque, le
4 janvier suivant, Charles de Neuchâtel, qui n'avait encore que vingt-un
ans commencés. (On appelle *postulation* l'élection d'un candidat qui
ne peut être élu de plain-pied, parce qu'il est lié par un empêche-
ment canonique que le Pape peut lever, et lève assez habituellement, tel
que le défaut d'âge ou un bénéfice incompatible, etc.) L'Eglise avait
alors pour chef Pie II, Piccolomini, qui avait joué au Concile de Bâle

un rôle peu catholique dont il fit, étant devenu Pape, amende honorable. On suppose pourtant que, se souvenant peut-être de cet ancien rôle, ce Pape n'aurait pas fait difficulté d'agréer ladite postulation ; les historiens bisontins ajoutent même que Charles de Neuchâtel fit prendre possession par son père dans le cours de mai 1463, et que lui-même fit son entrée solennelle à Besançon le 11 juillet suivant. Mais j'ai peine à concilier ces assertions avec une Bulle de Paul II du 18 mars 1467 qui ne donnait encore que le titre d'élu bisontin, *electo Bisuntino*, à Charles de Neuchâtel, constitué par cette Bulle commendataire de l'abbaye de Saint-Paul. Je prierais donc encore aujourd'hui d'autres plus savants que moi de me dire par quelles Bulles ce Prélat a été confirmé, et à quelle époque il a été sacré, car je n'ai rien trouvé là-dessus dans nos histoires. Il est certain pourtant que Charles de Neuchâtel a été légitime évêque de Besançon ; seulement il n'est pas resté tranquillement assis sur son siège ; car, par suite des compétitions de Louis XI sur le comté de Bourgogne, il se vit forcé de quitter le pays, quand l'archiduc Maximilien d'Autriche, marié avec Marie de Bourgogne héritière de la Franche-Comté, fut devenu paisible possesseur de cette province. Alors il se réfugia à la cour de Louis XI, qui lui donna ou fit donner l'administration du diocèse de Bayeux. On l'y trouve en fonction dès 1480, et on le voit mourir à Neuilly-Malherbe le 20 juillet 1498.

Cette même année, le 12 octobre, François de Busleyden fut élu par le Chapitre de Besançon pour le remplacer, et préconisé par Alexandre VI au commencement de l'année suivante, en sorte qu'il put prendre possession par procureur le 19 mai 1499 et faire son entrée solennelle le 21 novembre suivant. Mais est-il vrai qu'Alexandre VI ait reconnu, ainsi qu'on le prétend, son élection comme canonique ? Ce qui en ferait douter, ce sont les paroles même de la Bulle où ce Pape dit que François de Busleyden a *d'ailleurs été élu, quoique de fait*, par le Chapitre. Donc, Alexandre VI, pour préconiser ce Prélat, s'est basé sur un autre motif que son élection, qu'il n'aurait regardée que comme un fait sans s'occuper autrement de la question de droit. François de Busleyden mourut le 24 août 1502 à Tolède, à la cour de son élève Philippe le Beau, fils de Maximilien d'Autriche et de Marie de Bourgogne, du chef de laquelle il possédait la Comté, comme il gouvernait l'Espagne par suite du mariage qu'il avait contracté en 1496 avec l'unique héritière du roi Ferdinand et d'Isabelle. Or, dès le 10 octobre, le Chapitre de Besançon postula pour lui succéder un jeune homme de quatorze ans, Antoine de Vergy. Mais Alexandre VI prit soin de ne confirmer cette élection qu'en *suppléant tous les défauts tant de fait que de droit* qui auraient pu la vicier. Sa

Bulle est du 4 novembre 1502; Antoine de Vergy ne fit son entrée que le 27 août 1513, et ne fut sacré que quatre ans après, le jour de la Pentecôte.

On ne voit donc pas jusqu'ici que les Papes aient reconnu *positivement* le droit du Chapitre de Besançon à élire son Archevêque ; on pourrait même affirmer le contraire. Cependant, c'est sur les faits précédents de Pie II et d'Alexandre VI que les chanoines batailleurs du xviie siècle se sont surtout appuyés pour soutenir leur prétendu droit d'élection, nonobstant les réserves apostoliques. Si le Chapitre de Besançon avait voulu, comme il l'aurait pu étant dépendant de l'Empire, se prévaloir du Concordat germanique, à la bonne heure ; il aurait eu alors le droit d'élire son Archevêque, sauf le cas de vacance en cour ou par décès de Cardinal, et le privilège de conférer ses canonicats selon la règle de l'alternative, mais il aurait perdu celui d'élire son haut-doyen ; or il tenait avant tout à ce dernier droit, et, pour ne pas s'en priver, il aimait mieux laisser au Pape la collation de ses canonicats pendant huit mois et lutter toujours contre lui pour l'élection de son Archevêque.

Suivons-le donc dans sa marche *tortueuse,* et voyons ce qui lui arriva dans le cours du xvie siècle et du suivant. Comme Antoine de Vergy, quoique assez jeune encore, avait obtenu pour coadjuteur, dès le 21 janvier 1529, Pierre de la Baume, alors évêque de Genève, il ne put pas y avoir de conflit entre le Chapitre de Besançon et le Pape à la mort de ce prélat arrivée le 29 décembre 1541. Aussi Pierre de la Baume put prendre possession paisible du siège archiépiscopal le 2 janvier 1542. La vie de ce prélat fut passablement agitée. En effet, il était évêque de Genève quand la réforme vint à s'infiltrer dans son diocèse, ce qui l'obligea de se retirer, soit à Gex, soit dans son abbaye de Saint-Claude, à partir du 1er août 1528. C'est là qu'il fut choisi pour coadjuteur d'Antoine de Vergy en 1529 ; néanmoins, il ne prit possession de cette coadjutorerie que le 17 décembre 1532, ce qui ne l'empêcha pas de rentrer à Genève le 1er juillet 1533 ; mais, deux ans après, il se vit contraint de s'en exiler pour toujours et de transporter sa résidence à Annecy, après avoir fait publier, le 1er août 1535, dans toutes les églises de son diocèse la sentence d'excommunication contre les novateurs. Créé ensuite Cardinal par Paul III le 22 décembre 1539, et devenu titulaire de l'archevêché de Besançon en 1541, il obtint du Saint-Siège, en 1543, des Bulles de coadjuteur pour son neveu Claude, âgé de douze ans. Malheureusement, il mourut le 4 mai 1544, et c'est ce qui amena de nouvelles difficultés.

Charles-Quint, en effet, avait bien reconnu, en août 1543, les Bulles que nous venons de signaler ; mais le Chapitre de Besançon, qui les

ignorait ou feignait de les ignorer, se hâta d'élire pour Archevêque
François Bonvalot dès le 16 mai 1544. Pourtant, alors même que le
Siège n'aurait pas eu de coadjuteur avec future succession, il aurait
vaqué par décès d'un Cardinal ; et, par conséquent, le Chapitre ne
pouvait élire, ni au point de vue du Concordat germanique, ni au point
de vue des règles générales de la Chancellerie, ce qui prouve bien qu'il
prétendait se placer en dehors· de toutes les réserves apostoliques et
agir en vertu de l'ancien droit des Décrétales. Mais il en fut de François
Bonvalot comme il en avait été de Jean Fruin, un siècle auparavant,
avec cette différence pourtant que, Claude de la Baume étant encore
incapable de gouverner à cause de son âge, le traité du 5 janvier 1545
qui lui assura le titre d'Archevêque, traité approuvé par Paul III au
mois de juillet suivant, attribua à son compétiteur l'administration du
diocèse au spirituel et au temporel, avec le tiers des revenus, jusqu'à
sa majorité. Il ne prit donc possession de cette administration que le
3 avril 1556, et il ne fit même son entrée à Besançon que le 18 mars
1561, l'année qui suivit la mort de François Bonvalot. Seulement il
avait fait déjà auparavant un acte de haute juridiction, en se donnant
pour suffragant ou auxiliaire Nicolas Guérin, évêque d'Alexia ou Ales-
sio, au lieu de François Richardot, évêque de Nicopolis, qui remplissait cette fonction sous Fr. Bonvalot dès 1554. Ceci n'eut pas lieu sans
tiraillements ; mais le neveu de Fr. Bonvalot, Antoine Perrenot, évêque
d'Arras, y mit fin, dit-on, en appelant Richardot dans son diocèse, où
il l'eut pour successeur quand lui-même devint, en 1560, premier
archevêque de Malines et bientôt après Cardinal ; c'est lui que nous
appelons le Cardinal de Granvelle.

Si l'on fait attention, d'une part, à cette lutte, et, de l'autre, au zèle
que Claude de la Baume fit paraître contre les protestants, surtout en
1575, on comprendra un peu les graves accusations dont on a chargé
sa mémoire. Je ne veux pas dire qu'on les ait toutes inventées, mais
on les a au moins singulièrement grossies, comme j'espère le faire
voir tout de suite.

Et, d'abord, je ne m'arrête pas aux causeries d'*aucuns escoliers de
Flandres* qui, ayant étudié à Dole avec lui, lui reprochaient ses danses
et la mondanité de ses habits, s'il faut en croire une lettre du 15 février 1564, insérée au t. X des *Mémoires du Cardinal de Granvelle*.
C'est M. Richard qui parle de cette lettre au t. II de son *Histoire des
diocéses de Besançon et de Saint-Claude*, p. 219 ; il ajoute à cette occasion que « la conduite (de Claude de la Baume) à Dole était plutôt
celle d'un seigneur destiné au monde que celle d'un clerc destiné à
l'Eglise ; » soit ; seulement, j'ai peine à croire qu'Antoine Lulle, qu'on
lui avait donné dès lors pour précepteur ou pour *mentor,* lui ait laissé

ses coudées franches pour frayer même avec les novateurs, comme le suppose M. Richard, p. 220. Quant à ce qu'il dit ensuite, à la décharge de Claude de la Baume, que « l'envie et l'esprit de secte ont relevé malignement les fautes de ce prélat, » je l'admets bien, mais je trouve que cela ne suffit pas, quand il ajoute : « C'est ainsi que nous apprenons que l'Evêque de Troyes, de la maison des sieurs de Clairvaux, dénonça Claude de la Baume en cour de Rome, comme coupable d'homicide et de libertinage. Cet Evêque, qui prétendait à l'archevêché de Besançon, voulait forcer son rival à se démettre de son siège. D'après la correspondance du Cardinal de Granvelle, Claude de la Baume, avant d'être engagé dans les ordres sacrés, épousa clandestinement Nicole de Savigny, dame de Saint-Remy ; mais ce mariage fut cassé par le Pape le 20 décembre 1565. »

Où M. Richard a-t-il puisé, en effet, tous ces renseignements ? Certes, ce n'est pas dans Dunod dont il s'est tant servi et qui, je crois, n'a rien dit de pareil ; mais, malheureusement, on a eu l'idée de publier, au t. II des *Mémoires et documents inédits pour servir à l'histoire de Franche-Comté,* une chronique anonyme des *Evêques et Archevéques de Besançon,* écrite du temps de Ferdinand de Rye, où on lit que « Claude de la Baume fut tiré l'an 1567 en cause consistoriale à Rome, régnant pour lors Pape Pie V, où il se trouva en grand hasard de ses biens et honneur, parce qu'un Evêque de Troyes, de la maison des sieurs de Clairvaux, lequel prétendait l'archevêché de Besançon, l'insimulant et déférant par effet qu'étant au plaisir de la chasse et ayant rencontré une jeune bergère de laquelle il n'avait pu obtenir ses plaisirs, de dépit qu'il avait, il l'avait daguée et occise ; lui proposant aussi qu'il avait voulu quitter sa mître pour épouser une dame de Saint-Remy ; desquelles choses aucuns, depuis la mort d'icelui, ont estimé n'avoir été négligées de Dieu pour avoir fait une mort soudaine et pauvre. » Voilà donc où M. Richard a pris une partie de son récit ; eh bien ! avant d'ajouter foi à un chroniqueur qui le méritait si peu à cause des balourdises sans nombre dans lesquelles il est tombé, même pour le temps où il vivait, il aurait dû contrôler ses assertions et ne pas le croire sur parole. Mais il a encore consulté une autre source aussi peu sûre que je dois signaler ici. Dans son édition de Gollut, qui a paru en 1846, M. Duvernoy, l'auteur des *Ephémérides de Montbéliard,* dit : « La dame de Saint-Remy (mandait le Cardinal de Granvelle à Morillon, prévôt d'Aire sur la Lys, son plus intime confident) est réellement sa femme, autant légitimement que votre mère était celle de votre père. *Lettre VIII, 253, v°.* » Il ajoute : « Et le fait est d'autant plus certain que nous avons eu sous les yeux la sentence rendue à Rome le 20 décembre 1565 et prononçant la nullité de ce mariage (*Papiers Chifflet, à la bibliothèque de Besançon).* » Enfin, il termine ainsi sa notice sur Claude de la Baume : « Il est mort sans confession. (*Mémoires de Granvelle, lettres diverses,* 10, et *Mémoires et documents relatifs à l'histoire de Franche-Comté,* 57, 58). » Quant à la dame en question, Duvernoy lui consacre aussi cette note : « Nicole de Savigny, dame de Saint-Remy, près de Vesoul, ancienne maîtresse de Henri II, avait eu de ce roi un fils du même nom qui fut la souche de la maison de Saint-Remy de Valois... »

Telles sont les deux sources auxquelles M. Richard a emprunté, en les modifiant tant soit peu, les renseignements qu'il nous a donnés. Eh bien ! j'ose affirmer que ces sources sont très suspectes. D'abord, en ce qui regarde l'Evêque de Troyes, je sais bien que cette Eglise a eu pour Evêque, de 1563 à 1593, un Claude de Bauffremont, qui est venu mourir à Scey-sur-Saône dans le château de sa famille ; or il pouvait bien être de la *maison des sieurs de Clairvaux,* car il est question, dans une lettre du 20 juin 1564 (*Correspondance Granvelle*), d'un sieur de Clairvaux que l'on dit, *en note,* avoir été de la maison de Bauffremont ; mais quelle prétention cet Evêque de Troyes pouvait-il avoir sur le siège de Besançon ? et comment était-il rival de Claude de la Baume ? Sans doute parce qu'il aurait voulu le faire destituer, et c'est pourquoi il l'aurait dénoncé au Saint-Siège comme assassin et libertin. Mais, s'il l'a fait, il n'a pas gagné sa cause, et le consistoire de 1567, que l'on dit avoir été tenu à cette occasion, ne l'a pas écouté, puisque Claude de la Baume s'y est si peu *trouvé en grand hasard de ses biens et honneur* qu'il en est sorti Archevêque comme auparavant. Au reste, il convient de remarquer ici combien peu s'accordent les accusateurs de ce Prélat, puisque le dénonciateur dont nous parlons ne disait pas, comme les autres, que Claude de la Baume avait réellement épousé la dame de Saint-Remy, mais *avoit voulu* seulement *quitter sa mitre* pour l'épouser. Si pourtant les autres sont dans le vrai, et si surtout Rome avait *prononcé la nullité dudit mariage le* 20 *décembre* 1565, comment l'Evêque de Troyes aurait-il pu s'exprimer comme il l'a fait en 1567 ?

Mais arrivons à la question du susdit mariage. Est-il vrai que le cardinal de Granvelle ait affirmé sa réalité à Morillon, comme le dit M. Duvernoy ? Je suis fort tenté d'en douter, et voici pourquoi. J'ai parcouru les t. I, II, III, VIII et IX de la *Correspondance Granvelle,* les seuls que j'aie eus à ma disposition ; or, là où il est question de cette dame, on ne fait aucune allusion à son mariage avec Claude de la Baume. Voici en effet comment le cardinal de Granvelle s'explique à son sujet dans une lettre du 8 juin 1564 au roi Philippe II : « Il y a en Franche-Comté une certaine dame, née d'une bonne famille de

Lorraine, et veuve d'un gentilhomme bourguignon, laquelle prétend qu'un fils dont elle est accouchée après la mort de ce dernier est du roi de France Henri II (mort en 1559)... (Elle désirerait) voir Votre Majesté appuyer auprès de la reine-mère les intérêts de ce fils. Je lui ai répondu que, puisqu'elle se trouvait sur son départ, les lettres de Votre Majesté ne pourraient arriver à temps, sans compter qu'il s'agissait là d'un genre d'affaires que les princes n'aiment pas trop à traiter avec leurs semblables... Elle m'a écrit plusieurs lettres dans lesquelles, sans perdre de vue ses affaires, elle m'a donné à entendre qu'elle avait des renseignements précis sur certaines intrigues importantes qui se trâmaient en Flandre et en France contre le service de Votre Majesté. Quoique bien convaincu de la légèreté de cette femme ..., j'ai bien voulu traiter avec elle, mais par lettre seulement... Votre Majesté trouvera ci-joint la copie d'une pièce d'après laquelle elle pourra juger des chimères débitées par elle, » etc. On voit que cette dame de Savigny était une intrigante qui se disait admise à la cour de France et sur le point d'y rentrer ; mais, si elle avait eu quelques rapports avec Cl. de la Baume, si surtout le Cardinal l'avait regardée comme sa légitime épouse, ainsi qu'on l'a dit, est-ce qu'il n'en aurait pas parlé ? Cela serait d'autant plus étonnant qu'après avoir dit au roi tout ce qui concernait cette dame, il racontait dans la même lettre qu'il avait tenté de nouvelles et inutiles démarches auprès de l'Archevêque de Besançon pour le ramener au sentiment du devoir. Evidemment il ne le croyait ni marié, ni *légitime époux de cette veuve.*

Un peu plus tard, le 6 octobre, M. de Saron écrivait de Faverney au cardinal de Granvelle qu'ayant « reçu des papiers touchant à Mlle de Saint-Remy, il était allé, étant si près d'elle, la trouver pour les lui rendre et la visiter. » Enfin, ce même jour, la dame elle-même écrivait de Saint-Remy au cardinal de Granvelle pour lui demander des pensions en faveur de ceux qui la renseigneraient de France, sans s'oublier elle-même. Voilà tout ce que j'ai trouvé sur la fameuse Nicole de Savigny dans la *Correspondance Granvelle.* Qu'était-ce donc que cette dame, et comment a-t-on pu imaginer des rapports entre elle et Claude de la Baume ?

Le cardinal de Granvelle dit qu'elle était veuve d'un gentilhomme bourguignon. Or on trouve en Bourgogne, d'abord un Savigny dans la Côte-d'Or près de Beaune, et ensuite un Savigny dans Saône-et-Loire, à deux lieues de Louhans ; le gentilhomme, mari de Nicole, pouvait donc être de l'un ou de l'autre de ces Savigny et avoir donné ce nom à sa femme ; quant à elle, elle était née, selon le Cardinal, d'une bonne famille de Lorraine, mais elle pouvait bien tenir de son chef le château de Saint-Remy-les-Faverney, puisqu'elle y résidait en 1564.

Maintenant, en ce qui concerne les rapports de Claude de la Baume avec Saint-Remy, voici ce que je lis dans l'*Histoire de la seigneurie de Jonvelle*, écrite par les abbés Coudriet et Châtelet et couronnée par l'académie de Besançon en 1862. Saint-Remy avait pour seigneur en 1569 un Savigny, qui, ayant inutilement sollicité de Claude de la Baume les dispenses nécessaires pour épouser la marquise de Rénel, sa cousine germaine, s'éprit d'une telle passion de vengeance contre ce Prélat que, non content de se ranger du parti de l'hérésie et sous les enseignes du prince d'Orange dont les troupes dévastèrent la Franche-Comté en 1569, il conduisit encore lui-même les dévastateurs à l'abbaye de Cherlieu dont ce Prélat était abbé. Ces auteurs ajoutent que treize ans plus tard le roi (Philippe II, sans doute) fit surprendre le château du chevalier félon et renégat. Si ce récit est vrai, la fameuse Nicole, dame de Saint-Remy, aurait été remplacée alors au château par son fils, issu selon elle du roi de France Henri II; et ce chevalier félon et renégat aurait bien pu chercher à se venger de Claude de la Baume, non seulement en dévastant Cherlieu, mais en imaginant sur ses mœurs le roman de sa mère.

Mais M. Duvernoy n'a-t-il pas vu lui-même la sentence rendue à Rome le 20 décembre 1565 et prononçant la nullité du mariage de Claude de la Baume avec la dame de Saint-Remy? Je ne veux pas m'inscrire en faux contre cette assertion d'un témoin qui se dit oculaire; mais, s'il a bien lu la pièce dont il parle, s'est-il assuré de son authenticité? Je doute fort que Claude de la Baume qui, sans doute, aurait lui-même réclamé ce jugement pour pouvoir être ordonné, ait été assez maladroit pour en laisser la copie authentique entre les mains des étrangers; j'ignore d'ailleurs quand ce Prélat s'est fait ordonner. M. Richard dit, p. 236, que, « sur les prières du Cardinal (de Granvelle) et sur les remontrances du roi qui se renouvelèrent dans le cours de l'année 1865, il changea de conduite, prit les ordres au mois d'août de l'année suivante et se disposa à partir pour Rome où le Pape l'avait mandé. Il entreprit ce voyage vers la fin de février 1566 (v. s.), se fit sacrer, » etc. J'avoue que ce récit ne me satisfait pas du tout; car, si Claude de la Baume *prit les ordres au mois d'août de l'année* qui suivit 1565, c'est-à-dire en 1566, comment serait-il parti pour Rome vers la fin de février 1566? Je n'admets pas non plus le récit de Dunod qui le fait partir pour Rome en 1557 (1567) et y rester trois ans seulement. Examinons donc plus sérieusement la chose et avec des renseignements plus certains. Mais auparavant remarquons avec quelle facilité on altère l'histoire, sans s'en douter. Nous venons de voir que, d'après Duvernoy, Rome n'avait que *prononcé la nullité du mariage* de Claude de la Baume le 20 décembre 1565; eh bien, M. Richard affirme qu'il *fut* alors *cassé par le Pape*. Or justement il n'y avait point de Pape à cette date, Pie IV étant mort dans la nuit du 8 au 9 décembre 1565 et saint Pie V n'ayant été élu pour lui succéder que le 7 janvier 1566. D'un autre côté, comment le Pape aurait-il pu *casser* un mariage reconnu valide, sauf défaut de consommation, car il n'est question ici de profession religieuse d'aucun côté ? Il est vrai que, d'après M. Richard, le mariage dont nous parlons aurait été *clandestin*, ce qui lui aura fait croire qu'il n'était pas valide ; mais alors il n'aurait pas dû dire qu'on l'avait cassé ; et néanmoins il aurait fallu le casser s'il n'avait été que clandestin, mais contracté avant la publication du décret du Concile de Trente relatif à la clandestinité, lequel décret n'a pas pu être promulgué avant 1564. Ainsi nous nous heurtons perpétuellement contre des assertions plus que hasardées.

Mais arrivons à la vérité sur le voyage de Claude de la Baume à Rome. Je viens de dire que saint Pie V fut élu Pape le 7 janvier 1566 ; couronné dix jours après, il se hâta d'envoyer une Encyclique à tous les Evêques de la chrétienté pour les exhorter fortement à observer les décrets du saint Concile de Trente et les prier de lui envoyer la liste de tous ceux qui se distinguaient dans leur diocèse par leur science et leurs vertus, voulant les avancer dans les emplois et dignités de l'Eglise chacun selon leur mérite. Theiner a donné, dans son *Histoire des Institutions d'éducation ecclésiastique*, la lettre de saint Pie V adressée à l'Evêque de Cordoue qui présida le concile provincial de Tolède en 1565-1566. Dans celle adressée le 22 janvier à Claude de la Baume, saint Pie V se plaignait de ce qu'il n'avait pas encore publié le Concile de Trente. Il lui ordonnait donc de le faire, l'exhortait à fonder un séminaire, et lui demandait les noms des bons ecclésiastiques de son diocèse qu'en sa qualité de père commun il pourrait employer au besoin. Il est évident que si Claude de la Baume avait été relevé des liens du mariage un mois auparavant, le Pape ne l'aurait pas ignoré et passé sous silence. Mais saint Pie V n'apprit que plus tard la conduite singulière de ce Prélat ; seulement il ne tarda pas d'être renseigné là-dessus, car moins de deux mois après, le 18 mars, il lui adressa une lettre fulminante, où il lui disait qu'il envoyait sur les lieux, en même temps que son écrit, un nonce ou commissaire apostolique chargé d'informer sur le véritable état des choses, et autorisé à prononcer au besoin une sentence de condamnation, qu'il était tout prêt à confirmer quelle qu'elle fût, suspense, interdit et même excommunication. Ce commissaire était Jules Pavési, alors archevêque de Sorrento, qui mourut en 1571. Mais cet envoyé n'eût pas occasion de remplir sa commission, si, comme nous l'avons dit, Claude de la Baume était parti pour Rome dès le mois de février. Or, selon Chifflet, ce Prélat avait réellement prévenu son Chapitre de son départ dès le 8 dudit mois, et nommé le haut-doyen de ce corps, François de Grammont, administrateur du diocèse en son absence; et cette absence dura au moins cinq ans, puisqu'il ne revint de Rome qu'en 1571, assez peu de temps avant le 24 octobre, fixé d'avance pour la tenue du concile provincial où il publia avec ses suffragants le saint Concile de Trente.

Mais en voilà plus qu'il n'en faut sur Claude de la Baume, et, après avoir montré que les accusations élevées contre lui sont plus que suspectes, je croirai avoir suffisamment complété son apologie, en remarquant que saint Pie V, si zélé pourtant pour la foi et les mœurs, n'hésita pas à le sacrer, et que son digne successeur Grégoire XIII ne craignit pas de le créer Cardinal le 21 février 1578. La barrette lui fut remise, dit-on, le 18 octobre 1580, quatre ans avant sa mort, arrivée le 14 juin 1584.

Notons ici en passant que, du temps de ce Prélat, les collateurs ordinaires des bénéfices du diocèse se plaignirent d'être soumis à la réserve des huit mois auprès de l'empereur Maximilien II, qui accueillit leur requête et adressa le 29 janvier 1566 un diplôme à l'Archevêque de Besançon pour lui enjoindre de recevoir et faire exécuter le Concordat germanique, en vertu duquel lesdits collateurs auraient joui de la faveur de l'alternative; mais le Chapitre, sans doute, empêcha le succès de cette recommandation, parce qu'il ne voulait pas, comme nous l'avons dit, subir les réserves maintenues par ce Concordat, ce qui n'empêcha pas le Saint-Siège de s'en prévaloir, et avec raison, contre lui.

Nous allons donc continuer notre histoire considérée à ce point de vue. Or, après la mort du cardinal Claude de la Baume, le Chapitre de Besançon crut devoir postuler pour le remplacer le cardinal de Granvelle, archevêque de Malines, dont le grand crédit pourrait servir ses vues. Cette postulation étant arrivée à Rome, le Pape aurait volontiers préconisé dès le 10 septembre le cardinal de Granvelle sans explication préalable, tout en mettant de côté l'acte du Chapitre; mais le cardinal de Côme, Ptolémée Galli, ayant représenté que Mgr de Granvelle n'accepterait peut-être pas sa promotion dans de telles conditions, Grégoire XIII ajourna cette affaire jusqu'à réception des explications du Cardinal. Il paraît qu'elles furent satisfaisantes, puisqu'il fut promu à l'archevêché de Besançon dans le consistoire du 4 novembre, et qu'il fît prendre possession le 25 février 1585; seulement il ne posséda pas longtemps cette dignité, étant mort le 21 septembre 1586.

Alors Sixte-Quint se hâta de lui donner pour successeur *proprio motu,* dès le mois d'octobre, Ferdinand de Rye, pendant que le Chapitre élisait de son côté François de Grammont. Le Pape avait fait cet acte d'autorité avec d'autant plus d'assurance qu'ayant consulté sur ce point le Cardinal protecteur de la nation germanique, celui-ci n'avait fait aucune opposition à son dessein, attendu que le siège vaquait par décès d'un Cardinal. Mais le Chapitre adressa des plaintes au Saint-Siège et lui en fit présenter encore par les gouverneurs de la cité. Sixte V fit répondre aux uns et aux autres le 18 novembre par le cardinal Rusticucci que les droits du Chapitre n'existaient pas en cas de vacance par le décès d'un Cardinal; et le Pape lui-même écrivit au Chapitre dans le même sens le 3 janvier 1587, ajoutant que tel avait été l'avis du Cardinal protecteur de la nation germanique. De tout quoi il résulta que le roi d'Espagne, qui avait mis d'abord sous le séquestre les revenus de l'archevêché pour en priver l'élu du Saint-Siège, finit par en donner main-levée le 25 novembre à Ferdinand de Rye. Ce Prélat put donc prendre possession, non pas au mois de novembre 1589, comme l'ont dit des historiens de Besançon, mais dès 1587 ou 1588 ; ce qu'on peut affirmer avec d'autant plus de certitude que Ferdinand de Rye publia dès le 1er août 1589 son Missel réformé.

Or, comme ce Prélat, qui eut un épiscopat de 50 ans, s'était fait donner pour coadjuteur son neveu, François de Rye, en 1622 ou 1623 du temps de Grégoire XV, il n'y eut pas de difficulté pour sa succession, à sa mort arrivée le 20 août 1636 ; mais, François de Rye étant décédé à Bruxelles le 17 avril 1637 moins d'un an après son oncle, on vit de suite recommencer les démêlés. Le Chapitre, en effet, ayant élu Claude d'Achey le 17 mai, Urbain VIII refusa de le préconiser en vertu de son élection. Cela amena des discussions entre le Chapitre et le Pape, qui n'en persista pas moins dans son idée; et ce fut en vain qu'un délégué du Chapitre plaida à Rome les prétendus droits de son corps, car le Pape croyait lui avoir fait assez de faveur en préconisant son élu. Aussi, dans la lettre qu'il adressait le 14 juin 1638 à Claude d'Achey pour lui faire part de sa promotion, il affirmait que personne autre que lui n'avait pu et ne pouvait cette fois se mêler de cette affaire, à cause du décret ou de la réserve qui s'y opposait. Or il s'agissait évidemment ici des réserves générales auxquelles le Chapitre ne devait pas se soustraire, puisqu'il refusait de s'appuyer sur le Concordat germanique. Le Chapitre, ainsi poussé à bout, finit donc par plier, mais ce ne fut pas se sans donner une petite consolation, en faisant signer, dit-on, à Claude d'Achey, le 9 décembre 1638, un acte où ce Prélat déclarait ne monter sur le siège de Besançon que comme élu par le Chapitre lui-même et s'engageait à revendiquer auprès du Saint-Siège, de concert avec lui, ses droits d'élection.

Claude d'Achey étant mort le 17 octobre 1654, le Chapitre recommença son jeu en postulant, le 29 octobre, Charles de Gorrevod, et en remuant ciel et terre pour le faire confirmer. On trouve en effet des lettres écrites au Cardinal protecteur de la nation germanique par les empereurs Ferdinand III et Léopold en faveur de l'élection bisontine ; d'abord, par Ferdinand III le 24 novembre 1654 du temps d'Innocent X, et le 23 septembre 1656 sous Alexandre VII ; ensuite, par Léopold le 17 décembre 1658 et le 8 juillet 1659. Celui-ci fit plus, car le 9 juillet il s'adressa au Pape lui-même pour lui représenter que l'Eglise de Besançon était dans le cas du Concordat germanique. Mais pourquoi alors cette Eglise ne voulait-elle pas se soumettre aux autres clauses de ce Concordat ? Evidemment les empereurs ignoraient que le Chapitre de Besançon entendait jouer double jeu, en profitant d'une part de ce Concordat et en y manquant de l'autre. Aussi Alexandre VII fut inflexible, et Ch. de Gorrevod mourut, le 20 juillet 1659, sans avoir été confirmé et sacré. Il est bon de noter ici en passant que ce candidat malheureux à l'archevêché eut pour successeur immédiat dans son abbaye de Baume Jean de Watteville, dont nous parlerons plus tard. Quant à l'archevêché de Besançon, le Chapitre y nomma, le 7 novembre 1659, Jean-Jacques Fauche ; mais Alexandre VII traita cette élection-ci comme la précédente, et il fallut qu'enfin le Chapitre se décidât à le supplier, le 22 janvier 1661, de lui donner un Archevêque.

Or, dans sa réponse du 22 février, le Pape lui disait qu'ayant examiné de nouveau, comme l'avait déjà fait Urbain VIII, la question de ses droits, il les avait, comme son prédécesseur, trouvés sans fondement ; c'est donc en vertu de son autorité apostolique toute seule qu'il avait promu Jean-Jacques Fauche à l'archevêché de Besançon. Mais le Pape ne s'en tenait pas là, et soulevant une autre question bien plus désagréable encore au Chapitre, à propos du haut-doyenné que Jean-Jacques Fauche laissait vacant par sa promotion, il avertissait ledit Chapitre que la collation de cette dignité lui était réservée, et lui défendait par conséquent d'y nommer, lui demandant seulement de le renseigner sur les concurrents, et frappant de nullité toute élection qu'il ferait à cet égard, tant qu'il n'aurait pas justifié de son droit sur ce point et reçu la décision du Saint-Siège. On peut voir la traduction intégrale de ce Bref page xxxii de mon *Histoire*.

Le Chapitre, ayant reçu ce Bref, y répondit, le 26 avril, par une lettre obséquieuse qu'il fit porter à Rome par un de ses membres, le chanoine Reud, chargé d'y faire valoir les droits de son corps. En effet, le Pape voulut bien qu'on discutât l'affaire de nouveau ; mais, comme elle traînait en longueur, pendant que Reud plaidait avec les quatre Prélats qu'on avait députés pour l'entendre, un certain nombre de chanoines, quatorze, dit-on, sur quarante-deux, s'appuyant sur la crainte du dévolu qui aurait pu renvoyer au Pape l'élection de leur doyen s'ils ne l'avaient pas nommé dans les six premiers mois de la vacance, se réunirent le 23 août 1661, deux jours avant l'échéance des six mois, et choisirent pour leur haut-doyen Guillaume-Humbert de Précipiano. Voici les noms de ces chanoines par ordre alphabétique : (Alix), Boitouset, Boudret, Chassignet, Claude-François d'Orival, Jean d'Orival (jeune), Fau, Hugonet, Louvet, Perrinet, de Précipiano, Privé, Sauvage et de Valimbert. Reud, comme nous l'avons dit, se trouvait à Rome, mais il était de leur bord. Quant à Privé, je ne l'ai plus rencontré dans le cours des débats, parce qu'il mourut peut-être à cette époque ; mais nous verrons reparaître tous les autres à l'occasion des sentences de condamnation et d'absolution, sauf Alix qui n'y fut pas compris, parce que, peut-être, il n'avait pas participé à l'élection, bien qu'il en soit devenu plus tard le principal défenseur.

Quoi qu'il en soit, cet acte d'insubordination ne demeura pas impuni, car, le 30 août suivant, il fut déclaré nul, conformément au Bref du 22 février, par Jean-Jacques Fauche lui-même, agissant en qualité de commissaire apostolique nommé par un Bref du 3 mai. Deux jours auparavant, ce Prélat avait été sacré par l'Evêque d'Andréville, assisté des abbés de Faverney et de Luxeuil en vertu d'indult. Le Pape alla plus loin ; averti de tout ce qui se passait par les chanoines fidèles, notamment par une lettre de Marlet du 9 octobre, il fit deux actes d'une haute portée. Par le premier, du 29 novembre, il autorisa Jean-Jacques Fauche à conserver son haut-doyenné cumulativement avec son titre d'Archevêque. On a dit que ce *motu proprio* avait été antidaté de huit mois ; c'est-à-dire, sans doute, que le Pape lui avait donné un effet rétroactif de huit mois, en autorisant Jean-Jacques Fauche à percevoir les revenus du haut-doyenné pendant les huit mois écoulés depuis sa promotion à l'archevêché. Quant au second acte, c'était un Bref du 5 décembre qui frappait de deux côtés : d'abord Précipiano, non seulement en déclarant son élection nulle, mais en le rendant inhabile à être élu plus tard, en l'obligeant à y renoncer sous peine d'excommunication et en invoquant au besoin le bras séculier pour l'en dépouiller ; ensuite, ses électeurs, en les déclarant suspens et privés de toute voix active et passive au Chapitre. Ce Bref, adressé à l'official du diocèse, ou à l'Evêque d'Andreville suffragant de l'Archevêque, fut fulminé le 30 décembre. C'est alors, à ce qu'il paraît, que les chanoines rebelles recoururent au bras séculier pour faire saisir les revenus de l'archevêché et séquestrer ceux du haut-doyenné au préjudice de J.-J. Fauche. Ils n'y réussirent que trop, le roi d'Espagne ayant ordonné cette saisie et ce séquestre. L'Archevêque en conçut, dit-on, un tel chagrin qu'il mourut le 11 mars 1662.

Mais cette mort ne fit que compliquer les affaires. Les chanoines rebelles, en effet, privés de toute voix au Chapitre, ne pouvaient concourir à la nomination d'un nouvel Archevêque; ils firent donc tout leur possible pour faire ajourner l'élection, invoquant pour cela l'autorité du parlement de Dole et du marquis de Carracena, gouverneur des Pays-Bas; mais la lettre de ce dernier, quoique datée du 18 mars, n'arriva peut-être qu'après la chose faite, c'est-à-dire après l'élection d'Antoine-Pierre de Grammont qui eut lieu le 26 ou 28 mars. Bientôt après parut un Bref du 4 avril où le Pape donnait à l'Evêque d'Andreville le pouvoir d'absoudre les chanoines dissidents, mais avec obligation pour ceux-ci de faire ratifier par le Saint-Siège, dans l'espace de trois mois, l'absolution qui leur aurait été donnée, sous peine de réincidence. C'est sous cette condition que furent absous, le 19 mai, les deux d'Orival avec Hugonet, Perrinet et de Valimbert; puis, le 29, Boitouset, Boudret, Louvet et Sauvage; enfin, le 6 juin, Chassignet (je n'ai pas trouvé d'absolution pour les autres); mais, aucun d'entre eux n'ayant pris soin de faire ratifier son absolution par le Saint-Siège dans le temps voulu, le Pape les déclara tous relaps dans un nouveau Bref du 11 septembre qui leur fut signifié, les 10 et 12 octobre, par Jean d'Orival (le vieux), official du diocèse. D'après une lettre de Clément X, du 16 novembre 1674, cette signification ne fut faite qu'à treize chanoines, y compris Reud, mais non Alix et Privé.

Quant à la préconisation d'Ant.-P. de Grammont, elle eut lieu le 15 janvier 1663, et le Pape prit la précaution de lui conférer en même temps le titre de haut-doyen, ordonnant de plus au Chapitre de le mettre en possession. J'ignore si cet ordre, arrivé le 29 à Besançon, fut exécuté; mais la guerre continua de plus belle. Le 3 mars, le marquis de Carracena écrivit au parlement de Dole de saisir les revenus des chanoines fidèles, ce qui fut fait le 28 et le 29 par le procureur général dudit parlement, qui défendit en outre à Antoine-Pierre de se faire sacrer. Le 6 avril, les chanoines fidèles, non contents d'en avertir le Pape, qui leur répondit le 7 mai et le 11 juin, portèrent leurs plaintes et leurs *remontrances* jusqu'au roi en son conseil de Madrid. De leur côté, les chanoines insoumis firent une réplique où ils disaient, entre autres choses, avec *ironie,* que leurs confrères avaient tort de se plaindre, puisqu'on n'avait saisi que leurs revenus de la Comté, et non ceux qui leur appartenaient sur les terres de l'Empire, à Besançon, Mandeure et Porrentruy, et sur celles de France, à Auxonne et Bellegarde. Mais c'était là, pour eux, une satisfaction trop incomplète, évidemment. D'un autre côté, un des chanoines rebelles, Fau, eut, dit-on, l'audace d'interpeller juridiquement, le 16 juin, Mgr de Grammont, pour lui demander communication des Bulles qui l'instituaient

Archevêque. Or le Prélat y répondit, le 25 août, par une fulmination de censures contre ceux qui ne lui reconnaîtraient pas ce titre. C'est alors, à ce qu'il nous semble, qu'on publia, en faveur des chanoines rebelles, des brochures, entre autres celle intitulée : *Dialogue entre Porte-Noire et le Pilori*. Ces brochures étaient anonymes; mais, le P. Vernerey, inquisiteur, les ayant censurées, Alix, abbé de Saint-Paul et chanoine théologal, commença par le sommer, le 21 mars 1664, dans un acte notarié, d'indiquer les propositions hérétiques et scandaleuses de ses brochures, et, dans le cours du mois de mai suivant, il publia son *Esponge pour effacer ladite censure.*

En attendant, les affaires avaient marché, car, dès le 31 décembre 1663, le marquis d'Yenne, intendant de Franche-Comté, avait donné ordre de lever la saisie des revenus de l'Archevêque et des chanoines fidèles. C'est peut-être pour cela qu'Antoine-Pierre eut le courage de se faire sacrer le 20 janvier 1664, mais dans le plus grand secret, de nuit à deux heures du matin, dans l'église de Saint-Vincent, par Dom Saulnier, évêque d'Andreville, assisté, moyennant indult, de deux chanoines fidèles, Jean d'Orival le vieux et Demesmay, pour remplacer deux Evêques; ce qui n'empêcha pas les dissidents de protester contre cet acte le 23 du même mois. Pourtant, les choses commencèrent à s'améliorer quand, un peu plus tard, Antoine-Pierre se démit du haut-doyenné qui lui avait été conféré par le Pape. Mais si cette démarche fit plaisir aux chanoines, ce qui suivit ne les satisfit pas tous. Les chanoines fidèles, en effet, avaient jeté les yeux sur Jean de Watteville, abbé de Baume, pour en faire leur doyen ; mais, comme il n'était pas du Chapitre, il fallait d'abord l'y introduire; or un des canonicats venait de vaquer et il appartenait au Saint-Siège d'en disposer; en conséquence, on s'adressa au Pape pour qu'il conférât à Jean de Watteville ce canonicat et le haut-doyenné en même temps, ce qui eut lieu. Mais le gouverneur des Pays-Bas, qui était alors le marquis de Castel Rodrigo, étant venu à Besançon vers ce temps-là et voulant tout concilier, agit d'abord sur Antoine-Pierre pour le déterminer à absoudre les chanoines rebelles, et prit ensuite sur lui d'attribuer les fruits du haut-doyenné à Précipiano, avec cette réserve pourtant que ni lui, ni son compétiteur, ne prendrait le titre et n'occuperait la stalle du haut-doyen. Quant au premier chef de cet accommodement *politique,* Antoine-Pierre s'y prêta, et le 17 septembre 1664, il donna aux chanoines rebelles l'absolution de leurs censures, quoique réservées au Pape, mais conditionnellement ou avec cette clause restrictive que Sa Sainteté, *dont il interprétait bénignement les intentions, ratifierait cette absolution, et non autrement* (voir p. xxxiv de mon *Histoire*). Nous verrons tout à l'heure, d'abord, qu'Alexandre VII refusa cette ratification et, ensuite; comment son second successeur, Clément X, y pourvut. Mais en ce qui regarde le haut-doyenné, conféré par le Pape à Jean de Watteville, cette affaire exige d'autres explications à cause des calomnies dont on a chargé ce dignitaire.

Nous croyons, en effet, devoir faire pour lui ce que nous avons fait en faveur de Claude de la Baume, et pour des motifs du même genre; car on s'est permis, croyons-nous, de noircir l'un comme l'autre par esprit de parti, sans trop consulter la vérité. Traitons donc cette nouvelle affaire, comme la première, avec impartialité.

Dans ses *Jurassiens recommandables,* D. Monnier dit que l'abbé de Watteville avait eu, même avant la conquête de la Franche-Comté par Louis XIV, la pensée de la soustraire au gouvernement de l'Espagne en l'unissant, comme quatorzième canton, à la Confédération suisse. Dans ce but, dit-il, il avait rédigé un mémoire (déposé à la Bibliothèque du roi), dans lequel il disait, aux commissaires des Trois-Etats réunis à Dole, que l'Espagne semblait avoir abandonné la Comté, et que d'ailleurs, depuis que la France s'était rendue maîtresse de la Lorraine et de l'Alsace, il était très difficile de communiquer avec les Pays-Bas et avec le gouverneur. Il ajoutait, raconte D. Monnier, que le prince de Condé, qui était déjà à Dijon, se disposait à franchir la frontière. En conséquence, lui, Watteville, serait passé en Suisse pour y convoquer une diète; mais, pendant que celle-ci délibérait, on aurait appris la nouvelle de l'invasion des Français dans la province, ce qui aurait rompu toute espèce d'arrangement.

A ce récit de D. Monnier, opposons celui de Rougebief, qui paraît beaucoup plus vraisemblable. Le 3 février 1668, nous dit-il, le prince de Condé, apprenant que le marquis d'Yenne, gouverneur de la Franche-Comté pour l'Espagne, avait, de concert avec le parlement de Dole, convoqué pour le 8 les milices bourgeoises et l'arrière-ban, et envoyé *l'abbé de Watteville demander aux Suisses un prompt secours* (il n'est pas question ici de quatorzième canton), se hâta de prendre l'offensive. Dès le 6, il investit Besançon, où il entra le 7 au matin par capitulation. Le roi, de son côté, arriva à Dole le 14 février... De Watteville se hâta donc de revenir; mais, ayant rencontré sur sa route, sous le fort de Joux (Pontarlier), le général français, marquis de Noisy, il entra en pourparler avec lui, et fit si bien qu'il détermina lui-même le marquis d'Yenne, qui était au fort de Joux pour y attendre les renforts des Suisses, à capituler. Tous deux décidèrent ensuite Gray à les imiter, et à se rendre à Louis XIV le 19 février. Enfin, Watteville gagna aussi Nozeroy à la cause de la France, et il se rendit ensuite à Saint-Germain-en-Laye pour y toucher le prix de ses infamies.

Il est aisé de voir que D. Monnier et Rougebief parlent du même fait se rattachant à la première conquête de la Franche-Comté par Louis XIV, puisqu'il est question, dans l'un comme dans l'autre, du prince de Condé comme généralissime des armées de Louis XIV, et de la négociation de Watteville avec les Suisses ; mais Rougebief seul a expliqué, ce me semble, le véritable but de cette négociation ; il s'agissait, non pas d'annexer la Franche-Comté à la Confédération suisse, mais d'obtenir de celle-ci des secours temporaires en faveur de la première. Maintenant, peut-on qualifier d'*infamie* la conduite de Watteville qui, voyant les principaux points de la province occupée, s'accorde avec le représentant de l'Espagne pour faire capituler le château de Joux, Gray et Nozeroy ? Qu'auraient donc pu faire les défenseurs de ces places quand Besançon s'était rendu ? et les Bisontins sont-ils bien venus à qualifier Watteville de traître, quand eux-mêmes, les premiers, avaient capitulé ? On comprend que l'Espagne et les Franc-Comtois qui lui étaient attachés de cœur aient été fâchés de ses démarches en faveur de la France ; mais qu'aurait-on gagné à faire autrement ? Certainement, si la France avait conservé cette première conquête, il n'aurait jamais été question de trahison, et Watteville serait entré ou demeuré en possession pleine et paisible du haut-doyenné dont il était le vrai titulaire ; mais, le traité d'Aix-la-Chapelle ayant remis la Franche-Comté à l'Espagne le 2 mai 1668, on conçoit qu'il n'ait pas été facile aux amis *forcés* de la France d'y rester en paix. Aussi, le 10 juin 1668, le peuple de Dole dévasta-t-il la maison du marquis de Laubépin, considéré comme traître au pays en faveur de la France. L'Espagne pourtant elle-même n'en jugea pas si sévèrement ; car le cabinet de Madrid donna ordre au prince d'Aremberg, nommé alors gouverneur de la Comté, de cesser toute poursuite contre les traîtres trop nombreux, et notamment contre les membres compromis du parlement de Dole. Mais il sembla faire une exception pour l'abbé de Watteville en déclarant au Chapitre de Besançon que le roi d'Espagne voulait que Précipiano fût haut-doyen. Il n'est pas étonnant qu'alors de Watteville se soit *rendu à Saint-Germain en Laye*, comme dit Rougebief, mais il a tort d'affirmer que ce fut *pour y toucher le prix de ses infamies*. Il y était forcé, non pas à cause de sa trahison en faveur de la France, car il n'avait pas plus trahi que les autres ; mais par suite des démêlés du Chapitre au sujet du haut-doyenné que l'Espagne assurait à Précipiano. On dit que Louis XIV lui donna alors, pour le dédommager, l'abbaye de Saint-Josse en Picardie. Soit ; néanmoins lui-même ne voulut pas rester sous le poids de l'accusation de trahison, et il fit paraître pour se justifier sa *Lettre d'un Franc-Comtois écrite à un sien ami de Bruxelles*, c'est-à-dire, à un partisan de l'Espagne. Précipiano posséda donc le doyenné malgré l'opposition du Saint-Siège ; et ce ne fut pas seulement Watteville qui fut victime de cet arrangement, mais le chanoine Marlet, un des opposants à Précipiano, fut détenu au fort de Joux jusqu'après le départ de d'Aremberg, arrivé le 25 juin 1671. Quignonez lui rendit alors sa liberté ; mais Alveyda, qui le remplaça au mois de mai 1673, l'obligea de fuir pour échapper à de nouvelles vexations.

On voit, par ce qui précède, que Précipiano et ses adhérents eurent recours au bras séculier ; mais, en outre, comme les chanoines fidèles avaient fait paraître en 1667 une brochure latine intitulée : *Synopsis rerum gestarum,* etc., *Compte-rendu de ce qui s'est passé au sujet du haut-doyenné de 1661 à 1667,* ils publièrent, en 1672, un long commentaire, également en latin, pour soutenir leur droit d'élection, sous ce titre *Pro Capitulo bisuntino super jure eligendi.* C'est dans ces deux pièces que nous avons puisé la plupart de nos renseignements. Seulement, nous devons faire observer que la dernière était un produit de vrais gallicans de la veille au diocèse de Besançon. Tout en protestant, en effet, de leur vénération pour l'*Eglise* comme maîtresse en matière de foi et de mœurs, ils la distinguaient avec soin de la *Cour* romaine, à laquelle ils prétendaient pouvoir opposer une résistance louable, notamment en ce qui regarde les règles de la Chancellerie qu'ils attribuaient à la Cour et non à l'Eglise romaine.

Ainsi se continuèrent les anciens démêlés du Chapitre jusqu'à la conquête définitive de la Franche-Comté par Louis XIV en 1674. Cette fois, Précipiano disparut et suivit l'Espagne aux Pays-Bas, où il fut sacré évêque de Bruges le 21 mars 1683, devint archevêque de Malines en 1690 et mourut le 9 juin 1711. Nous ignorons comment il s'y prit pour se réconcilier avec le Saint-Siège ; mais nous devons dire à sa louange qu'il fut un des premiers à dénoncer en 1695 les *Réflexions morales* de Quesnel, après avoir, le 15 janvier de la même année, proscrit la *Fréquente Communion* d'Arnaud. Quant à ses électeurs au haut-doyenné de Besançon, ils se virent bien forcés, après la seconde conquête, de faire amende honorable. On trouve, en effet, dans la dernière édition du *Bullaire* imprimé à Turin, un Bref de Clément X à Antoine-Pierre de Grammont, en date du 16 novembre 1674, où, répondant à une lettre de Valimbert, Chassignet et Claude-François d'Orival du 3 septembre précédent, ainsi qu'au témoignage rendu à Louvet par son frère qui était alors à Rome, il autorise l'Archevêque à absoudre ces quatre chanoines, s'il les trouve dans les dispositions où ils ont déclaré être de rejeter Précipiano pour reconnaître Watteville. Dans ce Bref, le Pape affirme que ni lui, ni ses prédécesseurs Alexandre VII et Clément IX n'ont ratifié l'absolution donnée aux rebelles par Antoine-

Pierre en 1664. Clément X les déclare donc encore sous le poids des censures dont Alexandre VII les avait frappés, et il veut qu'on le sache bien et qu'Antoine-Pierre le publie hautement. Le même Pape, à la date du 19 avril 1675, envoya encore un Bref du même genre pour absoudre Sauvage et Perrinet. Quant aux autres coupables, je n'ai rien trouvé sur leur compte, excepté dans Guerra qui signale un autre Bref d'absolution du 19 avril 1679 en faveur de deux chanoines dont il ne donne pas les noms (*Epitome des Constitutions pontificales,* Venise, 1772).

Maintenant, pour revenir à l'abbé de Watteville, nous dirons qu'après avoir possédé paisiblement le haut-doyenné après la conquête, il crut devoir s'en démettre, le 31 mai 1680, pour se retirer dans son abbaye de Baume, où il mourut, selon M. Richard, le 4 juin 1702. Dunod fixe sa mort au 7 janvier et dit qu'on lui dressa dans son église abbatiale un mausolée avec cette épitaphe : *Italus et Burgundus in armis, Gallus in albis, in curia rectus, presbyter abbas adest.* Cette épitaphe ferait allusion, dit-on, d'abord aux campagnes militaires de Watteville en Italie et en Bourgogne, puis à sa retraite momentanée dans une chartreuse. Soit ; mais quand on dit ensuite qu'il se rendit en Turquie, où il apostasia et devint pacha, je voudrais bien savoir sur quoi on se fonde. Si l'on n'a pour autorité qu'un historien comme le duc de Saint-Simon, ce n'est pas assez ; et, pour s'en convaincre, il suffit de citer ce que cet auteur dit de Watteville dans ses *Mémoires* où il s'exprime de la manière suivante : « Il servit fort utilement (les Français), mais ce ne fut pas pour rien. Il avait stipulé l'archevêché de Besançon ; et, en effet, après la seconde conquête, il y fut nommé. Le Pape ne put se résoudre à lui donner des Bulles ; il se récria au meurtre, à l'apostasie, à la circoncision. Le roi entra dans les raisons du Pape, et il capitula avec l'abbé de Watteville, qui se contenta de l'abbaye de Baume, la deuxième de Franche-Comté, d'une autre bonne en Picardie et de divers autres avantages. » Rien de plus évidemment faux que ce récit dans son ensemble, sauf les services rendus aux Français par Watteville et l'abbaye de Saint-Josse en Picardie que le roi lui donna, mais après la première conquête, et non à l'occasion de la seconde, comme le ferait supposer le duc de Saint-Simon. Quant aux autres allégations de cet écrivain, elles me semblent absolument controuvées. Ainsi de Watteville ne fut certainement pas nommé par Louis XIV à l'archevêché de Besançon, et, par conséquent, le Pape n'eut pas à *se récrier,* comme on le dit, ni le roi à capituler, etc. Pour preuve, c'est que le siège de Besançon fut occupé par Antoine-Pierre depuis 1664 à 1698. Il n'était donc pas vacant à la seconde conquête. Serait-ce en 1698 que le roi aurait nommé de Watteville à ce siège ? Mais cet abbé avait alors au moins 85 ans (c'est à tort que M. Richard lui en supposerait 95, puisqu'il l'a fait naître vers 1613), et ce n'est pas à cet âge certainement que le roi en aurait fait un Archevêque. D'ailleurs de Watteville n'y devait pas tenir, lui qui s'était démis du haut-doyenné en 1680 pour se retirer dans son abbaye de Baume, qu'il possédait depuis 1660 sans que le roi ait eu besoin de capituler avec lui pour la lui assurer. Au reste, nous allons voir tout de suite qu'il ne fut nullement question de Watteville pour le siège de Besançon en 1698. Voici en effet comment les choses se passèrent alors.

Ant.-Pierre Ier de Grammont étant mort le 2 mai de cette année-là, le roi commença à s'entendre avec le Chapitre de Besançon, avec lequel il fit, en date du 19 ou 29 juin 1698, un traité où le Chapitre lui cédait ses prétendus droits à la nomination de l'Archevêque, mais en stipulant en retour qu'il élirait son doyen en tout temps, et les chanoines à l'alternative au lieu des huit mois. Ce traité fut confirmé par lettres patentes du 15 juillet et enregistré à Besançon le 30. Evidemment le roi ne pouvait pas disposer de ces deux dernières choses; mais, les parlements s'en mêlant, il fallut bien que le Pape laissât faire. Quant à la cession du droit de nomination épiscopale, le roi comptait si peu sur sa valeur qu'il négocia de suite avec Rome pour avoir un indult à cet effet, et, le 30 juillet 1698, Innocent XII lui en donna un, en vertu duquel il se hâta de nommer, le 17 août suivant, François-Joseph de Grammont à l'archevêché de Besançon. On voit bien qu'il n'y eut pas ici de vide pour y fourrer M. de Watteville. Ainsi donc se terminèrent les luttes du Chapitre de Besançon contre le Saint-Siège au point de vue des élections et des collations de bénéfices. Ces luttes avaient duré près de trois siècles, et c'était assez.

Mais, parce que les historiens franc-comtois ne nous ont pas renseignés encore d'une manière complète sur le droit en vertu duquel les rois de France ont nommé à l'archevêché de Besançon pendant le cours du dix-huitième siècle, nous ajouterons à ce qui précède les explications suivantes. On sait que Léon X, par son Concordat de 1516 avec François Ier, en abolissant la Pragmatique-Sanction au point de vue des élections épiscopales, accorda aux rois de France le privilège de nommer aux Evêchés de leurs Etats; mais leur droit concordataire ne s'étendait pas aux sièges de Bretagne et de Provence, pour lesquels ils furent obligés de requérir des indults particuliers successifs, qui furent accordés à François Ier par Léon X, à Henri II par Jules III, à François II par Paul V, à Charles IX par Pie IV, à Henri III par Sixte-Quint, à Henri IV par Clément VIII, à Louis XIII par Paul V, à Louis XIV par Urbain VIII, à Louis XV par Clément XI et enfin à Louis XVI par Clément XIV. A plus forte raison, les rois de France durent-ils obtenir d'autres indults semblables pour les évêchés des pays qu'ils réunirent depuis à leur couronne. Aussi voit-on qu'Alexandre VII en accorda un à Louis XIV, en 1664, pour les évêchés de la Lorraine, cédée à la France par le traité de Munster du 24 octobre 1648. Mais comme cet indult était personnel à Louis XIV, ce prince s'adressa à Clément IX pour en obtenir un autre comprenant ses successeurs *catholiques*. Ce Pape le lui accorda en 1668, tant pour la Lorraine que pour le Roussillon et l'Artois, réunis à la couronne par le traité des Pyrénées du 7 novembre 1659, et pour Tournai en vertu du traité d'Aix-la-Chapelle du 2 mai 1668. Quant aux évêchés d'Ypres, Saint-Omer et Cambrai, cédés par le traité de Nimègue du 17 septembre 1678, ce fut Innocent XI qui en accorda la nomination aux rois de France en 1686. Mais, bien que la Franche-Comté soit devenue définitivement française en vertu du même traité, l'archevêché de Besançon ne fut soumis à la nomination du roi que par des indults particuliers et successifs. J'ai signalé le premier accordé par Innocent XII à Louis XIV le 31 juillet 1698 ; mais, cet indult lui étant personnel, son successeur, Louis XV, dût en négocier un autre après la mort de Fr.-Jos. de Grammont, arrivée le 20 août 1717. On n'y avait peut-être pas pensé tout d'abord, si, comme on l'a dit, René de Mornay fut nommé au siège de Besançon au mois d'octobre 1717 ; mais je crois que les historiens bisontins se sont trompés sur cette date et que cette nomination n'a eu lieu qu'en 1718, après réception de l'indult accordé à Louis XV par Clément XI, le 20 août 1718, pour nommer *cette fois-là* seulement à l'archevêché de Besançon. René de Mornay fut donc préconisé ; mais, comme il était ambassadeur en Portugal, il ne se hâta pas de prendre possession, et il mourut le 17 mai 1721, au moment où il annonçait sa prochaine arrivée à Besançon. Alors, comme l'indult de Clément XI se trouvait épuisé, il fallut en négocier un autre avec Innocent XIII, son successeur, qui l'accorda le 31 août 1721, 22 ou 23, pour toute la vie du roi. Je ne puis pas préciser l'année ; je sais seulement que le nouvel indult ne fut enregistré au grand conseil que le 15 septembre 1723, et que, le 17 octobre suivant, le roi nomma au siège de Besançon Honoré de Grimaldi. J'ignore pourquoi on ne lui délivra ses Bulles qu'en décembre 1724 ; mais il prit possession le 15 janvier 1725, fut sacré le 9 février de la même année et fit son entrée solennelle le 11 août 1726. Ce Prélat s'étant rendu à Paris, le 28 avril 1731, pour donner sa démission au roi, celui-ci désigna pour lui succéder Mgr de Montcley, évêque d'Autun, dont la nomination fut connue à Besançon au commencement de l'année 1732. Alors le Chapitre crut pouvoir prendre de suite l'administration du diocèse ; mais, comme le Pape n'avait pas encore accepté la démission de Mgr de

Grimaldi, le chancelier d'Aguesseau donna ordre au Chapitre, le 17 février 1732, de réintégrer dans leur juridiction spirituelle les vicaires généraux de l'Archevêque démissionnaire. Enfin, le Pape ayant admis le 30 mars la résignation du Prélat, Mgr de Montcley put faire son entrée à Besançon le 26 mai et prendre possession le 25 juin suivant. Il mourut le 12 novembre 1734, et Louis XV nomma pour le remplacer, le 30 janvier 1735, Antoine-Pierre II de Grammont, qui fut sacré le 11 septembre suivant et vécut jusqu'au 7 septembre 1754. Il eut pour successeur Antoine-Clériade de Choiseul-Beaupré, sacré le 25 mai 1755, créé cardinal le 23 novembre 1761 et décédé le 6 janvier 1774. Sa mort fut annoncée au diocèse par le Chapitre le 8 janvier suivant, et dès le 15 du même mois, le roi nomma pour le remplacer Mgr de Durfort. Ce fut l'Evêque de Rhosy, suffragant auxiliaire de Besançon, qui, en sa qualité de vicaire général du Chapitre (ou de vicaire capitulaire), administrateur du diocèse le siège vacant, fit connaître cette nomination au diocèse le 14 février, et le même Prélat annonça aussi la mort de Clément XIV, le 25 octobre 1774, car Mgr de Durfort ne publia son Mandement de prise de possession que le 30 janvier 1775. On voit par ce récit que l'indult à vie, accordé à Louis XV par Innocent XIII en 1721, 22 ou 23, suffit pour nommer tous les Archevêques de Besançon antérieurs à la Révolution, puisque le dernier de ces Prélats, Mgr de Durfort, ne mourut que le 19 mars 1792, en exil à Soleure, en sorte que le nouvel indult viager, accordé par Clément XIV à Louis XVI le 13 juillet 1774, resta sans application possible.

Ici se termine mon travail, que je crois devoir résumer, à un certain point de vue, dans le tableau suivant où j'ai mis en regard les Archevêques, les hauts-doyens et les auxiliaires de Besançon depuis le commencement du quinzième siècle jusqu'à la fin du dix-huitième.

ARCHEVÊQUES.	HAUTS-DOYENS.	AUXILIAIRES.	
1437 F. de Condelmire.	1424 Jean Fruin.	143. Pierre, aug.	Capuana.
1438 J. de Norry.			
1439 Quentin Ménart.	1458 J. de Poupet.	14.. Antoine.	Sidon.
	1461 Hug. Folain.		
1463 Ch. de Neuchâtel.	1476 Henri de Bergue.	1467 Mamm. Fichet, dom.	
	1478 Cl. Carondelet.	1474 Philib. Vuillot, dom.	Salone.
	1486 J. de Liévans.	1479 J. de Clairvaux.	Hébron.
	1498 J. Carondelet.	1480 L. Potin, carme.	Philadelph.
		1494 Odot Tranchet, cord.	Tibériade.
1498 Fr. de Busleyden.			
1502 Ant. de Vergy.		1502 J. Favel, dom.	Nazareth.
		1520 Jean d'Anvers.	Salone.

ARCHEVÊQUES.	HAUTS - DOYENS.	AUXILIAIRES.
		1523 P. Tassard, dom. Chrysopolis.
		1533 Franç. Simard. Nicopolis.
1542 P. de la Baume.	1543 Cl. Carondelet.	
1544 Cl. de la Baume.		1554 Fr. Richardot. Nicopolis.
		1557 N. Guérin, cist. Alessio.
	1564 F. de Grammont	1567 L. du Tartre, id. Nicopolis.
1584 Card. Granvelle.		1585 J.-Dor. Doroz. Nicopolis.
1586 Ferd. de Rye.	1591 Pr. de la Baume.	
	1599 François de Rye.	1600 Guill. Simonin. Corinthe.
		1616 Cl. de la Barre, obs. Andreville.
		1632 Ph. Patornay, min. Nicopolis.
1636 Fr. de Rye.	1636 Claude d'Achey.	
1638 Cl. d'Achey.	1638 Cl. de Bauffremont.	
	1639 Ch.-E. de Gorrevod.	
	1655 J.-Jacq. Fauche.	1659 J.-Et. Saulnier. Andreville.
1661 J.-Jacq. Fauche.	1661 *H.-G. de Précipiano*	
1663 A.-P. de Grammont.	1663 A.-P. de Grammont.	
	1664 J. de Valteville.	
	1680 Fr.-J. de Grammont.	1686 F.-J. de Grammont. Philadelph.
1698 Fr.-J. de Grammont.		1707 F.-G. de Grammont. Aréthuse.
	1719 F.-G. de Grammont.	
1718 René de Mornay.		
1724 H.-F. de Grimaldi	1727 A.-Fr. de Montcley.	
1732 A.-F. de Montcley		
	1734 A.-P. de Grammont.	
1735 A.-P. de Grammont.		1735 P.-Fr. Hugon. Philadelph.
1754 A.-Cl. de Choiseul	1754 Cl.-Ign. de Rans.	1756 Cl.-Ign. de Rans. Rhosy.
1774 Raym. de Durfort.		

Pour bien terminer cette note, où il a été question principalement
des élections épiscopales, je dirai à mes lecteurs que, s'ils veulent
savoir comment je désirerais qu'on procédât à ces élections, ils n'auront
qu'à lire les quatre dernières pages de la *Note* de mon *Histoire*, à laquelle celle-ci se rattache comme rectification et comme complément.
Je persiste en effet dans les idées qui y sont exprimées, aujourd'hui
comme alors, parce qu'elles me paraissent toujours justes et raisonnables.

Note E.

Eloge funèbre de Mgr Mabile, évêque de Versailles.

Mgr Mabile, évêque de Versailles, est mort à Rome le 8 mai 1877.
Le 22 du même mois, M. le curé de Rurey, sa paroisse d'origine au
diocèse de Besançon, me fit l'honneur de m'inviter à un service fu-

nèbre qui devait être célébré dans son église pour le repos de l'âme du Prélat, en m'avertissant que l'on comptait sur moi pour parler dans cette circonstance. Bien que ce service fût fixé pour le 30, et ne me laissât que quelques jours de préparation, je crus devoir m'exécuter, et je le fis en adressant à l'assemblée nombreuse, qui rendait ses devoirs au vénérable défunt, l'allocution suivante :

> Bonum certamen certavi, cursum consummavi, fidem servavi. In reliquo reposita est mihi corona justitiæ.
>
> J'ai combattu le bon combat, j'ai achevé ma carrière, j'ai gardé la foi ; il ne me reste plus à attendre que la couronne de justice. (IIe à Timoth., ch. IV.)

Il n'est donc plus, mes Frères, le pieux et vénérable Pontife, que ce diocèse et cette paroisse avaient donné à l'Eglise et à la France pour les honorer et les servir ; il n'est plus, ce grand et illustre Prélat, dont la gloire rejaillissait sur son pays d'origine, où il se plaisait à venir se délasser des travaux pénibles de l'Episcopat, et où il prodiguait sans mesure les gages touchants de son affection et de son cœur généreux ; il n'est plus, cet infatigable champion de tous les droits spirituels et temporels de la Papauté, ce pasteur plein de zèle pour les intérêts de son troupeau, celui qui était l'honneur de l'Eglise et du diocèse de Besançon et la gloire de cette paroisse !

Hélas ! combien sont trompeuses les espérances des hommes ! Pendant le dernier séjour qu'il fit au milieu de nous, nous croyions apercevoir en lui, malgré son âge déjà avancé, une constitution assez robuste pour prolonger sa vie plusieurs années encore ; la maladie elle-même qui nous l'a enlevé ayant fléchi, par une sorte de miracle, après l'avoir tenu longtemps aux portes de la mort, nous nous flattions qu'une convalescence heureuse nous le rendrait bientôt dans la plénitude de la force et de la santé ; déjà l'espoir de son prochain retour de Rome en France nous pénétrait d'une douce joie, lorsque, tout à coup, la triste nouvelle de son décès est venue nous frapper de stupéfaction, navrer nos âmes de douleur et faire couler nos larmes.

Ainsi, il ne concourra plus, par sa présence, à la pompe de nos cérémonies et à l'allégresse de nos solennités. Désormais, nous ne pourrons plus contempler ce front majestueux, où brillaient tout à la fois le feu sacré du génie, la fermeté douce du caractère, la tranquillité sereine de la vertu, et nous n'aurons plus avec lui ces conversations et ces entretiens si doux, si familiers, où il se livrait au plus aimable abandon. Dieu a tranché le fil de ses jours ; il nous l'a enlevé, lorsque nous nous attendions à sa résurrection prochaine ; quel deuil pour sa famille, pour son diocèse et pour ses amis !

Mais, quelque affligeante que puisse nous paraître à tous cette perte douloureuse, et alors même que les lugubres décorations de cette église, ses chants de deuil, et le sombre appareil de mort que nous avons sous les yeux, soient de nature à nous en faire mieux sentir toute la grandeur et l'étendue, gardons-nous d'abandonner nos cœurs à une tristesse excessive, comme ceux qui n'ont pas d'espérance; élevons plutôt nos regards vers le ciel, et adoucissons l'amertume de nos regrets par la contemplation de la récompense qui couronne ses mérites.

Il me semble, en effet, mes Frères, que le pieux Evêque que nous pleurons a pu, en mourant, dire comme le grand Apôtre : J'ai combattu le bon combat, j'ai gardé la foi, et, maintenant que me voilà au terme de ma carrière, j'ai droit d'attendre du juste Juge, qui doit prononcer sur mon sort, la couronne de justice. *Bonum certamen certavi,* etc.

Oui, mes Frères, l'Illustrissime et Révérendissime Jean-Pierre Mabile, en son vivant évêque de Versailles, a combattu le bon combat; comme saint Paul, il a gardé la foi; il a prêché, propagé et défendu la foi, la foi de la sainte Eglise catholique; non pas une foi morte et stérile, mais la foi vive et agissante qui opère par la charité et qui produit toutes sortes de bonnes œuvres. Voilà la foi qu'il a prêchée et pratiquée. C'est ce que j'espère vous faire voir, en parcourant rapidement avec vous la carrière si pleine de notre regrettable Prélat.

J'aurais désiré qu'une autre bouche, plus éloquente que la mienne, vous rappelât cette belle vie employée tout entière à la gloire de Dieu et de son Eglise; mais, puisqu'on a bien voulu imposer ce fardeau à ma faiblesse, ou, si vous aimez mieux, me réserver cet honneur, à cause de la place que j'occupais dans l'estime et l'affection de notre cher défunt, je tâcherai de remplir de mon mieux cet office et ce devoir sacré de la reconnaissance, et vous suppléerez vous-mêmes, dans vos esprits si éclairés et vos cœurs si tendres, à l'insuffisance de mon discours.

Mgr Jean-Pierre Mabile est né dans cette paroisse le 20 septembre 1800. L'honorabilité de sa famille est assez connue de tous ceux qui m'écoutent, pour que je m'abstienne d'en parler dans cette assemblée. Je me contenterai donc de louer notre digne Prélat par ses propres œuvres et par ses mérites personnels, selon l'avis que nous en donne l'Ecriture sainte au livre des Proverbes : *et laudent eam in portis opera ejus.*

Toutefois, je ne puis pas m'empêcher de signaler ici une circonstance de sa vie où sa volonté n'entrait pour rien, mais qui présageait au monde son glorieux avenir. Ce n'est pas, en effet, sans quelque dessein providentiel, qu'au moment de son baptême, on lui donna pour patrons et pour modèles les deux disciples préférés du Sauveur, les deux grands apôtres saint Pierre et saint Jean, puisqu'il devait, à son tour, être apôtre dans l'Eglise de Dieu et unir dans sa personne la foi de saint Pierre à la charité de saint Jean.

Il devait être apôtre. J'ignore pourquoi sa vocation à cette haute dignité ne parut pas évidente dès l'origine, puisqu'il ne fut envoyé qu'assez tard au petit séminaire d'Ornans pour y faire ses études préparatoires à l'état ecclésiastique ; mais il fallait que ses talents et ses vertus fussent marqués à un coin particulier, pour que l'on songeât à en faire un élève de basse classe à l'âge où il était parvenu ; ou plutôt, nous devons croire que ce fût lui-même qui, poussé par une impulsion divine, et aidé de son oncle, le vénérable curé d'Aillevans, choisit cette nouvelle carrière en toute connaissance et en pleine liberté.

Comme il n'était plus enfant, il n'y eut rien d'enfantin dans ses premières études ou dans ses premières démarches vers l'Episcopat auquel il était appelé d'en haut ; au contraire, jouissant de toute la plénitude de ses facultés, il eut bientôt franchi la distance qui le séparait du sacerdoce. En trois ans, il termina ses études littéraires, et après son cours de philosophie à Ecole, il entra au grand séminaire de Besançon pour y briller parmi les élèves les plus distingués de la théologie. Il s'y fit si bien remarquer par sa science et sa vertu que Mgr de Rohan n'hésita pas à le choisir plus tard pour diriger les hautes études qu'il voulait fonder dans son diocèse. Il le préféra même à tout autre, quand il fut question d'envoyer à Strasbourg un esprit d'élite, pour étudier les secrets de la haute philosophie que l'on disait être professée dans une des écoles de cette ville. Malheureusement, les doctrines philosophiques de cette nouvelle école n'étaient pas irréprochables ; aussi, notre habile Franc-Comtois ne tarda pas à en découvrir les erreurs, et il les combattit victorieusement. La polémique, à laquelle il se livra à ce sujet fit autant d'honneur à son talent qu'à son jugement, et montra en lui un esprit ferme et solide, exempt de toute exagération et fortement établi dans la vérité.

De retour dans son diocèse, M. l'abbé Jean-Pierre Mabile remplit quelque temps les fonctions de vicaire dans la ville de Gray ; puis il fut nommé directeur et maître de conférences au petit séminaire de Luxeuil. Là, il était comme le bras droit du digne Supérieur de cet établissement, qui devint plus tard son collègue dans l'Episcopat et dont nous pleurons aussi la perte récente. Quant à la grandeur de son enseignement théologique et ascétique, je laisse aux nombreux élèves qui ont eu le bonheur de vivre sous sa direction et d'assister à ses conférences religieuses pendant son séjour à Luxeuil, le soin d'en faire l'éloge.

Après avoir passé quatre ans dans cette maison d'éducation, il fut appelé à la cure de Villersexel, qu'il administra pendant plus de six années, au grand contentement, non seulement de tous ses paroissiens, mais de tous ses confrères du canton, qui admiraient son talent dans les conférences ecclésiastiques.

Enfin, après s'être préparé, pendant les quinze premières années de son sacerdoce, comme maître en philosophie, vicaire de Gray, directeur spirituel de Luxeuil et curé de Villersexel, au sublime ministère que lui réservait la Providence, il se trouva, lorsque Mgr Doney, une autre gloire de cette contrée également disparue, prit possession du siège de Montauban, tout prêt à remplir auprès de lui les fonctions aussi délicates qu'augustes de vicaire général.

Je ne vous redirai pas ici tout ce que cette nouvelle position révéla en lui d'aptitude pour administrer un diocèse en son propre nom et communiquer aux âmes d'élite qui en font l'ornement et la force, dans les couvents et les maisons ecclésiastiques, l'esprit de foi et de charité qui les fait triompher de toutes les attaques du démon, du monde et des passions; il me suffira de vous faire remarquer qu'après sept ans de ce ministère, redoutable aux anges mêmes, il fut jugé digne d'être élevé au rang sublime de Prince de l'Eglise.

Dès le 5 septembre 1851, il fut préconisé, par le Souverain-Pontife, évêque de Saint-Claude, et, le 11 novembre suivant, il reçut à Montauban l'onction épiscopale des mains de Mgr Doney, son père, son maître et son modèle. Ces titres que je donne à l'ancien Evêque de Montauban sont ceux que Mgr Mabile lui-même lui a reconnus, dans son mandement de prise de possession de l'évêché de Saint-Claude.

« Aujourd'hui, » disait-il en effet dans cette pièce éloquente, où il expliquait à ses diocésains du Jura ses craintes, ses espérances et ses regrets, « aujourd'hui, en nous séparant de celui qui a été pour « nous un père, un maître et un modèle, pourrions-nous ne pas être « péniblement ému?... Pontife vénéré, ajoutait-il, vous en qui la « science et la vertu s'allient si bien aux qualités du cœur, vous usez, « vous immolez toute votre vie, toutes vos forces, dans la prière, dans « l'étude, dans les soins sans cesse renaissants d'une administration « ferme, vigilante et miséricordieuse. Puissions-nous marcher constam- « ment sur vos traces ! »

Ce vœu, mes frères, que le nouvel Evêque de Saint-Claude formulait, au moment où il allait recevoir le caractère épiscopal, nous pouvons dire qu'il l'a fidèlement réalisé, d'abord dans l'Eglise de Saint-Claude pour laquelle il allait être sacré, et, ensuite, dans celle de Versailles dont il devint plus tard le premier pasteur. Oui, l'Evêque de Saint-Claude et de Versailles, unissant, comme son maître et son modèle, la science et la vertu aux qualités du cœur, a véritablement usé et immolé toute sa vie et toutes ses forces dans la prière, dans l'étude et dans les soins sans cesse renaissants d'une administration ferme, vigilante et miséricordieuse.

En cela, du reste, il ne faisait qu'imiter les Apôtres, qui, après avoir confié aux premiers diacres les fonctions moins importantes de l'administration des aumônes et de la sainte Eucharistie, se réservèrent de vaquer sans relâche à la prière et à la prédication de l'Evangile : *Nos vero orationi et ministerio verbi instantes erimus.* En ajoutant, à la prière et à l'étude nécessaire pour prêcher, les soins, sans cesse renaissants d'une administration ferme, vigilante et miséricordieuse, il obéissait à l'ordre que saint Pierre, son patron et son modèle, intimait aux Evêques de la primitive Eglise, lorsqu'il leur disait : « Paissez le troupeau de Dieu qui a été confié à vos soins, pourvoyant « à tous ses besoins spontanément et sans contrainte, en vue de Dieu, « et non pour un intérêt temporel honteux et misérable ; soyez dans « votre clergé, non pas comme des dominateurs, mais comme les « modèles achevés du troupeau, afin que le Prince des pasteurs, quand « il apparaîtra (au dernier jour) vous accorde la couronne de gloire « qui ne se flétrira jamais. « *Pascite qui in vobis est gregem Dei, pro-* « *videntes non coacte, sed spontanee secundum Deum, non turpis lucri* « *gratia, sed voluntarie, neque ut dominantes in cleris, sed forma facti* « *gregis ex animo, ut cum apparuerit Princeps pastorum, percipiatis im-* « *marcessibilem gloriæ coronam.* »

Mais, puisque j'en suis, mes Frères, à vous expliquer la manière dont Mgr Mabile a cru devoir exercer les fonctions épiscopales dans les deux diocèses dont il a été successivement chargé, permettez-moi de vous rappeler qu'il s'est contenté d'y prendre pour modèles les deux patrons que son baptême lui avait assignés, saint Pierre pour la foi, saint Jean pour la charité et les œuvres qui en découlent.

La foi de saint Pierre, ah ! voilà bien celle que Mgr Mabile a professée, prêchée et pratiquée, car il n'aimait pas seulement saint Pierre comme un saint et comme son patron, mais comme chef de l'Eglise et comme vicaire de Jésus-Christ. Sa principale vertu, je ne crains pas de le dire, celle qui a le plus brillé dans ses écrits et dans ses actes, a été sa dévotion au Saint-Siège, au Siège de Pierre, à ce Siège que Jésus-Christ a établi comme le fondement inébranlable de son Eglise. Aussi, écoutez ce qu'il en disait dans sa première lettre pastorale à son diocèse de Saint-Claude : « Accomplissant sans retard la « promesse ... de notre consécration (épiscopale), avec quelle joie, avec

« quels transports nous porterons les vœux, les prières et les actions
« de grâces (de notre diocèse) au tombeau du Prince des Apôtres !
« Avec quel bonheur nous déposerons les preuves de sa fidélité, de
« son amour, aux pieds du grand Pape que le monde contemple avec
« admiration, et qui doit être pour nous tous, plus que jamais, le
« point de ralliement, le centre de vérité, d'union, de force, dans ces
« malheureux jours de ténèbres et d'orages ! Quoi qu'il arrive, (notre
« Eglise) tiendra par un lien de plus à notre sainte mère l'Eglise
« romaine. »

Ce lien de plus, que le vénérable Evêque de Saint-Claude voulait
établir entre son Eglise et la sainte Eglise romaine, n'était pas seulement le lien de son Evêque avec l'Evêque des Evêques, par la visite
ad limina qu'il se proposait de faire le plus tôt possible selon les promesses de son sacre et les constitutions des Souverains-Pontifes ; mais
il devait y ajouter bientôt deux autres anneaux de la plus haute importance qui relieraient à cette même Eglise tout son clergé et tous
ses diocésains. En effet, dès la première année de son épiscopat, Monseigneur convoqua et tint un synode, où il donna aux statuts diocésains du Jura une force toute nouvelle, la force canonique, et où il
prépara le retour de tout son diocèse, clergés et fidèles, à la liturgie
romaine. Il n'ignorait pas les désirs du Souverain-Pontife sur ces deux
points fondamentaux de la discipline ecclésiastique ; aussi après avoir
promulgué, dès la première année de son épiscopat, des statuts syno-
daux pour son clergé, il ne laissa pas écouler la seconde sans imposer
à son peuple la liturgie catholique de la sainte Eglise romaine, mère
et maîtresse de toutes les Eglises.

Son Mandement sur ce sujet si grave est daté du 11 novembre 1853,
correspondant jour pour jour avec le second anniversaire de son
sacre. On y lit ces paroles remarquables : « Nous avions compris,
« depuis longtemps, la nécessité de resserrer nos liens avec l'Eglise-
« mère, en priant avec elle et comme elle, et en revenant à sa liturgie
« qui est la liturgie du monde catholique... Qui donc, ajoutait-il,
« oserait prétendre que ce n'est pas un bien pour le présent et un
« bon signe pour l'avenir?... En vous donnant le rite romain, nous
» avons consolé et réjoui le cœur de notre Père commun. Sa Sainteté
« Pie IX a daigné nous adresser, à ce sujet, des paroles de bonté et de
« satisfaction dont le souvenir nous restera et nous soutiendra dans
« notre carrière épiscopale... Nous rétablissons la liturgie romaine,
« parce que nous sentons vivement, comme tant d'illustres Pontifes,
« que, dans nos périls, nous ne saurions trop faire pour fortifier et
« multiplier nos liens et nos rapports avec Celui qui est le fondement,
« le cœur, la tête du catholicisme. »

Avez-vous bien compris, mes Frères, tout ce qu'il y avait, dans l'esprit et le cœur de notre saint Evêque, de foi et d'attachement à la Chaire de saint Pierre qui sert de fondement inébranlable à l'Eglise de Jésus-Christ. D'autres pouvaient encore alors, avant la définition du grand Concile du Vatican, discuter sans encourir le reproche d'hérésie sur l'étendue plus ou moins grande de l'autorité doctrinale accordée par Jésus-Christ aux successeurs de saint Pierre sur la Chaire apostolique ; pour lui, pour son esprit plein des plus vives lumières de la vérité, il n'y avait pas de doute et d'obscurité possible sur ce dogme fondamental du catholicisme, l'infaillibilité du Souverain-Pontife. Ecoutez-le dans la lettre qu'il adressa à son clergé, le 15 octobre 1869, quelques jours avant son départ pour le concile que je viens de rappeler : « Jésus-Christ, dit-il, a dans l'Eglise un vicaire ou un représentant, « c'est le Pape. Celui-ci, héritier des prérogatives inaliénables données « à Pierre par Jésus-Christ, devient lui-même le Pasteur des Pasteurs, « le Pasteur universel, la colonne de la vérité et le centre de l'unité... « C'est pour cela qu'on affirme et qu'on doit affirmer que le Pape et « l'Eglise, c'est tout un, et que l'Eglise est nécessairement là où est le « Pape. — Soit qu'on examine dans leur ensemble les textes de « l'Ecriture sainte ..., soit qu'on consulte les monuments de la Tradition « et l'enseignement des meilleurs théologiens, on est obligé de re- « connaître que l'infaillibilité personnelle du Pape est établie par « des preuves, dont la force et la clarté subjuguent tous les esprits « sincères et non prévenus. Que ce point puisse être défini et devenir « un dogme de foi, c'est incontestable. Que dira, que fera le Concile « à ce sujet? nous ne pouvons le savoir. C'est une question à laquelle « l'Esprit saint se charge de répondre quand le moment sera venu. « (Mais, en attendant), le clergé et tous les vrais catholiques font des « vœux pour que le Pape soit conciliairement déclaré infaillible. »

Après une profession de foi aussi catégorique, vous comprendrez facilement, mes frères, pourquoi notre saint Prélat a été si ferme dans ses votes au Concile du Vatican. Il ne pouvait pas hésiter sur la vérité de la définition ; quant à son opportunité, mise en cause par tant de discoureurs, voici ce qu'il écrivait de Rome à son clergé dès le 3 décembre 1869 : « Dans les circonstances actuelles, la question prend « une gravité extrême... Tous les esprits sont éveillés et inquiets ; ils « attendent une solution ...; le silence du Concile est moralement im- « possible. »

Enfin, quand le dogme de l'infaillibilité pontificale eut été solennellement promulgué, il se hâta, aussitôt après son retour dans son diocèse, de rédiger une lettre pastorale, où on lit ce qui suit : « Le « Concile a parlé, la cause est finie. Il faut croire fermement au dogme

« proclamé, sous peine d'hérésie. Ce triomphe (de la vérité, et de la
« Papauté), préparé par la prière, est dû tout entier au Saint-Esprit
« qui vit dans l'Eglise, et qui, dans toutes les luttes, la rendra victo-
« rieuse jusqu'au dernier jour du monde. »

« Nous ne l'ignorons pas, ajoutait-il, comme par un pressentiment
« prophétique de ce qui devait arriver, les temps sont mauvais.
« L'avenir est sombre et menaçant ..., nous dormons sur un volcan.
« A l'heure qu'il est, dans toute la chrétienté, on chante des hymnes
« au Pape infaillible. Et peut-être, dans quelques jours, le Pape,
« abandonné, sera prisonnier dans Rome... Quoi qu'il en soit et quoi
« qu'il arrive, nous aurons fait notre devoir ..., et la postérité redira
« mille fois que le Concile du Vatican a été le grand événement du
« dix-neuvième siècle. »

Monseigneur tenait tant à la proclamation du dogme de l'infaillibilité
que, même avant le Concile, il regardait la définition de cette vérité
comme le but, sinon unique, du moins principal, qu'il fallait atteindre.
Et il avait bien raison ; car, cette base une fois établie, tout le reste
en découlera comme d'une source féconde et intarissable ; et, alors
même qu'il n'y aurait plus possibilité, dans la suite des temps, de
tenir encore ces grandes assises de la catholicité, l'autorité du Pape,
reconnu infaillible en tout ce qui regarde le dogme, la morale et la
discipline générale, pourra suffire aux besoins quels qu'ils soient de
l'Eglise universelle.

Remercions donc la Providence de ce grand bienfait qu'il a accordé
à son Eglise ; et, à l'imitation de notre grand Prélat, croyons fermement tout ce que croit et enseigne la sainte Eglise catholique et apostolique romaine ; non seulement croyons, mais, comme lui, pratiquons.
Pénétré en effet des vives lumières de la foi sur les prérogatives du
Souverain-Pontife, Monseigneur de Versailles ne se contentait pas de
croire à ses enseignements, mais il obéissait à ses commandements,
et se prêtait volontiers à ses simples désirs. De là, son zèle pour
rétablir la liturgie romaine dans son diocèse de Saint-Claude ; de là,
son empressement à y tenir un premier synode pour y régler canoniquement la discipline ecclésiastique ; de là, ses voyages si fréquents
ad limina Apostolorum, pour y voir Pierre, et y conférer avec lui, à
l'exemple du grand Apôtre ; de là enfin, ses appels pressants à ses
diocésains pour le denier de saint Pierre, appels si bien accueillis par
les fidèles riches et dévoués de son diocèse, qu'ils ont procuré au
Pauvre du Vatican des sommes considérables.

Mais, après avoir ainsi regardé au-dessus de lui pour s'unir de la
manière la plus intime au Siège apostolique, Mgr Mabile portait aussi
ses yeux au-dessous de lui pour rendre à son troupeau, clergé et

fidèles, tous les services d'un excellent Pasteur. Il n'avait pas oublié la leçon que Notre-Seigneur avait faite au Prince des Apôtres, quand il l'avait chargé de paître tous les enfants de l'Eglise en témoignage de son amour; il n'avait pas oublié non plus la leçon adressée par saint Pierre lui-même aux Evêques de son temps, quand il leur disait de paître leur troupeau et de pourvoir à tous ses besoins spontanément et sans contrainte, en vue de Dieu et non d'un intérêt humain, non comme des dominateurs superbes, mais comme des modèles accomplis; enfin, il se rappelait qu'il devait marcher sur les traces de son second patron, l'Apôtre et l'Evangéliste, non seulement de la vérité, mais de la charité, l'enfant privilégié et dévoué de Marie, le visiteur intrépide de toutes les Eglises de l'Asie-Mineure qui le reconnaissaient pour leur chef; enfin, le bon Pasteur qui court après la brebis égarée et qui la rapporte triomphant à son troupeau.

Et d'abord pénétré, comme saint Jean, d'amour pour Marie sa Mère, voyez-le se hâter de consacrer son diocèse de Saint-Claude, dès la seconde année de son épiscopat, à la Vierge immaculée. L'Eglise n'avait pas encore alors proclamé comme dogme de foi, par l'organe de son chef infaillible, la doctrine de l'Immaculée-Conception; mais Monseigneur, qui avait la claire vue des vérités révélées, même avant leur définition solennelle, n'hésitait pas à proclamer Marie Immaculée, et à lui rattacher, sous ce titre glorieux, tous les enfants confiés à ses soins. Rien n'est touchant comme l'acte de consécration solennelle qu'il rédigea alors, pour être lu et relu chaque année, le jour de la fête de l'Immaculée-Conception, dans toutes les paroisses de son diocèse : « Nous vous consacrons, y disait-il, tout notre clergé... Avec « votre secours, il marchera d'un pas ferme dans la voie du devoir et « du sacrifice; il saura se dévouer de plus en plus pour faire aimer « Dieu et sauver les âmes. Nous vous consacrons toutes les paroisses, « les familles, les personnes qui composent notre troupeau. Nous « vous demandons pour elles une augmentation de foi, de charité, de « ferveur. Nous vous demandons pour elles, avant tout, les biens de « la grâce ; puis, les bénédictions et prospérités temporelles qui leur « sont nécessaires en ce monde. » Le Mandement, qui se terminait par cette formule de consécration, portait en tête les armes de Monseigneur, encadrées entre ces deux mots de la salutation angélique *Ave, Maria*. Eh bien! nous, à notre tour, disons et répétons souvent avec le pieux Prélat : *Ave, Maria,* je vous salue, Marie. Oh! que de fois il a rendu ce touchant hommage à sa Mère et à la nôtre! que de fois il a déroulé entre ses mains sacerdotales les grains de son chapelet! Mais ce n'est pas seulement le diocèse de Saint-Claude qui est redevable à Mgr Mabile de sa consécration à Marie Immaculée; celui de Versailles lui doit aussi le même avantage ; et, depuis 1860, il renouvelle tous les ans, comme celui de Saint-Claude, sa pieuse consécration à la Mère de Dieu sous le titre de son Immaculée-Conception. Quant à vous, mes Frères, pourriez-vous douter de la dévotion de votre illustre compatriote envers la sainte Vierge et de son zèle ardent à la propager ? Est-ce qu'il ne vous a pas donné cette magnifique statue de la Vierge Immaculée, qu'il a constituée gardienne de sa maison et de toute cette paroisse ? est-ce qu'il n'a pas fait enrichir d'indulgences le *Salve, Regina*, que vous allez réciter à ses pieds ? Pour moi, je n'oublierai jamais la belle fête qui accompagna l'inauguration de ce monument religieux. Monseigneur était là, présidant la cérémonie ; il profita de l'occasion pour vous adresser des paroles pleines de lumière et de chaleur afin d'éclairer et d'embraser vos âmes. Eh bien ! rappelez-vous ce beau jour, ce jour solennel ; et ne cessez pas d'en célébrer l'anniversaire par une procession nombreuse et fervente. Marie vous gardera, elle vous protégera, elle vous sauvera : *Posuerunt me custodem. Salve, Regina*.

Mais, après avoir considéré, dans le nouveau saint Jean, le pieux serviteur et l'enfant dévoué de Marie, arrivons à l'Apôtre et à l'Evangéliste. Qu'elles sont belles et admirables les instructions pastorales qui sont sorties de la plume de l'Evêque de Saint-Claude et de Versailles ! A Saint-Claude, dans un pays de foi, il s'est appliqué surtout à développer les œuvres. Nous trouvons bien, dans la liste de ses Mandements pour ce diocèse, une instruction dogmatique sur l'Eglise à l'occasion du décret sur l'Immaculée-Conception, et une défense du journalisme religieux indignement attaqué ; mais les autres lettres pastorales du Prélat ont pour objet les principaux besoins des paroisses, des familles et des individus. Ainsi, en 1852, il proclame la grande loi du travail, et en 1856 celle du repos du dimanche ; en 1853 et 1855, il traite de la famille et de l'éducation ; en 1854 et 1857, c'est de la paroisse qu'il s'occupe, des associations religieuses (ou confréries), et de l'œuvre des Missions ; ajoutons-y son instruction de 1853 sur les établissements religieux du diocèse, et celle du 25 janvier 1858 sur le bon sens chrétien. Le 15 mars suivant, le jour même où il fut préconisé pour le siège de Versailles, Monseigneur adressa à ses diocésains de Saint-Claude une dernière lettre pleine d'affection et de tendresse ; c'était une lettre d'adieux.

Le voici maintenant sur un théâtre différent ; car, au lieu de la foi encore vive et efficace de nos montagnes franc-comtoises, qu'aperçoit-on trop souvent dans les contrées qui avoisinent Paris ? Hélas ! l'indifférence religieuse et un abandon presque complet des pratiques chrétiennes, qui n'accusent que trop l'affaiblissement, sinon l'absence totale de la foi. C'est pourquoi le nouvel Evêque de Versailles va changer de batteries ; et, au lieu de se renfermer dans les limites du Décalogue, il va remonter jusqu'aux origines de l'enseignement religieux pour l'établir sur des bases solides et inébranlables. La Religion et l'Eglise, tels seront les objets constants de son haut enseignement. La Religion ! il l'étudiera jusque dans l'ancien monde chez les patriarches et chez les prophètes ; puis, arrivé à Jésus-Christ, il nous apprendra ce que c'est que l'Eglise, et, dans l'Eglise, la Papauté, l'Episcopat, le Presbytérat. Tels sont en effet les sujets que nous voyons traités dans ses instructions pastorales les six premières années de son Episcopat à Versailles ; à partir de cette époque, c'est-à-dire de 1865, il nous fait voir, dans les saints des différents siècles de l'Eglise, les vrais bienfaiteurs de l'humanité, les véritables grands hommes, les grands modèles que nous devons imiter. Que de richesses, mes Frères, dans ces instructions véritablement magistrales où l'on voit se dérouler les opérations prodigieuses de la foi, de la charité et de toutes les vertus !

Mais je ne puis résister à la tentation de vous présenter ici un petit abrégé de la morale chrétienne que je trouve dans un des Mandements de ce grand Prélat, à la date de 1857. Ecoutez ce qu'il disait à ses diocésains de Saint-Claude, et tenez-le pour dit à vous-mêmes afin d'en faire la règle de votre conduite : « Assistez régulièrement « aux offices. Ecoutez la parole de Dieu. Approchez-vous des sacre-« ments. Envoyez vos enfants dans les classes ; apprenez leur le « catéchisme ; veillez sur eux ; donnez leur sans cesse de bons conseils « et de bons exemples. Le soir, quand vous êtes réunis, faites la prière « en commun ; récitez le chapelet, lisez la vie d'un saint, lisez « quelques livres utiles et agréables. Dans vos fêtes, dans vos festins, « soyez sobres, évitez les excès ...; ne refusez pas le morceau de pain à « l'indigent qui frappe à la porte. Réservez quelque chose de votre « superflu pour les établissements où l'on s'occupe de l'éducation des « pauvres et du soulagement des malades. Les familles qui se con-« duisent de la sorte, hélas ! sont trop rares ; mais qu'elles sont « dignes d'éloges !... Ce sont les grandes, les belles, les nobles fa-« milles. »

Ces avis paternels, mes frères, oh ! que de fois nous les avons entendus sortir de la bouche elle-même de cet auguste Pontife, quand nous avions l'honneur de l'accompagner dans ses tournées de confirmation au diocèse de Versailles ! Là, se faisant tout à tous, et s'abaissant au niveau des intelligences enfantines ou grossières auxquelles il s'adressait, il les rappelait vivement au sentiment de leur origine céleste et de leur glorieuse destinée, leur apprenant en même temps la voie qui conduit à l'éternel bonheur. Jamais, malgré les fatigues inévitables et quotidiennement répétées d'un voyage à long cours et à des distances quelquefois considérables, jamais il n'a manqué de rompre, à ses chers confirmants et aux autres personnes plus âgées qui l'entouraient en foule, le pain de la parole; semblable à son divin Maître, lorsqu'il parcourait les villes et les bourgades de la Judée et de la Galilée pour prêcher l'Evangile, il ne passait aucun jour sans faire du bien, *pertransiit benefaciendo*; et Dieu sait combien de jours de sa carrière épiscopale il a consacré à ce divin ministère, puisqu'après avoir visité en sept ans plus de deux cents paroisses du diocèse de Saint-Claude, il a fait six fois en dix-huit ans le tour complet de son diocèse de Versailles.

Faut-il ajouter à toutes ces courses de son long épiscopat, à toutes ces prédications dont il a semé ses deux diocèses, aux instructions et aux lettres pastorales qu'il leur a prodiguées, aux voyages fréquents qu'il a faits *ad limina Apostolorum*, le travail incessant d'une administration compliquée, la préparation et la publication d'un nouveau catéchisme pour le diocèse de Versailles, la révision du Propre et des statuts de cette même Eglise, l'assiduité aux exercices annuels des retraites ecclésiastiques, les examens des aspirants au sacerdoce et des jeunes prêtres, les ordinations, les consécrations d'églises et d'autels, les cérémonies pontificales et l'accomplissement de mille autres devoirs qui absorbent tous les moments d'un Evêque dévoué à Dieu et à son troupeau ; en vérité, il faudra reconnaître, en réfléchissant à tout cela, que notre vénérable Pontife a véritablement usé et immolé toute sa vie et toutes ses forces dans la prière, dans l'étude et dans les œuvres multiples d'un laborieux épiscopat.

Je ne puis cependant pas passer sous silence une autre fonction également importante qu'il a remplie avec honneur et gloire à la face de l'univers. Je veux parler de ses allocutions si nobles et si fermes aux représentants de la France, devenus en quelque façon ses diocésains par leur réunion au château de Versailles, où ils avaient à discuter les plus hauts intérêts de la patrie. Personne n'ignore avec quelle hauteur de vues et avec quelle fierté évangélique il leur a rappelé plusieurs fois leur devoir comme chrétiens et comme délégués de la fille aînée de l'Eglise, à l'occasion des prières publiques prescrites pour attirer sur leurs délibérations les lumières et les secours d'en haut. Heureuse la France, si elle profitait de ces grandes leçons et de ces conseils véritablement patriotiques et paternels! Sans la religion, en effet, que peut-elle devenir? La religion n'est-elle pas le lien social le plus essentiel? n'est-ce pas elle qui garantit les droits, qui assure l'accomplissement des devoirs, et qui, par conséquent, maintient l'ordre et la paix dans tout le corps social? tandis que, sans elle, tout croule, tout s'abîme dans les luttes de l'anarchie. La politique de Mgr de Versailles n'était autre que celle de l'Eglise. Destinée à procurer le salut des âmes, celle-ci s'occupe avant tout de sa grande mission ; ce qu'elle veut, c'est la liberté de faire le bien ; elle ne peut pas s'empêcher, sans doute, de regretter l'aveuglement d'une nation qui se perd elle-même, en se jetant dans un cercle de révolutions sans fin, qui ne lui laissent ni repos, ni sécurité, ni stabilité ; néanmoins, elle se prête à toutes les formes de gouvernement qui se succèdent sur la face de la terre, et la seule chose qu'elle demande, c'est de pouvoir sauver les âmes. Or, que lui faut-il pour cela ? Avant tout, la liberté de son Chef et de tous ses Pasteurs, la liberté de leur enseignement, la liberté de leur gouvernement, la liberté de leur dévouement. Et qu'aurait donc à perdre la société, si tous ceux qui la composent étaient des hommes de foi éclairés par le Symbole, des hommes d'obéissance dirigés par le Décalogue, et enfin, des hommes de zèle et de dévouement, prêts à se sacrifier pour le bonheur de leurs frères !

Mais il est temps de m'arrêter; nous allons suivre notre vénéré Prélat au terme de sa glorieuse, quoique trop courte carrière. Il a combattu le bon combat, nous l'avons vu; il a gardé la foi; que lui restait-il donc à attendre? sinon la couronne de justice qu'il avait méritée par tant de bonnes œuvres. Allons donc le voir sur son lit de mort, ou plutôt sur son char de triomphe.

Un si grand athlète de la Papauté ne devait mourir qu'à Rome, auprès du saint Pontife qu'il avait tant aimé, et entre deux églises bien chères à son cœur, celles de ses patrons, saint Jean devant la Porte-Latine et saint Pierre au Mont-Vatican. Il se décide, en effet, à faire par pure dévotion et par attachement au saint Père un dernier voyage à la ville éternelle, semblable à ces saints d'Angleterre dont il avait fait l'éloge dans un de ses mandements de 1872 : « J'ai le désir, s'écriait saint Vilfrid peu de temps avant de mourir, de retourner une dernière fois près de cette Chaire de Pierre, d'où nous sont venues la justice et la liberté. » Céalfrid, devenu septuagénaire, brûlait aussi d'envie de revoir Rome et d'y finir ses jours; mais ses forces le trahirent, et il mourut à Langres. Plus heureux que ces deux saints, notre septuagénaire arrivait à Rome le 6 avril dernier et commençait tout de suite la visite des grandes basiliques. Porteur d'un denier de quatre-vingt mille francs, il a le bonheur de le déposer entre les mains de Pie IX dans son audience particulière du 9 avril. Mais, moins de huit jours après cette douce entrevue, nous le trouvons cloué sur un lit de douleur et recevant les derniers sacrements des mains de Mgr Richard, coadjuteur de Paris. Il avait demandé lui-même avec instance « cette

« consolation, à laquelle il tenait plus qu'à tout autre, ce sacrement
« qui l'aiderait à supporter sa douleur. » Avec quelle foi vive, avec
quelle résignation à la volonté de Dieu, il reçut cette onction des mou-
rants ! il répondit lui-même à toutes les prières, et s'écria, quand tout
fut fini, d'un ton joyeux et content : *Deo gratias.* Tous les assistants
étaient vivement émus de son grand calme en face de la mort.

Pendant une dizaine de jours, il souffre une sorte de martyre; mais,
au milieu de ses grandes souffrances, il ne cesse d'invoquer la sainte
Vierge et les saints, surtout saint Pierre et saint Jean, ses patrons,
sans laisser échapper un seul mot de plainte. Enfin, le 26 avril, jour
de la fête de Notre-Dame de Bon-Conseil, jour où Monseigneur a com-
munié et où s'est terminée la neuvaine faite à cette bonne Vierge à
son intention, il éprouve un mieux sensible, et l'on commence à espérer. Lui-même, se sentant mieux, quoique très faible, dit à ses garde-
malades : « Il paraît que la sainte Vierge veut que je retourne à Ver-
« sailles... Eh bien ! j'y retournerai, si c'est la volonté du bon Dieu, et
« je bénirai avec effusion mon cher diocèse, qui pense tant à moi et
« me témoigne une si vive affection. J'ai toujours aimé la sainte Vierge,
« mais je l'aimerai encore davantage, et je ferai brûler une lampe
« dans ma chapelle devant l'image de Notre-Dame du Bon-Conseil. »
Hélas ! pourquoi faut-il que cette lueur d'espérance, qui avait commencé à briller le 26 avril, et qui avait pris des accroissements pro-
gressifs, quoique lents, pendant plus de huit jours, ait disparu tout à
coup et se soit terminée par une catastrophe d'autant plus douloureuse
qu'elle était moins attendue ? Mais Dieu avait enregistré les paroles si
édifiantes que Monseigneur avait adressées, dès le début de sa maladie,
à un de ses plus notables diocésains : « Je suis venu à Rome pensant
« y mourir; j'y meurs, je suis content... Je suis heureux de mourir
« auprès du Pape. » Oui, ô vénéré Pontife, puisqu'il vous fallait mourir, vous avez bien fait de mourir auprès du Pape, et presque sous sa
main bénissante. Nous savions combien le Pape vous aimait, et combien vous aimiez le Pape ; le Pape, vous lui étiez attaché d'esprit et de
cœur; son amour et sa défense avaient été le mobile de toute votre
vie ; remettez donc votre belle âme à Rome entre les mains du Prince
des Apôtres et du Disciple bien-aimé, vos modèles et vos patrons :
l'archange saint Michel la recevra lui-même, le jour d'une de ses fêtes,
le 8 mai, pour l'introduire dans le paradis des délices éternelles. Montez
donc au ciel, en répétant ces paroles du grand Apôtre : « J'ai com-
« battu le bon combat, j'ai gardé la foi ; maintenant donc, en termi-
« nant ma carrière, je vais recevoir du juste Juge, pour lequel j'ai
« combattu, la couronne de justice. » *Bonum certamen certavi, cursum
consummavi, fidem servavi; in reliquo reposita est mihi corona justitiæ.*

Quant à nous, mes frères, efforçons-nous d'imiter une si belle vie et d'obtenir une si belle mort. Si, pourtant, il restait encore quelque chose à purifier dans l'âme de notre cher Prélat, unissons nos prières ferventes à celles de l'Eglise et du prêtre, pour lui ouvrir au plus tôt les portes du bonheur éternel. Ainsi soit-il.

Note F.

Mélanges poétiques.

J'ai annoncé, à la page 155 de cet ouvrage, que je publierais ici une certaine transformation des hymnes que le Propre de Besançon a attribuées à saint Colomban ; il faut donc tenir ma promesse. J'irai plus loin, et j'allongerai cette note beaucoup plus qu'on ne pouvait s'y attendre, le tout à mes risques et périls, comme tous ceux qui se font imprimer.

Hymnes de saint Colomban : 1º pour les 1res Vépres.

TEXTE ANCIEN.	TEXTE NOUVEAU.
1. Felices nemorum pangimus incolas,	1. Felicem nemorum pangimus incolam
Certo consilio quos Deus abdidit	Quem selegit olim Christus Homo-Deus
Ne contagio sæcli	Ut mundo valedicens
Mores læderet integros.	Totum se Domino daret.
2. Ut te possideant quem sitiunt Deum	2. Ut te possideat quem sitit, o Deus !
Urbes, regna, suos, se quoque deserunt :	Linquit tecta, suos, se simul abnegans
Totus viluit orbis	Terrenisque rejectis
Dum cœlestia cogitant.	Immortalia quæritat.
3. Nudi, prompti, alacres, liberi ab omnibus	3. Sed mox, discipuli despiciens locum,
Ad luctam pugiles ocius advolant ;	Præceptor socios colligit ac docet
Ut vastum mare tranent	Quos per gallica regna
Prudentes onus exuunt.	Ductos Luxovii locat.
4. Æternas ut opes, certaque gaudia	4. Æternas ut opes, veraque gaudia
Securi rapiant, omnia ludicra	Tutò percipiat, frivola quælibet
Sano pectore temnunt	Sano pectore temnit
Confisi melioribus.	Intentus melioribus.
5. Illis summa fuit gloria, despici,	5. Illi vera fuit gloria, despici ;
Illis divitiæ, pauperiem pati ;	Illi divitiæ, pauperiem pati ;
Illis summa voluptas	Illi sola voluptas
Longo supplicio mori.	Longo supplicio mori.
6. Fac nos, summe Deus, quæ patimur mala	6. Nunc ergo superis dum frueris bonis,
In pœnam scelerum ferre libentius ;	Nos, o sancte Pater, subsidiis leva
Et tellure relicta	Et quando moriemur
Immortalia quærere.	Fac cœli bona consequi.

2º *Pour Matines.*

1. O pulchras acies, castraque fortia,	1. O pulchras acies Luxoviensium,
Quæ spes, una fides, unus amor regit !	Quos divina fides, spes et amor regunt
Omnes lege sub una	Et qui lege sub una
Uno sub duce militant.	Sancto cum duce dimicant !

2. Heu ! quantis rapiunt astra laboribus ?
  Pulsant perpetuis quæstibus æthera
      Per jejunia longa
      Vires corporis atterunt.

3. Fervent quando die cuncta tumultibus,
  Altum turba silet ; cætera dum tacent,
      Hi per cantica rumpunt
      Noctis longa silentia.

  Exercet vigiles continuus labor ;
  Incumbunt operi non resides manus ;
      Tellus culta colonis
      Victum suppeditat suis.

2. Heu ! quantis rapit hic astra laboribus !
  Cœlum perpetuis laudibus impetit,
      Jejunat vigilatque
      Vires corporis atterens.

3. Dum mundi strepitu tota sonat dies,
  Servat cum sociis ipse silentium ;
      Sed dum nox tacet, omnes
      Promunt dulcia cantica.

4. Exercet vigiles continuus labor,
  Et nulli resides esse sinit manus ;
      Hinc tellus bene culta
      Cultores sat alit suos.

DOXOLOGIE.

Æternus sit honos ingenito Patri ;
Sit par unigenæ gloria Filio ;
      Sacri nexus amoris
      Laus compar tibi, Spiritus.

Je ne me suis pas occupé de la troisième hymne que Besançon a fait passer de saint Paul, premier ermite, pour lequel elle a été composée, à S. Colomban ; je me contenterai de dire ici que le quatrième vers de la première strophe s'applique mieux à un ermite qu'à un cénobite, comme le fondateur de Luxeuil et de Bobio.

Mais, puisque je me suis permis de réformer ainsi Santeuil, pourquoi ne rendrais-je pas le même service à Coffin, à qui on a emprunté assez tardivement, comme je l'ai dit, trois hymnes pour la Nativité de la sainte Vierge ? Ces trois hymnes se trouvent, dans l'édition des *Œuvres* de Coffin faite en 1755, rangées dans l'ordre suivant : *Debitam morti, Lætis terra sonet* et *Mortale cœlo* ; et c'est dans cet ordre également que le Bréviaire bisontin de 1761 les avait placées pour son office de l'*Immaculée-Conception.* Maintenant, au contraire, le Propre de Besançon met la première aux secondes vêpres de la *Nativité,* après les deux autres, bien qu'elle paraisse assez, par son contenu, devoir les précéder. Quoi qu'il en soit, il me semble que cette hymne ne perdrait rien à commencer par *Subditam morti,* et, si on me le permettait, je la transformerais comme il suit :

TEXTE DE COFFIN.

1. *Debitam* morti *sobolem creârat*
  Eva peccatrix ; nova *destinatur*
  Quæ sacro partu scelus atque *mortem*
  Destruat Eva.

2. *Victa* serpentis fuit illa fraude ;
  Intimis virus recipit medullis ;
  Vulnus hæc sanat, *tumidique colla*
  Conterit *anguis.*

TEXTE NOUVEAU.

1. *Subditam* morti *dedit ecce prolem*
  Eva peccatrix ; nova *sed paratur*
  Quæ sacro partu scelus *atque pœnam*
  Destruat Eva.

2. Illa serpentis fuit *icta* fraude
  Cujus imprudens bibit, heu ! venenum ;
  Vulnus hæc sanat, *caput et superbi*
  Conterit *hostis.*

<table>
<tr><td valign="top">

3. *Quo dolus cessit? domita parente,*
   Totius sperat sobolis ruinam;
   Omnibus reddet *soboles parentis*
      Una salutem.

4. *Sic lucro cedunt Domino volente,*
   Damna, dum *grata* voce per Mariam
   Delet antiquam nova vita mortem
      Gratia culpam.

5. Diceris mater quoque nostra, Virgo
   Et *proba* nostram, pia Virgo, matrem
   Efficax blandis precibus severum
      Flectere numen.

</td><td valign="top">

3. *Dæmon hinc frustra,* genitrice victa,
   Sperat integram periisse prolem;
   Nam brevi *cunctis pariet* salutem
      Altera mater.

4. *Sic lucrum fiunt,* Domino volente,
   Damna, dum *fausta* vice per Mariam
   Delet antiquam nova vita mortem,
      Gratia culpam.

5. Diceris mater quoque nostra, Virgo,
   Ergo te *monstra,* pia Virgo, matrem,
   Impetrans nobis Domini favores
      Auspice Nato.

</td></tr>
</table>

Quant aux deux autres hymnes, qui pourtant ne valent pas la précédente, je me contenterai de signaler dans *Lætis,* les mots *advena, legifer* et *sterilis;* mais pour *Mortale,* je l'ai aussi transformée de la manière suivante :

<table>
<tr><td valign="top">

1. Mortale *cœlo, tolle,* genus, *caput;*
   En noctis horror desiit, *en jubar*
   Nascentis auroræ *propinquum*
   Admonuit properare solem.

2. Sacro tumentes germine *jam polus*
   Terras amicis imbribus irrigat;
   De stirpa Jesse virga surgit
   Conspicuum paritura florem.

3. Cœlestis illum gratia spiritus
   Inunget; illi justitia et fides
   Timorque castus veritasque
   Et pietas comites præibunt.

4. Hunc ergo quam tot sæcla *fidelibus*
   Votis *anhelant,* quem *misero* Deus
   Promisit orbi spem salutis
   Accelera, pia Virgo, fructum.

5. Sit Trinitati *perpetuum decus,*
   Inflicta mundo quæ miserans mala
   In matre *pignus* nascituri
   Non dubium dat habere Christi.

</td><td valign="top">

1. Sursum, fidelis plebs, caput erige ;
   En noctis horror *desinit, en nitor*
   Surgentis auroræ *ruborque*
   Nos monet huc properare solem.

2. Sacro tumescens germine jam *solum*
   Nubes secundis imbribus irrigant,
   De stirpe Jesse virga surgit
   Eximium paritura florem.

3. Cœlestis illum gratia spiritus
   Perfundet; ergo justus et innocens,
   Necnon repletus veritate
   Et pietate dabit salutem.

4. Hunc ergo quem tot sæcula *fervidis*
   Votis *vocarunt,* quem Deus omnibus
   Prænuntiavit spem salutis,
   Accelera, pia Virgo, fructum.

5. Sit Trinitati *debita gloria*
   Quæ, sæva mundi commiserans mala,
   In matris ortu mox futurum
   Indigitat manifeste Christum.

</td></tr>
</table>

Mais ce qui m'a déterminé à m'occuper des hymnes bisontines de la Nativité, c'est moins l'honneur fait à Coffin que celui qu'il partagera avec l'auteur anonyme de la quatrième hymne *Ut sol,* qui servira désormais aux 1res vêpres de Besançon au lieu d'enrichir ses Complies. Comme les idées et le chant de cette hymne m'ont toujours plu, je n'ai pas trouvé mauvais qu'on voulût la conserver; seulement, je me suis permis de la modifier et augmenter comme on va le voir dans le parallélisme suivant :

<table>
<tr><td>

TEXTE DU PROPRE.

1. Ut sol *fulgenti radio*
   Splendescit, umbræ *nescius :*
   Sic Virgo, nullam pectore
   Admittis *umbram criminis.*

2. Ut luna cœlos *recreans*
   Vincit tenebras lumine :
   Sic tota *fulges* et tuum
   Sic nulla *nox* lædit decus.

3. Ut floret, *horti gloria,*
   Candore puro, lilium :
   Color tibi, flos virginum,
   Sic purus æternum manet.

4. Ut *unda, vitro purior,*
   Vultum fidelis exhibet :
   Sic *mente* sinceram Dei,
   Virgo, refers imaginem.

5. *Doxologie.* — Sit laus Patri, laus Filio,
   Sit par tibi laus, Spiritus,
   Dignam Deo qui virginem
   Nobis ab ortu præparas.

</td><td>

TEXTE NOUVEAU.

1. Ut sol *micanti lumine*
   Splendescit, umbram *nesciens :*
   Sic, Virgo, *fulges* et tuus
   Dies caret *caligine.*

2. Ut luna cœlos pervolat,
   Victis tenebris, lucida ;
   Sic, Virgo, plena gratia
   A labe pura permanes.

3. Ut lilium præ cæteris
   Candore splendescit suo ;
   Sic, Virgo, tota candida,
   Inter creata prænites.

4. Ut rosa pulchritudinis
   Sceptrum tenere dicitur ;
   Sic, Virgo, rosa mystica,
   Decore vincis omnia.

5. Ut speculum fideliter
   Objecta pingit corpora ;
   Sic, Virgo, perfectam Dei
   In te refers imaginem.

6. Nunc ergo, Virgo virginum
   Et Mater admirabilis,
   Intende nostris laudibus
   Et jugiter nos adjuva.

7. *Doxologie romaine ordinaire.*

</td></tr>
</table>

J'ai marqué, comme on le voit, par des italiques les passages que j'ai essayé d'améliorer pour diverses raisons qu'il n'est pas besoin d'expliquer, car l'*umbra criminis* signifierait plutôt un *semblant* qu'une *sorte de péché*, à supposer que *crimen* pût être pris pour péché. Quant à la *récréation* de la lune, je la comprenais peu, et j'ai adouci le trop vif éclat qu'on lui donnait en écrivant ici *lucida* au lieu de *fulges* qui convient mieux au soleil. En ce qui regarde le lis, j'ai trouvé trop poétique qu'on en fît la *gloire d'un jardin*, et j'aurais mieux aimé *colorer* cette fleur que la sainte Vierge elle-même. Aussi, si j'avais voulu moins m'écarter de mon modèle, j'aurais transposé les mots *color* et *candor* en disant *colore* puro, lilium, *candor* tibi, flos virginum, ou plutôt j'aurais écrit : *colore miro lilium; sic purus, o flos virginum, candor tibi semper manet.* De cette manière, le *sic* aurait occupé la place qui lui convient; aussi la lui ai-je conservée avec soin dans mon texte, en y ajoutant même partout le *Virgo* qui, je crois, n'y fait pas trop mal. Dans ma cinquième strophe, on remarquera sans doute une faute de quantité, comme celles que j'ai voulu corriger au *radio* et au *fulgenti* du premier vers de cette hymne; mais je l'ai commise bien volontairement, forcé par la nécessité d'insérer dans mes iambes l'anapeste du *speculum,* qui signifie miroir, au lieu d'employer une circonlocution peu intelligible et surtout une contre-vérité comme celle de l'*unda vitro purior,* car le miroir figure mieux *les objets* que l'eau qui n'en donne qu'une pâle silhouette. Maintenant j'abandonne à mes lecteurs la critique non seulement de ma quatrième strophe, mais encore de la sixième, que j'ai imaginée pour faire entrer une prière dans cette hymne, selon un usage très respectable dont Guyet a fait une règle.

Mais puisque j'ai goûté de la poésie, j'oserai encore publier ici, afin d'aggraver ma faute, certaines hymnes de mon cru, dont on pourra facilement trouver la vraie place.

1re *Hymne en l'honneur de la Sainte-Trinité.*

1. Unum Deum cognoscimus
   Tum *ratione,* tum fide ;
   Sed sola nos fides docet
   Tres esse personas Dei.

2. Has porro dicimus Patrem
   Et Filium cum Spiritu ;
   Sed in Deo fit Trinitas
   Quin destruatur Unitas.

3. Vivens ab æterno Pater,
   Producit ex se Filium,
   Et ex utroque Spiritus
   Procedit ante sæcula.

4. Nec major est nato Pater,
   Nec Filius minor Patre,
   Nec utriusque Spiritus
   Impar Patri vel Filio ;

5. Sed tres simul trinum Deum
   Unumque sic conterminant
   Ut unus in tres effluat
   Et tres in unum confluant.

6. O mira Trinitas Dei
   In unica substantia !
   Firma fide te credimus
   Et voce magna pangimus.

7. Fac nos, Deus sic credere
   Et ex fide sic vivere
   Ut te videre, te frui
   Possimus inter cœlites.

8. Sit Trinitati gloria,
   Patri simul cum Filio
   Et utriusque Spiritu
   In sempiterna sæcula.

2^e *Hymne.*

1. Summam Dei substantiam
   Nec corporalis visio
   Unquam potest attingere,
   Nec ipsa mens comprendere.

2. Divina vero gratia,
   Lumen ministrans gloriæ,
   Deum videndum sicut est
   Præbet beatis mentibus.

3. O mira charitas Dei !
   O fons beatitudinis !
   Te quandonam videbimus
   Ut te fruamur jugiter ?

4. Unum Deum videbimus,
   Trinum Deum mirabimur,
   Unum Deum, trinum Deum
   Amabimus, laudabimus.

5. Præsta, Deus, dum vivimus,
   Ut nos fides, spes, charitas
   Semper regant et mortuos
   Ducant in æternum bonum.

6. Uni Deo sit gloria,
   Patri tamen cum Filio
   Et utriusque Spiritu
   In sæculorum sæcula.

Je me permettrai maintenant d'ajouter, aux hymnes qui précèdent,

quelques autres pièces de vers latins que je trouve dans mon spicilège.
J'ai composé la première en l'honneur du cardinal de Rohan, l'année
même de sa mort, 1833 ; seulement elle est restée incomplète.

1. Cur, Deus, cur sic properare mortem
   Præsuli, cujus monitis vigebat
   In tuo virtus populo, sacrique
   Cultus amoris ?...

2. Pluries spretus, toties benigne
   Pastor ignoscens, meruit coronas
   Quas ut assumat, pretium laboris,
   Astra poposcit.

3. Ceu diu nimbo madefactus ales
   Concito cœlum repetit volatu,
   Siccat et pennas, hilarique solem
   Voce salutat.

4. Ceu diu tristes pelagi procellas
   Nauta perpessus, zephyro repente
   Pulsus ad ripam, penetrat cupiti
   Intima portus.

5. Principem dicamne virum, Ducisque
   Et Paris clara nitidum corona ?
   Dives hinc illuc rapiet beatum
   Musa poetam.

6. Sive regales epulas frequentet,
   Aut deauratis sedeat decorus
   Vestibus, sponsæve suæ sacratos
   Reddat amores ;

7. Sive perlustret, gladio coruscans,
   Bellicas Martis patrii catervas,
   Optimum Christi, Domino fidelis.
   Spargit odorem.

8. Labitur tempus, renovantur anni ;
   Dulce subridet facie serena
   Principi cœlum ; subito sed, eheu !
   Vertitur aura.

9. Ceu diu navem, zephyro favente,
   Nauta tranquillas pelagi per undas,
   Cantitans hymnos, didicit potenti
   Pellere remo (ou *velo*).

10. Ecce stridentes, pluvia gravatus,
    Auster adducit subito procellas ;
    Pontus inflatur, titubatque fracta
    Turbine puppis.

11. Sic diu Princeps nitidas per aulas
    Faustus incessit ; miser at repente
    Sternitur, primosque ciet, perempta
    Conjuge, fletus.

12. Tunc mali consors, viduusque discit
    Vana mundanos bona quæritare,
    Atque magnates miseram frequenter
    Ducere vitam.

13. Ergo spes mundi fragiles relinquit,
    Et novam vitæ sociam recusat ;
    Ac, Deo soli famulatus, offert
    Sacra sacerdos.

14. Munus augustum pius inter omnes
    Præsbyter replet ; simul ac sacratas
    Induit vestes, pietatis igne
    Lucet et ardet.

15. Ast brevi retro socios relegat,
    Regis ac aulas iterum revisit
    Ordinis jam pontificalis altos
    Nactus honores.

16. Sicuti quondam micuit ducali
    Purpura cinctus, graditur coruscans
    Nunc mitra, fretusque pedo, vocatur
    Præsul ad Auscos.

17. Jamque Pastorem nimium morantem
    Concupit, fervens animis, ovile,
    Et brevi sperat meritas parenti
    Solvere laudes.

18. Sed Bisuntinis viduis subindè,
    Sorte mutata, cito destinatur ;
    Jamque præsentem populum paterna
    Voce salutat.

Là s'est terminé mon travail d'humaniste, sauf une double strophe
rendant les mêmes idées, mais qui irait mieux à un saint *canonisé*
qu'à un *simple serviteur* de Dieu, à moins qu'on ne prenne la chose
au figuré, ce qu'il est très permis de faire.

19. Ambulat claudus, recipitque lucem
    Cœcus amissam, fruitur salute
    Morbidus, surgitque novumque ducit
    Mortuus ævum.

20. Tunc videt cœcus, loquiturque mutus,
    Audit et surdus, graditurque claudus
    Et novæ vitæ recipit medullis
    Mortuus auram.

21

La seconde pièce de vers latins que j'ose offrir au public, ou plutôt aux théologiens, remonte aux années de mon professorat, 1845-1847, quand j'expliquais à mes élèves le Traité du sacrement de l'Ordre. Ce sont des vers alexandrins techniques.

> Quæ prohibent nomen Clero dare et ordine fungi
> Sunt numero tredecim; nam, præter crimina quinque,
> Octo defectus arcent virum ab Ordine, nempe :
> Si desit mens aut corpus, natale vel ætas,
> Libertas aut fama, sigillum animusve benignus.
> Ob crimen vero indigni reputantur honore
> Occisor, mutilans, baptismo aut ordine abutens,
> Necnon hæreticus, saltem extra gallica regna.
> Accedant autem doctrina, vocatio, mores
> Clericus ut fiat. Serventur denique leges
> Temporis atque loci necnon interstitiorum
> Et graduum ac tituli. Tunc rite assumptio flet,
> Ni tamen obsistat quædam censura coercens.

Enfin, je terminerai cette note par le portrait de l'honnête homme et du bon chrétien, que j'ai tracé plus tard. On pourra trouver ce morceau bien prosaïque, et aussi peu digne de paraître au jour que les précédents; mais ne faudrait-il pas attribuer ce défaut soit à son rythme iambique peu mélodieux, quoiqu'imité d'Horace, soit à la nature des idées que j'y ai condensées le plus possible?

> Laudo virum qui justus est ac temperans,
>   Fortisque cum prudentia ;
> Qui nec superbit, nec cupit, nec invidet,
>   Sed castus est ac sobrius,
> Mitisque necnon impiger; qui strenue
>   Fugit malum, bonum facit ;
> Qui semper hoc in sæculo vivit pie
>   Juste simulque sobrie ;
> Qui cuncta rectus ordinat, preces, opus,
> Somnum, cibum, res quaslibet ;
> Qui floccipendens vana telluris bona,
>   Opes, honores, gaudia,
> Superna cœli dona flagitat, cupit,
>   · Inquirit et parat sibi.
>
> Hæc vero dona non potest attingere
>   Nisi fides, spes, charitas
> Illum Deo devinciant per gratiam
>   Quæ germen extat gloriæ.
> Tum gratia justus Patris fit filius
>   Fraterque Filii Dei ;
> Hinc Patris hæres et cohæres Filii
>   Ascendet æternum thronum.
> Quid plura? vir Patri placens et Filio
>   In Spiritu cœlum rapit.
> O christiane, quam bene sapis! tenes
>   Jam spe beatitudinem !
> Hunc ergo, lector, æmulare jugiter,
>   Si vis beate vivere.

Mais pendant qu'on imprimait cette note, il m'est survenu une nouvelle idée. J'ai dit, page 136 de mon livre, qu'Urbain VIII avait fait, ou fait faire, selon Gavantus, plus de neuf cents corrections aux anciennes hymnes romaines. Ce Pape les signalait lui-même, dans sa Bulle du 25 janvier 1631, en disant que « les hymnes, excepté celles en petit nombre qui ne sont pas *métrées*, mais écrites en prose ou simplement rythmées, avaient été ramenées, au moyen d'exemplaires plus corrects ou en vertu de quelques changements, aux règles de la langue et de la poésie latine, là où on avait pu le faire ; et que, quand on ne l'avait pas pu, on les avait refaites entièrement, sauf à y exprimer autant que possible les mêmes pensées. » On a donc laissé les hymnes simplement rythmées, telles que l'*Ave, maris stella* de saint Bernard, et les pièces magistrales composées par saint Thomas d'Aquin pour l'office de la Fête-Dieu (puis, après Urbain VIII, on a encore pris dans saint Bernard quinze strophes *délicieuses,* quoique non *prosodiques,* pour le Saint-Nom de Jésus, et inséré le *Stabat* pour et avec la fête de la Compassion ou des Sept-Douleurs).

Eh bien, ne faut-il pas avouer que ces cantates *irrégulières,* avec leur rythme simple imité de la prosodie latine et leurs rimes surajoutées, ne déparent pas, malgré leurs fautes de quantité, l'hymnaire du Bréviaire romain? On aurait donc pu, sans trop d'inconvénients, laisser telles quelles les œuvres de saint Ambroise, de saint Grégoire et des autres hymnographes chrétiens qui les avaient suivis; mais au commencement du dix-septième siècle, dit de Léon X ou de la Renaissance, le vent soufflait *aux réformes et. à la belle latinité ;* et c'est pourquoi, pendant que le cardinal Quignonez donnait à la coupe du Bréviaire romain une forme toute nouvelle, un Evêque d'Italie, Ferreri, appliqua ses talents de poète à la correction des hymnes liturgiques; seulement, le travail de ces deux Prélats, vu d'abord d'un assez bon œil, ne put trouver grâce aux yeux de saint Pie V, qui n'hésita pas de le mettre de côté pour rester fidèle à la Tradition.

Au fait, si quelques hiatus non élidés, et des syllabes longues où il en faudrait de brèves et *vice versa,* jurent à la simple lecture, est-ce que le chant ne couvre pas suffisamment ces fautes *prosodiques?* tandis qu'au contraire on exécute difficilement les hiatus élidés et les anapestes quoique admis en prosodie. On n'a pas fait attention à cela du temps d'Urbain VIII, puisqu'on a pris grand soin d'éliminer des hymnes les fautes *prosodiques,* en y laissant ou même en y augmentant les *mélodiques.* Ainsi, par exemple, on trouve sept hiatus et trois anapestes *prosodiques* dans les trois hymnes ou les douze strophes conservées de Prudence pour les Laudes du mardi, du mercredi et du jeudi; tandis qu'on a corrigé dans saint Ambroise et dans saint Grégoire toutes les fautes *prosodiques* qu'ils avaient commises très sciemment. Quant à leur style, ou, si l'on veut, à l'impropriété des termes qu'ils avaient employés, je comprends qu'on en ait changé un assez grand nombre; et je crois même qu'à cet égard on aurait pu aller plus loin, en s'écartant quelquefois moins, et quelquefois plus de leur texte. On en pourrait juger, si je persistais à insérer ici le travail que j'ai fait en ce sens; mais il vaut mieux, je crois le réserver, quoique déjà imprimé,

== 324 ==

en partie du moins, pour une autre publication[1]. Je vais donc clore celle-ci par une cantate à l'honneur de la sainte Vierge, dont le fond est connu de tout le monde.

Hymne à la sainte Vierge.

1. Sancta Maria te cano,
   Dei genitrix inclyta
   Et omnium fidelium
   Ac sancta Virgo virginum.

2. Tu digna Christi Mater es
   Materque gratiæ Dei,
   Mater Creatoris pia,
   Mater Redemptoris bona.

3. Tu Mater es purissima,
   Tu Mater es castissima,
   Inviolata prænitens,
   Intemerata permanens.

4. Tu Mater es amabilis,
   Amore digna cordium,
   Et Mater admirabilis
   Perdigna laude mentium.

5. Tu Virgo prudentissima,
   Tam veneranda cordibus
   Quam prædicanda vocibus,
   Clemens, fidelis et potens.

6. Tu speculum justitiæ,
   Sedesque sapientiæ,
   Nobis origo gratiæ,
   Jugisque fons lætitiæ.

7. Tu spiritale vasculum,
   Honore summo præditum,
   Devotione splendidum
   Et sanctitate fulgidum.

8. Te laudo, rosa mystica,
   Electa, formosissima,
   Sponso placens qui candida
   Exultat inter lilia.

9. Tu turris es Davidica,
   Instructa mille clypeis,
   Invicta telis hostium,
   Præstansque fortitudine.

10. Tu turris es eburnea,
    Ditata gemmis splendidis,
    Ornata donis regiis,
    Præstansque pulchritudine.

11. Domus vocaris aurea
    Et arca fœderis novi,
    Quæ manna vivum contines
    Quo vescimur, quo vivimus.

12. Cœli patens es janua
    Cujus profundis gratias,
    Et stella mane lucida
    Noctis tenebras dissipans.

13. Salus es ægrotantibus
    Et asylum peccantibus;
    Solamen es dolentibus
    Et christianos adjuvas.

12. Regina cœli, Maria,
    Dilecta Patris filia,
    Conjuncta Mater Filio
    Sanctique sponsa Spiritus.

15. Cui subjacent vel Angeli
    Cum Patriarcharum globis
    Necnon Prophetarum choris
    Et inclytis Apostolis.

16. Regina Martyrum quoque
    Regina confitentium,
    Regina tandem virginum
    Et omnium cœlestium.

17. Regina sanctis sanctior
    Cujus fuit conceptio
    Immaculata, vitaque
    Expers vel a culpa levi.

18. Sic ergo vicit inferos
    Dum, labe prorsus libera,
    Serpentis antiqui caput
    Contrivit et nunc conterit.

19. Regina mundi denique,
    Nam si genuflectunt ei
    Et cœlites et inferi,
    Primi tenemur flectere.

20. Dum vero laudes debitas
    Tibi fideles reddimus,
    Tu, nostra Mater optima,
    Sic nos potenter adjuva;

21. Ut, pro sua clementia,
    Nos audiens Natus tuus
    Præservet a cunctis malis
    Et ditet omnibus bonis.

---

1. Ave, Maria, gratia
   Repleta, tecum Dominus;
   Præ cæteris supra modum
   Es benedicta feminis.

2. Nam, plena gratia Dei
   Summe colendum Filium
   Mundo dedisti perdito
   Jesum, Redemptorem bonum.

3. Dei Genitrix nostraque,
   Maria, peccatoribus
   Nobis opem fer hodie
   Et mortis hora maxime.

[1] Cette brochure, d'une quarantaine de pages in-8°, paraîtra sous peu et se vendra 50 centimes.

RECTIFICATIONS & ADDITIONS.

En révisant cet ouvrage, on s'est aperçu, mais trop tard, de quelques fautes échappées à l'attention des correcteurs. Celles que l'on pourra trouver aux pages 62, 108, 113, 114, 136, 140, 151, 155, 159, 163, 166, 174, 175 et 212 n'ont aucune importance ; mais il faudra lire : p. 7, l. 24, *reparaîtra* au lieu d'*apparaîtra* ; p. 103, l. 6, *que peu de jours auparavant,* au lieu de *qu'au mois de mars suivant* ; p. 106, l. 8, *envoyée* et non *signée* ; p. 154, l. 27 de la note, *il* ou *on substituerait,* et non *il substituait* ; p. 163, l. 3, *signalé par des italiques,* au lieu de *pointé.* On pourra même, p. 272, l. 18, après *pouvoirs* ajouter *d'ordre.*

Une autre rectification bien plus importante devra être faite à l'alinéa des pages 146 et 147. On y lira : « A. au chant *solennel* des cinq Préfaces de l'Avent, du Jeudi-Saint, des saints Ferréol et Ferjeux, de la Toussaint et de la Dédicace, puis, au chant *fériel* de celle des morts (*Ind. du 18 déc. 1862*). *Mais les rubriques placées en tête de ces Préfaces portent qu'il est permis de dire (c'est le mot : dici permittitur) 1º la Préface de l'Avent même dans les féries de ce saint temps ; 2º celle du Jeudi-Saint (sic) aux autres Messes du Saint-Sacrement, ; 3º celle de la Toussaint (sic) aux fêtes de tous les Patrons du diocèse, des villes et des paroisses (sic) et dans leurs Messes votives ; 4º enfin, celle de la Dédicace de toutes les églises (sic) à la Dédicace particulière de chaque église.* Il suit de là qu'on peut dire, et même chanter, à Besançon, la Préface sur le ton *solennel* aux féries d'Avent et dans les Messes *votives ordinaires* du Saint-Sacrement et des Patrons. Je crois même qu'on a fourni le moyen de faire la même chose, tant pour le *Pater* que pour la Préface, à des Messes de morts. Mais il y a plus ; car, comme on le verra p. 153, *le Préface du Jeudi-Saint se dit à toutes les Messes d'exposition qui n'en ont pas de propre, et celle de la Dédicace à toutes les Dédicaces signalées au Calendrier.* On en excepte, sans doute, celles de Notre-Dame des Neiges et de saint Michel, archange. Mais, en revanche, on a cru devoir indiquer la Préface de la Toussaint (ou des Patrons) *quelquefois* pour saint Joseph, et *toujours* pour saint Etienne, excepté le jour de sa fête principale. Mais comme saint Jean l'Evangéliste est aussi patron que lui, c'est-à-dire, titulaire comme lui de l'église métropolitaine, j'en suis à me demander si son titre *spécial* de *patron* ne devrait pas l'emporter sur celui d'apôtre. »

Maintenant, je dois dire à mes lecteurs qu'il y a, page 320, dans ma première hymne à l'honneur de la Sainte-Trinité, une strophe qui m'avait plu tout d'abord, mais que je serais tenté de supprimer aujourd'hui, de peur qu'on ne la prenne de travers, comme si la nature divine pouvait être *limitée* et que les trois personnes qui la possèdent y fissent un *flux* et un *reflux*. Je sais bien pourtant que la nature divine est *immense* et que les trois personnes divines n'en *sortent* pas pour y *rentrer*. Il ne s'agit pas pour le Fils et le Saint-Esprit d'une émanation *ad extra*, mais d'une évolution qui a lieu dans la nature divine *ad intra* ou immanente ; et quant au mot *conterminant*, il faut l'entendre dans le sens simple de *compossident*. On pourrait donc remplacer cette strophe par la suivante : *Sed tres modo tam proprio divinitatem possident, ut ipsa constet ex tribus* (personis) *et tres simul sint unicum* (et hi tres unum sunt). Ou bien, il faudra y ajouter celle-ci : *Nec est triplex substantia* (ou plutôt *essentia ;* car le mot latin *substantia* devrait avoir conservé son sens propre de suppôt ou de personne, *hypostasis*, comme dans ce texte de saint Paul (aux Hébreux, xi, 1) : *Est autem fides sperandarum substantia rerum,* la foi est la base ou le suppôt de l'espérance, *hypostasis*), *in Patre, Nato, Spiritu, sed una communis tribus, immensa, simplex omnino*. Quant à ces deux qualités d'immensité et de simplicité, au lieu de s'exclure l'une l'autre, comme on pourrait le croire, elles s'accordent si bien que la première renferme nécessairement la seconde. Au reste, la nature divine, étant infinie, est vraiment *ineffable,* en sorte qu'il ne faut pas s'étonner que le langage humain ne puisse pas en donner une idée, non seulement adéquate, mais simplement juste. C'est pourquoi, après m'avoir entendu *balbutier* en son honneur, on trouvera que j'ai raison de m'écrier : *O mira Trinitas Dei in unica substantia !* et au lieu d'ajouter, comme je l'ai fait : *firma fide,* etc., on pourra dire, pour se rapprocher davantage du texte de saint Paul (aux Romains, x, 10) : *Te toto corde credimus et ore pleno pangimus.*

Maintenant que j'en ai fini avec les *rectifications,* je voudrais faire une *addition* à la note de la page 227. On y lit qu'un assez grand nombre de prêtres bisontins se sont permis, pendant le concile du Vatican, de manifester publiquement leur sentiment ou leur foi au sujet de l'infaillibilité pontificale. Ils n'ont pas été les seuls à prendre cette liberté ; car le *Bulletin religieux* de Versailles a signalé plus de 340 adresses du même genre envoyées alors de France au Souverain-Pontife. Ces prêtres n'ont-ils donc pas usurpé, en agissant de la sorte, sur le droit des Evêques, seuls chargés par Jésus-Christ de garder le dépôt de la foi et d'en proclamer les dogmes ? C'est ce que je vais examiner.

N'est-il pas vrai que, quand il s'agit de l'autorité des Pères de l'Eglise eux-mêmes, on distingue entre leur autorité comme témoins et comme docteurs ? Comme témoins, ou rapporteurs fidèles de la foi qu'ils ont trouvée établie dans l'Eglise, on les appelle Pères et on les respecte; mais, quand ils raisonnent en leur propre nom, même sur les dogmes dont ils se font l'écho, on les envisage comme de simples docteurs dont il est permis d'examiner ou de contrôler la valeur, parce qu'il ne s'agit pas là de la *tradition divine* elle-même qui impose la foi, mais de la *raison humaine* qui l'éclaire ou la développe. Aussi n'est-il pas nécessaire d'être *évêque* pour être *docteur de l'Eglise*; saint Bernard et saint Thomas ne l'étaient pas.

Mais, si l'on peut ainsi traiter les Pères, pourquoi n'aurait-on pas le même droit vis-à-vis des Evêques? Il est donc permis de les considérer, d'une part, comme évêques ou témoins de la foi de leur Eglise, et, de l'autre, comme docteurs, plus ou moins habiles à la défendre, et même plus ou moins exposés à la tentation de la contredire. Maintenant, est-ce comme docteurs qu'ils doivent agir en concile? ou comme témoins? Si c'est comme témoins, ils pourraient au besoin voter contre leur propre sentiment de docteurs. Si c'est comme docteurs, il faudrait dire que les Eglises particulières n'ont point de tradition réelle ou de foi sur les dogmes qui n'ont pas encore été définis, et que leur Evêque seul a droit d'en disposer comme il lui plait, ou de la faire varier à son gré. Alors, un Evêque qui n'aurait pas cru personnellement à l'Immaculée-Conception en 1854, aurait pu, si le cas s'était présenté, voter contre ce dogme, alors même que son diocèse aurait fêté depuis plus de deux cents ans la Conception sous le titre d'Immaculée, et eu la très sainte Vierge pour patrone sous ce même titre! Est-ce ainsi qu'il faut entendre la chose? J'ai peine à le croire. Mais s'il faut reconnaître à un diocèse une foi ou une tradition indépendante des sentiments personnels de son Evêque, pourquoi les prêtres de ce diocèse ne pourraient-ils pas en témoigner à défaut de leur Evêque? Ceux de France (et d'ailleurs) n'ont donc pas usurpé, quand ils ont envoyé à Pie IX les adresses dont j'ai parlé; aussi ce grand Pape les a accueillies avec joie, et il a répondu personnellement à beaucoup d'entre elles. Je me contenterai de signaler ici son Bref au curé archiprêtre de Nérac, diocèse d'Agen, en date du 21 avril 1870.

Il lui écrivait donc : « Si les ennemis des prérogatives de ce Siège apostolique ne craignent pas de les attaquer dans des écrits publics, rien certainement ne devait vous empêcher, vous et ceux du clergé d'Agen qui pensent comme vous, d'envoyer à ce Siège le témoignage de votre dévouement. Nous avons donc accueilli avec bonheur les lettres où, tout en promettant une humble et prompte soumission à toutes les définitions et prescriptions du saint Concile du Vatican, vous avez ouvertement déclaré que vous aviez, sur le successeur de Pierre et sur ses prérogatives, absolument la même foi que celle qu'ont communément tenue et professée les catholiques, appuyés sur les oracles de la sainte Ecriture. Comme donc vous avez usé de votre droit, *cum ergo jure vestro usi sitis,* nous ne pouvons pas nous empêcher de vous louer de cette manifestation de votre respect, et de vous exhorter à persévérer toujours dans la même vénération et le même zèle pour cette Chaire de vérité dont les fermes adhérents ne peuvent être emportés par aucun vent de perverse doctrine. Ainsi pour vous, cher fils et pour ceux qui ont voulu nous témoigner avec vous leur piété filiale, nous demandons d'abondants secours de la grâce divine, en vous envoyant à chacun la bénédiction apostolique. »

J'ajouterai à ce qui précède une autre observation. Jusqu'à quel point doit-on tenir compte, quand il s'agit de définir un dogme, de la foi ou de la tradition des Eglises particulières ? Le Pontife romain seul ayant reçu des promesses d'indéfectibilité dans la foi ou d'infaillibilité, et étant seul héritier de l'Apostolat et de tout l'Apostolat, il est évident que son Eglise seule possède à cause de lui, la sûreté de la doctrine apostolique, et que toutes les autres peuvent tomber dans le schisme ou l'hérésie, comme l'ont assez prouvé les Eglises d'Orient ; donc, quand il s'agit de définir un dogme, il faut surtout, sinon uniquement, consulter la tradition de l'Eglise romaine. Or pouvait-il y avoir quelque doute sur la tradition de cette Eglise au sujet des prérogatives pontificales ? Non, assurément. On me dira peut-être que le témoignage de cette Eglise n'était pas recevable, parce que nul n'est témoin dans sa propre cause. Mais, outre que ce principe n'est pas applicable dans l'ordre des choses divines, Bossuet lui-même avait repoussé du pied cette objection dans son fameux discours sur *l'unité de l'Eglise* ; et la chose est si claire par elle-même que, si ce principe pouvait avoir quelque valeur, il suffirait d'être Pape pour n'avoir plus d'autorité en fait de doctrine touchant à la constitution elle-même de l'Eglise, en sorte qu'il faudrait récuser sur ces matières, non seulement saint Léon et saint Grégoire le Grand, mais encore jusqu'à saint Pierre, tant dans ses Epîtres inspirées, que dans son discours rapporté au quinzième chapitre des Actes, où il dit : « Vous savez, mes frères, que Dieu depuis longtemps a fait son choix parmi nous pour donner aux gentils *par ma bouche* la parole de l'Evangile et la foi. » Laissons donc cette objection de côté et disons au contraire que, tandis que l'Eglise romaine est toujours ferme dans la foi, les autres sont sujettes par le fait de leurs chefs successifs à une perpétuelle instabilité. C'est ainsi, par exemple, que les opinions prétendues traditionnelles de la France, que l'on a appelées gallicanes parce qu'une partie de l'Episcopat français les avait formulées en 1682 au grand scandale de tout le reste de l'univers catholique, et de la Hongrie en particulier, n'avaient pas laissé que de s'infiltrer petit à petit dans certains esprits jusqu'au fond de l'Allemagne et même jusqu'au bout du monde, comme le concile du Vatican l'a assez prouvé. La Hongrie elle-même, si ultramontaine en 1682, et la province de Colocza en particulier qui avait renouvelé le décret de 1682 en 1863, n'ont fourni qu'un seul votant en faveur de l'infaillibilité. Que pensaient donc les autres? J'aime à croire qu'ils n'ont été qu'inopportunistes, du moins leur Primat, qui a publié après le Concile, non seulement un long et excellent commentaire des deux Constitutions, mais encore deux autres Circulaires constatant la tradition, l'une, de toute l'Eglise catholique, et l'autre, de l'Eglise hongroise en particulier, en faveur de l'infaillibilité pontificale. Mais pourquoi alors les Prélats de Hongrie n'ont-ils pas donné leur *placet* en faveur de la doctrine, puisque c'était sur elle qu'il devait porter, et non sur l'opportunité de la définition? Quant à la France, est-ce que les Conciles provinciaux qu'on y avait tenus, moins de vingt ans avant le Concile, ne s'étaient pas montrés suffisamment favorables à l'ultramontanisme, du moins celui d'Amiens en 1853? Mais beaucoup de Pères de ces Conciles avaient disparu, et leurs successeurs ne se croyaient pas solidaires de leur enseignement. Faut-il donc que la doctrine des Eglises particulières varie ainsi avec les personnes? Alors ce serait un nouveau chapitre à ajouter aux *Variations* de Bossuet. Quant aux fameux axiôme de saint Vincent de Lérins que les dissidents ont tant invoqué, la Commission de la Foi a fait voir, dans son Rapport de 42 pages, signalé en note p. 224 de mon livre, qu'on le prenait tout de travers; et, en ce qui regarde les objections tirées de l'histoire, elle en a fait table rase au moyen de quelques principes généraux seulement. Il serait certainement utile de connaître ce Rapport, publié par l'Evêque de Neutra en 1873, mais je ne puis en donner que quelques extraits. Voulant donc répondre d'une manière très sommaire aux objections tirées des faits de l'histoire ecclésiastique, voici ce que disait la Commission de la Foi :

« 1° D'après des documents qui ne souffrent pas de réplique, *omni exceptione majores,* ceux rapportés plus haut, l'infaillibilité des Pontifes romains est une vérité révélée ; elle ne pourra donc être démontrée fausse par aucun fait historique, ceux qu'on lui opposerait devant au contraire être tenus pour faux, s'ils ne pouvaient réellement se concilier avec elle. 2° L'infaillibilité du Pontife romain étant donc établie par des autorités claires et certaines comme une vérité révélée, et par conséquent comme une vérité primordiale (originelle) et antérieure (ou antique) tout simplement, elle prescrit, d'après la règle de Tertullien, à titre de possession contre toute opinion ou conclusion contraire ; car surtout, dans les causes qui appartiennent à la foi, cela est vrai qui (a été cru tout) d'abord..... 3° Pour définir dogmatiquement l'infaillibilité pontificale, il faut et il suffit que les Pères du Concile, sachant d'une manière sûre, en consultant les sources propres de la révélation divine, c'est-à-dire, l'Ecriture et la Tradition, qu'elle a été divinement révélée. Alors il est de leur office et de leur devoir de déclarer et de proposer avec autorité cette vérité contenue au divin dépôt selon son propre caractère; mais, quant à résoudre en détail les difficultés prises d'ailleurs qu'on lui oppose, cela est moins leur affaire que celle des théologiens de l'Ecole, qui (du reste) depuis longtemps déjà se sont acquittés de leur fonction à cet égard. Car les objections historiques que l'on élève encore aujourd'hui, au lieu d'être nouvelles, sont très connues et devenues vulgaires, les traités de théologie les ayant réfutées aussi souvent qu'abondamment dans leurs discussions contre les protestants, les jansénistes, les gallicans, les partisans de Fébronius et autres.... Les Pères n'ont donc jugé ni honorable ni convenable de les soumettre à un nouvel examen, comme si elles avaient réellement eu et conservé jusqu'ici une valeur et une force réelle, ou que la vérité révélée elle-même et l'enseignement de l'Eglise catholique n'eussent pas été suffisamment affirmés et défendus. Que l'on consulte donc les auteurs graves et approuvés..... 4° C'est un principe admis dans toutes les sciences, et qu'on doit à plus forte raison ne pas perdre de vue dans les causes de la foi divine, que, si une vérité ressort de ses propres sources avec la valeur d'une thèse, il suffit d'opposer aux difficultés ou hypothèses contraires n'importe quelle solution probable ou raison grave pour les mettre d'accord avec elle. Or on a certainement apporté des solutions au moins graves et probables pour concilier les objections historiques avec le dogme de l'infaillibilité pontificale. Voir, dans la cause de Vigile, Orsi, etc., dans celle d'Honorius ..., dans celle de Boniface VIII ..., etc. »

Voilà la forme magistrale avec laquelle la Commission de la Foi a mis à néant les objections historiques de Gratry et consorts. Quant à son explication de l'axiôme de saint Vincent de Lérins, je me contenterai d'en signaler la conclusion, que voici : « Il est donc évident que, dans l'idée de saint Vincent de Lérins, l'universalité et le consentement (unanime) n'est pas requis pour qu'on puisse définir comme dogme de foi ce qui a réellement en sa faveur l'autorité de la sainte antiquité, et que, par conséquent, l'unanimité morale, dont on parle, soit des fidèles, soit des Evêques, n'est pas nécessaire pour que le Magistère de l'Eglise puisse porter un jugement dans une question de foi qui a pour elle l'Ecriture, la Tradition, l'antiquité (et par suite) la vérité. »

FIN.

TABLE DES MATIÈRES.

PROLOGUE où l'on rend compte des motifs qui ont déterminé à composer cet ouvrage. 1

CHAPITRE Iᵉʳ. — La vie du cardinal Mathieu jusqu'à son arrivée au siège de Besançon 5

CHAPITRE II. — Du véritable esprit du clergé de Besançon et des actes de Mgr Mathieu relatifs à MM. Gaume aîné et Jacquenet. . 9

CHAPITRE III. —· Ce que pense Mgr Besson et ce qu'il faut penser de la pluralité des vicaires capitulaires 14

CHAPITRE IV. — Du système des correspondances confidentielles pour traiter, soit avec ses collègues, soit avec le gouvernement, des grands intérêts de l'Eglise. 19

CHAPITRE V. — De la réunion d'Evêques qui eut lieu à Besançon en 1849. — Abstinence et amovibilité. 24

CHAPITRE VI. — De la question des classiques païens. 44

CHAPITRE VII. — Du journalisme religieux, et du droit coutumier. 53

CHAPITRE VIII. — De l'influence de Mgr Mathieu sur les nominations épiscopales 61

CHAPITRE IX. — Des Cardinaux français 65

CHAPITRE X. — Suite des relations de Mgr Mathieu avec la Nonciature et exposé de ses relations directes avec le Saint-Siège. . . 69

CHAPITRE XI. — De la loi de 1850 sur la liberté de l'enseignement secondaire et du projet, qui la suivit bientôt après, de détruire l'université. 76

CHAPITRE XII. Le cardinal Mathieu et la réforme liturgique . . . 81

CHAPITRE XIII. — De l'antiquité de la liturgie bisontine. 87

CHAPITRE XIV. — Enumération des rites bisontins. 101

CHAPITRE XV. — Du Propre bisontin de 1862. 111

CHAPITRE XVI. — Légende de saint Nicet, archevêque de Besançon. 126

CHAPITRE XVII. — Suite du chapitre XV 134

CHAPITRE XVIII. — Un épisode de la guerre de dix ans. 165

CHAPITRE XIX. — Réconciliation 188

CHAPITRE XX. — Ma sortie de la Mission et mon départ pour Versailles. 197

CHAPITRE XXI. — Ce que le Cardinal a fait pour et contre la Papauté 205

EPILOGUE 240

NOTES.

Note A. — Idée du discours de Mgr Mabile au Concile. 247
Note B. — Catéchisme (2e partie). 251
Note C. — Projet de décret sur la Primauté pontificale mis en regard du décret lui-même tel qu'il a été promulgué dans la Constitution du 18 juillet 1870. 263
Note D. — Gallicans de la veille, au diocèse de Besançon, du xve au xviiie siècle 270
Note E. — Eloge funèbre de Mgr Mabile, évêque de Versailles . . 301
Note F. — Mélanges poétiques. 316
Rectifications et additions. 325

Tableau de l'Episcopat français du dix-neuvième siècle.

BESANÇON, IMPRIMERIE DE J. BONVALOT.

EXPLICATION OU CLEF DU TABLEAU.

Ce Tableau présente plusieurs compartiments. Les deux principaux renferment la liste alphabétique, l'un des Prélats, et l'autre des évêchés de France au dix-neuvième siècle. Toutefois la première de ces listes est divisée en deux pour distinguer les Evêques sacrés dans le dix-huitième siècle de ceux qui ne l'ont été qu'au dix-neuvième. Les premiers ont avant leur nom un chiffre qui indique l'année de leur sacre, y compris 1800 marquée par un O. Quant aux lettres mises avant le chiffre, *C* indique les douze Evêques constitutionnels qui ont obtenu un siège après le Concordat; *Ap.* trois anciens Evêques de France qui, en s'engageant dans le schisme, avaient renoncé à l'épiscopat; quant aux autres lettres, D fait connaître ceux de nos anciens Prélats qui donnèrent leur démission au Pape à l'époque du Concordat de 1801, tandis que N signale les trente-six opposants qui la refusèrent; mais deux d'entre eux (N) ne signèrent pas les *Réclamations* soi-disant *canoniques* de leurs collègues contre le Concordat; néanmoins les signataires de cet acte furent au nombre de trente-huit, car deux des Prélats démissionnaires (D) se joignirent à eux, plus le suffragant de Metz et l'Evêque simplement nommé au siège de Moulins S. Ajoutons que deux des réclamants de 1803 *N* se démirent plus tard, de Nicolaï en 1805 et de Bovet en 1812. Maintenant, après les noms de tous ces Prélats, sauf les constitutionnels, nous avons marqué les diocèses qu'ils occupaient au moment de la Révolution; puis en chiffre, autant que possible, l'année de la mort de ceux qui n'ont pas occupé de siège épiscopal après le Concordat, car les autres, suivis d'un astérisque *, se retrouveront dans la liste suivante.

Cette seconde liste alphabétique renferme donc les noms de tous les Français qui ont été nommés ou promus à quelque siège épiscopal de France après le Concordat, y compris les anciens Evêques légitimes A ou constitutionnels C déjà portés dans la première liste. Quant au siège (ou aux sièges successivement) occupé par eux, nous l'avons (ou les avons) désigné par le chiffre qu'il a (ou qu'ils ont) dans notre liste alphabétique des évêchés, où il sera facile de le trouver. Seulement, si le Prélat en question n'a été que nommé, ou même promu à ce siège mais sans l'occuper réellement, ce chiffre se trouve entre parenthèses, soit seul quand il y a eu préconisation, soit précédé de la lettre N quand il n'y a eu qu'une simple nomination. En outre, s'il n'a été nommé ou promu à ce siège que comme auxiliaire ou coadjuteur, on le reconnaîtra à l'A ou au C qui précède ce chiffre au lieu de l'N, et au titre *in partibus* mis en avant. Quant au D ou C final, ils indiquent, le D, les simples démissionnaires, et le C les démissionnaires qui ont obtenu (certainement) un canonicat de Saint-Denys. Au reste, on retrouvera les uns et les autres dans un coin au bas du tableau, où ils forment un certain ordre de succession; tout comme on y verra rangés dans un ordre semblable les trente-huit Prélats français qui ont été revêtus en ce siècle de la pourpre romaine, et dont les noms ont été imprimés en majuscules partout dans notre tableau (comme celui des sièges métropolitains) pour les distinguer des autres. Enfin, nous avons pris soin d'indiquer dans notre liste alphabétique tous les Prélats français encore vivants au moyen d'un astérisque final *. Il ne sera pas moins facile de les reconnaître dans

notre liste alphabétique des évêchés, où leur nom, placé le dernier,
est suivi d'un chiffre qui indique l'année de leur naissance.

Quant à cette troisième liste, elle renferme, dans leur ordre alphabétique, les noms des cent douze sièges qui ont été successivement
rétablis ou créés en France depuis le Concordat, même ceux qu'elle a
perdus ou recouvrés à différentes époques. On sait que le susdit
Concordat avait réduit à soixante le nombre des sièges de la France
d'alors qui comprenait la Belgique, la Savoie et Nice, et que par la
perte de ces trois pays en 1814 la France n'en avait plus alors que
cinquante ; mais le Concordat de 1817 y en ajouta quarante-deux dont
douze (17) n'ont eu qu'une existence éphémère et dépourvue de réalité ;
puis aux quatre-vingts sièges, définitivement pourvus en 1823, on en
a ajouté successivement plusieurs autres, un en France, trois en Algérie,
trois aux colonies, ce qui, joint à l'évêché de Nice et aux quatre de
la Savoie rendus à la France en 1861, porterait ces sièges au chiffre de
quatre-vingt-douze, si le désastre de 1871 n'était pas venu lui arracher
ceux de Metz et de Strasbourg. Maintenant, pour en revenir à ces cent
douze sièges, il sera facile de reconnaître ceux qui ont été érigés en
1801, puisqu'ils n'ont pas de chiffre après leurs noms, tandis que les
autres sont suivis d'un chiffre indiquant l'année de leur érection, et
même le plus souvent l'ancien diocèse dont ils ont été démembrés.
Quant aux titulaires et aux coadjuteurs ou auxiliaires de ces sièges, on
les a mis tous sur la même ligne, les uns à la suite des autres dans leur
ordre de succession, avec un chiffre précédant leur nom, qui marque
l'année de leur préconisation (excepté les soixante premiers institués
en 1802). Seulement les embarras qui ont empêché la réalisation complète du Concordat de 1817 font qu'on trouvera des points obscurs
dans la partie de notre tableau qui représente cette époque. En effet,
le roi avait nommé aux sièges alors érigés, ainsi qu'aux anciens
vacants, et le Pape avait préconisé lui-même plus de trente de ces
Prélats ; mais la plupart de ceux-ci ne purent occuper les sièges qui
leur avaient été assignés ; néanmoins ceux qui avaient été promus à des
sièges antérieurement existants purent en prendre possession en 1819,
tandis que les trente d'érection récente ne furent pourvus que successivement, quelques-uns en 1821, et la plupart des autres seulement en
1823. Voilà ce que nous avons indiqué, en plaçant après 17 les chiffres
19, 21 et 23, tout en prenant soin de mettre entre parenthèses les pré-
conisations (ou les simples nominations N) qui se trouvèrent annulées
par suite des translations qui eurent lieu alors, d'un sujet déjà préconisé ou simplement nommé N, d'un siège à un autre. Ces translations, du reste, tant celles-ci que les autres, sont marqués dans notre
tableau par un * mis après le nom du Prélat transféré ; et, quand ce
Prélat en a subi plusieurs, il en a quelquefois avant comme après
son nom, le premier indiquant qu'il a déjà occupé un autre siège avant
celui qu'on lui assigne ici et le second qu'il a été encore transféré
ailleurs (on trouvera ces divers sièges en recherchant dans la liste
alphabétique des Prélats les chiffres que nous y avons inscrits). Si,
au contraire, un Evêque quelconque n'a après son nom, ni *, ni D
ou C, cela prouve qu'il est mort dans le siège qu'il occupe l'année
indiquée par la préconisation de son successeur (ou la précédente) ; s'il
y avait un D ou un C, on retrouverait ce Prélat dans la liste des chanoines de Saint-Denys où les deux chiffres qui précèdent son nom
marquent, le premier, l'année de sa démission ou de son admission
dans ce chapitre, et le second, celle de son décès. Quant aux coadjuteurs, nous avons également marqué par un premier chiffre l'année
de leur promotion à la coadjutorerie, et par un second celle de la

mort de leur prédécesseur ou de leur mise en possession du siège comme titulaires. Au contraire, nous avons mis entre parenthèses les noms des simples auxiliaires A qui, ne succédant pas, perdent leur titre à la mort des Prélats auxquels on les a associés.

Ceci suffira, nous l'espérons, pour guider sûrement nos lecteurs dans l'usage de notre tableau que nous aurions voulu rendre plus clair, 1° en donnant à chacune des quatre-vingts années qui se sont écoulées depuis 1802, en ligne verticale, un espace assez considérable pour faire cadrer l'initiale de chaque Prélat sur cette ligne avec l'année elle-même de sa promotion ; 2° en ajoutant à l'année de sa promotion et à celle de sa mort les mois et jour (et même ceux de sa nomination et de son sacre); mais ces indications que nous aurions pu fournir, et d'autres encore, auraient étendu notre tableau bien au-delà des limites qui nous étaient forcément imposées. Au reste, nous croyons en avoir assez dit pour être véritablement utile, et avoir assez bien organisé les choses pour rendre les recherches faciles. Si l'on veut en effet savoir quel (ou quels) siège tel Prélat a occupé, et quand et combien de temps, on recherchera son nom dans la liste alphabétique des Evêques, et au moyen des diverses indications qui s'y trouvent, en recourant aux autres parties de notre tableau, on saura quand il a été nommé ou promu, soit à un siège, soit au cardinalat, soit au chapitre de Saint-Denys, comme aussi quand il est mort, s'il est déjà mort, et quand il est né, s'il est encore vivant. Nous espérons que nos lecteurs nous sauront gré de leur avoir offert tous ces renseignements.